Dr Peter J.D'Adamo
Catherine Whitney

ŻYJ ZGODNIE ZE SWOJĄ GRUPĄ KRWI

Osobista recepta na zachowanie zdrowia,
prawidłowej przemiany materii i witalności
na każdym etapie życia

Z angielskiego przełożył Marek Czekański

MADA

Tytuł oryginału
Live right 4 your type

Projekt okładki
Magdalena Ferenc

Redakcja
Monika Klimowska

Korekta
Bogusława Jędrasik

MADA, Warszawa 2001

ISBN 83-86170-68-9 (MADA)

Skład i łamanie
FOTOSKŁAD, Warszawa

Druk i oprawa
Łódzkie Zakłady Graficzne

Spis treści

Marcie,
której inspiracji zawdzięczam wszystkie myśli

Podziękowania

Pięć lat, które minęły od chwili wydania poradnika *Jedz zgodnie ze swoją grupą krwi* [polskie wydanie – 1998 r.], wypełnione były owocną pracą. W tym okresie z dietą zgodną z własną grupą krwi zapoznały się miliony czytelników, a książka została przetłumaczona na ponad czterdzieści języków. Dzięki publikacji drugiej książki pt. *Gotuj zgodnie ze swoją grupą krwi* i wprowadzeniu przez firmę North American Pharmacal wielu produktów odpowiadających naszej koncepcji żywienia, wiedza w tej dziedzinie została szerzej udostępniona, a proponowana przez nas dieta stała się łatwiejsza w praktycznym zastosowaniu. Wykorzystaliśmy również Internet, udzielając osobom zainteresowanym wsparcia i udostępniając materiały edukacyjne. Korzystanie z Internetu umożliwiło nam nawiązanie łączności z tysiącami czytelników na całym świecie, głównie za pośrednictwem witryny **www.dadamo.com.**

Koncepcja, która była pierwotnie naszym „sekretem rodzinnym", a później stała się wielkim sukcesem, to owoc rzetelnej współpracy, w której uczestniczyło wielu utalentowanych i oddanych specjalistów w dziedzinach związanych z działalnością wydawniczą. Współdziałali z nami lekarze, naukowcy, dietetycy i przedstawiciele wielu innych dyscyplin medycznych. Bezcenny był również wkład wielu osób, które, przejęte naszymi ideami i doświadczeniami, pomagały doskonalić i uaktualniać naszą pracę. Wszystkim tym osobom, których nazwisk nie sposób w tym miejscu wymienić, przekazuję wyrazy głębokiej wdzięczności.

Książka *Żyj zgodnie ze swoją grupą krwi* jest wynikiem wielu lat badań i rozwoju, który pozwolił nam wykorzystać nowe przełomowe odkrycia w dziedzinie genetyki i uwzględnić wyniki setek badań klinicznych odnoszących się do związku grup krwi ze zdrowiem. Pragnę gorąco podziękować tym, którzy najbardziej przyczynili się do jej powstania, a w szczególności:

Pani Catherine Whitney – mojej współpracowniczce i jej partnerowi Paulowi Krafinowi, którzy przekształcili niezwykle skomplikowaną wiedzę ścisłą w żywą prozę i łatwe do zrozumienia wskazania, czyniąc to z wielkim entuzjazmem i zaangażowaniem.

Mojemu przyjacielowi i koledze dr. Gregory'emu Kelly, który udzielił mi bezcennego wsparcia, inspiracji i pomocy, wykonując kolosalną pracę związaną z poszukiwaniem i selekcją informacji naukowych, których wymagało przygotowanie Książki do wydania.

Mojej agentce literackiej Janis Vallely – nieocenionej koleżance i przyjaciółce, będącej najlepszym obrońcą, jakiego można sobie wymarzyć.

Amy Hertz – mojej redaktorce pracującej dla wydawnictw Riverhead i Putnam, która wytrwale doskonaliła teksty kolejnych moich książek, wykazując zawodową kompetencję i cierpliwość. Także innym wspaniałym pracownikom tych oficyn, których niestrudzone wysiłki pod kierunkiem Susan Petersen przyczyniły się do sukcesu moich książek.

Pragnę również złożyć wyrazy uznania innym osobom, które wspierały moją pracę swymi umiejętnościami. Oto one: Michael Geoghegan z wydawnictwa Penguin Putnam, któremu wdzięczny jestem za cenne rady; dr Klaus Stadler – mój redaktor w wydawnictwie Piper-Verlag; Jane Dystel – agentka literacka pani Catherine Whitney; Paul Schulick i Thomas Newmark z New Chapter; dr Joseph i Lara Pizzorno; dr Jules Harran; Ron Rubin z The Republic of T; dr Steve Barrie z Great Smokies Diagnostic Laboratories, któremu należy się moja wdzięczność za wsparcie i słowa zachęty; oraz dr Jeffrey Bland – autor inspirującego myśl posłowia.

Pragnę także podziękować moim cybernetycznym przyjaciołom, dzięki którym witryna **www.dadamo.com** jest miejscem tak przyjaznym; są to: Heidi (heidi) Merrit i Steven (sTeve) Shapiro. Pierwszej z tych osób dziękuję za pomoc w wykonaniu korekty.

Moje szczególne podziękowania należą się Erikowi i Oldze Butterworthom za ich miłość i wsparcie oraz Robertowi Messineo – za przygody żeglarskie.

Jak zawsze, pozostaję wdzięczny mojej rodzinie za mądrość, miłość i zachętę do pracy. Dziękuję mojemu ojcu dr. Jamesowi D'Adamo i jego żonie Christl; mojemu bratu Jamesowi D'Adamo i jego żonie Ann; oraz mojej siostrze Michele.

Specjalne wyrazy wdzięczności kieruję do Marge i Jima Burrisów – za nieustające wsparcie i gościnność w ich domu w Winnicy Marthy – cudownym miejscu do pisania książki.

Na koniec dziękuję także mojej żonie i towarzyszce Marcie oraz moim córkom Klaudii i Emilce, dzięki którym podczas pisania tej książki udało mi się zachować psychiczne zdrowie i które czynią moje życie szczęśliwą przygodą.

Ważna nota wydawnicza

Intencją tej książki nie jest zastępowanie porad medycznych udzielanych przez lekarzy i innych specjalistów służby zdrowia. Jej celem jest dostarczenie informacji pomagającej czytelnikowi we współdziałaniu z lekarzami i innymi pracownikami służby zdrowia w obopólnym dążeniu do uzyskania optymalnego stanu zdrowia. Wszystkie sprawy związane ze zdrowiem wymagają opieki medycznej. Autor i wydawca nie będą ponosili jakiejkolwiek odpowiedzialności za jakiekolwiek straty bądź uszczerbki mogące pozostawać w związku z informacjami lub sugestiami zawartymi w tej książce.

Dane tożsamościowe osób opisanych w historiach przypadków i w Rejestrze Efektów Grup Krwi zostały zmienione w celu ochrony ich prywatności.

Wydawca i autor nie ponoszą odpowiedzialności za jakiekolwiek dobra i/lub usługi oferowane bądź wzmiankowane w tej książce i jednoznacznie odrzucają wszelką odpowiedzialność prawną związaną z realizacją zamówień na którekolwiek z takich dóbr i/lub usług oraz odpowiedzialność za jakiekolwiek szkody, straty lub koszty poniesione przez osoby fizyczne lub prawne wynikające z nich lub odnoszące się do nich.

„Weź kartkę papieru i podrzyj na małe kawałki. Masz przed sobą przykład podziału całości na części. Cała kartka jest sumą wszystkich fragmentów. To jest podział. Duch jednak potrafi się indywidualizować. Oznacza to, że może przejawiać się w wielu formach, w nieskończonej liczbie istot, z których każda zawiera w sobie esencję Całości. Wszystkie są więc Duchem, którego obecność w nich nie umniejsza Go i nie dzieli".

Eric Butterworth

Wstęp

Następny krok

Każdy z nas nosi w swojej krwi żywą pamięć historii ludzkości. Któregoś dnia inni przeniosą naszą pamięć w przyszłość, której nie potrafimy sobie wyobrazić. Człowiek to nieukończone dzieło, gatunek w procesie rozwoju, mistrzowskie rusztowanie, na którym praca nie została jeszcze zakończona. Sposób, w jaki dziś żyjemy, w całkiem dosłownym sensie stanie się częścią genetycznego profilu naszego potomstwa.

Wiedza na temat grup krwi daje nam wyjątkową sposobność badania przeszłości, pomajstrowania przy niej i przekazywania doskonalszej wersji. Dostarcza nam ona informacji i narzędzi pozwalających nie tylko ulepszać nasze obecne życie tu i teraz, lecz także zapisywać udoskonalenia na naszym „twardym dysku".

Wydając przed pięciu laty książkę *Jedz zgodnie ze swoją grupą krwi*, wysunęliśmy prostą tezę: grupy krwi pozwalają wyjaśnić liczne paradoksy badań dietetycznych i przeżywalności w chorobach. Dlaczego niektórzy ludzie mogą pozbyć się nadwagi, stosując określoną dietę, a inni nie? Dlaczego niektórzy zachowują siły witalne do późnych lat życia, a inni popadają w fizyczną i umysłową degrengoladę? Jakkolwiek wszyscy jako przedstawiciele tego samego gatunku jesteśmy do siebie podobni, to jednak rozpoznajemy siebie nawzajem dzięki indywidualnym różnicom. W książce *Jedz zgodnie ze swoją grupą krwi* przedstawiliśmy pierwszą poważną koncepcję dietetyczną opartą na biologicznej indywidualności. Dziesiątki tysięcy świadectw, medycznie zweryfikowanych wyników i nowych badań genetycznych potwierdziło, że dieta zgodna z grupą krwi jest potężnym czynnikiem zachowania pełni zdrowia.

Książka ta otworzyła również nowe perspektywy badawcze, wyprowadzając nas poza krąg problematyki ściśle dietetycznej. Jeżeli grupa krwi decyduje o tym, jak powinniśmy się odżywiać, to należałoby sprawdzić, czy nie jest też kluczem do rozwiązania innych dylematów życiowych pozwalającym określić, jak powinniśmy żyć. To prowokujące pytanie zyskuje coraz większą rangę wraz z postępem badań genetycznych, które umożliwiły studiowanie komórkowego wpływu grupy krwi na wszystkie aspekty ludzkiej fizjologii. W książce *Żyj zgodnie ze swoją grupą krwi* staramy się na nie odpowiedzieć, kreśląc ogólnoustrojowy schemat indywidualnych sił i słabości oparty na kryterium grup krwi. Grupa krwi w istotnym zakresie wpływa na sposób trawienia pokarmów, zdolność reagowania na stres, stan umysłu, intensywność przemiany materii i sprawność układu odpornościowego. Na stronach tej publikacji prezentujemy tę wiedzę w formie zbioru praktycznych zasad, które pomagają:

- wybrać styl życia zgodny z indywidualnymi potrzebami i tendencjami,
- zorganizować codzienne działania, tak by zmniejszyć stres i uzyskać większą satysfakcję,
- wychowywać dzieci w sposób umożliwiający im maksymalne wykorzystanie własnych potencjałów,
- żyć dłużej i uniknąć umysłowej oraz fizycznej deterioracji związanej z zaawansowanym wiekiem,
- dostosować dietę w sposób zapewniający wyższy poziom energii życiowej,
- przezwyciężyć chroniczne stany chorobowe dręczące nas i nasze rodziny od dziesiątków lat,
- odnaleźć równowagę emocjonalną, pozbywając się niepokoju i stanów depresyjnych,
- czuć się naprawdę dobrze na ciele, umyśle i w środowisku.

Żyjemy w fascynującym momencie historii, w którym jesteśmy świadkami, a zarazem doświadczamy zmiany paradygmatu myślenia. Nasze technologie, używane dotąd głównie do badania podobieństw i cech wspólnych, dostarczają nam obecnie bardziej zaawansowanych środków pozwalających śledzić różnicowanie. Najnowsza i najbardziej aktualna wiedza jest rozległa i ogólnie dostępna. W czerwcu 2000 roku finansowana przez rząd USA grupa badawcza Human Genome Project, której zadaniem było rozszyfrowanie struktury genetycznej człowieka i sporządzenie kompletnej mapy jego genomu, oraz biotechnologiczna spółka Celera, poinformowały o zakończeniu prac nad „wersją roboczą" sekwencji DNA genomu ludzkiego. Celem prac tych zespołów jest uzyskanie wersji wysokiej jakości do roku 2003. Biologia molekularna daje nam narzędzia pozwalające zrozumieć indywidualne różnice w bardzo konkretny, fizyczny sposób. Genetyka i wiedza o biozróżnicowaniu rozszerza się w tempie zapierającym dech. Umożliwiło to nam sprawdzanie biologicznych implikacji grup krwi na coraz głębszych poziomach. U progu nowego stulecia wiemy wreszcie, co znaczy „żyć w zgodzie z własną grupą krwi i typem osobowości".

CZĘŚĆ PIERWSZA

Wpływ grupy krwi

1

Niepowtarzalna indywidualność

Gen grupy krwi

Co jest istotą naszej indywidualnej tożsamości? Pytanie to dotyka samego sedna genetycznej układanki. Ma również centralne znaczenie dla naszych badań grup krwi. Jaka ożywiająca zasada określa niepowtarzalne cechy ludzkiej jednostki, odmienne od cech innych osób?

Kluczem jest dziedzictwo genetyczne, będące ciągłą historią naszego życia. Żyjąc w XXI wieku zachowujemy więź z przodkami. Genetyczna „informacja", której przejawem były ich szczególne cechy, została nam przekazana.

Pomocną analogią jest sposób zarządzania informacją w komputerze. Zastanówmy się nad procesem pisania tej książki. Kiedy zasiadam do pracy, ogranicza mnie tylko moja twórcza wyobraźnia i manualna sprawność posługiwania się klawiaturą. Mogę przemieszczać słowa, zdania i większe fragmenty tekstu. Informacja tekstowa przechowywana jest w dynamicznej części komputera, zwanej pamięcią operacyjną o swobodnym dostępie (*RAM = random access memory*). Jeżeli zawczasu nie zapiszę jej na dysku stałym lub innym nośniku zewnętrznym, to niespodziewana przerwa w zasilaniu komputera spowoduje utratę całego materiału. Jeżeli jednak tekst, który stworzyłem, uznałem za zadowalający, mogę go zapisać w pamięci trwałej z myślą o późniejszym wykorzystaniu.

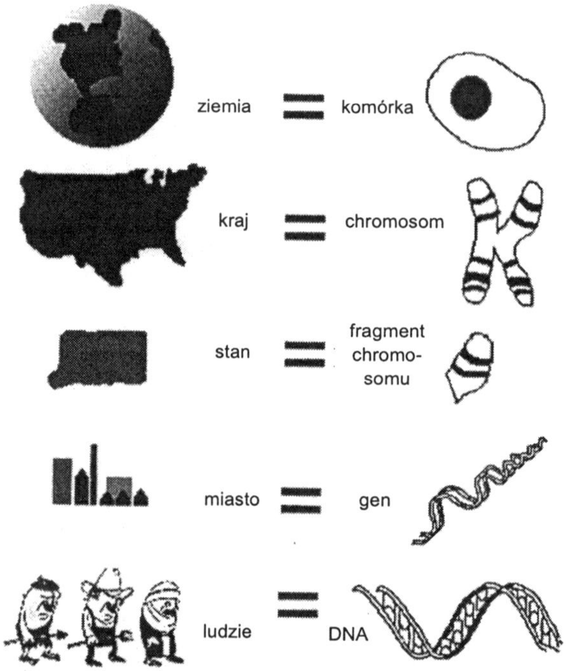

Związki istniejące w tej złożonej sieci mogą nam łatwo uzmysłowić wyobrażenie relacji człowieka do świata. Wyobraźmy sobie Ziemię jako ludzką komórkę. Na powierzchni Ziemi mieszka wiele narodów (chromosomy). Ich kraje dzielą się na stany lub prowincje (pasma chromosomalne). W nich znajdują się miasta (geny), a w miastach żyją ludzie (DNA).

Dziedzictwo genetyczne to nasz biologiczny twardy dysk. Są w nim osadzone „zapisy" z przeszłości – utrwalone do późniejszego wykorzystania – w niektórych przypadkach wraz z nielicznymi „błędami". Zapisy te są przechowywane w strukturze DNA (kwasu dezoksyrybonukleinowego). Jedną z „zapisanych" w ten sposób informacji jest grupa krwi.

Co determinuje grupę krwi? W żargonie genetyków różnice tego typu nazywane są allelami. Każdy człowiek ma swoje allele, czyli zmienne formy genów. Allele decydują o tym, czy ktoś ma oczy niebieskie czy brązowe, czy jest wysoki czy niski, czy ma włosy czarne czy rude, i tak dalej. Istnieją trzy allele grup krwi – A, B i 0. Oznacza to, że u ludzi występują trzy odmiany lub grupy krwi. Wpływ tego zróżnicowania jest jednak znacznie rozleglejszy, niż np. zróżnicowania barwy oczu. Wiąże się to z umiejscowieniem odpowiednich genów i ich oddziaływaniem z innymi genami.

Ulica grup krwi

Gen grupy krwi AB0 umiejscowiony jest na ramieniu q chromosomu numer 9, wokół jego odnogi 34. A zatem genetyczny adres genu grupy krwi to 9q34. W tym miejscu znajdują się trzy podstawowe allele układu AB0, decydujące o tym, którą z czterech grup krwi posiadamy – 0, A, B czy AB[1]. Mechanika wpływów grupy krwi wiąże się ze sposobem oddziaływania genów na inne, pozornie nie związane z nimi, geny umiejscowione w bezpośrednim lub dalszym sąsiedztwie. Tłumaczy to fakt powiązania grup krwi z tak różnymi elementami ciała jak enzymy trawienne czy substancje fizjologicznie czynne układu nerwowego.

Znane są już pewne bliskie związki między genem grupy krwi a innymi genami, mające wpływ na nasze zdrowie i samopoczucie. Na przykład: w roku 1984 badacze publikujący w periodyku „Genetic Epidemiology" przedstawili dowody istnienia rodzinnego rodowodu, w którym główny gen podatności na raka piersi umiejscowiony był w pobliżu odnogi q34 w chromosomie 9[2]. Istnieje wyraźne powiązanie między grupą krwi a rakiem piersi.

Więcej informacji o osobistej typografii genetycznej znajduje się na stronie 386.

U wielu specjalistów z dziedziny dietetyki pierwsze zetknięcie z informacją o powiązaniach grup krwi z trawieniem wywołuje konsternację. W rzeczywistości jednak to nie antygen grupy krwi wpływa na poziom kwasu w żołądku, a raczej *gen* grupy krwi, oddziałujący na inne pozornie nie związane z nim geny umiejscowione tuż przy (lub bardzo blisko) genie grupy krwi AB0, może mieć wpływ na jego poziomy. Zjawisko to, zwane sprzężeniem genetycznym, nie jest jeszcze w pełni zrozumiałe, choć jest od dawna doskonale znane. Wiele genów wpływa na działania innych genów, z pozoru zupełnie z nimi nie związanych.

A oto inne intrygujące sprzężenie, które mogłoby sugerować powiązanie grupy krwi z mózgiem. Gen enzymu DBH (beta-hydroksylaza dopaminowa) przekształcający dopaminę w noradrenalinę umiejscowiony jest pod tym samym adresem 9q34. Tkwi on dosłownie na szczycie genu grupy krwi[3]. Jak zobaczymy później, ma to rozległe następstwa dotyczące związku grupy krwi ze stresem, zdrowiem umysłowym, a nawet strukturą osobowości.

Podgrupy krwi

Chociaż istnieją cztery grupy krwi – 0, A, B i AB – to jednak sugerowanie, że cała ludzka populacja składa się tylko z czterech typów byłoby dziecinnym uproszczeniem. Rzeczywistość jest daleko bardziej złożona i zawiła. Przenieśmy teraz nasze rozważania na inny poziom. Dokładniejsza typizacja krwi, zwłaszcza w odniesieniu do wydzielania w ślinie antygenów grup krwi AB0, daje nam bardziej szczegółowe kryteria osobniczej identyfikacji. Grupa krwi nie jest czynnikiem statycznym. Wyraża się ona w wieloraki sposób, a jej różne przejawy mają istotne znaczenie. Odwołajmy się do prostej analogii łazienkowego kranu. W zależności od ciśnienia w rurach woda płynie silnym strumieniem, sączy się lub kapie, w związku z czym mamy jej do dyspozycji dużo lub mało w jednostce czasu. Analogicznie status wydzielania koreluje z miejscem występowania tych antygenów i ich ilością w organizmie.

Gen wydzielacza: bliskie powinowactwo z 9q34

Po drugiej stronie miasta w stosunku do 9q34, na chromosomach 11 i 19, rezydują bardzo ważni bliscy krewni genu grupy krwi, a mianowicie geny osobników wydzielających. Jakkolwiek gen ten jest niezależny od grupy krwi, to jednak wpływa na sposób, w jaki się ona przejawia. Każdy nosi antygen grupy krwi w komórkach krwi, jednak u większości ludzi (80-85% populacji) antygeny grupy krwi pływają również swobodnie w wydzielinach ciała. Ludzi takich nazywamy osobnikami wydzielającymi – wydzielaczami, ponieważ „wydzielają" swoje antygeny grupy krwi do płynów ustrojowych, takich jak ślina, śluz i nasienie. U osób należących do tej kategorii grupę krwi można oznaczyć na podstawie zawartości tych płynów bądź poprzez analizę krwi. Ludzi, których organizmy nie wydzielają antygenów grupy krwi do płynów innych niż krew, nazywamy, co zupełnie zrozumiałe, osobnikami niewydzielającymi.

U wydzielaczy antygeny grup krwi występują w wielu częściach ciała, w których nie mają ich osobnicy niewydzielający. Status wydzielania może mieć duży wpływ na charakterystykę układu odpornościowego i wiąże się z szeroką gamą chorób i zaburzeń metabolicznych.

Określanie statusu wydzielania/niewydzielania antygenów grupy krwi

Istnieje „zgrubna" metoda oceny, czy ktoś jest, czy nie wydzielaczem, opierająca się na podtypizacji krwi zwanej systemem grup krwi Lewisa.

System Lewisa jest funkcjonalnie powiązany z wydzielaniem/niewydzielaniem antygenów grup krwi do płynów ustrojowych, ponieważ obydwoma mechanizmami rządzi ten sam gen. W systemie Lewisa, umiejscowionym na chromosomie 19, możliwe jest wytworzenie dwóch antygenów nazywanych odpowiednio Lewis^{a} i Lewis^{b}. (Antygenów a i b systemu Lewisa nie należy mylić z A i B w systemie AB0). Cała ludzka populacja dzieli się na trzy grupy: Lewisa^{a+b-}, Lewisa^{a-b+} i Lewisa^{a-b-}. (Czwarta kombinacja – Lewisa^{a+b+} jest ogromną rzadkością). System Lewisa pozwala ustalić, czy ktoś jest wydzielaczem, zauważono bowiem, że osobnicy należący do grupy Lewisa^{a+b-} nigdy nie wydzielają, a osobnicy Lewisa^{a-b+} zawsze wydzielają antygeny do płynów ustrojowych. Związek między wydzielaniem/niewydzielaniem i systemem Lewisa istnieje dlatego, że osobnicy wydzielający przekształcają wszystkie swoje antygeny Lewis^{a} w antygeny Lewis^{b} (co nadaje im formę Lewis^{b+}), podczas gdy w organizmach niewydzielaczy proces taki nie zachodzi (pozostają antygeny Lewis^{a+}). Metodę tę określiłem jako „zgrubną", ponieważ są pewne wyjątki, których nie da się w ten sposób oznaczyć. U ludzi należących do typu Lewis^{a-b-} nie możemy tą metodą określić statusu wydzielania/niewydzielania. Ponieważ ich organizmy nie mają zdolności wytwarzania substancji Lewisa, zatem ich krew i inne wydzieliny nie mają cech +a lub +b. Jednostki te mogą być wydzielaczami lub osobami niewydzielającymi antygenów grupy krwi, natomiast nigdy nie wydzielają substancji Lewisa. W wielu przypadkach u takich osób występują szczególne interakcje z chorobami, drobnoustrojami i syndromami metabolicznymi. Posługując się systemem Lewisa do oznaczenia statusu wydzielania/niewydzielania, zwykle zaliczałem pacjentów negatywnych w tym systemie oraz pacjentów klasy Lewis^{a+} do kategorii niewydzielaczy. Na szczęście tylko 6% rasy kaukaskiej i 16% rasy czarnej należy do grupy Lewis^{a-b-}, co oznacza, że u znakomitej większości ludzi możemy ustalić status wydzielania/niewydzielania antygenów na podstawie tej samej próbki krwi, której używamy do oznaczania grupy krwi.

System Lewisa

Le (a+b-) = niewydzielacz
Le (a-b+) = wydzielacz
Le (a-b-) = negatywni w systemie Lewisa
(mogą być wydzielający bądź niewydzielający)

Dlaczego status wydzielania/niewydzielania jest istotny

Nie wiemy jeszcze dokładnie, dlaczego natura uczyniła niektórych z nas osobnikami wydzielającymi, a innych niewydzielającymi, możemy jednak przypuszczać, że jest to przejawem jej dążenia do ustanowienia dodatkowej warstwy ochrony, której nie posiadali ludzie pierwotni. Istnieją dowody na to, że stan niewydzielania jest genetycznie starszy od stanu wydzielania i – być może – bardziej zgodny z potrzebami trawiennymi łowców-zbieraczy.

Stan właściwy osobnikom wydzielającym był najprawdopodobniej formą adaptacji immunologicznej. Wydaje się, że wydzielając antygeny grupy krwi do śliny, soków trawiennych i innych płynów, tworzymy barierę odpornościową chroniącą nas przed bakteriami, zanieczyszczeniami środowiska i innymi niekorzystnymi czynnikami zewnętrznymi. Z immunologicznego punktu widzenia organizmy osobników niewydzielających stosują strategię „śmiertelnej pułapki": pozwalają chorobotwórczym czynnikom wnikać do organizmu, by następnie zaatakować je i uśmiercić[4].

Oto niektóre obszary kontrolowane przez status wydzielania:

- stopień, do którego obce bakterie opanowują ustrój,
- przyczepność lektyn i innych struktur wrażliwych na grupę krwi zawartych w pożywieniu do tkanki trawiennej,
- syndrom X lub syndrom oporności na insulinę,
- równowaga bakteryjna w jelitach,
- przewidywalność znaczenia markerów nowotworowych w diagnostyce raka,
- krzepliwość krwi,
- skład mleka kobiecego,
- odporność ogólna,
- podatność na ubytki tkanki zębowej,
- wrażliwość na bakterie powodujące wrzody,
- względne ryzyko rozwoju stanów zapalnych jelit,
- podatność na infekcje wirusowe i inne niekorzystne wpływy w układzie oddechowym,
- prewalencja chorób autoimmunologicznych,
- czynniki ryzyka w chorobach sercowo-naczyniowych,
- genetyczna skłonność do alkolizmu[5].

> ***Czy jesteś osobnikiem wydzielającym, czy niewydzielającym antygeny grup krwi?*** *Możesz to łatwo sprawdzić w domu. Szczegóły na stronie 392.*

Oto przykład praktycznego ujęcia statusu wydzielania/niewydzielania. Powiedzmy, że ktoś ma grupę krwi 0 i ma się poddać operacji chirurgicznej. Grupę 0 charakteryzuje najniższe stężenie czynnika krzepliwości, jest to więc osoba podatna na krwotoki. Osobnicy wydzielający mają również bardzo niskie stężenie czynnika krzepliwości. A zatem, pacjent wydzielający z grupą 0 jest bardziej zagrożony niekontrolowanym krwawieniem niż niewydzielający z tą samą grupą krwi[6].

I jeszcze jeden przykład mający szczególne znaczenie dla osób z grupą krwi A. Badania dowiodły, że około 10% osób stosujących dietę typu A z książki *Jedz zgodnie ze swoją grupą krwi* ma problemy ze stosunkowo wysoką zawartością węglowodanów w tej diecie. Większość z nich to kobiety. Ponieważ publikacja dotyczyła wyłącznie grup A, AB, B i 0, należałoby więc założyć, że przeciętny jej czytelnik był osobnikiem wydzielającym, takich ludzi jest bowiem zdecydowanie więcej. Nie przewidziano żadnych modyfikacji dla osobników niewydzielających. Stwierdziłem tymczasem, że oni właśnie tworzą ową grupę osób źle reagujących na dietę typu A, a ich problemy są spowodowane przez oporność na insulinę, która często się zdarza w tym podtypie. Organizmy niewydzielające typu A powinny zwiększyć udział białka w diecie (wprowadzając takie pokarmy jak ryby morskie i drób), a jednocześnie ograniczyć udział prostych węglowodanów. Mając to na uwadze, zmodyfikowaliśmy diety zgodne z grupami krwi, uwzględniając status wydzielania/niewydzielania.

Ciąg dalszy podróży

Jesteśmy przyzwyczajeni do przedstawiania przebiegu ewolucji człowieka w postaci liniowej, z zaznaczonymi punktami znaczących zmian. W książce *Jedz zgodnie ze swoją grupą krwi* ewolucja grup krwi została celowo w taki właśnie sposób opisana, by skutecznie przekazać podstawowe idee. Wiemy jednak, że linia prosta nie jest dobrym przybliżeniem procesu ewolucyjnego, którego lepszym schematycznym odzwierciedleniem byłaby pętla lub inna linia krzywa. Kiedy mówimy, że grupa 0 jest najstarsza, grupa A późniejsza, a grupy B i AB – jeszcze późniejsze, nie mamy na myśli gładkiego przechodzenia do kolejnych etapów rozwoju od myśliwych do rolników, nomadów itd. Ewolucja dokonuje się w niewidocznym dla nas krajobrazie i w niewyobrażalnie długim czasie. Doskonalenie naszego gatunku i jego wielu ras odbywające się pod dyktando potrzeb narzucanych przez środowisko życia składa się z ogromnej liczby małych kroków i nikłych zmian. Zmianami tymi rządzi uniwersalna zasada przeżycia. Dziś, u progu nowego stulecia, posiadamy wiedzę i narzędzia pozwalające maksymalizować zdolność przeżycia dzięki świadomemu wykorzystaniu materiału genetycznego, którym nas obdarzyła natura.

2

W poszukiwaniu tożsamości

Czy istnieje osobowość zgodna z grupą krwi?

Kim jestem? Najprostszą odpowiedzią jest długa lista szczegółów: wiek, wzrost, waga, kolor oczu i włosów, stan cywilny, liczba dzieci, miejsce zamieszkania, zawód – wszystkie zewnętrzne fakty indywidualnego życia. No i oczywiście grupa krwi, na przykład: A.

Są łatwe do zaobserwowania i sklasyfikowania szczegóły dotyczące np. Petera D'Adamo, w odczuciu większości ludzi nie dają one jednak zadowalającej odpowiedzi na postawione pytanie. Istoty ludzkie nie poddają się kwantyfikacji tak łatwo, jak by się wydawało. Kiedy ktoś mówi: „Chciałbym cię poznać", nie ma na myśli zaznajamiania się z czyjąś osobistą statystyką bądź kopiowania *curriculum vitae*. Poznać, to znaczy wiedzieć, *jaki* ktoś jest, jaką posiada osobowość. Czy jest ekstrawertykiem, czy introwertykiem? Czy w jego psychice dominują emocje, czy racjonalizm? Czy jest łagodny, czy porywczy? Chojny i życzliwy czy zachłanny i egoistyczny? Cierpliwy czy szybko ulegający frustracji? I tak dalej. Nie poddający się precyzyjnemu opisowi melanż cech, który nazywamy osobowością – oto co nas zasadniczo odróżnia od innych przedstawicieli ludzkiego gatunku.

Grupa krwi jest elementem indywidualności, podobnie jak osobowość. Jest jednak również wyznacznikiem wspólnoty. Na przykład: jeśli dwie osoby mają tę samą grupę krwi – powiedzmy: A – to w ich ciałach będą występowały określone podobieństwa neurochemiczne, w związku z czym będą podobnie reagowały na stres[1].

Przez setki lat środowisko medyczne oddzielało umysł od ciała, traktując je jako odrębne rzeczywistości, jednak z perspektywy historycznej ów rozdział sfer mentalnej i fizycznej jawi się jako anomalia. Współczesne pojmowanie umysłu i ciała jako struktur fizjologicznie powiązanych nie jest ideą nową. Ma ono starożytne korzenie. Na przykład tradycyjna indyjska metoda leczenia, zwana *ajurwedą*, opiera się na starożytnym systemie filozoficznym wyróżniającym pewne uniwersalne siły przyrody i energie życiowe. Indyjscy mędrcy proponują w nim pięć podstawowych „żywiołów", czyli transformacji energii określanych symbolicznie jako: przestrzeń, powietrze, ogień, woda i ziemia. Żywioły te, łącząc się, tworzą trzy główne siły życia, czyli *dosze: vata, kapha i pitta. Dosze* oddziałują na energię życia – *pranę* – pomagając określić indywidualny typ ciała, jego konstytucję, osobowość i ogólną zdrowotność.

W II wieku n.e. grecki lekarz Galen wyróżnił cztery główne temperamenty, zwane też „humorami": *sangwiniczny, melancholiczny, choleryczny* i *flegmatyczny.* Miarą trwałości tej koncepcji jest fakt, iż powyższych słów nadal używamy w języku współczesnym jako zwykłych przymiotników. Kiedyś uważano, że temperamenty Galena powstają w wyniku mieszania się w różnych kombinacjach czterech podstawowych substancji występujących w ciele: krwi, flegmy, żółci i czarnej żółci. Szczególną uwagę zwracano na gęstość lub rozrzedzenie tych płynów – zwłaszcza krwi. Nauka współczesna potwierdziła związek między grupą krwi, jej lepkością i różnymi stanami chronicznego niepokoju.

Nie ma najmniejszej wątpliwości, że istnieje związek między ciałem i umysłem, że sposób myślenia i odczuwania, charakter marzeń sennych i typ wyobraźni mają swoje manifestacje i odpowiedniki w złożonej funkcjonalności chemicznej organizmu. W całym tym psychofizycznym systemie osadzona jest również specyfika grup krwi.

W mojej codziennej pracy znajduję stale nowe potwierdzenia tego związku. Podczas spotkań z pacjentami i czytelnikami widzę ich potrzebę podzielenia się doświadczeniami wynikającymi z prób praktycznego stosowania proponowanej przeze mnie diety. Mówią mi o tym, jak pozbyli się nadwagi, jak obniżyli poziom cholesterolu i jak uwolnili się od dokuczliwych bólów artretycznych. Następnie wiele osób teatralnym szeptem dodaje coś, co jest dla nich znacznie bardziej rewelacyjną zmianą – mówią o tym, że nie czują już przygnębienia i nie mają stanów depresyjnych.

Zaczynają mi opowiadać o koszmarnych atakach depresji, które dręczyły ich od dziesiątków lat. Twierdzą, że depresje te zniknęły – jak pod działaniem czarodziejskiej różdżki – niedługo po wprowadzeniu w życie diety zgodnej z własną grupą krwi.

Czy grupa krwi ma wpływ na ludzkie zachowania? Czy może mieć znaczenie w profilaktyce i leczeniu chorób psychicznych? Czy istnieje coś takiego, jak osobowości właściwe grupom krwi? Są to fascynujące pytania, na które możemy już z całą odpowiedzialnością odpowiedzieć: tak, jeśli uznamy dwie podstawowe przesłanki:

Przesłanka 1: umysł i ciało tworzą spójny, zintegrowany organizm, w którym funkcje fizyczne – układ odpornościowy, układ trawienny, układ krążenia, gruczoły dokrewne i wszystkie inne układy – są autonomiczne, a jednocześnie powiązane z umysłem.

Przesłanka 2: grupa krwi oddziałuje na cały ustrój na poziomie komórkowym.

Czego mamy nadzieję dowiedzieć się z tych badań? Otóż naszą intencją jest rozpoznanie mocnych i słabych stron organizmów należących do poszczególnych typów wyodrębnionych według kryterium grup krwi – ich właściwości wpływających na stan zdrowia i samopoczucie.

Informacja ta staje się pomocna w sytuacjach chorób i innych form fizycznego i emocjonalnego stresu. Doktor Samuel Hahnemann, twórca medycyny homeopatycznej, miał interesującą koncepcję, która w moim przekonaniu jest stuprocentowo słuszna. Zauważył on, że każdy niemal człowiek ma jakieś, mniejsze lub większe, dziedziczne upośledzenie. Najpowszechniejsze z nich określał wyrazem *psora* wywodzącym się z hebrajskiego słowa *tsorat* oznaczającego „usterkę" lub „wadę".

Hahnemannowska *psora* to „pięta achillesowa" organizmu – genetyczna linia słabych punktów – przenoszona z pokolenia na pokolenie i zwykle będąca przyczyną poważnych zakłóceń zdrowia. Kalifornijski uskok św. Andrzeja jest taką *psorą* geologicznej struktury Ziemi – linią anomalną, wzdłuż której należy oczekiwać trzęsień ziemi.

Korelacje między grupami krwi i typami osobowości nabierają właściwego znaczenia, gdy rozpatrujemy je w taki sposób, jak Hahnemann traktował *psorę*. W momentach stresu genetyka grup krwi oddziałuje na układ neurochemiczny. Przypomina to zachowanie linii słabych punktów ukrytej pod powierzchnią. Uskok tektoniczny – czyli taka właśnie linia – może być niegroźny w warunkach pełni zdrowia. Kiedy jednak chorujemy lub doznajemy stresów ponad miarę naszej wytrzymałości, objawia się nagle i eksploduje. Prowadzone przez nas badania związków grup krwi z życiem psychicznym mają na celu zmniejszenie obciążenia owej krytycznej linii i utrzymanie jej w stanie utajonym, a tym samym uniknięcie katastrofalnych zachwiań homeostazy.

Badanie problemu osobowości

Ktoś przysłał mi kiedyś japońską książkę ofert towarzyskich pochodzącą z tamtejszego baru dla osób samotnych. Wyglądała ona podobnie jak analogiczne książki amerykańskie dostępne w podobnych lokalach w Stanach Zjednoczonych. W książce były miejsca na wpisanie imienia i numeru telefonu. W odróżnieniu jednak od Amerykanów, Japończycy mieli w swojej książce również specjalne rubryki na grupę krwi osób poszukujących partnerów. Badania wykazują, że ponad 70% Japończyków wierzy w istnienie związku między grupą krwi a osobowością. Wzmianki na ten temat pojawiają się wszędzie – w dyskusjach telewizyjnych, filmach animowanych i internetowych witrynach. W roku 1997 80% wiodących prywatnych stacji telewizyjnych w Japonii wyemitowało programy dotyczące tego tematu. Osoby starające się o pracę rutynowo umieszczają w swoich ofertach informację o grupie krwi, która miewa nierzadko decydujący wpływ na decyzje pracodawców. Nigdzie na świecie nie przywiązuje się tak wielkiej wagi do grupy krwi i nigdzie temat ten nie jest tak powszechnie znany[2].

W popularnej na całym świecie japońskiej kreskówce „Sailor Moon", której twórcą jest Naoko Takeuchi, określenia grup krwi bohaterów pojawiają się raz za razem. Wprowadzając nową postać, pani Takeuchi podaje w kolejności: jej imię, datę urodzenia, urodzeniowy znak zodiaku, grupę krwi, wiek i pseudonim szkolny. Osobowości odpowiadają oczywiście pewnym stereotypom związanym z grupami krwi. Setsuna (żeglarz Pluto), na przykład, reprezentuje grupę A, w związku z czym nienawidzi czerwonego mięsa najbardziej ze wszystkiego! Mamy w domu kopię tej kreskówki i Setsuna jest ukochaną bohaterką obu moich córek należących właśnie do grupy A.

Przyporządkowanie cech osobowości grupom krwi to świetna zabawa przypominająca nieco astrologię. Czy jednak jest w tym jakaś obiektywna prawda? Muszę przyznać, że pisząc książkę *Jedz zgodnie ze swoją grupą krwi*, miałem co do tego wątpliwości – nie byłem pewien, czy grupa krwi ma *jakikolwiek* wpływ na ludzką osobowość. Badając pracę japońskiego autora Masahiko Nomi zawierającą szczegółowe opisy osobowości odpowiadających grupom krwi, odnosiłem wrażenie, że większość zawartego w niej materiału należy raczej do świata kultury masowej niż do skarbnicy naukowej wiedzy.

Nieuchwytność ostatecznych prawd o ludzkiej psychice jest wprost proporcjonalna do różnorodności i bogactwa naszego życia wewnętrznego. Mimo bogatej gamy narzędzi badawczych i mnogości teorii współczesnej psychologii, wstępując w XXI wiek, musimy się przyznać do tego, że najgłębsze źródła osobowości człowieka pozostają dla nas nadal nieprzeniknioną tajemnicą.

Podstawową trudnością, z którą borykają się wszystkie teorie osobowości, jest problem uściślenia pojęć używanych do jej opisu. Każda z istniejących teorii na swój sposób definiuje etykiety używane do opisu cech ludzkich w ramach określonego modelu. Nawet archetypy, którymi posłużyliśmy się w książce *Jedz zgodnie ze swoją grupą krwi*, by ułatwić sobie wyjaśnienie antropologicznej genezy grup krwi AB0, miały w naszej intencji charakter luźnych punktów odniesienia. Typ 0 stał się „myśliwym" reprezentującym wczesnych łowców i zbieraczy, typ A – „rolnikiem", z uwagi na rolę, jaką odegrał rozwój rolnictwa w kształtowaniu się tej grupy krwi, typ B – „koczownikiem", ponieważ jego rozwojowi towarzyszyło przemieszczanie się ludzkich populacji do nowych środowisk. W tej konwencji typ AB okazał się zagadką – z tej prostej przyczyny, że nie wiemy jeszcze, dlaczego ta „najnowsza" grupa krwi powstała. Tymczasem dla wielu ludzi etykietki grup krwi stały się tak samo spersonalizowane jak znaki zodiaku, odgrywając rolę kolejnego narzędzia porządkującego i wyjaśniającego grupowanie się pewnych cech psychicznych. W końcu jednak i ta powierzchowna analiza „typów" musi skapitulować w obliczu nieprzeniknionej zagadki ludzkiej natury.

Oto dlaczego zachowałem umiarkowany sceptycyzm i daleko posuniętą ostrożność w zgłębianiu osobowościowych odniesień grup krwi. Z drugiej strony niepodważalne dowody neurochemicznych prawidłowości skorelowanych z grupami krwi dały mi możliwość rozpatrywania problemu osobowości w nieco inny sposób. Jeżeli mechanizmy kontrolujące zachowania, temperament i zdrowie umysłowe podlegają wpływom grup krwi, to rozszerzenie naszej analizy na sferę osobowości wydaje się ze wszech miar uzasadnione.

Grupa krwi i osobowość: istniejące teorie

Związek grupy krwi z temperamentem jest przedmiotem badań od lat dwudziestych. Inicjatorem tego kierunku był profesor psychologii Takeji Furukawa, który jako pierwszy postanowił sprawdzić, czy grupa krwi jest w jakikolwiek sposób skorelowana z cechami psychicznymi człowieka. Furukawa publikował niektóre swoje prace w początkach lat trzydziestych w niemieckim czasopiśmie „Journal of Applied Psychology", co zachęciło niektórych psychologów europejskich do badania związku grupy krwi z temperamentem[3].

Powiązanie grup krwi z osobowością wzbudziło jednak szersze zainteresowanie dopiero w latach siedemdziesiątych, kiedy dziennikarz nazwiskiem Masahiko Nomi samodzielnie spopularyzował ideę, wedle której system AB0 jest kluczem do osobowości człowieka. Książka Nomiego zatytułowana *What Blood Types Reveal about Compatibility (Ketsueki de wakaru aisho,* „Co grupa krwi mówi nam o zgodności") odniosła w Japonii ogromny sukces, który trwa do dnia dzisiejszego – sprzedawane jest obecnie jej XXIV wydanie![4] Nomi napisał później ponad 65 książek – niektóre sam, a niektóre wspólnie z synem Toshitaką.

Wiele charakterystyk Nomiego opiera się na prostych obserwacjach tysięcy osób, którym zwykle poświęcano nie więcej niż jeden dzień. Metoda ta z pewnością nie spełniała kryteriów naukowej ścisłości, uzyskane ze jej pomocą wyniki są jednak nie pozbawione znaczenia. Systematyczne obserwacje ujawniają pewne wyraźne prawidłowości. Mój ojciec James D'Adamo sformułował wiele ciekawych wniosków obserwując tysiące pacjentów i katalogując informacje w ciągu długich lat praktyki. Później wiele z tych wniosków potwierdziło się w badaniach genetycznych i laboratoryjnych.

W roku 1997 Peter Constantine wydał książkę *What's Your Type?* poświęconą związkom grup krwi z cechami osobowości[5]. Chyląc czoło przed Nomim, Constantine prezentuje prostą, a jednocześnie pogłębioną koncepcję osobowości, do której jednak – jak się wydaje – czerpał inspiracje głównie z prac psychologów europejskich lat trzydziestych, czterdziestych i pięćdziesiątych. Jego profile osobowościowe, oparte w znacznej mierze na dokonaniach psychologa francuskiego Leona Bourdela i szwajcarskiego specjalisty Fritza Schaera, wykazują niemal doskonałą zgodność z profilami Nomiego, choć w niektórych przypadkach poglądy tych autorów diametralnie się różnią.

Nomi kojarzy grupę B z osobami, które „myślą niestereotypowo" i są przy tym „niezbyt ambitne". Constantine charakteryzuje reprezentantów tej grupy jako „racjonalnych, trzeźwych i pragmatycznych, uporczywych organizatorów z energicznym napędem do osiągania celów". Obaj autorzy charakteryzują przedstawicieli grupy B jako „indywidualistów".

Nomi i Constantine zgadzają się w kwestii związku grupy 0 z ekstrawersją – zwłaszcza w zakresie sposobu wypowiadania się. Zgodni są również co do tego, że u osób należących do grupy A częściej występuje skłonność do introwersji połączona z podwyższoną wrażliwością na opinię publiczną, chociaż Constantine uważa jednocześnie przedstawicieli grupy A za bardziej „powściągliwych i spokojnych" niżby wynikało z sugestii Nomiego.

Grupa AB, w opisie Constantine'a, charakteryzuje się równowagą między introwersją i ekstrawersją, co oznacza, że u ludzi o takiej grupie krwi występuje – jego zdaniem – pozytywna mieszanina cech właściwych dla obu tendencji. U Nomiego introwersja i ekstrawersja są mniej zrównoważone, a reprezentanci grupy AB wykazują duże zdolności przystosowawcze w relacjach międzyludzkich, a przy tym cechuje ich „zwrócony do wewnątrz emocjonalizm" połączony z uczuciem dystansu wobec środowiska społecznego. Ogólnie biorąc, charakterystyki Constantine'a i Nomiego są bardzo podobne, a najbardziej konsekwentnie podkreślaną przez obu autorów cechą jest skłonność do ekstrawersji u ludzi należących do grupy 0 i do introwersji u przedstawicieli grupy A.

Dwaj czołowi psychologowie XX wieku – Raymond Cattell i Hans Eysenck – jako pierwsi rozpoczęli naukowe badania powiązań między grupami krwi i cechami osobowości. Cattell skoncentrował się na badaniu indywidualnych różnic dotyczących zdolności pojmowania, osobowości i motywacji. Najlepiej znaną jego koncepcją jest narzędzie oceny osobowości złożone z szesnastu tzw. czynników osobowościowych (16PF = 16 Personality Factors) – najszerzej stosowane w testach osobowości na całym świecie.

Cattell badał powiązania osobowości z grupami krwi w roku 1964 i w 1980, używając tego właśnie systemu 16PF. Próbkę złożoną z 323 Australijczyków rasy kaukaskiej podzielono według 17 systemów genetycznych i 21 zmiennych psychologicznych, z uwzględnieniem grup krwi. Stwierdzono, że osoby należące do grupy AB są znacząco bardziej samowystarczalne i niezależne od wsparcia grupowego niż przedstawiciele pozostałych trzech grup. Reprezentanci grupy A są bardziej podatni na poważne niepokoje psychiczne niż osoby z grupą krwi 0[6]. Wyniki te są całkowicie zgodne z innymi wynikami dotyczącymi stresu i zaburzeń umysłowych.

Niemiecki psycholog prof. Eysenck, związany z Uniwersytetem Londyńskim, odegrał pionierską rolę w formułowaniu teorii wpływu czynników genetycznych na psychologiczne różnice między ludźmi. Jego głównym osiągnięciem jest teoria osobowości znana jako System PEN (od słów: psychotyzm, ekstrawersja i neurotyzm). Według Eysencka zmienne te są rezultatem preferencji fizjologicznych i chemicznych. Na przykład: introwertyków cechują wyższe poziomy aktywności w korowo-siateczkowej pętli mózgu, w związku z czym są oni chronicznie bardziej korowo pobudzeni niż ekstrawertycy. Jeżeli tak, to u takich jednostek tłum i hałas bardzo szybko wywołują zmysłowe przeciążenie.

Eysenck porównywał różnice narodowości z cechami osobowości i był w stanie uwzględnić grupy krwi w konkretnych populacjach. Wykorzystywał przy tym wyniki wcześniejszych badań, ukazujące istotne różnice w częstości występowania pewnych grup krwi u europejskich introwertyków i ekstrawertyków oraz u osób wysoce emocjonalnych i bardziej zrelaksowanych. Wyniki te wskazywały, iż zachowania emocjonalne występują częściej u reprezentantów grupy B niż u osób z grupą A oraz że introwersja jest częściej spotykana w obrębie grupy AB niż u ludzi z innymi grupami krwi[7].

Eysenck badał dwie próbki populacji. Jedna składała się z Brytyjczyków, druga z Japończyków. Wcześniejsze badania pokazywały, że ci ostatni są z natury generalnie bardziej introwertyczni i neurotyczni niż Brytyjczycy, w związku z czym spodziewano się w ich próbce większej liczby osób z grupą krwi AB oraz mniejszego udziału A i B. Przewidywania te potwierdziły statystyki grup krwi populacji obu krajów[8].

Grupy krwi - charakterystyczne cechy osobowości

	Grupa 0	Grupa A	Grupa B	Grupa AB
Masahiko Nomi	Ekstrawertycy Silni Ekspresyjni	Introwertycy Perfekcjoniści Powściągliwi	Niezależnie myślący Niezależni Pozbawieni ambicji	Wrażliwi Z rezerwą Bierni
Peter Constantine	Ekstrawertycy Otwarci	Introwertycy Umiarkowani Spokojni	Pragmatyczni Zorganizowani	Równowaga między ekstrawersją i introwersją
Raymond Cattell	Stabilni	Skłonni do wewnętrznego niepokoju	Samowystarczalni	Wyobcowani
Hans Eysenck	Ekstrawertycy	Spokojni	Wysoce emocjonalni	Introwertycy
Grupa krwi i osobowość – test w Internecie na stronie www.dadamo.com	Praktyczni Zdecydowani Żyjący chwilą obecną	Introwertycy Wrażliwi na potrzeby innych	Uczuciowi Elastyczni Spontaniczni Subiektywni	Uczuciowi Intuicja

Koncepcja związku osobowości z grupą krwi

Mniej więcej rok temu pewna osoba odwiedzająca moją witrynę internetową, korzystając z umieszczonego w niej kanału łączności z odbiorcami, nadesłała interesujący materiał zawierający wyniki niewielkiego studium korelacji grup krwi z osobowością, opartego na typach osobowości Carla Junga.

Carl Jung jako pierwszy zidentyfikował dwie fundamentalnie odmienne postawy ekstrawersji i introwersji jako przeciwstawne cechy kojarzone odpowiednio z grupami krwi 0 i A. Aby nadać konkretny wymiar tym postawom, Jung wyróżnił dwa typy procesów mentalnych: *postrzeganie*, czyli przyjmowanie informacji, oraz *osądzanie* polegające na organizowaniu i hierarchizowaniu informacji w celu wypracowania decyzji. Każdy z tych procesów miał swoje odmiany, które Jung nazwał funkcjami orientującymi – *racjonalnymi* (myślenie i odczuwanie) lub *irracjonalnymi* (wyczuwanie i intuicja)[9]. Prace Junga stały się punktem wyjścia dwudziestowiecznej teorii osobowości i podstawą testów osobowości opartych na wskaźnikach typu Meyersa-Briggsa[10].

Oto co gość mojej witryny napisał o swoim studium:

„Badając próbną grupę złożoną z około 45 studentów wydziału zarządzania, stwierdziłem, że osoby z grupą krwi 0 wypadają znacznie lepiej pod względem »wyczuwania« , wykorzystując pięć zmysłów fizycznych do zbierania informacji; podobnie, pod względem połączonych funkcji »wyczuwanie/myślenie« wykazują się większym zainteresowaniem szczegółami i faktami, są logiczniejsze, dokładniejsze, bardziej uporządkowane, świadome zasad i procedur, są bardziej godne zaufania i odpowiedzialne oraz lepiej niż pozostali członkowie próbki radzą sobie z obiektywną informacją i mają większe zdolności organizacyjne. Wykazują one także preferencję do uczenia się poprzez czytanie i pisanie. Jestem przekonany, że preferencja do danych zmysłowych i intelektualnych metod ich obróbki wyrasta z pierwotnych potrzeb myśliwego-zbieracza, który musiał uważnie obserwować i precyzyjnie oceniać fizyczne środowisko, chcąc zapewnić sobie przetrwanie.

Jedyną znaczącą cechą wyróżniającą ludzi z grupą krwi A w stosunku do pozostałych była silniejsza potrzeba autonomii. Być może wynikała ona z genetycznego imperatywu ustanawiania odrębnej tożsamości. Jednostki te, pochodzące od pokoleń ludzi pracujących głównie w samotności, odziedziczyły taką potrzebę. Ich przodkowie najwyraźniej potrzebowali pewności siebie, byli bowiem samowystarczalnymi rolnikami żyjącymi w luźno zintegrowanych społecznościach wspólnot agrarnych.

Badania osób z grupą krwi B okazały się najciekawsze. Wyróżnia te osoby zdecydowanie najwyższa preferencja do poznania intuicyjnego, zdobywania informacji drogą postrzegania pozazmysłowego oraz posługiwania się uczuciowo-intuicyjnym sposobem ich przetwarzania. Są to ludzie predestynowani do aktów wglądu, doświadczeń mistycznych, idealizmu, subiektywizmu, kreatywności, oryginalności, myślenia w kategoriach globalnych, zdolności do empatii i aktywnej wyobraźni. Uczą się najłatwiej przez słuchanie, przemyślenia i interpretowanie tego, co zaobserwowali. Prawdopodobnie życie koczowników w stepach sprzyjało długim rozmowom, medytacjom i rozmyślaniom".

Podobał mi się sposób, w jaki autor tych słów kojarzył cechy osobowości odpowiadające grupom krwi z antropologicznymi imperatywami, z którymi nasi przodkowie mieli niegdyś do czynienia. Akceptujemy bez zastrzeżeń fakt ewoluowania naszych cech fizycznych w procesie adaptacji do zmieniających się środowisk. Logicznie rzecz biorąc, nasze cechy osobowości musiały również podlegać takim mechanizmom przystosowawczym. I z takim przeświadczeniem przystępowałem do tej części swoich badań.

Korzystając z tego, że Internet umożliwia szybko dostęp do wielu potencjalnych uczestników ankiet, wykorzystałem do działań badawczych swoją witrynę w systemie WWW do ustalenia, czy testy osobowości rzeczywiście potwierdzają korelację cech psychicznych z grupami krwi osób ankietowanych. Nie było to studium naukowe w ścisłym tego słowa znaczeniu, a raczej próba przekonania się, czy tą metodą otrzymam dane w jakimś stopniu zgodne z wynikami innych badań.

Napisałem niewielki program komputerowy, pozwalający każdemu odwiedzającemu moją witrynę poddać się testom. Wykorzystałem prostszą i szybszą wersję kwestionariusza, zwanego Kiersey Temperament Sorter (sortem temperamentów Kierseya). Jest to test opracowany przez psychologa Davida Kierseya, identyfikujący cechy osobowości na podstawie typów ekstrawertyczno-introwertycznych Carla Junga[11]. Test mieścił się na czterech ekranach. Wybierając jedną z możliwych odpowiedzi ujętych w dwóch kolumnach, uczestnicy kwalifikowali się do jednego z szesnastu profilów osobowościowych.

W okresie od początku czerwca 1999 do grudnia 1999 roku w teście wzięło dobrowolnie udział 20 635 osób. Jest to próbka na tyle znacząca, że otrzymane z jej pomocą wyniki zasługują na uwagę. Cała grupa obejmowała 15 255 kobiet i 5380 mężczyzn.

Rozkład grup krwi był w niej następujący:

A	AB	B	O
7187	1473	2809	9166
34,83%	7,14%	13,61%	44,42%

Ponadto prosiłem uczestników o scharakteryzowanie własnych biotypów (typów konstytucjonalnych). Pojęcie to jest znane większości czytelników przynajmniej w ogólnych zarysach. Biotyp wyraża powiązanie między osobowością i typem budowy fizycznej ciała. Teoria ta została sformułowana po raz pierwszy w latach czterdziestych przez Williama H. Sheldona, który stworzył precyzyjny system pomiarów, pozwalający identyfikować trzy podstawowe typy i badać ich korelacje z cechami osobowości. Są to: typ **ektomorficzny** – szczupły, przeważnie wysoki, z długimi kończynami i proporcjonalną budową ciała; typ **mezomorficzny** – o budowie grubokościstej, atletycznej, z szerokimi ramionami i dobrze rozwiniętą muskulaturą; oraz typ **endomorficzny** – „pucołowaty", o budowie „gruszkowatej". Przedstawicieli typu endomorficznego cechuje przewaga tkanek tłuszczowych.

Z odpowiedzi na pytania identyfikujące cechy osobowości i typ somatyczny można było wyczytać pewne prawidłowości.

GRUPA KRWI 0. Osoby z tą grupą krwi najczęściej opisywały siebie w sposób związany z następującymi cechami: odpowiedzialność, zdecydowanie, zorganizowanie, obiektywizm, świadomość zasad, praktyczność. Wśród przedstawicieli grupy 0 obojga płci typ mezomorficzny występował częściej niż w grupach kontrolnych, przy czym wśród kobiet z grupą krwi 0 tendencja ta była wyraźniejsza niż wśród mężczyzn. Grupa 0 odznaczała się również najniższym odsetkiem respondentów zaliczających siebie do typu ektomorficznego. Niektóre cechy osobowości kojarzone z mezomorfizmem – takie jak: silna motywacja do aktywności fizycznej, obojętność w stosunku do myśli i pragnień innych osób, silny instynkt rywalizacji oraz ponadprzeciętna asertywność – systematycznie pojawiają się u ludzi z grupą 0.

GRUPA KRWI A. Osoby z tą grupą krwi najczęściej opisywały siebie w sposób związany z następującymi cechami: wrażliwość na potrzeby innych, umiejętność słuchania, zainteresowanie szczegółami, myślenie analityczne. Wśród przedstawicieli grupy A zauważyć można znaczącą statystycznie przewagę osób opisujących siebie jako ektomorfików – w stosunku do tych, którzy przypisują sobie cechy mezomorfizmu. Ciekawe, że w tej grupie udział endomorfików był także wyższy od przypadkowego. Wydaje się to wskazywać, że ludzie z grupą krwi A mają skłonność do skrajnych konstytucji fizycznych, przy czym prawidłowość ta jest znacznie wyraźniejsza u mężczyzn. Niektóre cechy osobowości kojarzone z ektomorfizmem – takie jak: potrzeba prywatności, intensywność procesów umysłowych i umiejętność kontrolowania szczegółów – łączone są w literaturze naukowej z grupą A.

GRUPA KRWI B. Osoby z tą grupą krwi najczęściej opisywały siebie w sposób związany z następującymi cechami: subiektywizm, niefrasobliwość, kreatywność, oryginalność, elastyczność. Wśród przedstawicieli grupy B rozkład typów konstytucjonalnych jest najbardziej zbliżony do statystycznego rozkładu losowego.

GRUPA KRWI AB. Osoby z tą grupą krwi najczęściej opisywały siebie w sposób związany z następującymi cechami: emocjonalność, niezależność, intuicja. Osoby należące do grupy AB najrzadziej zaliczały siebie do typu endomorficznego. W odróżnieniu od grupy A, w której większy udział typu ektomorficznego wiązał się z rzadszym występowaniem mezomorfizmu, w grupie AB mniejszej liczbie endomorfików towarzyszył większy odsetek przedstawicieli typu mezomorficznego.

Łącząc moje dane z danymi uzyskanymi przez innych badaczy, dokonałem następującej syntezy cech osobowości osób z poszczególnymi grupami krwi:

GRUPA 0	GRUPA A	GRUPA B	GRUPA AB
EKSTRAWERTYK	**INTROWERTYK**	**NIEZALEŻNY**	**INTUICYJNY**
Silny	Intensywny	Niezależnie myślący	Emocjonalny
Przywódca	Pomysłowy	Elastyczny	Namiętny
Pewny siebie	Wymagający	Twórczy	Przyjazny
Pragmatyczny	Perfekcjonista	Oryginalny	Ufny
Strategiczny	Wrażliwy	Podmiotowy	Bezstronny
Cierpliwy	Współdziałający	Wytrwały organizator	
Logiczny	Twórczy		

Podsumowanie problemu

Grupy krwi i cechy osobowości pozwalają ułożyć logiczny katalog wzajemnych skojarzeń. Natura ludzka szuka prawidłowości, a naszym celem ostatecznym jest wyciąganie użytecznych wniosków z ich analizy. Jakie korzyści może nam przynieść zrozumienie związków między grupami krwi i cechami osobowości?

Zacznijmy od założenia, że każda cecha ma swoje podstawy w naszej pamięci genetycznej. Badania antropologiczne wykazały niezbicie, że pewne archetypowe cechy osobowości i zachowania w całej ewolucyjnej historii człowieka pozostają w bezpośrednim związku z przetrwaniem. Zwolennicy socjobiologii – teorii zainicjowanej przez E.O. Wilsona – wierzą, że nasze zachowania da się wyjaśnić badając wzorce ewolucyjne. Agresja, przyciąganie i współdziałanie grupowe służą zachowaniu gatunku. Wiemy jednak, że zachowania te nie są automatyczne. Z biegiem czasu zostały znacznie udoskonalone w następstwie zmian środowiska i wpływów kulturowych.

Owe zaawansowane wzorce zachowań można by nazwać przejawem ewolucji inteligentnej. Jak postaramy się wyjaśnić w następnym rozdziale, wzorce osobowościowe silnie korelują z atrybutami chemicznymi przynależnymi grupom krwi. Są to substancje chemiczne o doniosłym znaczeniu dla zdrowia psychicznego.

3

Stres i stabilność emocjonalna

Grupa krwi jako wskaźnik zdrowia psychicznego

Niełatwa egzystencja człowieka na planecie Ziemi zawsze była zagrożona. Wydźwignęliśmy się na szczyt piramidy pokarmowej dzięki instynktom drapieżczym i inteligencji, jesteśmy jednak nadal istotami nadzwyczaj kruchymi. W obliczu nagłego ataku jakiegokolwiek drapieżnika człowiek jest bezradny. Żyjąc w coraz bardziej nietrwałych i zmiennych środowiskach wystawiamy naszą zdolność przetrwania na ciężką próbę. Ewolucja odpornych na antybiotyki patogennych organizmów oraz nawrót chorób od dawna uważanych za opanowane zwiększają śmiertelność. Spustoszenia związane z procesem starzenia – nieuchronnym zużywaniem się naszych fizycznych ustrojów – są nadal kojarzone z ostatnim etapem naszego życia.

Każde zetknięcie ze śmiertelnością wyzwala w nas stres. To dobra, ale i zła wiadomość. Jakkolwiek większość z nas nosi w sobie właściwą kompozycję biochemicznych sygnałów pomagających reagować właściwie na stresujące czynniki, to jednak nadmiar stresu działającego w zbyt długim czasie wywołuje zachwiania równowagi psychicznej, fizjologiczne załamania i choroby. Z drugiej strony, gdybyśmy nie mieli owych serii sygnałów – hormonalno-chemicznych alarmów i wzorców reagowania, regulujących nasze fizyczne istnienie – to z pewnością rasa ludzka wymarłaby na długo przed tym, zanim jakakolwiek mowa pozwoliłaby jej takie myśli wyrazić.

Człowiek współczesny stoi przed dylematem: reaktywne mechanizmy tak znakomicie uformowane dla naszej ochrony stały się zagrożeniem naszego zdrowia i dobrostanu. Jedną z nieszczęśliwych konsekwencji ewolucji człowieka jest „piętrzenie" czynników stresogennych, które obciążają nas w nienaturalny sposób napięciem, do którego kontrolowania nie jesteśmy biologicznie i psychicznie przygotowani.

Dla naszych przedhistorycznych przodków stres był rzeczywistością intensywną, lecz przejściową, zwykle wynikającą z kontaktu z niebezpiecznymi drapieżnikami, sporami terytorialnymi z innymi stworzeniami i nieustającym poszukiwaniem źródeł pożywienia.

Dzisiejsze stresory przeważnie nie są związane z walką na śmierć i życie o fizyczne przetrwanie, przestały jednak być krótkotrwałe. Żyjemy dziś w stresie permanentnym. To właśnie czynnik gromadzenia stresu czyni go obecnie tak bardzo niebezpiecznym. Wszyscy jednak znamy ludzi, którzy radzą sobie ze stresami o podobnych poziomach z widoczną pewnością i spokojem. Popatrzmy, co dzieje się na drogach wielkiego miasta w godzinach komunikacyjnego szczytu. Jedni doznają ataków agresji i zachowują się jak dzicy, a inni spokojnie słuchają muzyki, czegoś się uczą z kaset i wzajemnie sobie ustępują. Warunki zewnętrzne są dla wszystkich te same, reakcje natomiast różnią się radykalnie. Dlaczego?

Kiedy pytam swoich pacjentów o poziom stresów w ich życiu, mam nadzieję dowiedzieć się czegoś o ich subiektywnych reakcjach na okoliczności zewnętrzne. Jaka jest ich zdolność przystosowania do stresu? Czy w ich ciałach wydzielają się duże czy małe ilości hormonów stresu? Czy substancje te wydzielają się wtedy kiedy trzeba, czy chwilach zupełnie nieodpowiednich? Jak wygląda względna równowaga systemów nerwowych tych ludzi? Jakich uczuć doznają? Czy mają jakieś „wentyle bezpieczeństwa" – takie jak sport i czynna rekreacja – pozwalające im uwolnić się od nadmiaru stresu, czy też uprawiane przez nich formy ćwiczeń stres ten potęgują? Jakie jest ich ogólne obciążenie wszystkimi rodzajami stresu? Czy znajdują się blisko krytycznego punktu załamania homeostazy, czy też poza nim – w niebezpiecznej strefie nieprzystosowania? Nieprzystosowanie zaczyna się wtedy, gdy organizm znalazł się poza granicą swoich możliwości przystosowawczych. Działania, które jednostka wówczas podejmuje w intencji przetrwania, nie zawsze najlepiej służą jej interesom i mogą prowadzić do załamania ustroju, którego konsekwencją jest utrata zdrowia na długo po wystąpieniu stresującego czynnika przyczynowego.

Ludzka zdolność kontrolowania stresu bywa różna, wszyscy jednak mamy swoje punkty krytyczne – swoje granice dobrego przystosowania. Dostatecznie duża ilość stresorów o odpowiedniej intensywności działających w odpowiednio długim czasie załamie każdego.

Co to wszystko ma wspólnego z grupami krwi? Sporo, jak się okazuje. Niektóre kluczowe elementy uaktywniające nasze szczególne reakcje na stres umiejscowione są w DNA pod tym samym genetycznym adresem, co grupa krwi – 9q34. Przypomnijmy raz jeszcze o istnieniu aktywnego współoddziaływania między różnymi genami, zwłaszcza tymi, które znajdują się blisko siebie. Gen grupy krwi pozostaje w takim właśnie związku z genami kontrolującymi nasze reakcje na stresy.

Zapoznając się z wynikami badań, których tematem były związki grup krwi ze stresem, można zauważyć wyraźne różnice w sposobach reagowania ludzi na sytuacje stresowe. Grupa krwi w istotnym zakresie decyduje o tym, jak wiele nagromadzonego stresu nosimy w sobie, jak nań reagujemy i jak szybko się od niego uwalniamy.

Mechanizmy stresu

W warunkach fizjologicznego lub emocjonalnego stresu organizm podejmuje działanie obronne polegające na zmianie stanu względnej równowagi wewnętrznej autonomicznego układu nerwowego, który składa się z dwóch podukładów. Układ nerwowy sympatyczny jest odpowiedzialny za pierwotne reakcje „walki lub ucieczki". Zadaniem układu parasympatycznego jest odprężanie systemu nerwowego po wyłączeniu sygnałów alarmowych ostrzegających przed niebezpieczeństwem, które już minęło. Właściwe funkcjonowanie obu podukładów jest warunkiem koniecznym dobrego stanu zdrowia. Działając łącznie, obydwa podukłady układu autonomicznego komunikują się z układem wydzielania wewnętrznego i narządami wewnętrznymi, pomagając utrzymać ich prawidłowe funkcje i zapewniając gotowość organizmu do właściwych reakcji na różne potencjalne wyzwania.

Podukłady sympatyczny i parasympatyczny działają w znacznej mierze przeciwstawnie. Funkcjonują prawidłowo w warunkach zrównoważonej wzajemnej opozycji. Na przykład: układ sympatyczny przyśpiesza akcję serca i zwiększa jej intensywność, a układ parasympatyczny spowalnia ją, rozluźniając mięśniowe ścianki tętnic i umożliwiając swobodniejszy przepływ krwi i dotlenienie mięśnia sercowego.

Kluczem do prawidłowego funkcjonowania układu nerwowego jest równowaga. Problemy zaczynają się wtedy, gdy jeden z podukładów zaczyna dominować nad drugim w dłuższych przedziałach czasu. Chroniczny stres działa jak ciężar na jednej szalce wagi – przechyla ją na stronę układu sympatycznego kosztem funkcji układu parasympatycznego. Zważywszy, że wiele funkcji ciała związanych z utrzymywaniem i przywracaniem zdrowia podlega kontroli układu parasympatycznego, łatwo zrozumieć, że przedłużające się okresy nierównowagi nieuchronnie prowadzą do załamania homeostazy. Mechanizm normalnej reakcji na stres polega na zsynchronizowanej czynności trzech gruczołów wydzielania wewnętrznego – podwzgórza, przysadki mózgowej i nadnerczy. Zależność tę określa się mianem osi HPA. A oto uproszczony opis tego procesu:

Moment stresu

- Gruczoł podwzgórza usytuowany w mózgu – zwany często gruczołem kierującym – wydziela informacyjne cząsteczki hormonu uwalniającego zwanego kortykotropiną.
- Hormon informacyjny pobudza przysadkę mózgową do wydzielania hormonu adrenokortykotropowego (ACTH).
- ACTH mobilizuje nadnercza do wydzielania hormonów stresu – adrenaliny i kortyzolu.

Koniec stresu

- Podwzgórze otrzymuje sygnał do przerwania wydzielania hormonu informacyjnego.
- Homeostaza – równowaga – zostaje przywrócona.

W zdrowym organizmie sprawdziany i stany równowagi wbudowane w opisaną pętlę sprzężenia zwrotnego wyłączają oś HPA z chwilą usunięcia stresora. Niestety, chroniczny stres zakłóca sprawne działanie osi HPA i jej pętli sprzężenia zwrotnego. Podwzgórze staje się mniej wrażliwe na sygnał wyłączenia produkcji hormonu informacyjnego[1].

Hormony stresu

Krytyczną fazą reakcji na stres jest wydzielanie hormonów stresu przez nadnercza. Istnieją dwa rodzaje tych hormonów: katecholaminy i kortyzol; to właśnie te hormony są ściśle powiązane z grupą krwi.

W odpowiedzi na stres nadnercza wydzielają dwie katecholaminy – *epinefrynę* (lepiej znaną pod nazwą *adrenaliny*) i *norepinefrynę*, zwaną także *noradrenaliną*. Kiedy te silnie działające substancje dostają się do krwiobiegu, następuje przyśpieszenie akcji serca, podnosi się ciśnienie tętnicze, zmniejsza się zdolność trawienna, wzrasta czujność, a jednocześnie następuje ogólne przystosowanie zasobów organizmu do intensywnych działań fizycznych związanych z ewentualną walką lub ucieczką. Katecholaminy, działające podobnie jak w wojsku siły uderzeniowe, wprowadzają układ nerwowy w stan podwyższonej gotowości, co stanowi natychmiastową, doraźną reakcję na pojawienie się stresu. Kortyzol w swoim działaniu przypomina bardziej armię zajmującą i okupującą teren, ma bowiem działanie długofalowe. Kortyzol jest hormonem katabolicznym; pod jego działaniem tkanki mięśniowe rozpadają się, a pochodzące z nich białka przekształcane są w energię. Nadnercza zalewają ustrój kortyzolem w każdej traumatyzującej sytuacji. Ekspozycja na działanie chłodu, głód, krwawienia, operacje chirurgiczne, infekcje, zranienia, bóle, a także nadmierny wysiłek fizyczny – wszystkie te czynniki powodują wzrost zawartości kortyzolu we krwi. Hormon ten stymuluje jednak również potężne siły ustrojowe mające sprzyjać przetrwaniu.

Kortyzol ma zasadnicze znaczenie dla życia, ponieważ umożliwia nam prawidłowe reagowanie na niebezpieczeństwa i zagrożenia. Człowiek, którego nadnercza przestałyby produkować ten kluczowy hormon, szybko zakończyłby życie. Kortyzol jest jednak mieczem obosiecznym. Nadmierne lub zbyt długie jego wydzielanie zakłóca równowagę wielu wewnętrznych układów. Prawidłowy jego poziom działa przeciwzapalnie i przeciwalergicznie oraz sprzyja gojeniu się ran, natomiast niewłaściwa zawartość we krwi ma działanie dokładnie przeciwne. Wrzody, nadciśnienie, choroby serca, dystrofia mię-

• Z REJESTRU PRZYPADKÓW •

Deborah P.
Grupa krwi A
Kobieta w średnim wieku
Poprawa: zmniejszenie stresu i powrót dobrego samopoczucia

„Mam 46 lat. Jestem nauczycielką w liceum w stanie Oregon. W czerwcu przeżywałam głębokie załamanie. Czułam się zmęczona i *zestresowana* bez przerwy. Zadawałam sobie pytania: »Co się z tobą dzieje? Nie jesteś jeszcze tak stara, by czuć się jak w wieku 87 lat«. Przyjaciółka pokazała mi waszą książkę. Wyglądała na sensowną. Zawsze wiedziałam, że grupa krwi to coś więcej, niż się na pierwszy rzut oka wydaje. Przeszłam wraz z dziećmi na dietę właściwą dla grupy A. Po czterech tygodniach *wszyscy* czujemy się *znacznie lepiej.* Moje dziewiętnastoletnie dziecko nie ma już dolegliwości żołądkowych, a ja mam tak dużo energii, że nie wiem, co mam z nią zrobić. Nie jestem zwolenniczką dziwacznych i fanatycznie traktowanych koncepcji żywieniowych, jednak to, co proponujecie, jest *wspaniałe*".

śni, starzenie się skóry, zwiększone ryzyko złamań kości i bezsenność – to tylko niektóre jej konsekwencje. Chroniczna nadprodukcja kortyzolu osłabia znacznie układ odpornościowy, powodując zwiększoną podatność na infekcje wirusowe. Wysokie poziomy tego hormonu wywołują także zmiany psychiczne o charakterze „zamglenia świadomości" określane jako dzienne dysfunkcje poznawcze. Nawiasem mówiąc, osoby cierpiące na chorobę Alzheimera i demencję starczą mają chronicznie zawyżone poziomy kortyzolu[2].

Czytelnicy być może słyszeli już o tym wcześniej. O kosztach stresu mówi się ostatnio w mediach sporo. Fakt bezpośredniego powiązania hormonów stresu z grupami krwi jest jednak znacznie mniej znany.

Grupa krwi i stres

Większość badań dotyczących związków zachorowalności, hormonów i neuroprzekaźników z grupami krwi ukazuje continuum, którego biegunami są grupy 0 i A. Zwykle grupy B i AB usytuowane są w położeniach pośrednich. Wydaje się, że jest to reprezentacja pewnego rodzaju równowagi pomiędzy przeciwstawnymi siłami lub też rezultat „nowszego modelu" grup krwi, który został udoskonalony z biegiem czasu. Podobnie jest ze stresem.

Ludzie z grupą krwi A mają tendencję do nadmiernego reagowania nawet na niewielkie stresy. Reakcje te można mierzyć wzrostem poziomu kortyzolu. Przedstawiciele grupy 0 znajdują się na przeciwnym biegunie continuum – wytwarzają najmniejsze ze wszystkich ilości kortyzolu i adrenaliny. Stres jest jedną z tych dziedzin, w których reprezentanci grupy B zbliżają się bardziej do ludzi z grupą A, podczas gdy przedstawiciele grupy AB – do ludzi z grupą 0. Ten uproszczony opis nie wyjaśnia jednak wszystkiego – zwłaszcza osobom z grupami krwi B i AB – każda z czterech grup krwi ma bowiem właściwy dla siebie profil chemiczny.

Grupa krwi A

Wydzielanie zwiększonej ilości kortyzolu w ramach fizjologicznej reakcji na stres ma miejsce u wszystkich ludzi, jednak osobnicy z grupą krwi A mają generalnie wyższy poziom tego hormonu w krwiobiegu. Oznacza to, że organizmy tych osób działają jak gdyby na wyższym poziomie stresu w porównaniu z przedstawicielami pozostałych grup. Odnoszą oni również znacznie mniejsze korzyści z ćwiczeń obniżających ogólny poziom stresu.

Ludzie, o których mowa, muszą uczynić znacznie więcej niż inni, a mimo to efekty ich działań będą mniejsze. To chemiczne odkrycie potwierdzają wieloletnie obserwacje mojego ojca dotyczące pacjentów z grupą krwi A. Jego zalecenia wynikające z rozpoznania szczególnej potrzeby „uspokojenia systemu nerwowego" tych osób nabierają obecnie nowego sensu w odniesieniu do mierzalnego fizjologicznego poziomu. Niektóre efekty ćwiczeń fizycznych obserwowane w tej grupie ludzi oraz ich statystycznie wyższa zapadalność na raka i choroby serca zaczynają być postrzegane w bardziej konkretnym wymiarze. Osobnicy należący do grupy A wytwarzają w warunkach stresu więcej adrenaliny, lecz jednocześnie posiadają większą zdolność do rozkładania jej i eliminowania[3].

Grupa krwi 0

Ludzi z grupą krwi 0 znacznie trudniej wyprowadzić z równowagi niż innych. Jeżeli jednak silny stres doprowadzi ich do granicy dramatycznych reakcji, zwykle potrzebują więcej czasu, by przyjść do siebie. W warunkach stresu ich organizmy wydzielają większe ilości katecholamin – noradrenaliny i adrenaliny. Właściwość ta pozwala im reagować szybko i skutecznie w sytuacjach zagrożenia[4]. Powrót do stanu równowagi trwa u nich dłużej, ponieważ wolniej przebiega proces rozkładu katecholamin. Za rozkład i deaktywację adrenaliny i noradrenaliny odpowiedzialny jest enzym zwany oksydazą monoaminową lub oksydoreduktazą monoaminową (MAO). Pomiar aktywności oksydoreduktazy w płytkach krwi wykazuje, że organizmy z grupą krwi 0 mają najniższy poziom aktywności tego enzymu, co mogłoby wyjaśniać trudności z rozkładem katecholamin (adrenaliny i noradrenaliny).

Mój kolega lekarz, Yuri Andriyashek, zwrócił mi niedawno uwagę na nową pracę pewnego fizjologa ukraińskiego zatytułowaną „Rekomendacja metodologiczna do selekcji marynarzy do długich rejsów". Badania wykazały, że marynarzy z grupą krwi 0 „nie zaleca się do służby ciągłej, której czas trwania przekracza jeden miesiąc", ponieważ po upływie tego czasu ich zdolność do wykonywania zadań znacząco się obniża. Wyniki te są zgodne z rezultatami innych badań, z których wynika, że długotrwały stres wydaje się ograniczać zdolność organizmów z grupą krwi 0 do usuwania adrenaliny, co prowadzi do stanów krańcowego zmęczenia układu nadnerczo-neurologicznego.

Sugerowano też, że noradrenalina pozostaje w bliższym związku ze stresem wywołanym złością i agresją; odpowiadałoby to szczególnej tendencji do tego rodzaju stanów u osobników z grupą krwi 0[5]. Typowe zachowania osób z grupą krwi 0 są więc klasycznym przykładem tzw. „zachowania typu A".

> **• Z REJESTRU PRZYPADKÓW •**
>
> *Jeff T.*
> *Grupa krwi 0*
> *Mężczyzna w średnim wieku*
> *Poprawa: poziomy stresu*
>
> „Przeszedłem na dietę dla grupy 0 trzy miesiące temu, za namową mojej żony mającej tę samą grupę krwi. Jednocześnie żona przestała kupować produkty, których powinniśmy unikać. Od chwili przejścia na tę dietę pozbyłem się 13 kg nadwagi. Zacząłem ponownie biegać, czego nie robiłem od lat młodości, a obecnie mam 41 lat. Od dawna tak dobrze się nie czułem. Przestałem brać zobojętniające kwasy leki, od których byłem uzależniony. Wiele osób w pracy powiedziało mi, że jestem teraz spokojniejszy i »nie biorę wszystkiego do siebie«, jak kiedyś".

Grupa krwi B

Jeżeli chodzi o hormony stresu, organizmy ludzi z grupą krwi B zachowują się podobnie do tych z grupą A, tzn. wydzielają wyższe od przeciętnych ilości kortyzolu. Jest to pewnego rodzaju anomalia, ponieważ w większości pozostałych aspektów grupa B wykazuje raczej podobieństwo do grupy 0. Osobliwość tę można łatwo zrozumieć, biorąc pod uwagę rodzaj stresów, z jakimi dawni przedstawiciele tej grupy z pewnością mieli do czynienia. Pamiętajmy, że kortyzol jest hormonem stresu działającym długofalowo, rozkładającym tkanki mięśniowe i przekształcającym ich białka w energię. Ludzie z grupą krwi B niewątpliwie odziedziczyli ten mechanizm przystosowawczy po reprezentantach grupy A, a nie po wczesnych myśliwych mających grupę 0.

Nie znaczy to, że osoby z grupą B są podobne do tych z grupą A. Siły równoważące, obecne zawsze u przedstawicieli grupy B, dają im szczególny profil reakcji na stres[6]. Po wielu latach praktycznego stosowania systemu grup krwi zauważyłem konsekwentną prawidłowość dotyczącą silnego emocjonalizmu związanego z grupą B, z którego wynika większa wrażliwość tych ludzi na powodowane stresem stany nierównowagi, a jednocześnie wysoka skuteczność stosowanych przez nich technik obniżania poziomu stresu. Mówiąc całkiem konkretnie, osoby z grupą krwi B są niemal zawsze wybitnie uzdolnione w kierunku wizualizacji i relaksacji, dzięki czemu uwalniają się od stresów znacznie szybciej niż przedstawiciele grupy A.

Grupa krwi AB

Nie wiemy, dlaczego tak jest, ale badania jasno pokazują, że u ludzi z grupą krwi AB reakcje na stres przebiegają podobnie jak w grupie 0[7]. Jest to kolejna osobliwość, jako że w większości istotnych aspektów grupa AB wykazuje podobieństwo do grupy A.

Grupa krwi a ćwiczenia fizyczne

W książce pt. *Jedz zgodnie ze swoją grupą krwi* pisaliśmy sporo o symbiotycznych relacjach stresu z aktywnością fizyczną. Właściwa dla danej grupy krwi forma ćwiczeń fizycznych pomaga odreagowywać stresy i unikać wielu ich groźnych skutków. Kiedy mowa o łagodzeniu wpływu stresów i uwalnianiu się od nich, sport bywa często traktowany jako panaceum. Pogląd taki nie zawsze jednak odpowiada rzeczywistości. Narzucanie sobie zbyt dużych obciążeń treningowych wywołuje rezultat odwrotny do zamierzonego – ćwiczenia stają się dodatkowym źródłem stresu.

Wiele czynników współdecyduje o tym, jak reagujemy na ćwiczenia fizyczne. Oto niektóre z nich: sposób odżywiania, nawodnienie, odpoczynek, wcześniejsze nawyki i doświadczenia sportowe oraz wynikający z nich stopień wytrenowania, poziom kondycji fizycznej oraz charakter i skala stresów występujących w innych dziedzinach życia. Ważnym czynnikiem w tym kontekście jest także grupa krwi[8].

Aby pokazać wyraźnie wpływ grupy krwi na efekty ćwiczeń fizycznych, przyjrzymy się pod tym kątem dwóm grupom skrajnym – 0 i A.

Wyobraźmy sobie dwóch mężczyzn – Olivera (grupa 0) i Adama (grupa A), podejmujących wspólnie trening sportowy. Powiedzmy, że będzie to bieganie cztery razy w tygodniu na dystansie trzech mil. W miarę postępów treningu Oliver stwierdza u siebie wiele korzystnych zmian. Zwiększa się jego poziom energii, poprawia sylwetka, wzrasta kondycja. Najważniejsze jednak jest to, że systematyczne bieganie staje się dla niego doskonałym antidotum na stresy, jakich doświadcza w pracy zawodowej. W niedługim czasie Oliver czuje się bardziej zrównoważony, lepiej radzi sobie z problemami i zyskuje dodatkową motywację do biegania.

Doświadczenia Adama są całkiem inne. Wprawdzie po treningu czuje się lepiej przez jedną do dwóch godzin (bieganie pobudza bowiem wydzielanie endorfin, które powodują poprawę nastroju), ogólnie jednak nie przybywa mu energii. Czuje ociężałość i ma trudności z koncentracją.

Gdyby obaj mężczyźni monitorowali swoje tętno podczas treningów, okazałoby się, że u Adama jest ono nieco wyższe i musi on czynić większy wysiłek, by dotrzymać kroku Oliverowi. Po zakończeniu biegu tętno Adama znacznie dłużej powraca do normy spoczynkowej.

Oliver natychmiast po treningu wyrusza do pracy, czując przypływ energii i gotowość stawiania czoła problemom, podczas gdy Adam zmaga się ze sobą i czuje się źle. Czasami, wstając energicznie z krzesła, doznaje zawrotów głowy. Ma trudności z zasypianiem. Im dłużej trwa ich wspólne przedsięwzięcie sportowe, tym bardziej Adam czuje się zestresowany. Gdybyśmy mogli zajrzeć do jego układu wydzielniczego, zobaczylibyśmy, że nadnercza wydzielają więcej kortyzolu, a poziom DHEA spada. Oznacza to, że Adam jest przetrenowany. Podjęte działania nie tylko nie pomogły mu w walce ze stresem, a – przeciwnie – wpędziły go w jeszcze większe nieprzystosowanie. Jeżeli przestanie biegać, to będą musiały upłynąć dni, a może nawet tygodnie, zanim jego profil hormonalny powróci do normy.

Wzrost zawartości kortyzolu we krwi występuje nawet u zawodowych sportowców, choć warunkowanie związane z długotrwałymi treningami uruchamia mechanizmy neutralizujące te niekorzystne efekty i utrzymujące poziom tego hormonu w granicach normy. Ponieważ Adam, mający grupę krwi A, rozpoczął treningi z wyższym poziomem podstawowym kortyzolu, wobec tego, nie będąc zawodowym biegaczem, naraził się na taki jego wzrost, który musiał spowodować pogorszenie samopoczucia. A zatem: bieganie wpędziło Adama w stan chorobowy.

Wyobraźmy sobie teraz, że przyjaciółka obu panów imieniem Basia, posiadająca grupę krwi B, postanawia wspólnie z nimi biegać. Podobnie jak Adam, należący do grupy A, rozpoczyna treningi z poziomem kortyzolu nieco wyższym od normy, jednak po kilku tygodniach zaczyna czuć się dobrze i doznaje przypływu energii. Na czym polega różnica między Basią i Adamem? Otóż polega ona na tym, że Basia uczęszcza także dwa razy w tygodniu na zajęcia z hatha jogi. Właściwa grupie B zdolność neutralizowania skutków stresu pozwala jej brać to, co najlepsze z obydwu światów.

Powiedzmy, że do naszej trójki biegaczy amatorów dołącza Ania – reprezentantka grupy AB. W pierwszych tygodniach jej organizm reaguje podobnie jak Olivera. Ania czuje przypływ energii i dobrego samopoczucia, później jednak decyduje się ograniczyć do biegania dwa razy w tygodniu, a zamiast dalszych dwóch treningów biegowych zaczyna uprawiać ćwiczenia rozciągające.

Wszelka aktywność fizyczna, nawet gdy nie jest wyczerpująca, przeważnie prowadzi do wzrostu wydzielania katecholamin i kortyzolu. Organizmy większości ludzi, po pewnym okresie treningów, wydzielają jednak mniej hormonów stresu w odpowiedzi na wysiłek. Inaczej mówiąc, sport, do którego jesteśmy przyzwyczajeni, przestaje być stresujący, a zaczyna nam pomagać i na tym właśnie polega związane z nim uwarunkowanie. Ogólnie biorąc, sportowcy w swoim odczuciu wewnętrznym nie odbierają treningów jako doświadczeń stresujących – nawet wówczas, gdy starają się w nich przesuwać stopniowo granicę swoich fizycznych możliwości. Następuje u nich pozytywne uwarunkowanie fizjologii, układu nerwowego i wydzielania wewnętrznego. Oznacza to, że dobrze sportowo uwarunkowany przedstawiciel grupy A może mieć tę samą, a nawet większą tolerancję na stres związany z wysiłkiem fizycznym niż słabo uwarunkowany osobnik z grupą krwi 0. Prawidłowości, o których mówimy, nie mają charakteru sztywnych reguł. Widziałem wiele osób z grupą 0, które z dużym powodzeniem ćwiczyły jogę, a także zawodowych sportowców podnoszących ciężary i uprawiających wyczynowy aerobik, mających grupę A. Każdy musi ocenić swoje względne możliwości, zanim przekroczy punkt krytyczny wytrzymałości na stres. Generalnie u osób z grupą krwi A granica ta znajduje się bliżej, przy odpowiednim uwarunkowaniu mogą one jednak z powodzeniem uprawiać wiele wyczerpujących form aktywności. Z drugiej strony przedstawiciel grupy 0, znajdujący się w stanie wyczerpania z powodu nadmiernego nagromadzenia stresów, nie powinien realizować intensywnego programu sportowego.

Znany mi osobiście badacz, który przeprowadził studium grup krwi u sportowców, uzyskał wyniki pozwalające sformułować następujące spostrzeżenia: ogólnie biorąc, zawodnicy z grupą krwi A są w stanie zmobilizować swoje fizyczne i psychiczne zasoby dwa razy w ciągu roku w stopniu, jakiego wymaga start w ważnych zawodach. Częstsze uczestnictwo w zawodach sprawia im jednak dużą trudność. Sportowcy z grupą krwi 0 mogą wielokrotnie startować w zawodach, utrzymując wyrównany poziom wyników.

Wyznaczniki zdrowia umysłowego

Stosuję dietę od szesnastu miesięcy, a od ponad trzynastu miesięcy bardzo rygorystycznie. Mam 42 lata. Od trzydziestu lat byłam wegetarianką (nie jadałam mięsa w jakiejkolwiek postaci). Byłam zawsze wysportowana i szczupła (nigdy nie musiałam się odchudzać). Intere-

sowałam się zdrowym odżywianiem. Nie podejmuję się opisać przeobrażenia, jakiego ostatnio doświadczyłam! Obecną zmianę diety zaliczam do najważniejszych wydarzeń w moim życiu. Żyję w tym samym ciele, wyglądam tak samo, czuję się jednak zupełnie inaczej. Stale pojawia się myśl: „To zdumiewające! A więc tak czują się (niektórzy) inni ludzie. Ciekawe, czego bym dokonała, gdybym tak się czuła przez ostatnie trzydzieści lat". Odwiedziłam niedawno pewną panią mającą obecnie 79 lat, która znała mnie od 12 roku życia, czyli od czasu, gdy zostałam wegetarianką. Osoba ta natychmiast zauważyła zmianę, która się we mnie dokonała. Powiedziała, że byłam „najbardziej eteryczną osobą", jaką kiedykolwiek znała; obawiała się, że któregoś dnia „ulecę". Z upływem czasu rośnie moje zdumienie wobec nowych obszarów, wymiarów i stanów psychicznych, które się przede mną otwierają – ugruntowanie, zdecydowanie, jasność myślenia, zdolność działania, nowa przestrzeń, w której mogę się poruszać, nowe możliwości wyboru. Czuję się tak, jak bym dostała nowy mózg lub rozszerzyła swój sposób istnienia. Przedtem jakoś sobie radziłam. To, co teraz przeżywam, jest dla mnie wielkim darem łaski.

Z rejestru przypadków, Leonore B., grupa krwi 0

Często spotykam w swojej praktyce osoby podobne do Leonory. Wydaje się, że dobrze funkcjonują, czegoś w nich jednak brakuje, coś jest zablokowane, niezrównoważone, nie całkiem prawidłowe. Ludzie tacy, nie mogąc zidentyfikować źródła i natury owej niepełności, idą przez życie nie wiedząc, na czym polega dobre samopoczucie i ugruntowanie. Myśl o tym, że dieta zgodna z grupą krwi mogłaby poprawić ich stan psychiczny, wywołuje w nich pewien sceptycyzm. Zmiana sposobu odżywiania nie wydaje im się adekwatnym sposobem rozwiązania problemu. A jednak pozytywny wpływ na psychikę prawidłowej diety zgodnej z własną grupą krwi jest koncepcją jak najbardziej sensowną.

Wiele problemów zdrowia psychicznego wiąże się z dobrze znanymi formami nierównowagi chemicznej, zwłaszcza w zakresie hormonów i neurotransmiterów (przekaźników nerwowych), których geny sterujące znajdują się bardzo blisko genów regulujących grupy krwi. W komputerowej medycznej bazie danych MEDLINE Narodowych Instytutów Zdrowia Stanów Zjednoczonych istnieje ponad dziewięćdziesiąt prac naukowych wiążących grupy krwi z zaburzeniami psychicznymi[9]. Autorzy wielu z tych artykułów sugerują, iż związek specyfiki grup krwi z występowaniem tych zaburzeń wynika z genetycznych powiązań między grupą krwi i genami regulującymi produkcję neurotransmiterów lub hormonów stresu. Przyjrzyjmy się tym zależnościom pod kątem poszczególnych grup krwi.

Grupa krwi 0: czynnik dopaminy

Trudności z eliminowaniem katecholamin noradrenaliny i adrenaliny, występujące u ludzi z grupą krwi 0 w warunkach stresu, mają bezpośredni wpływ na powstawanie zaburzeń psychicznych. Wyniki najnowszych badań sugerują związek tego problemu z aktywnością enzymu, zwanego beta-hydroksylazą dopaminową (ang.: *dopamine beta hydroxylase, DBH*) przekształcającego dopaminę w noradrenalinę. Ogromnie istotny jest fakt, iż gen związany z DBH znajduje się w położeniu 9q34 i jest usytuowany na szczycie genu grupy krwi.[10]

Jakie znaczenie ma enzym przekształcający dopaminę w noradrenalinę? Dopamina – podobnie jak serotonina i norepinefryna – należy do serii neuroprzekaźników biorących udział w wyższych procesach myślenia. Dopamina powstaje głęboko w mózgu – w obszarze zwanym istotą czarną pnia mózgu. W odróżnieniu od innych neuroprzekaźników substancja ta nie przenosi się do wszystkich obszarów mózgu, a jedynie do jego płatów czołowych, których funkcje związane są z wyższym, bardziej abstrakcyjnym myśleniem. Z tego względu istnieje bardzo silne powiązanie między wydzielaniem dopaminy a nagrodą, czyli wzmocnieniem zachowania. Na przykład zwierzęta doświadczalne naciskają dźwignie uruchamiające dostarczanie bodźców elektrycznych do mózgu, jeżeli bodźce te powodują wydzielanie dopaminy. Kokaina, opiaty i alkohol wywołują subiektywnie przyjemne efekty między innymi dlatego, że pobudzają wydzielanie tej substancji. Dopamina przyczynia się do powstawania uczucia wewnętrznego zadowolenia oraz reguluje odczucia bólowe w ciele.

Poziom dopaminy ma decydujący wpływ na równowagę psychiczną i procesy myślowe. Zbyt duża jej zawartość w części mózgu związanej z uczuciami (limbicznej), przy jednoczesnym jej niedoborze w ośrodkach myślenia (korowych) może być podłożem osobowości podlegającej atakom paranoi lub unikającej interakcji społecznych. Normalne i podwyższone poziomy dopaminy w korze mózgowej korelują ze zwiększoną zdolnością koncentracji, uczuciem odprężenia, lepszym kontrolowaniem stresu i logicznym reagowaniem w obliczu problemów. Obniżonemu poziomowi dopaminy towarzyszą trudności skupienia uwagi, tendencja do nadaktywności i wybuchów złości, drażliwość i przesadnie emocjonalne reakcje w obliczu problemów. Niedobór dopaminy w płatach czołowych może również upośledzać pamięć.

W przebiegu choroby Parkinsona następuje selektywne niszczenie neuronów dopaminergicznych w obrębie istoty czarnej pnia mózgu (*substantia nigra*), z której płyną bodźce do części mózgu, biorącej udział w kontrolowaniu funkcji motorycznych, takich jak praca mięśni. W leczeniu tej choroby stosuje się L-dopę (L-3,4-dwuhydroksyfenyloalninę) będącą prekursorem produkcji dopaminy w mózgu.

• Z REJESTRU PRZYPADKÓW •

Lydia T.
Grupa krwi 0
Kobieta w średnim wieku
Poprawa: depresja

„Od roku 1991 stale przyjmowałam leki antydepresyjne (Prozac – 50 mg dziennie, Wellbutrin – 400 mg dziennie, a ostatnio także dziurawiec zwyczajny – 1600 mg). Podejmowałam liczne nieudane próby uwolnienia się od konieczności zażywania tych leków, zawsze jednak po ich odstawieniu popadałam w głęboką depresję po 5-10 dniach. Kiedy zdecydowałam się przejść na dietę zgodną z grupą krwi, już po pięciu dniach zauważyłam wyraźną poprawę stanu psychicznego. Po tygodniu poczułam chęć do ćwiczeń fizycznych (po raz pierwszy od trzech lat). Czułam się coraz lepiej i mogłam stopniowo odstawiać leki. W pracy nie odczuwam już zmęczenia i ociężałości. Podczas przerw chodzę na spacer. Miałam około 15 kg nadwagi. Obecnie pozbywam się jej bez jakichkolwiek wysiłków".

Z drugiej strony schizofrenia, na którą cierpi około 1% populacji, wiąże się z nadmiarem dopaminy. W jej leczeniu stosuje się leki blokujące łączenie się dopaminy z jej miejscami recepcyjnymi. Im lepiej lek blokuje dopaminę, tym skuteczniej usuwa objawy schizofrenii. Związana z dopaminą hipoteza etiologiczna głosi, iż przyczyną schizofrenii jest nadmierna stymulacja dopaminowa płatów czołowych.

Chcąc zobrazować plastycznie mechanizm, o którym mowa, wyobraźmy sobie dopaminę i związane z nią uczucie szczęścia jako gorącą wodę wypełniającą łazienkową umywalkę. Załóżmy, że woda pochodzi ze studni znajdującej się poza domem (tyrozyna). Większa jej część przepompowywana jest do grzejnika (L-dopa); część zostaje skierowana do podlewania trawnika (wykorzystana w produkcji hormonu tarczycy). Z grzejnika (L-dopa) większość gorącej wody trafia przez kran do umywalki, a część kierowana jest do pralki automatycznej (melanina). Beta-hydroksylaza dopaminowa pełni rolę korka upustowego w umywalce. Kiedy jest on otwarty, gorąca woda, której potrzebujemy rano np. do golenia, spływa do kanału (zostaje przekształcona w noradrenalinę). Gdy jest zamknięty, mamy pełen zbiornik gorącej wody (normalny poziom dopaminy).

Noradrenalina, której organizmy z grupą krwi 0 produkują więcej, wydziela się w warunkach stresu wywołanego złością i agresją, adrenalina natomiast powstaje w stresie związanym z obawami, dyskomfortem i bólem. Nie powinno więc nikogo dziwić, że u ludzi z grupą 0 obserwujemy przewagę tzw. „*zachowań typu A*". („*Zachowań typu A*" nie należy mylić z grupą krwi A. Dla uniknięcia nieporozumień ujmujemy to określenie w cudzysłowy i drukujemy kursywą).

Wykazano, że wiele zaburzeń związanych z odbiegającymi od normy poziomami dopaminy występuje u ludzi z grupą krwi 0. Dotyczy to w szczególności schizofrenii, zwłaszcza uwarunkowanej dziedzicznie i występującej w rodzinach w kolejnych pokoleniach. Panuje przekonanie, że przyczyną tej choroby jest nadmierna aktywność dopaminy. Objawami schizfrenii są: dziwaczne zachowania, śmiech bez powodu, przyjmowanie osobliwych póz, niska tolerancja na zdenerwowanie, grafomania, prowadzenie rozmów, w których wyrażane są myśli pozornie głębokie, lecz pozbawione logicznej spójności, uporczywe wpatrywanie się, niejednoznaczność zachowań, irracjonalne stwierdzenia lub dziwaczne użycie słów i struktur językowych. W leczeniu schizofrenii stosuje się przeważnie leki antagonistyczne w stosunku do dopaminy.

Zaobserwowano także interesującą zbieżność między grupą krwi 0 i chorobą dwubiegunową (zwaną też psychozą maniakalno-depresyjną), potwierdzoną w kilku niezależnych badaniach. Stwierdzono mianowicie istnienie powiązania między grupą krwi – a zwłaszcza grupą 0 – i zwiększoną zapadalnością na tę właśnie chorobę. Badania prowadzone pod kątem skłonności dziedzicznych wykazały zwiększone występowanie jej postaci przekazywanej genetycznie. Co najmniej dwie prace potwierdzają także zwiększoną zapadalność na chorobę jednobiegunową (głęboką depresję) u osób z grupą krwi 0.

Większość badaczy podkreśla znaczenie substancji neurotransmisyjnych (neuroprzekaźników), takich jak katecholaminy noradrenalina i adrenalina, w patogenezie stanów depresyjnych jednobiegunowych i dwubiegunowych. Zgodnie z tą hipotezą depresja wiąże się z niedoborem katecholamin mózgowych, a mania może być powodowana przez ich nadmiar.

Idea kluczowa

Stan maniakalny = wysokie poziomy hydroksylazy dopaminowej = wyższa aktywność enzymu = mniej dopaminy, więcej adrenaliny

Stan depresyjny = niskie poziomy hydroksylazy dopaminowej = niższa aktywność enzymu = więcej dopaminy, mniej adrenaliny

Z adresem genetycznym AB0 skojarzonych jest także kilka innych genów, które uważa się za związane z zaburzeniami afektywnymi.

Mogą one mieć wpływ na rolę beta-hydroksylazy dopaminowej i oddziaływanie na nią genetyki AB0.

Z wyników tych badań wyłania się następujący obraz zależności: organizmy ludzi z grupą krwi 0 nie usuwają katecholamin w warunkach stresu tak skutecznie, jak organizmy przedstawicieli pozostałych grup, w związku z czym znacznie częściej od nich zapadają na chorobę dwubiegunową. Oznacza to, że poziom aktywności beta-hydroksylazy dopaminowej, związanej genetycznie z umiejscowieniem genu AB0, oscyluje u tych osób bardziej dynamicznie – co znajduje znakomite potwierdzenie w kontekście antropologicznym. Zważywszy, że polowanie na dzikie zwierzęta wymagało posługiwania się agresywnymi instynktami w znacznym zakresie, a jednocześnie sprzyjało precyzyjnej regulacji instynktu walki i ucieczki, łatwo zrozumieć, iż opisany mechanizm hormonalny był bardzo użyteczną strategią w zbiorowościach łowiecko-zbierackich. Ponieważ okresom odprężenia i stresu towarzyszyły w owych czasach potężne wahania w produkcji katecholamin, zatem zdolność przyśpieszenia aktywności beta-hydroksylazy dopaminowej, a następnie jej spowolnienia czyniła z naszych wczesnych praprzodków – mających krew grupy 0 – bardzo skutecznych i sprawnych myśliwych.

Oscylacje poziomu beta-hydroksylazy dopaminowej przypuszczalnie pomogą wyjaśnić zarówno tendencję osób z grupą krwi 0 do psychoz maniakalno-depresyjnych, jak i ich skłonność do *„zachowań typu A"*. Wiedząc, że atrybuty te są po części rezultatem działania dopaminy i katecholamin, można zacząć postrzegać ich przejawy jako część cechy powiązanej z jednym z kilku ludzkich genów – zarówno zmiennych, jak i polimorficznych – genem grupy krwi.

To powiązanie może nam wyjaśnić pewną szczególną prawidłowość, którą obserwuję od wielu lat. Większość osób z grupą krwi 0 ma ogromny apetyt albo na pszenicę, albo na czerwone mięso. Oba te pokarmy – pszenica wśród roślin, a czerwone mięso wśród pokarmów pochodzenia zwierzęcego – odznaczają się najwyższą zawartością L-tyrozyny, będącej głównym elementem w syntezie dopaminy i katecholamin. Moi pacjenci należący do tej grupy, nie jedzący czerwonego mięsa, mówią mi: „Mogę jeść ryż lub owies przez jakiś czas, przychodzą jednak chwile, gdy muszę zrobić sobie kanapkę z pełnoziarnistego pszennego pieczywa".

Inni przedstawiciele grupy 0 przyznają, że nie mogą żyć bez czerwonego mięsa. Oto słowa jednego z moich pacjentów należących do tej kategorii, który był weganem przez trzynaście lat: „Zrozumiałem, że coś jest nie w porządku z moją dietą, gdy dając psu jedzenie zacząłem się ślinić!"

Wszystko to wskazuje nie tylko na konieczność zrozumienia własnych potrzeb pokarmowych, lecz przede wszystkim na znaczenie prawidłowego odróżniania istotnych potrzeb od smakowych zachcianek.

• Z REJESTRU PRZYPADKÓW •

Vera L.
Grupa krwi 0
Kobieta w średnim wieku
Poprawa: depresja

„Bardzo długo cierpiałam z powodu niepokoju i depresji. Kilka lat temu straciłam zdolność do pracy i byłam przez krótki okres hospitalizowana. Mogłam powrócić do pracy dzięki preparatom litowym i specyfikowi o nazwie Wellbutrin. Leki te przyjmowałam przez wiele lat. Jakkolwiek byłam wdzięczna za to, że mogłam znów funkcjonować, to jednak zauważyłam, że – mimo leków antydepresyjnych – nigdy nie byłam naprawdę szczęśliwa. Miałam przekonanie, że będę się musiała długo jeszcze męczyć, by »jakoś to życie przeżyć«. Próbowałam wszystkiego – od homeopatii do uzupełnień dietetycznych i feng shui. Jedynym elementem, który wydawał się mieć jakiś pozytywny wpływ na mnie, był olej z siemienia lnianego. I wówczas przeczytałam Pana książkę. Jako wieloletnia wegetarianka, z przerażeniem odkryłam, że mam grupę krwi 0! Przez moment miałam wrażenie, że cały mój świat się wali, miałam jednak tyle innych problemów, które – jak Pan pisze – często występują u ludzi z tą grupą, że postanowiłam spróbować, zaliczam się bowiem do osób z otwartym umysłem. Pierwsze spostrzeżenie było bardzo prozaiczne – po zjedzeniu porcji wołowiny następnego dnia rano nie miałam obstrukcji (czego dotąd nie były mi w stanie zapewnić tony Metamucilu). Ku mojemu zdziwieniu, poranne bóle dłoni ustąpiły w ciągu kilku tygodni, podobnie jak problemy jelitowe (gazy, uogólnione bóle brzucha). Dolegliwości te zawsze uważałam za mało istotne, ponieważ głównym moim problemem była depresja uniemożliwiająca normalne zarabianie na życie. Czuję, że powoli z niej wychodzę. Czuję się też o wiele silniejsza i rozkoszuję się ćwiczeniami fizycznymi w sposób, którego nigdy przedtem nie znałam. Naprawdę jestem radośniejsza. Zaczynam spoglądać z nadzieją w przyszłość i myśleć z optymizmem o dalszym życiu – nareszcie!".

Wegetarianin z grupą krwi 0, uzyskujący dobre samopoczucie dopiero po zjedzeniu wielkich ilości pszenicy, czuje się tak dlatego, ponieważ produkty pszenne są jedynym dostępnym dla niego pokarmem dostarczającym tyrozyny stymulującej produkcję dopaminy i katecholamin w jego organizmie. Niestety, pszenica jest bardzo niekorzystna dla metabolizmu grupy 0. Z tego względu ludzie ci powinni, idąc za głosem własnego instynktu pokarmowego, spożywać chude czerwone mięsa wysokiej jakości.

Grupa krwi 0 i oksydaza monoaminowa (MAO)

Innym ważnym aspektem działania katecholamin u ludzi z grupą krwi 0 jest rola enzymu, zwanego oksydazą (lub oksydoreduktazą) monoaminową (MAO = *monoamine oxidase*), mającego istotne powiązania z życiem emocjonalnym.

Do czasu pojawienia się leków modyfikujących wychwyt serotoniny, takich jak Prozac, najszerzej stosowanymi lekami przeciwdepresyjnymi były inhibitory oksydazy monoaminowej (np. Iprozid, Neuralex). Oksydoreduktaza (MAO) występuje w dwóch odmianach: MAO-A i MAO-B. Pierwsza z nich obecna jest w całym ciele, a zwłaszcza w przewodzie pokarmowym, druga natomiast – głównie w mózgu. Obie substancje rozkładają dopaminę na szereg innych związków, a zatem blokowanie funkcji tego enzymu powoduje zwiększenie koncentracji dopaminy. Większość inhibitorów blokuje obie odmiany MAO. Niektóre blokują jedną z nich lub drugą. Lek o nazwie selegiline, l-deprenyl (Eldeprine, Eldepryl, Eldapryl) blokuje tylko MAO-B wytwarzaną w mózgu. Powoduje to wzrost ilości dopaminy, w związku z czym lek ten jest powszechnie stosowany w leczeniu choroby Parkinsona. Jak widać, działanie MAO jest pod wieloma względami przeciwstawne działaniu beta-hydroksylazy dopaminowej przekształcającej dopaminę w inne metabolity i mającej przez to znaczący wpływ na ilość dopaminy w mózgu.

Podobnie jak w przypadku dyskutowanych wcześniej innych wpływów na dopaminę, poziom MAO różni się w zależności od grupy krwi. Także i w tym przypadku konsekwencje wydają się bardziej znaczące dla osób z grupą krwi 0. Przeprowadzone w roku 1983 studium 70 młodych zdrowych mężczyzn wykazało, że aktywność MAO w płytkach krwi u osób z grupą 0 była znacząco niższa w porównaniu z pozostałymi grupami – co oznacza, że organizmy tych ludzi mają większe trudności z kontrolowaniem katecholamin[11].

MAO w płytkach krwi uważana jest za peryferyjny znacznik centralnego systemu serotoniny. Niskie stężenia tego genetycznie uwarunkowanego znacznika mogą być wskaźnikiem podatności na psychopatologię i pewnego typu zaburzenia behawioralne. Badania wykolejonych chłopców przeprowadzone w roku 1966 w tureckim domu poprawczym wykazały, że w grupie nieletnich przestępców seksualnych poziomy MAO w płytkach krwi były najniższe, choć autorzy studium spodziewali się takiego wyniku w grupie obciążonej przestępstwami przeciwko życiu i zdrowiu.[12]

Niskie poziomy MAO w płytkach krwi korelują z cechami właściwymi dla „*zachowań typu A*" – egoistyczną ambicją, niecierpliwością i obsesją konkurowania. Wszystkie te cechy obserwowałem od lat u ludzi z grupą krwi 0[13]. Jednocześnie badania potwierdziły korelację zmienności stężeń MAO i beta-hydroksylazy dopaminowej w płytkach krwi ze zwiększoną zapadalnością na chorobę dwubiegunową (maniakalno-depresyjną), co jest również właściwością grupy krwi 0.

Inne cechy osobowości powiązane z niskim stężeniem MAO w płytkach krwi to: patologiczna skłonność do hazardu, negatywizm, agresja werbalna, poszukiwanie sensacji, popędliwość i unikanie monotonii. Ponadto jednostki o niskim poziomie MAO w płytkach krwi statystycznie więcej palą, spożywają więcej alkoholu oraz częściej nadużywają alkoholu i narkotyzują się.

Grupa krwi A: czynnik kortyzolu

Wysokie poziomy kortyzolu mogą mieć druzgocący wpływ na zdrowie. Potwierdzono ich korelację z wieloma chorobami zagrażającymi życiu – rakiem, nadciśnieniem, chorobami serca, udarami itd. Wysokie stężenie kortyzolu bywa często czynnikiem sprawczym w zaburzeniach umysłowych, zmianach starczych i chorobie Alzheimera[14].

Uczeni od dawna wiedzą o tym, że poziom kortyzolu we krwi podnosi się w przebiegu wielu chorób, do niedawna jednak sądzono, iż jest to jeden z *objawów* tych zmian chorobowych, a nie ich przyczyna.

Radykalna zmiana poglądów nastąpiła w roku 1984, po opublikowaniu pewnej przełomowej pracy w periodyku „Medical Hypothesis"[15]. Autor tego artykułu przedstawił niepodważalne dowody świadczące o tym, że podwyższony poziom kortyzolu jest przyczyną chorób, a nie ich rezultatem. Dotyczyło to zwłaszcza osób posiadających tzw. „*osobowość typu C*" – uważanych za szczególnie zagrożone chorobami nowotworowymi. Fakty te mają ogromne znaczenie dla ludzi z grupą krwi A, ponieważ obserwuje się u nich standardowo wyższe podstawowe poziomy kortyzolu oraz większe jego stężenia podczas reakcji na stresy.

Autorzy jednej z bardzo pomysłowych prac postanowili zbadać poziomy kortyzolu wytwarzanego w warunkach reakcji na stres przez przedstawicieli różnych grup krwi. „Stres" aplikowany w celach poznawczych osobom badanym wybrano nie tylko pomysłowo, lecz także oszczędnie – po prostu pobierano im krew. Pobieranie krwi jest dla większości ludzi przeżyciem stresującym, uznano więc, że w ten sposób za pomocą jednego działania będzie można wywoływać stres, badając jednocześnie poziomy kortyzolu zawartego we krwi. A oto wyniki: stężenie kortyzolu w surowicy krwi było najwyższe u osób z grupą krwi A (średnio 455 nmol/L), a najniższe u osób z grupą 0 (297 nmol/L). Jak można było oczekiwać, grupy B i AB miały stężenia pośrednie, przy czym grupa B (364 nmol/L) znalazła się bliżej grupy A, a grupa AB (325 nmol/L) bliżej grupy 0[16].

Jak widzieliśmy, kortyzol jest ważnym elementem adaptacyjnej reakcji na stres. Podwyższony podstawowy poziom tej substancji może być przyczyną pewnego zaburzenia psychicznego obserwowanego u ludzi z grupą krwi A znacznie częściej niż u przedstawicieli innych grup – zaburzenia obsesyjno-kompulsywnego[17].

• Z REJESTRU PRZYPADKÓW •

Jane I.
Grupa krwi: A
Kobieta w średnim wieku
Poprawa: nastrój i energia

„Jest to taka różnica, jak między nocą i dniem, i ludzie ją we mnie zauważyli. Pozbyłam się depresji, łatwiej się uczę, jaśniej myślę, jestem szczęśliwsza, mam więcej energii; pozbyłam się także zaburzeń hormonalnych... mam przed sobą świetlaną perspektywę. Czuję się znakomicie! To jest najlepsze ze wszystkiego, co mi się w życiu kiedykolwiek przydarzyło!".

Zaburzenia obsesyjno-kompulsywne występują u około pięciu milionów Amerykanów, co oznacza, że cierpi na nie co pięćdziesiąta osoba mieszkająca w Stanach Zjednoczonych. Dotyczy to mężczyzn, kobiet i dzieci – ludzi wszystkich ras, wyznań i warstw społecznych. Aberracja ta ma dwie główne cechy. Pierwszą jest uporczywe powracanie natrętnych myśli, idei i obrazów pojawiających się w świadomości bez udziału woli. Typowymi przykładami są myśli związane z aktami przemocy, lęk przed zatruciem i pełne niepokoju wizualizowanie mogących nastąpić tragicznych wydarzeń. Cechą drugą obsesji jest zwykle wielokrotne wykonywanie bezsensownych działań będących reakcją na owe niekontrolowane procesy myślowe. Jeżeli czynność przymusowa nie zostanie spełniona, pojawia się silny niepokój. Typowym przykładem jest kompulsywne mycie rąk u osób mających obsesję czystości połączoną z lękiem przed brudem i zakażeniami. Każdorazowe spełnienie czynności przymusowej obniża doraźnie poziom niepokoju, w niedługim czasie powraca on jednak, zmuszając do ponownego jej wykonywania.

Miałem okazję obserwować to zjawisko u pacjentów z grupą krwi A, z których większość panicznie bała się zachorowania – szczególnie na raka. Różnica między osobą wykazującą zdrowe zrozumienie czynników ryzyka a dotkniętą obsesją jest bardzo wyraźna. Widziałem ludzi, którzy przestawali normalnie sypiać i jeść oraz wydawali tysiące dolarów na specjalistyczne badania, nie będąc w stanie myśleć o czymkolwiek innym niż rzekome niebezpieczeństwo kryjące się w ich ciałach. Stan obsesyjno-kompulsywny jest bardzo trudny do wyleczenia. Skuteczne jego przezwyciężenie przeważnie wymaga psychoterapii połączonej z zastosowaniem leków i modyfikacją zachowań. Zadziwiające jest jednak, jak dalece zmienia sytuację uświadomienie pacjentowi genetyczno-biologicznego wyjaśnienia tej niezdrowej tendencji.

Uważam, że większość medycznych badań dotyczących tego zagadnienia idzie w złym kierunku. Stosowane obecnie strategie wycelowane są w nierównowagę serotoniny. Związane z nimi leki – takie jak Luvox – okazują się jednak mało skuteczne. Sądzę, że w dalszych badaniach powinno się zwrócić większą uwagę na rolę kortyzolu.

Pacjenci z zaburzeniami obsesyjno-kompulsywnymi mają podwyższone poziomy kortyzolu i obniżone poziomy melatoniny; występuje również wzrost zawartości wolnego kortyzolu w ich moczu[18]. Wygląda na to, że efekt stosowania modulatorów serotoniny w leczeniu tych zaburzeń wynika częściowo z obniżenia poziomu kortyzolu.

Wiele niezależnych badań, których wyniki znaleźć można w literaturze, wyraźnie dokumentuje związek grupy krwi A z zaburzeniami obsesyjno-kompulsywnymi. W interesującym studium fińskim stwierdzono i opisano przewagę grupy krwi A w niewielkiej próbce pacjentów z takimi zaburzeniami[19]. W obszerniejszej pracy, w której badano ludzi zdrowych za pomocą narzędzia zwanego „inwentarzem obsesji Leytona", przedstawiciele grupy 0 byli prawie zupełnie nieobecni, co stanowi potwierdzenie wyników badań wcześniejszych, ukazujących niską częstość występowania omawianych zaburzeń u ludzi z grupą 0 w porównaniu z grupą A[20]. Warto zauważyć, że katecholaminy, odgrywające tak ważną rolę w reakcjach stresowych osób z grupą 0, nie odgrywają żadnej roli w kontekście zaburzeń obsesyjno-kompulsywnych.

Z innego obszernego studium tych zaburzeń wykonanego w roku 1983 wynika, że osobnicy z grupą krwi A miewają je częściej niż inni, a jednocześnie częściej występują u nich przypadki histerii[21]. I wreszcie badanie z roku 1986 wykonane na dwóch próbkach pacjentów psychiatrycznych leczonych ambulatoryjnie, mających grupy krwi A lub 0, którzy wypełniali formularze testu, zwanego „krótkim inwentarzem symptomów", pokazało, że pacjenci z grupą A mieli zdecydowanie silniej zaznaczone czynniki obsesyjno-kompulsywne i psychotyczne niż pacjenci z grupą 0[22]. Autor pracy konkluduje, iż „...otrzymanych wyników nie da się przypisać różnicom wieku, płci lub diagnozom i są one zgodne z wynikami wielu wcześniejszych badań. Wpływ grupy krwi na sposób wyrażania się objawów może pośrednio pochodzić od cech błon komórkowych, które z kolei zależne są od grupy krwi".

Grupy krwi B i AB: czynnik tlenku azotu

Zauważyliśmy wcześniej, że organizmy z grupą krwi B wykazują neurochemiczne podobieństwa do organizmów z grupą A, podczas gdy grupa AB bliższa jest pod tym względem grupie 0. Jest jednak coraz bardziej oczywiste, że analogie te to tylko część prawdy. Nowe badania sugerują, iż procesy umysłowe osób będących nosicielami antygenu B mogą podlegać także wpływom cząsteczek tlenku azotu.

W ostatnich latach związek ten jawi się jako ważna substancja mogąca modyfikować wiele biologicznych procesów – także w układach nerwowym i odpornościowym. Jego obecność w organizmach ssaków odkryto całkiem niedawno, a w samym tylko roku 1998 opublikowano prawie 1500 prac dotyczących tej ważnej cząsteczki. Liczba prac związanych z tlenkiem azotu ogłoszonych w ciągu ostatnich pięciu lat sięga imponującej liczby 18 000[23]. Dotyczą one tak różnych zjawisk jak: oparzenia słoneczne i anoreksja, choroby nowotworowe i narkomania, cukrzyca i nadciśnienie, zaburzenia pamięci w procesie uczenia się i szok septyczny oraz impotencja u mężczyzn i gruźlica. Tlenek azotu odgrywa istotną rolę we wszystkich tych schorzeniach.

Tlenek azotu (NO) jest cząsteczką bardzo nietrwałą, rozpadającą się po upływie około pięciu sekund. Cecha ta predestynuje ją dobrze do pełnienia ważnych funkcji w zakresie wewnątrzsystemowej wymiany informacji – pomiędzy układami nerwowym i odpornościowym czy też między układem krążenia i układem rozrodczym. Funkcjonowanie tlenku azotu w ustroju można porównać do roli interpunkcji w zapisie mowy, który utraciłby w jakimś stopniu swój sens po usunięciu wszystkich przecinków, kropek, myślników itp. Z nietrwałości NO wynika konieczność ciągłej jego syntezy, polegającej w organizmie ludzkim na przekształcaniu weń prekursora, którym jest aminokwas o nazwie arginina.

Pod koniec lat 80. uczeni z Wydziału Medycznego Uniwersytetu Johna Hopkinsa udowodnili, że tlenek azotu funkcjonuje jako pewnego rodzaju czynnik pośredniczący w niektórych typach neuronów centralnego układu nerwowego. W odróżnieniu od innych neuroprzekaźników – takich jak dopamina i serotonina – NO nie wiąże się ze szczególnymi miejscami komórki nerwowej, a raczej przenika ją działając bezpośrednio na poziomie biochemicznym, co czyni zeń substancję przekaźnikową „szybkiego reagowania". Wydaje się również, że NO bierze udział w regulacji poziomu opiatów (endorfin) wytwarzanych w mózgu[24].

Niedawno na łamach czasopisma „The Lancet" ukazały się dwie adnotacje, z których wynika, że w organizmach osób będących nosicielami antygenu B (tzn. mających grupę krwi B lub AB) tlenek azotu, podawany w ramach terapii pewnych zaburzeń oddechowych, był usuwany szybciej niż u przedstawicieli pozostałych grup.[25] Zdolność szybkiego usuwania NO może być bardzo korzystna dla układu krążenia, ma jednak również swoje implikacje w zakresie funkcji neuroprzekaźników, pozwalając szybciej przezwyciężać sytuacje stresowe. Fakty te wskazują, iż posiadanie antygenu B umożliwia pewną plastyczność reakcji umysł-ciało – swego rodzaju efekt odbicia. Odkrycie to wyjaśnia zjawisko zauważone po raz pierwszy przez mojego ojca i obserwowane później wielokrotnie przeze mnie. Ludzie z grupą krwi B lub AB posiadają szczególną łatwość uzyskiwania fizjologicznej ulgi i równowagi za pośrednictwem procesów mentalnych, takich jak medytacja, a jednocześnie ich organizmy funkcjonują zdecydowanie lepiej w warunkach psychicznej równowagi. Autorzy w „Lancecie" nie wypowiadali się na temat ewentualnych przyczyn stwierdzonej relacji między antygenem B i funkcjami tlenku azotu, uważam jednak za wysoce prawdopodobne, że przyczyna tego faktu jest analogiczna jak w przypadku umiejscowienia genu AB0 w adresie 9q34. Gen enzymu ASS (syntetazy argininobursztynianowej) jest odpowiedzialny za recyrkulację argininy, a zatem zdolność modulowania przekształceń argininy w tlenek azotu znajduje się pod wpływem genu sąsiadującego z genem grup krwi AB0 – a skuteczność tego genu jest przypuszczalnie związana z aktywnością allelu odpowiadającego antygenowi B.

Wygląda na to, że posiadanie antygenu B (czyli grupy krwi B lub AB) wiąże się ze szczególną plastycznością funkcjonalnego układu umysł-ciało. Zwłaszcza ludzie z grupą krwi B obdarzeni są wyższą od przeciętnej zdolnością usuwania dolegliwości i przywracania ustrojowej równowagi za pomocą procesów mentalnych, takich jak medytacja.

• Z REJESTRU PRZYPADKÓW •

Sherry N.
Grupa krwi B
Kobieta w średnim wieku
Poprawa: depresja, nałóg

„Już w pierwszym tygodniu stosowania diety odstawiłam leki antydepresyjne. W drugim tygodniu rzuciłam palenie. Czuję się tak dobrze, że aż strach! Miałam depresje od dzieciństwa. Wciąż niedowierzam i czekam, aż mnie coś dopadnie; ale nic się nie dzieje. To musi być grzechem mieć tak dobre samopoczucie. Moja poprawa udzieliła się mężowi, a wszyscy znajomi zauważyli zmianę – najpierw u mnie, a potem u niego".

W chorobie i w zdrowiu

Przekonujące dowody różnic neurochemicznych między organizmami posiadającymi odmienne grupy krwi prowadzą w naturalny sposób do zasadniczego pytania: czy istnieją typy osobowości związane z grupami krwi? Naukowe „szkiełko i oko" pozwala nam odpowiedzieć twierdząco. Różne zachowania w relacjach z innymi ludźmi, sposób postrzegania sytuacji życiowych oraz reakcje emocjonalne w istotny sposób korelują z grupami krwi. Inaczej mówiąc: grupa krwi może wpływać kształtująco na typ osobowości.

Potrafimy rozpoznać i opisać rozwojowe i chemiczne różnice mające wpływ na emocje i zachowania osób z określonymi grupami krwi. Jak wielki jest ten wpływ? Aby na to odpowiedzieć, powrócę do twórcy medycyny homeopatycznej Samuela Hahnemanna i jego teorii *psory*. W warunkach doskonałego zdrowia i idealnej równowagi czynniki, o których mowa, mogą nie mieć żadnego zauważalnego wpływu, kryją się bowiem w tle struktury genetycznej i nie oddziałują w sposób znaczący na życie codzienne. Gdy jednak znajdujemy się w stanie silnego stresu i nieprzystosowania, gdy załamuje się nasz układ odpornościowy, gdy nasz organizm zmaga się z chronicznym stanem chorobowym – wówczas różnice grupy krwi decydują o tym, gdzie pojawi się *psora* – pęknięcie fundamentu homeostazy. Życie zgodne z grupą krwi pozwala nam do pewnego stopnia władać losem i wyrażać własną osobowość w zgodzie z żywotnymi, pozytywnymi cechami naszej ludzkiej indywidualności. W rozdziałach poświęconych wskazaniom praktycznym pokażemy, jaką konkretną wartość mają te rozróżnienia i jak z ich pomocą wybrać najzdrowszy i najbardziej dla siebie odpowiedni styl życia.

4

Spójność procesów trawienia

Wpływ grupy krwi na układ pokarmowy

Miałem kiedyś stary samochód, który bardzo lubiłem – saab 900. Niestety, jego silnik pracował nierówno i niemal przy każdych czerwonych światłach gasł. Żaden mechanik nie mógł ustalić, co było tego przyczyną. W niedługim czasie nabrałem wprawy w naciskaniu pedału hamulca lewą stopą, podczas gdy prawa zajęta była podtrzymywaniem wolnych obrotów na jałowym biegu. Jakoś sobie z tym radziłem, choć przy dojeżdżaniu do świateł odgłosy dochodzące z mojego samochodu dezorientowały przechodniów. W końcu znalazłem mechanika, który odkrył i usunął przyczynę uciążliwego niedomagania.

Na czym polegał ów problem? Otóż wszyscy mechanicy – z wyjątkiem ostatniego – używali świec zapłonowych przeznaczonych do szesnastozaworowego silnika saab 900, podczas gdy mój samochód miał silnik ośmiozaworowy. Po skorygowaniu tego błędu udręka natychmiast się skończyła.

Historia z saabem przypomniała mi się niedawno podczas rozmowy z kobietą, mającą grupę krwi A, która uparcie twierdziła, że należy do „typu metabolicznego myśliwego-zbieracza". Utrzymywała, iż najlepszą dla niej dietą jest ta, którą rekomenduję grupie 0 oraz że na diecie wysokobiałkowej czuje się lepiej niż kiedykolwiek przedtem, a w szczególności lepiej niż wtedy, gdy nie jadała mięsa.

Zdałem sobie sprawę, że pacjentka, przystosowując się do swojej diety, wykonuje podobne łamańce, jak niegdyś ja w niesprawnym samochodzie saab 900 z ośmiozaworowym silnikiem. Z początku sądziłem, że problem da się wyjaśnić, uwzględniając podtyp związany z indywidualnym statusem wydzielania antygenów AB0. Około 10% osób z grupą A (głównie kobiety) ma organizmy niewydzielające z genetyczną insulinoopornością i pewną nietolerancją węglowodanów. Niestety, dalsze badania wykazały, że pacjentka nie należy do tej podgrupy, jest bowiem osobnikiem wydzielającym. Po pewnym czasie okazało się także, że cierpi na ostrą postać hipoglikemii, co u osób z grupą A może powodować bardzo złe samopoczucie po spożyciu węglowodanów. Kobieta, o której mowa, starała się kompensować poważny problem zdrowotny nieodpowiednią dla siebie dietą. Ponieważ mięso nie wywołuje takich reakcji insulinowych jak skrobie, zatem hipoglikemicy czują się dobrze na diecie wysokobiałkowej – jednak do czasu. Prędzej czy później ich „silniki" znowu zaczynają się „zacinać", jednak tym razem może być już za późno na ich naprawę.

Nie każde zaburzenie trawienne manifestuje się natychmiast i w sposób dramatyczny. Mogą upłynąć lata, zanim organizm zacznie wysyłać jednoznacznie alarmujące sygnały. Używając raz jeszcze analogii samochodowej, można powiedzieć, że „prawidłowa obsługa bieżąca" układu pokarmowego – czyli używanie właściwego paliwa i utrzymywanie układu w stanie równowagi – zapobiegają „awariom na drodze".

Natura zaopatrzyła nas we wszystkie niezbędne mechanizmy, których potrzebujemy do przekształcania pokarmów w substancje biologicznie użyteczne. Jeżeli tylko odżywiamy się prawidłowo i nie popełniamy dietetycznych błędów, wszystko w naszych organizmach działa sprawnie, jak na sterowanej komputerem taśmie montażowej – z tą różnicą, że odbywa się na niej nie tylko „montaż", lecz także skomplikowany „demontaż" składników spożywczych. Zanim włożymy cokolwiek do ust, cała gama bodźców zmysłowych przygotowuje układ pokarmowy do pracy z tym właśnie „produktem", który zamierzamy spożyć. Proces obróbki zaczyna się już w jamie ustnej, gdzie współdziałają ze sobą: język, zęby, dziąsła, wargi, ślina i śluz. Żucie i mieszanie ze śliną przygotowuje pokarm do przełknięcia – przesunięcia przez przełyk do oczekującego go żołądka, w którym zostanie poddany wyspecjalizowanym procesom z udziałem trzustki, wątroby, pęcherzyka żółciowego, a następnie jelita cienkiego. Wszystkie narządy działają w idealnej zgodności i porządku, usuwając w końcu nieprzydatne odpady trawienne do okrężnicy w celu wydalenia.

Wpływ grupy krwi

Grupa krwi odgrywa kluczową rolę we wszystkich fazach procesu trawienia – od chwili uchwycenia aromatu pożywienia przez zmysł powonienia do ostatecznego przyswojenia czynników odżywczych i wydalenia produktów ubocznych metabolizmu. Oto podstawowe oddziaływania grupy krwi w procesie trawienia:

1. ŚLINA: Antygen grupy krwi rozchodzi się swobodnie w ślinie i śluzie, tworząc ochronę przed inwazją bakteryjną.

2. MUCYNY: Grupa krwi jest najważniejszym czynnikiem kształtującym strukturę mucyn – cząsteczek występujących w całym układzie pokarmowym, chroniących przed bakteriami i uczuleniami pokarmowymi. Mucyna jest – jak gdyby – oddźwiernym układu pokarmowego.

3. ŻOŁĄDEK: Wyściółka ścian żołądka zawiera większe stężenie antygenu grupy krwi niż inne elementy układu pokarmowego. Grupa krwi ma bezpośredni wpływ na znaczną ilość hormonów i innych wydzielin, m.in. soków trawiennych, gastryny, pepsyny i histaminy.

4. WĄTROBA: Antygeny grupy krwi znajdujemy w wyściółce przewodów żółciowych, a w znacznym stężeniu także w wydzielinach wątroby i trzustki. Jest oczywiste, że grupa krwi ma wpływ na podstawową selekcję czynników odżywczych pochodzenia pokarmowego, a więc współdecyduje o tym, co przyswajamy, a co wydalamy.

5. JELITO CIENKIE: Wielkie ilości antygenu grupy krwi występują w ściankach jelita cienkiego, gdzie wchodzi on w interakcje z czynnikami odżywczymi i enzymami, kontrolując przyswajanie.

6. JELITO GRUBE: Także i w grubym jelicie znajdujemy duże ilości antygenu grupy krwi. Wywiera on wpływ na florę bakteryjną jelita.

Grupa krwi i ślina: związek z wydzielaniem/niewydzielaniem

Antygeny grupy krwi wytwarzane są w wielkich ilościach przez gruczoły ślinowe podżuchwowe i podjęzykowe, a następnie rozpływają się swobodnie w ludzkiej ślinie. Badania ukazują związek pewnych chorób z niezdolnością do wydzielania tych antygenów do śliny. Na przykład: na chorobę Gravesa – popularną formę nadczynności tarczycy – cierpi znacznie większa liczba osobników niewydzielających niż wydzielających antygeny grupy krwi[1].

Podczas żucia pokarmu enzymy zawarte w ślinie rozpoczynają proces rozkładania cukrów i skrobi. Niewielkie ilości tych substancji wchłaniamy bezpośrednio przez tkanki jamy ustnej.

U niewydzielających antygenu grupy krwi do śliny powstaje niekorzystna dla nich sytuacja. Ślina osobników wydzielających jest chemicznie bogatsza; większa jest również całkowita zawartość w niej węglowodanów. Typowe dla śliny struktury węglowodanowe znajdowane w mucynach mają zdolność skupiania i zabijania niektórych bakterii występujących w jamie ustnej, a także usuwania składników osadów i płytek nazębnych. Niezależnie od grupy krwi, osobnicy wydzielający mają średnio mniej ubytków zębowych niż niewydzielający[2]. Różnica ta najwyraźniej uwidocznia się na gładkich powierzchniach zębów.

• Z REJESTRU PRZYPADKÓW •

Beverly B.
Grupa krwi 0
Młoda kobieta
Poprawa: uzębienie

„Około miesiąca po przejściu na dietę właściwą dla grupy 0 udałam się z wizytą do stomatologa z powodu ukruszonego zęba. Lekarz oznajmił mi, że liszaje płaskie występujące chronicznie na wewnętrznej powierzchni mojej prawej szczęki prawie całkowicie zniknęły. Odkryłam, że lucerna zawarta w kapsułkach chlorofilowych i sok z aloesu, w połączeniu z moimi enzymami trawiennymi, są toksyczne dla grupy 0, znalazłam więc dla nich właściwe odpowiedniki. Pierwotna diagnoza była postawiona rok temu w ośrodku medycznym Uniwersytetu Stanu Indiana. Podczas ostatniej wizyty mój stomatolog, który mnie tam skierował, mógł zauważyć jedynie niewielkie ślady liszajów.

Status wydzielania/niewydzielania wywiera również wpływ na działanie lektyn. U osobników wydzielających występuje silniejsza bariera przeciw bakteriom i lektynom. Wiele lektyn pobudza wydzielanie śluzu[3]. Może to być czynność obronna bądź reakcja alergiczna. W odniesieniu do niektórych lektyn uważano ją dotąd za objaw pozytywny, ponieważ wiązano z nią korzyści terapeutyczne u pacjentów ze zmianami włóknistymi pęcherzyka żółciowego. Normalnie jednak nadmiar lektyn śluzowych łączy się ze śliną bogatą w antygen grupy krwi i jest eliminowany. Upośledzenie tego mechanizmu przyczynia się do wielu chorób, a w szczególności alergii, zaburzeń oddechowych oraz infekcji uszu.

Delikatna równowaga żołądka

Grupa krwi jest ważnym czynnikiem regulującym funkcje kwasów i enzymów żołądkowych. Można powiedzieć, że kontroluje ona środowisko żołądka, czego praktyczną konsekwencją jest łatwiejsze bądź trudniejsze trawienie białek – w zależności od grupy krwi. Postaram się teraz opisać dokładniej ten mechanizm.

Kiedy pokarm dociera do żołądka, odpowiednie pobudzenie nerwowe powoduje wydzielanie się soku żołądkowego złożonego z wody, kwasu solnego i enzymów. Wraz z nim wydzielają się duże ilości antygenów grupy krwi, których w soku żołądkowym jest więcej niż w jakiejkolwiek innej wydzielinie. Kwas solny odkaża pokarm, niszcząc zawarte w nim niebezpieczne drobnoustroje i chroniąc nas w ten prosty sposób przed infekcjami. Refluks, czyli ruch wsteczny kwasu może też powodować zgagi.

• Z REJESTRU PRZYPADKÓW •

Camilla D.
Grupa krwi 0
Młoda kobieta
Poprawa: astma, zapalenie zatok

„Nie czułam smaków i zapachów przez osiem lat, z wyjątkiem okresów – raz lub dwa razy w roku – w których brałam steroidy. Miałam astmę i chroniczne zapalenie zatok. Często się zdarzało, że mogłam oddychać tylko przez usta. Lekarze próbowali mnie leczyć wszystkimi konwencjonalnymi sposobami – usunięciem polipów w nosie, antyhistaminą, lekami przeciwastmatycznymi, zastrzykami przeciwalergicznymi i chyba wszystkimi znanymi antybiotykami, jakie można stosować przy zapaleniu zatok. W sierpniu tego roku, przez przypadek, zauważyłam Pana książkę w miejscowej księgarni. Nieśmiało spróbowałam i... pomogło! Po miesiącu rozmawiałam na ten temat z lekarzem rodzinnym, który – jak się okazało – jest także jej entuzjastą. Kiedy zastosowałam zawarte w niej rekomendacje dla grupy krwi 0, odrzucając radykalnie pszenicę, ziemniaki, produkty sojowe i wszystkie te rewelacje w rodzaju kiełków brukselki – *voila*!!! Od trzech tygodni czuję nareszcie smaki i zapachy! Ani śladu astmy. Mogę oddychać jak normalny człowiek. To wspaniałe! A najważniejsze, że nie muszę się już truć lekami!".

Kiedy pokarm dostaje się do żołądka, sok trawienny zmienia swój odczyn na bardziej alkaliczny, bowiem białka zawarte w pożywieniu częściowo neutralizują kwas solny. Wzrost alkaliczności pobudza wydzielanie gastryny, a co za tym idzie, większej ilości kwasu. W miarę trawienia białek kwasowość soku żołądkowego wzrasta, co z kolei powoduje spadek wydzielania gastryny i kwasu solnego. W procesie rozkładu białek bierze też udział pepsyna – enzym bardzo wrażliwy na poziom kwaśności soku żołądkowego, tak więc w przypadku niedoboru kwasu solnego pepsyna nie uaktywnia się.

Grupa krwi ma bezpośredni wpływ na uaktywnienie pepsyny. Większość wysokiej jakości białek pokarmowych jest pochodzenia zwierzęcego, choć rośliny zawierają ich także znaczące ilości. Ludzie z grupą krwi 0 zwykle wytwarzają w żołądku więcej kwasu solnego niż inni. Po posiłku w ich żołądkach wydziela się szybciej także większa ilość pepsyny, pepsinogenu i gastryny – czynników niezbędnych do prawidłowego trawienia białek zwierzęcych. Istnieją również dowody na to, że antygen grupy krwi A, normalnie wydzielany wraz z sokiem żołądkowym, wiąże się z pepsyną, unieczynniając ją. To właśnie może być przyczyną niskiego poziomu kwasu żołądkowego u ludzi tej grupy[5].

Niezależnie od trawienia białek, kwas żołądkowy służy jako bariera dla większości bakterii. Jest to bardzo ważna jego funkcja. Mieszanina pokarmu i śliny, którą przełykamy, nie jest sterylna, a ponieważ zadaniem górnego odcinka jelita cienkiego jest pobieranie czynników odżywczych z pokarmu, obecność w nim dużych ilości bakterii nie byłaby wskazana. Jednym z głównych problemów związanych z niską kwasowością żołądka u ludzi z grupami krwi A i AB jest nadmierny rozwój bakterii w żołądku i górnym odcinku jelita cienkiego. Sytuacja ta ma tendencję do przechodzenia w stan chroniczny i w kilka dni lub tygodni po zastosowaniu antybiotyków powraca.

Problem lektyn

Jedną z największych przeszkód dla zdrowego trawienia stwarzają znajdujące się w pokarmach lektyny, które wchodzą w interakcje z grupą krwi. Pomiędzy grupą krwi a jadanymi pokarmami zachodzi chemiczna reakcja. Zwłaszcza lektyny, które są białkami zawartymi w pokarmie, oddziałują w różny sposób w zależności od grupy krwi. Kiedy pokarm zawiera lektyny niekompatybilne z grupą krwi, mogą wpływać one niekorzystnie na trawienie, metabolizm i system odpornościowy.

Wiele lektyn wykazuje preferencje do pewnych typów cukrów, co oznacza „mechaniczne" ich dopasowanie do określonych antygenów grup krwi[6]. Następstwem tej zależności jest wiązanie się z glikosprzężnym antygenem wybranej grupy krwi i pozostawienie w spokoju antygenów innych grup. Na poziomie komórkowym typowym – i zapewne najlepiej znanym – efektem działania lektyn jest wywoływanie połączeń cukrów znajdujących się na powierzchni różnych komórek, co powoduje ich sklejanie się, czyli aglutynację. Nie wszystkie lektyny tak się zachowują; wiele bakterii ma podobne do lektyn receptory, które służą im jako narzędzie przyklejania się do komórek organizmu żywiciela. Inne lektyny, zwane mitogenami, powodują proliferację (lub mitozę) pewnych komórek układu odpornościowego[7]. W sensie najbardziej podstawowym można powiedzieć, że lektyny powodują przyklejanie się jednych obiektów do innych. Słowo „lektyna" wprowadził w roku 1954 William Boyd opisując pewną klasę aglutynin (zlepników) znajdowanych w niektórych roślinach. Słowo to jest nieco alegoryczne, pochodzi bowiem od wyrazu łacińskiego oznaczającego czynność wyboru[8]. Zakres, w jakim lektyny „wybierają" komórki, do których się przyklejają, określa głównie ilość glikosprzężeń, czyli właściwy danej tkance stopień glikozylacji. Na przykład: komórki wyściełające ścianki jelita cienkiego są zwykle dobrze zglikozylowane, podobnie jak wiele innych miejsc wiązania lektyn. Nawet lektyny nie zróżnicowane ze względu na grupę krwi mogą mieć jakiś wpływ – na skutek drugorzędnych efektów, których konsekwencje są uzależnione od tego czynnika. Mogą, na przykład, powodować hamowanie hormonów trawiennych, jak również wydzielanie toksyn. Wybitny immunolog David Freed napisał kiedyś: „Lektyny to przyczyny, które szukają sobie chorób"[9].

Wpływ lektyn na układ pokarmowy jest bardzo szeroki. Mogą go one atakować wieloma sposobami wykraczającymi całkowicie poza ramy zwykłych kategorii, w których rozpatrujemy problemy trawienne.

LEKTYNY ZAKŁÓCAJĄ UKŁAD ODPORNOŚCIOWY JELIT. Wiele lektyn zawartych w pokarmach – w tym także lektyny roślin strączkowych i produktów zbożowych – prowokują układ odpornościowy do wytwarzania przeciwciał[10]. Zważywszy że pokarmy zawierające te lektyny są często uznawane za „wysoce alergizujące", można przypuszczać, iż niektóre z owych rzekomych alergii pokarmowych stanowią w istocie reakcje układu odpornościowego na lektyny zawarte w pożywieniu.

LEKTYNY ZAKŁÓCAJĄ PROCES TRAWIENIA BIAŁEK. Uczeni zaobserwowali, że aglutynina zawarta w zarodkach pszenicy (WGA) dramatycznie zwiększa aktywność maltazy związanej w błonach komórkowych – enzymu rozkładającego cukry złożone na proste w jelicie cienkim. W tych samych warunkach aktywność aminopeptydazy – enzymu rozkładającego polipeptydy na aminokwasy – była hamowana przez lektynę zarodków pszenicy[11].

LEKTYNY UAKTYWNIAJĄ AUTOPRZECIWCIAŁA W STANACH ZAPALNYCH I CHOROBACH AUTOIMMUNOLOGICZNYCH. Niemal każdy z nas nosi w sobie przeciwciała wymierzone w lektyny krążące w krwiobiegu. Niektóre z nich bywają łączone z immunologicznym uszkodzeniem nerek u pacjentów z nefropatią (chorobą nerek). Sugeruje się, że przeciwciała wytwarzane w reumatoidalnym zapaleniu stawów (gośćcu przewlekłym postępującym) mogą wymagać uaktywnienia przez lektynę zarodków pszenicy[12].

Uważam, że wiele przypadków fibromialgii – częstego bolesnego zapalenia tkanki mięśniowej – może wynikać z nietolerancji pszenicy. Cierpiący na tę chorobę powinni spróbować wykluczyć pszenicę ze swojej diety na pewien czas i sprawdzić, czy będzie to miało jakiś pozytywny wpływ na stan ich zdrowia. Interesującym szczegółem jest to, że aminocukier glukozamina, stosowany obecnie w połączeniu z chondritiną u dużej liczby pacjentów, w sposób szczególny wiąże lektynę zarodków pszenicy.

LEKTYNY POKARMOWE NISZCZĄ WYŚCIÓŁKĘ ŚCIANEK JELITA. Od ponad piętnastu lat wiadomo, że niektóre lektyny warzyw strączkowych niszczą delikatne mikrokosmki jelitowych komórek wchłaniających w jelicie cienkim. W jednej z prac badawczych zwierzęta doświadczalne otrzymywały lektynę z nasion czerwonej fasoli. W ciągu 2-4 godzin ich mikrokosmki pokrywały się pęcherzykami na całej długości. Stan normalny powracał po 20 godzinach od odstawienia fasoli. Również indywidualna długość mikrokosmków ulegała znacznemu zmniejszeniu, by po upływie dwudziestu godzin powrócić do normy. Autor pracy pisze: „Wnioskujemy, iż mikrokosmki mogą być wielokrotnie niszczone i odtwarzane po wchłonięciu uszkadzających je lektyn pokarmowych"[13].

WPŁYW LEKTYN NA PRZEPUSZCZALNOŚĆ JELITA. Ludzkie jelita są nadzwyczaj wybiórcze, jeżeli chodzi o rozmiary i jakość tego, co ma być wchłaniane przez ich ścianki. Udowodniono, że lektyny pokarmowe zwiększają przepuszczalność ścianek jelit, a to może usposobić organizm, w którym już rozwija się jakaś alergia, do zwiększonej nietolerancji także na inne białka.

W jednej z prac badawczych u zwierząt doświadczalnych karmionych fasolą nerkowatą stwierdzono zwiększoną jelitową przepuszczalność dla białek surowicy wstrzykniętych do ich krwiobiegu. Następnie podano im jeszcze większe ilości białka z nasion tego gatunku fasoli. Białko, ponownie wstrzyknięte do zwierzęcego krwiobiegu, „przenikało" do przestrzeni wewnętrznych ciała i zostało wykryte w ściankach jelita cienkiego. Oznacza to, że lektyny pokarmowe mogą być co najmniej częściowo odpowiedzialne za utratę białek surowicy, a także mogą przyczyniać się do innych form nietolerancji pokarmowej w następstwie utraty spójności jelita[14].

• Z rejestru przypadków •

Ellen I.
Grupa krwi A
Kobieta w średnim wieku
Poprawa: trawienie/śluz

„Pierwsze objawy astmy wystąpiły u mnie 2–3 lata temu. Zawsze miałam wrażenie, że powstawanie nadmiaru śluzu ma jakiś związek z tym, co dzieje się w moim żołądku. Lekarz machnął ręką na moje sugestie przepisując mi inhalator i koński środek o nazwie Prednisone. Przyjmowanie tego ostatniego w krótkim czasie wywołało skutki uboczne dotyczące mięśni i wzroku, wobec czego ja z kolei machnęłam ręką na leki i recepty. Znalazłam inhalator bez recepty, który – w przeciwieństwie do zapisanego przez lekarza – nie podrażniał mi jamy ustnej. Słysząc po raz pierwszy o diecie zgodnej z grupą krwi, zlekceważyłam tę informację, kiedy jednak zobaczyłam książkę w sklepie ze zdrową żywnością, postanowiłam się z nią zapoznać. Wykreśliłam z jadłospisu pszenicę, ziemniaki i makarony (które stanowiły większą część mojej diety, nie zawierającej prawie wcale świeżych warzyw i owoców). Byłam zdumiona ilością produktów zawierających pszenicę (nawet sos tamari!). Dodałam orzeszki ziemne jako przekąskę, co uwolniło mnie od owego ssania w żołądku, które przypisywane było nadkwasocie. Po kilku dniach mogłam swobodnie oddychać. Wystarczyło jednak zjeść jakieś przekąski sprzedawane w automacie wrzutowym, by wszystkie objawy natychmiast powróciły. Problemem jest spożywanie jakichkolwiek produktów mącznych (nawet jednego herbatnika dziennie). Książka *Jedz zgodnie ze swoją grupą krwi* jest nieocenioną pomocą dla ludzi z grupą krwi A poszukujących uwolnienia od śluzu".

LEKTYNY BLOKUJĄ HORMONY TRAWIENNE. Cholecystokinina (CCK) – hormon wspierający trawienie tłuszczu, białka i węglowodanów przez pobudzanie wydzielania enzymów trawiennych – podlega wpływom wielu lektyn pokarmowych, zwłaszcza występujących w zarodkach pszenicy. Lektyny wiążą się z receptorami CCK, hamując ich działanie. Obecność CCK w mózgu w stosunkowo dużym stężeniu nasuwa przypuszczenie, iż substancja ta odgrywa jakąś rolę w kontrolowaniu apetytu, co mogłoby wskazywać na związek lektyn z problemami nadwagi[15]. Kiedy stężenie CCK spada, apetyt się zwiększa. Zgodnie z roboczą hipotezą blokowanie receptora CCK przez lektyny hamuje wydzielanie amylazy – enzymu biorącego udział w trawieniu węglowodanów. Aktywność amylazy jest w sposób naturalny wyższa u osób z grupą krwi A, co wydaje się całkiem sensowne, jako że osobnicy ci są lepiej przystosowani do trawienia złożonych węglowodanów w porównaniu z pozostałymi grupami[16].

LEKTYNY UPOŚLEDZAJĄ WCHŁANIANIE. Zwierzęta doświadczalne karmione głównie mączką z surowej białej fasoli są mniejsze; wykazują też o 50% mniejszą zdolność wchłaniania glukozy i wykorzystywania białka pokarmowego w porównaniu z grupą kontrolną karmioną taką samą fasolką z unieczynnioną lektyną. Lektyny pochodzące z zarodków pszenicy *(Triticum aestivum)*, bielunia dzięndzierzawy *(Datura stramonium)* lub korzenia pokrzywy *(Urtica dioica)* dodawane do karmy zwierząt doświadczalnych zmniejszały zdolność trawienia i wykorzystywania białek pokarmowych, hamując jednocześnie wzrost. Najwięcej szkody czyniła lektyna z zarodków pszenicy. Autorzy tego eksperymentu są niemal pewni, że lektyny były wiązane i aktywnie przenoszone przez błonę jelitową. Trzy wymienione lektyny działały jako czynniki wzrostu w stosunku do jelit, zakłócając w różnym stopniu ich metabolizm i funkcje. W pracy ponadto czytamy: „...znaczna część wchłanianej lektyny z zarodków pszenicy była transportowana przez ścianki jelit do krwiobiegu, a następnie odkładała się na ściankach naczyń krwionośnych i limfatycznych." Lektyna z zarodków pszenicy stymulowała także wzrost trzustki, powodując równocześnie kurczenie się grasicy – gruczołu związanego z układem odpornościowym. Autorzy pracy konkludują: „Jakkolwiek przenoszenie genu lektyny zarodków pszenicy do roślin uprawnych uważa się za czynnik zwiększający ich odporność na szkodniki owadzie, to jednak obecność tej lektyny – w stężeniu, jakiego wymaga skuteczne ich zwalczanie – w pożywieniu zwierząt wyższych może szkodzić ich zdrowiu. Stosowanie tej metody jako naturalnego środka owadobójczego stwarza zagrożenia zdrowia ludzkiego."[17]

LEKTYNY STYMULUJĄ ROZROST NARZĄDÓW. Zawarte w pokarmach lektyny mogą powodować zwiększanie się rozmiarów narządów trawiennych. Dzieje się to na skutek wzmacniania działania innych stymulatorów wzrostu przez wydzielanie klasy związków zwanych *poliaminami.* Wiele prac potwierdza fakt rozrostu jelit, wątroby i trzustki w następstwie karmienia doświadczalnych zwierząt dietą zawierającą lektyny. W jednej z nich konsekwencje tego procesu opisano bez ogródek: „Lektyny należą do podstawowych i wszechobecnych składników pokarmowych. Spożywają je i trawią codziennie w znacznych ilościach zwierzęta i ludzie. Ponieważ są to związki biologicznie bardzo aktywne, ich spożycie może mieć poważne konsekwencje dla metabolizmu i zdrowia. Lektyny, z racji ich stabilności oraz szczególnej rozpoznawalności i zdolności wiązania przez komórki nabłonkowe rąbka szczoteczkowego jelita, są potężnymi egzogennymi (zewnętrznymi) sygnałami wzrostu metabolicznego dla jelita i całego ciała"[18].

Więcej informacji o poliaminach na str. 118.

Lektynowa parada przebojów

Niektóre lektyny są szerzej od innych rozpowszechnione i przez to bardziej kłopotliwe.

Pszenica

„Nie samym chlebem człowiek żyje" – to bardzo głęboka myśl filozoficzna. Wydaje się jednak, że większość przedstawicieli ludzkiego gatunku nigdy nie „żyła chlebem" – przynajmniej takim, jaki znamy dziś – a zatem niesłusznie uchodzi on za uniwersalny symbol pożywienia. Wielu ludzi nie toleruje pszenicy, większość z nich nie zdaje sobie jednak sprawy z tego, ponieważ skutki owej nietolerancji nie objawiają się w formie łatwo rozpoznawalnych objawów. Pszenica, oprócz innych białek, zawiera duże ilości glutenu i gliadyn (prolamin). Związki te występują także w innych zbożach, jednak współoddziaływanie układu odpornościowego z gliadynami pszenicy jest najintensywniejsze. Wrażliwość na gluten i gliadyny należą do najważniejszych drugorzędnych wpływów decydujących o zdrowiu układu pokarmowego.

Dokładnie *połowa – 50%* – wszystkich ludzi skarżących się na kłopoty trawienne nosi w swoich organizmach łatwe do wykrycia przeciwciała wymierzone w gliadyny zawarte w surowicy krwi. Znakomita większość *(około 90%)* osób nie tolerujących glutenu, u których właściwość ta została wykryta w rutynowych badaniach powszechnych lub rodzinnych, nie skarży się na jakiekolwiek dolegliwości, mimo iż brakuje im ochronnej błony śluzowej jelita.

Lektyna zawarta w pszenicy, zwana też aglutyniną zarodka pszenicy (WGA), jest ważnym, choć w znacznej mierze nierozpoznanym problemem dietetycznym wielu ludzi. Jak większość lektyn pokarmowych, WGA opiera się trawieniu, wywołując przy tym określone efekty metaboliczne i hormonalne. Lektyna zarodka pszenicy imituje oddziaływanie insuliny na receptory insuliny, w związku z czym jest cząsteczką najczęściej stosowaną w badaniach dynamiki metabolizmu insulinowego. Wydaje mi się dziwne, że mimo iż jest to akceptowany fakt biologii molekularnej, najwyraźniej nikt nie zastanawia się nad jego doniosłym znaczeniem w realnym świecie. Na przykład: w jednym z badań wykazano, iż około 20% pacjentów z cukrzycą insulinozależną I rodzaju ma we krwi przeciwciała na lektynę zarodka pszenicy[19].

Podatność na negatywne skutki działania WGA zależy od grupy krwi. Są pewne dowody na to, że antygen grupy krwi A obecny w jelicie wiąże się z aglutyniną zarodka pszenicy – dając przedstawicielom grup A i AB, wydzielającym ten antygen do płynów ustrojowych, zdolność łagodzenia tych niepożądanych skutków. Organizmy z grupą krwi A lub AB wiążą lektynę za pomocą wolnego antygenu grupy krwi w soku trawiennym, zanim zdoła ona poczynić jakiekolwiek szkody. Mechanizm ten nie funkcjonuje niestety u osobników niewydzielających.

Pomidory

Na tablicy ogłoszeń mojej witryny internetowej pojawiają się często pytania, dlaczego dieta zgodna z własną grupą krwi zaleca unikanie pewnych pokarmów generalnie zalecanych przez innych dietetyków. Na szczycie ich listy znajduje się pomidor, którego powinni unikać przedstawiciele grupy A i B. Wiele osób chciałoby wiedzieć, jak to się ma do informacji, iż pomidor jest ważnym przeciwutleniaczem.

O pomidorach mówi się ostatnio sporo, ponieważ odkryto w nich znaczne stężenia likopenu – naturalnego czerwonego barwnika, występującego także w arbuzach i czerwonych grejpfrutach, mającego własności przeciwutleniające. Badania wykazały, że likopen może zmniejszyć ryzyko niektórych nowotworów – np. prostaty – a także chorób serca[20].

Dlaczego więc roślina ta nie miałaby być ważnym składnikiem diety niezależnym od grupy krwi?

Odpowiedź jest prosta. Pomidory zawierają także potężną lektynę, zwaną *aglutyniną* (*Lycopersicon esculentum*). Jest ona jedną z niewielu lektyn zdolnych do aglutynacji w obecności wszystkich grup krwi i nazywaną *panhemmaglutyniną*. (Panhemmaglutyninę zawiera także ryż, nie wiadomo mi jednak nic o tym, by wywoływał on jakieś problemy. Być może aglutynina ryżowa jest trawiona).

Lektyna zawarta w pomidorach bynajmniej nie jest niewinna. Wiadomo, że obniża stężenie mucyny – enzymu chroniącego wyściółkę jelita. Prawdopodobnie dlatego wiele osób z nietolerancjami pokarmowymi nie toleruje również pomidorów.

Lektyna pomidora szkodzi nam także w inny sposób. Są pewne dowody, że ma tendencję do wiązania się z tkanką nerwową, a także z jednym z elementów tzw. „pompy protonowej" – mechanizmu komórkowego, za pomocą którego gastryna pobudza wydzielanie kwasu żołądkowego. Być może dlatego tak wiele osób skarży się na nadkwaśność po spożyciu sosu pomidorowego[21].

A zatem, co z likopenem? Po pierwsze, trzeba sobie uświadomić, że wkrojenie jednego pomidora do sałatki warzywnej nie dostarczy nam znaczącej ilości tego związku. Pomidory surowe mają bardzo dużo wody, z nimi więc nie ma problemu. Zaczyna się on przy paście pomidorowej i koncentratach, w których – niestety – znajdują się także spore ilości lektyny.

A oto następna dobra wiadomość: likopen występuje w wielu innych pokarmach, nie tylko w pomidorach.

PRODUKT SPOŻYWCZY	ZAWARTOŚĆ LIKOPENU (μg/100 g)
Pasta pomidorowa (puszkowana)	8580
Guawa	6500
Arbuz (surowy)	5400
Grejpfrut (czerwony)	4100
Papaja	3500
Pomidor (surowy)	3100
Morela (suszona)	864
Owoc dzikiej róży (purée)	780

Pewne dowody wskazują na to, że czerwone grejpfruty z Teksasu mają najwyższą zawartość likopenu ze wszystkich oferowanych na rynku. Jak wynika z tabeli, surowy pomidor nie plasuje się na tej liście zbyt wysoko. Innym ciekawym aspektem likopenu jest to, że jego wchłanianie – podobnie jak innych karotenoidów – poprawia dodanie tłuszczu.

Orzeszki ziemne

Na studiach medycznych uczono mnie, by nie zalecać pacjentom spożywania orzeszków ziemnych, ponieważ pewien niewielki, choć znaczący, odsetek ludzi reaguje na nie alergicznie. Trudno dokładnie oszacować częstość występowania alergii na ten pokarm, ponieważ większość uczulonych nań osób reaguje podobnie na orzechy roślin drzewiastych – orzechy włoskie, migdały i orzechy nerkowca. Autor jednego z opracowań obejmujących alergie na orzechy ziemne i/lub drzewiaste ocenia odsetek uczulonych wśród dzieci amerykańskich na 1,1%, a wśród dorosłych Amerykanów – na 0,3%. W innej pracy wśród badanych 12 032 osób znaleziono 164 jednostki uczulone na orzechy ziemne i/lub drzewiaste[22].

Uczulenie na orzeszki ziemne jest klasyczną alergią, w której organizm chorego wytwarza przeciwciała wymierzone w białka alergenu, mogące wywołać zagrażającą życiu reakcję zwaną anafilaksją. Mechanizm ten nie zależy od grupy krwi, w przypadkach klasycznych alergii na orzeszki ziemne (jak również na inne uczulające produkty spożywcze, jak soja lub pszenica) powinno się ich unikać.

Istnieje coraz więcej dowodów świadczących o tym, że lektyna zawarta w orzeszkach ziemnych może chronić przed wieloma typami nowotworów, a w szczególności przed rakiem żołądka, okrężnicy i piersi[23]. Jak to jednak pogodzić z zaniepokojeniem wywołanym niedawno przez doniesienia o zawartych w orzeszkach aflatoksynach, które bywają kojarzone z rozwojem raka wątroby u zwierząt doświadczalnych? (Nie ma, jak dotąd, bezpośredniego dowodu na to, jakoby aflatoksyny były czynnikiem rakotwórczym u ludzi).

Należy w tym miejscu podkreślić: to nie orzeszki ziemne są źródłem aflatoksyn (podobnie jak nie są nim nasiona kukurydzy, sorga, orzecha brazylijskiego, leszczyny amerykańskiej, pistacji, bawełny i orzecha włoskiego), lecz skażenia wywoływane przez rozwijające się na nich grzyby w warunkach niewłaściwej hodowli i przechowywania. Poziom zanieczyszczenia aflatoksynami zmienia się z roku na rok, w zależności od urodzaju, warunków atmosferycznych i innych czynników.

Jakie są rzeczywiste rozmiary problemu aflatoksyn? W Stanach Zjednoczonych nie było dotąd doniesień o przypadkach aflatoksykozy; znamy jedynie kilka odosobnionych incydentów, które wydarzyły się w krajach Trzeciego Świata (Uganda 1971, Indie 1975 i Malezja 1991), gdzie metody przechowywania i identyfikacji nie są w pełni wiarygodne. Nawet te doniesienia o rzekomych „wybuchach" aflatoksykozy nie miały nic wspólnego z konsumpcją orzeszków ziemnych! W Ugandzie i Indiach przyczyną zachorowań była skażona kukurydza, a w Malezji – pewien rodzaj makaronu.

Administracja Żywności Stanów Zjednoczonych reguluje zawartości aflatoksyn, które mogą być minimalizowane za pomocą odpowiednich praktyk rolniczych i przemysłowych. Ilości aflatoksyn w produktach spożywczych są ściśle kontrolowane, a zaniepokojenie dotyczące bezpieczeństwa zostało ostatnio radykalnie zmniejszone. Wysiłki Administracji zmierzające do zapewnienia bezpieczeństwa oraz odpowiedniej jakości produktów spożywczych i pasz uzupełniają programy realizowane przez Administrację Leków Stanów Zjednoczonych, stanowe departamenty rolnictwa i różne stowarzyszenia branżowe w przemyśle.

Jeżeli kogoś niepokoi zawartość aflatoksyn w orzeszkach ziemnych, niechaj kupuje masło orzechowe u godnych zaufania producentów. Wszystkie komercyjnie produkowane orzeszki znajdują się pod ścisłym nadzorem.

Dyskusja o białku

Nie ulega wątpliwości, że najbardziej kontrowersyjnym zaleceniem diety zgodnej z własną grupą krwi jest wskazanie do spożywania czerwonego mięsa przez osoby z grupą 0 oraz twierdzenie, iż pokarm ten jest niezbędny dla zachowania przez nie zdrowia. Konwencjonalna dietetyka uważa czerwone mięso za przyczynę podwyższonego poziomu cholesterolu, chorób serca i osteoporozy. Nasze rozumienie roli jelitowej fosfatazy zasadowej zaprzecza jednak tym poglądom. Jelitowa fosfataza zasadowa jest wytwarzanym w jelicie cienkim enzymem, który, niezależnie od innych swoich funkcji, pomaga trawić zwierzęce białka i tłuszcze.

Najnowsze badania wyraźnie pokazują, że osoby z grupą krwi 0 i – w mniejszym stopniu – reprezentanci grupy B – mają wysokie poziomy jelitowej fosfatazy zasadowej, która chroni je przed szkodliwymi skutkami diety wysokobiałkowej. Z tych samych badań wynika również, że organizmy ludzi z grupą krwi A niemal w ogóle nie wydzielają tego enzymu, a niewielkie jego ilości powstające w ich jelitach są unieczynniane przez ich własny antygen A. Fakt ten przekonująco uzasadnia rekomendację diety niskobiałkowej dla tej grupy ludzi. U osobników niewydzielających antygenu grupy krwi do płynów ustrojowych aktywność fosfatazy zasadowej w surowicy wynosi tylko 20% w porównaniu z jej aktywnością u wydzielających. Oznacza to, że osoby niewydzielające, mające grupę krwi A, mogą mieć niebezpiecznie niski poziom tego ważnego enzymu[24].

Z badań wynika, że jelitowa fosfataza zasadowa nie tylko pomaga w trawieniu tłuszczów, lecz także w przyswajaniu wapnia. Być może dlatego właśnie u przedstawicieli grupy 0 złamania kości występują rzadziej niż u ludzi z innymi grupami krwi.

Jakkolwiek zwolennicy wegetarianizmu propagują diety bezmięsne jako formę profilaktyki osteoporozy, to jednak trzeba przyznać, że koncepcja ta ma bardzo słabe podstawy. Prawdą jest, że u niektórych osób stosujących dietę wysokobiałkową występuje zwiększone wydalanie wapnia, jest to jednak co najwyżej korelacja. W rzeczywistości badania wyraźnie pokazują, że jest odwrotnie.

Od wielu lat wiadomo, że poziom fosfatazy zasadowej wzrasta po spożyciu posiłku zawierającego tłuszcz; najnowsze badania pokazują jednak, że reakcja taka występuje również po posiłku wysokobiałkowym.

Mamy coraz więcej dowodów na to, że skrajna koncepcja wegetariańska jest z naukowego punktu widzenia niemożliwa do utrzymania. W witrynie internetowej MD-Consult można obecnie znaleźć wyniki badań przeprowadzonych na Uniwersytecie Johna Hopkinsa, na Uniwersytecie Stanu Minnesota oraz w Chicago Center for Clinical Research, które wskazują iż spożywanie w ciągu tygodnia co najmniej pięciu 180-gramowych porcji czerwonego mięsa może zmniejszyć ryzyko choroby wieńcowej o 10 procent. W szczególności u kobiet spożywających najwięcej białka (czerpiących z niego około 24% kalorii) ryzyko to jest o 25% mniejsze niż u kobiet pobierających z białka tylko 15% kalorii. Co więcej, białko zwierzęce okazuje się być pod tym względem równie skuteczne jak roślinne.

Cud zdrowego trawienia

W ciągu minionych kilku lat dziesiątki razy występowałem z prelekcjami w całym kraju – w księgarniach, w sklepach ze zdrową żywnością, na konferencjach medycznych, a także w różnych lokalnych środowiskach. Przeważnie po wykładzie rozmawiam z osobami, które podchodzą do podium, by zadawać pytania i dzielić się swoimi doświadczeniami. Bardzo lubię te osobiste dyskusje, ponieważ zawsze czegoś się z nich uczę. Czasami pojawiają się głosy rozczarowania pochodzące od osób, które nie uzyskały oczekiwanych rezultatów. Te przypadki wzbudzają moją szczególną ciekawość, pozwalają mi bowiem poszukiwać przyczyn indywidualnych niepowodzeń. Jeżeli nie potrafię wyjaśnić problemu na miejscu, rejestruję go, zabieram z powrotem do laboratorium i staram się dokładniej zbadać. Zdaję sobie w pełni sprawę, że nie znam odpowiedzi na wszystkie pytania i wątpliwości. Gdybym tak twierdził, byłoby to przejawem arogancji z mojej strony. Badając zjawiska związane z grupami krwi w duchu otwartego zaciekawienia, znajdujemy ciągle nowe zagadki.

Najczęściej owocem moich spotkań są jednak nowe potwierdzenia fundamentalnej słuszności tej koncepcji naukowej. Przestałem już liczyć osoby, które doznały dramatycznej poprawy jakości życia po przejściu na dietę zgodną z własną grupą krwi. Jestem pewien, że każdy lekarz na moim miejscu czułby się w równej mierze usatysfakcjonowany.

Niedawno, po prelekcji wygłoszonej w jednej z księgarń w stanie Connecticut, podeszła do mnie Klaudia – pięćdziesięciodwuletnia kobieta z grupą krwi 0, mająca za sobą szesnastoletnią batalię z wrzodziejącym zapaleniem okrężnicy. Jest to niezwykle przykry, chroniczny stan chorobowy, w którym wyściółka jelita znajduje się w ostrym stanie zapalnym. Objawami choroby są bolesne skurcze, biegunki i krwawe stolce, którym często towarzyszą hemoroidy. W najgorszych przypadkach dochodzi do znacznej utraty krwi i pęknięcia jelita. Wrzodziejące zapalenie okrężnicy może również prowadzić do choroby nowotworowej. Najbardziej przerażającym aspektem tego schorzenia jest jego uporczywość i odporność na próby leczenia. Ludzie, którzy cierpią na nie przez dłuższy czas, przeważnie tracą nadzieję na powrót do zdrowia.

Klaudia podeszła do mnie z szerokim uśmiechem rozjaśniającym jej schorowane i zmęczone oblicze. Po szesnastu latach nieprzerwanych ataków wrzodziejącego zapalenia okrężnicy po raz pierwszy pojawiły się oznaki poprawy, choć jej zdrowie zostało już dość poważnie nadszarpnięte. „Proszę mi wybaczyć, jeśli będę mówić nieskładnie. Czuję wielką ulgę". Po tych słowach moja rozmówczyni opowiedziała historię swojej choroby, wydobywając z trudem z pamięci nazwy różnych leków przeciwzapalnych, których próbowała i które jej nie pomagały. W pewnym momencie konieczny był sześciotygodniowy pobyt w szpitalu, gdzie karmiono ją przez rurkę.

Zgodnie z relacją pani Klaudii jej choroba zaczęła się po urodzeniu syna, kiedy radykalnie zmieniła swoją dietę, chcąc zachować pełnię zdrowia w okresie karmienia. Przestała jeść mięso i przeszła na ścisły wegetarianizm z dużym udziałem produktów zbożowych, roślin strączkowych i warzyw.

„I właśnie wtedy nabawiłam się tej choroby" – kontynuowała swoją opowieść.

Pani Klaudia dowiedziała się o diecie zgodnej z własną grupą krwi w chwili gdy miała się zdecydować na drastyczną operację resekcji jelita, po której byłaby zmuszona nosić woreczek na kał. Uznała, że nie ma nic do stracenia i postanowiła spróbować.

„Stosuję dietę zgodną z grupą 0 od czterech miesięcy. Codziennie rano maszeruję na dystansie czterech mil. Odstawiłam wszystkie leki. Czuję się lepiej po raz pierwszy od wielu lat. Zaczynam mieć nadzieję, że zdołam uniknąć operacji".

Byłem bardzo szczęśliwy słysząc te ostatnie słowa, nie mogłem jednak powstrzymać wewnętrznej wściekłości i oburzenia. Szesnaście lat niewyobrażalnych cierpień – i ani jeden lekarz nie zaproponował tej pacjentce zmiany diety! Proszę się nad tym zastanowić. Proszę sobie wyobrazić, że dzień po dniu ktoś daje nam pożywienie i twierdzi, że jest ono dla nas zdrowe, a tymczasem okazuje się, że otrzymujemy truciznę. Ile potrzebowalibyśmy czasu, by zakwestionować wartość zdrowotną tego pożywienia, widząc, jak wpędza nas ono w śmiertelną chorobę?

CZĘŚĆ DRUGA

Zachowanie zdrowej równowagi

5

Harmonijna przemiana materii

Biochemiczny wpływ grupy krwi

Znając sposób funkcjonowania grup krwi i kształtowania przez nie wielorakich indywidualnych reakcji biologicznych, zajrzyjmy teraz „za kulisy", by przyjrzeć się niektórym procesom metabolicznym oraz immunologicznym najściślej z nimi związanym.

Po wydaniu książki *Jedz zgodnie ze swoją grupą krwi* zawarte w niej propozycje poddano próbie w programie telewizyjnym *Inside Edition*. Pod nadzorem dietetyka z New York Equinox Health Club diety zgodne z grupami krwi zaczęły stosować ochotniczo dwie osoby mające grupy krwi 0 i A, ważące w dniu rozpoczęcia eksperymentu odpowiednio 82 i 100 kg. Po dwóch tygodniach u pierwszej z nich stwierdzono ubytek wagi 3,5 kg, a u drugiej 4 kg.

W komentarzach podkreślano zdumiewający fakt, iż dwie osoby, dzięki stosowaniu dwóch zupełnie różnych diet, w tym samym czasie straciły podobną liczbę kilogramów. Organizatorzy programu zostali w ten sposób całkowicie przekonani co do słuszności mojej koncepcji.

Większość ludzi przechodzących na dietę zgodną z grupą krwi ma przede wszystkim nadzieję stracić na wadze, jednak zmiany metaboliczne, które temu towarzyszą, są znacznie ważniejsze od widocznych w lustrze kosmetycznych efektów. Otyłość prowadzi do zaburzeń hormonalnych dezorganizujących przemianę materii. Nierównowaga ta zwykle wiąże się z insulinoopornością – stanem, w którym komórki tłuszczowe nie reagują należycie na tę substancję.

Insulinooporność oznacza, że organizm musi wytwarzać jej coraz więcej, a jednocześnie zwiększone jej ilości pozwalają mu wykonywać coraz mniejszy zakres pracy; w efekcie powstaje problem regulacji poziomu cukru we krwi. Towarzyszy temu upośledzenie zdolności spalania tłuszczu jako paliwa oraz magazynowanie nadmiaru cukru i skrobi w tkankach tłuszczowych.

Zjawisko zwiększonej insulinooporności bywa często wyzwalane przez spożywanie w nadmiarze pokarmów zawierających lektyny źle reagujące na grupę krwi. Niektóre z nich mają wręcz insulinopodobne działanie na receptory komórek tłuszczowych. Kiedy ich cząsteczki przykleją się do tych receptorów, dla komórek tłuszczowych jest to sygnał do zaprzestania spalania tłuszczu i rozpoczęcia magazynowania kalorii w jego postaci. Przyjmowanie w pokarmach znacznych ilości insulinopodobnych lektyn nieodpowiednich dla grupy krwi powoduje otłuszczanie ciała i zmniejszanie się masy tkanek aktywnych[1].

U wielu osób niewydzielaczy występuje syndrom oporności na insulinę upośledzający konwersję trójglicerydów, a tym samym obniżający tempo przemiany materii[2]. Spowolnienie procesów metabolicznych sprzyja także magazynowaniu nadmiaru płynów w postaci wody pozakomórkowej prowadzącemu do obrzęków.

> Próbując pozbyć się nadwagi przez ograniczanie kalorii, tracimy tkanki mięśniowe, nawet wówczas gdy uprawiamy systematyczne ćwiczenia sportowe. Trening fizyczny może wprawdzie doprowadzić do zmniejszenia tkanek mięśniowych, jednak każda niskokaloryczna dieta, stosowana w okresie dłuższym niż 10-14 dni, wywiera szkodliwy wpływ na ogólny stan organizmu. Z tych powodów uważam, że odżywianie i treningi zgodne z grupą krwi to najrozsądniejsza metoda redukowania nadwagi. Jedząc zgodnie z własną grupą krwi, zwiększamy masę tkanek aktywnych i poprawiamy intensywność przemiany materii, co z kolei pozwala organizmowi spalić nadmiar tłuszczu bez strat w tkankach mięśniowych.

W warunkach ustabilizowanej nadwagi przywracanie stanu zrównoważonego jest bardzo trudne, przede wszystkim z powodu trwałych zmian w procesach metabolicznych. Otyłości **zawsze** towarzyszy insulinooporność, czego skutkiem jest hiperinsulinemia proporcjonalna do ilości tłuszczu trzewnego w ciele. Powstaje przy tym swego rodzaju błędne koło, bowiem oporność na insulinę wzrasta wraz z ilością odłożonego tłuszczu. Jak widać, każdy, kto pragnie pozbyć się nadwagi, staje przed poważnym metabolicznym wyzwaniem. Kluczową sprawą, o której należy pamiętać, rozważając te i inne zakłócenia metabolizmu, jest ich związek z ilością nagromadzonego w ciele tłuszczu oraz skłonność do normalizacji towarzysząca zmniejszaniu się jego ilości.

> Dieta zgodna z grupą krwi ➡ Większa masa tkanek aktywnych ➡ Szybsza podstawowa przemiana materii ➡ Nadmiar tłuszczu spala się bez strat w mięśniach.

Wyniki badań poświęconych otyłości u dzieci wskazują na metaboliczne przeszkody w wielu obszarach układu wydzielania wewnętrznego, takich jak: aktywacja hormonu tarczycy, wydzielanie hormonów stresu, poziom androgenu, funkcje hormonów wzrostu i poziom insuliny. U badanych dzieci obserwowano wysokie podstawowe i stymulowane (przez cukier lub skrobię) stężenia insuliny[3]. Dotyczy to z całą pewnością także osób dorosłych. Regulacja przemian energetycznych w warunkach otyłości różni się od normalnej w istotnym zakresie:

NADWAGA WYWOŁUJE OPORNOŚĆ NA LEPTYNĘ. Leptyna (nie mylić z lektyną!) – hormon związany z genem otyłości – była w ostatnich latach przedmiotem wielu badań. Działa ona na podwzgórze, regulując zawartość tłuszczów w organizmie, zdolność do ich spalania z wydzielaniem energii oraz nasycenie. W warunkach nadwagi poziom leptyny wzrasta, a jednocześnie występuje upośledzenie jej działania. Stężenie tego hormonu rośnie wraz z poziomem insuliny, co skłania niektórych badaczy do wniosku, iż stan taki sprzyja cukrzycy, chorobom sercowo-naczyniowym i udarom.

NADWAGA SPRZYJA OPORNOŚCI NA KORTYZOL. Nadwaga wiąże się zwykle z chronicznym podwyższeniem poziomu wydzielania kortyzolu[4]. Tkanki tłuszczowe przyspieszają obrót metaboliczny kortyzolu, ułatwiając produkcję kortyzonu, który stymuluje wydzielanie kortykotropiny (ACTH) i podtrzymuje stymulację kory nadnerczy. Ponadto, wysoki pozom kortyzolu bezpośrednio sprzyja tyciu, powstaje więc błędne koło. Kortyzol różni się od innych hormonów z grupy steroidów (takich jak hormony płciowe), dlatego klasyfikowany jest jako glukokortykoid. To oznacza, że jego podstawowe działanie wiąże się ze wzrostem poziomu cukru we krwi kosztem tkanki mięśniowej. Jest to efekt pożądany w sytuacji „walki lub ucieczki", lecz jego chroniczne utrzymywanie się zwiększa oporność na insulinę i zmienia kompozycję ciała z mięśniowej na tłuszczową. Na tym nie koniec. Specjaliści twierdzą, że wysoki poziom kortyzolu zwiększa apetyt dzięki powiązaniu z leptyną. Badania na zwierzętach wykazały, że kortyzol jest głównym czynnikiem uniemożliwiającym leptynie zmniejszanie łaknienia, intensyfikację metabolizmu i redukcję nadwyżek tłuszczowych. Podobne wyniki uzyskano w badaniach na ludziach. Ma to szczególne znaczenie dla osób mających grupy krwi A i B, u nich bowiem podstawowy poziom kortyzolu jest wyższy niż u innych.

Syndrom X

Kiedy metaboliczna „orkiestra" zaczyna fałszować, wówczas pojawia się szereg wewnętrznych odczuć, mówiących nam, że dzieje się coś niedobrego. Wsłuchujmy się w ten głos organizmu. Ogłupiani przez masowe media szerzące obsesję szczupłości i kult zgrabnej sylwetki skłonni jesteśmy postrzegać nadwagę w kategoriach estetycznych, zapominając, iż jest ona objawem załamania homeostazy o daleko idących konsekwencjach dla zdrowia.

Być może Czytelnicy zauważyli, że pewne zaburzenia związane z metabolizmem często ze sobą korelują. Na przykład: cukrzycy może towarzyszyć nadwaga i nadciśnienie, a chorobie serca – wysoki poziom trójglicerydów, otyłość i objawy cukrzycowe.

W ostatnich latach w badaniach medycznych poświęca się wiele uwagi stanom chorobowym określanym jako „syndrom X". Jest to pewien zbiór zaburzeń metabolicznych, na który składają się: insulinooporność, wysoki poziom cukru we krwi, podwyższony poziom trójglicerydów, wysoki wskaźnik cholesterolu LDL (lipoproteiny o niskiej gęstości), niski wskaźnik cholesterolu HDL (lipoproteiny o wysokiej gęstości), wysokie ciśnienie krwi i otyłość (zwłaszcza nadmiar tkanki tłuszczowej na brzuchu).

Powyższy zespół zaburzeń metabolicznych, którego jądrem jest oporność na insulinę, wydaje się leżeć u podłoża cukrzycy typu II, miażdżycy tętnic i choroby sercowo-naczyniowej[5]. I tu właśnie wkracza na scenę grupa krwi, albowiem profil ryzyka sercowo-naczyniowego jest różny dla poszczególnych grup.

Bioznaczniki prawidłowej wagi

Jak mierzyć równowagę i zdrową przemianę materii? Najlepszym sposobem jest udoskonalenie pewnych wskaźników funkcjonalnych. W roku 1991 William Evans i Irwin Rosenberg wprowadzili termin „bioznacznika" dla opisu zmiennych aspektów funkcji związanych ze zdrowszym starzeniem się. Okazało się, że wiele tych bioznaczników pośrednio lub bezpośrednio odzwierciedla sprawność metaboliczną. Masa mięśni, siła, szybkość podstawowej przemiany materii, procentowy udział tłuszczu w ciele, zdolność aerobowa, tolerancja poziomu cukru we krwi i gęstość kości – to niektóre z nich. Ich wartości tworzą użyteczny portret wieku biologicznego, który może być znacznie ważniejszy od metrykalnego.

Masa mięśni pozostaje w ścisłym związku z intensywnością podstawowej przemiany materii (BMR) rozumianą jako liczba kalorii wydatkowanych w ciągu doby w warunkach spoczynku. Niska wartość BMR oznacza, że organizm nie spala skutecznie materiału energetycznego. Wskaźnik ten maleje z wiekiem, głównie na skutek ubytku masy mięśniowej. Inaczej mówiąc, u większości ludzi z biegiem lat zmniejsza się masa tkanek metabolicznie aktywnych. Do tej kategorii zalicza się przede wszystkim mięśnie oraz narządy aktywnie spalające paliwo, takie jak wątroba, mózg i serce. Wzrost masy tkanek aktywnych oznacza zwiększenie siły, wyższy wskaźnik BMR i lepszą zdolność aerobową. Towarzyszy temu ogólna poprawa profilu zdrowotnego: sprawność układu sercowo-naczyniowego, lepsze wykorzystanie cukru, utrzymanie korzystnego cholesterolu na prawidłowym poziomie oraz większą gęstość kości. Im większy jest procentowy udział tkanek aktywnych w ogólnej masie ciała, tym metabolizm jest bardziej agresywnie antytłuszczowy, ponieważ większa masa mięśni zwiększa szybkość i ilość tłuszczu wykorzystywanego jako paliwo w stanie spoczynku.

Związek z układem sercowo-naczyniowym

Znajomość roli grup krwi zmienia nasze przekonania i zachowania związane z profilaktyką chorób serca. Badania o przełomowym znaczeniu pozwoliły wyjaśnić pozorny paradoks diet zgodnych z grupą krwi: dlaczego mięso jest zbawienne dla jednych ludzi, a zabójcze dla innych. Może nareszcie „problem mięsa" przestanie być przedmiotem tak zażartej polemiki. Przedstawiciele poszczególnych grup krwi chorują na serce z zupełnie innych powodów. Poszukiwanie odmiennych przyczyn tych chorób jest całkiem sensowne, zważywszy na niezbite dowody istnienia zasadniczych różnic między grupami pacjentów.

Pierwszą z nich jest różnica zachorowalności w poszczególnych grupach. Osoby z grupami krwi 0 i B zdecydowanie rzadziej chorują na serce w wyniku podwyższonego poziomu cholesterolu. Przyczyną ich zachorowań jest zwykle nietolerancja węglowodanów. U osób mających krew grupy A lub AB rozwój choroby przebiega w sposób bardziej „konwencjonalny" – z powodu z wysokiego poziomu cholesterolu. Oznacza to dwie zupełnie inne strategie profilaktyki w zakresie diety i trybu życia.

• Z REJESTRU PRZYPADKÓW •

Jack J.
Grupa krwi 0
Mężczyzna w średnim wieku
Poprawa: choroba serca, cukier we krwi, samopoczucie

„Przeszedłem na dietę zgodną z grupą krwi we wrześniu 1998 roku. Miałem wówczas 56 lat, 213 cm wzrostu, bezkształtne ciało o masie 170 kg, ciśnienie 160/96, puls 92 i podwyższony poziom cukru we krwi. Cierpiałem z powodu permanentnej skłonności do letargu. Pierwszym moim spostrzeżeniem po zmianie diety była jasność umysłu i poprawa sprawności myślenia. Schudłem znacznie już po miesiącu, energia powróciła po 3-4. Zacząłem chodzić na spacery, podczas gdy przedtem trudno mi było się podnieść. Obecnie odbywam regularne marsze na dystansie 20 mil tygodniowo i ćwiczę na siłowni 3 razy w tygodniu po 2 i pół godziny. Powraca muskulatura, którą miałem w młodości, i niebywała siła. Ważę teraz 119 kg, mam ciśnienie 130/68 i puls spoczynkowy 68. Dwa lata temu rozpoznano u mnie stany chorobowe lewej połowy serca i łagodną postać dusznicy bolesnej. Wszystko to minęło bez śladu już po dziewięciu miesiącach. Ponadto ustąpiły *wszystkie* alergie, które gnębiły mnie przez całe życie. Od roku nie biorę już antyhistaminy. To samo dotyczy chronicznego artretyzmu. Wrócił natomiast optymizm. Jestem naładowany energią i muszę powiedzieć, że *nigdy* nie czułem się lepiej. Oczekuję dalszych 30-40 lat aktywnego życia. Mój nieżyjący już kardiolog dr Alex Duran powiedział mi, że ta dieta jest zbawienna, a tzw. „dieta amerykańska" zabiła więcej ludzi niż jakakolwiek inna przyczyna śmierci. Zapewniam Pana, że gdybym posiadał tę informację w młodości, nigdy nie stałbym się »człowiekiem siedzącym«. Dziękuję za przywrócenie mnie do życia".

Grupy A i AB: cholesterol a grupa krwi

Wyniki wielu badań pokazują, że ludzie mający grupy krwi A i AB narażeni są bardziej niż inni na choroby serca związane z podwyższonym poziomem cholesterolu.

- Związek między grupą krwi a całkowitą zawartością cholesterolu w surowicy krwi badano u mieszkańców Japonii, by ustalić, czy podwyższony poziom cholesterolu ma powiązanie z grupą krwi A, tak jak w przypadku wielu populacji zachodnioeuropejskich. Badania wykazały, że poziomy cholesterolu są znacząco wyższe u osób z krwią grupy A niż u innych grup[6].
- Badanie 380 kombinacji marker-czynnik ryzyka wykazało istnienie powiązań między grupą A a całkowitą zawartością cholesterolu we krwi oraz poziomem LDL; stwierdzono jednocześnie brak powiązania między grupą B i całkowitą zawartością cholesterolu w surowicy[7].
- W badaniach wykonanych w Instytucie Kardiologicznym na Węgrzech mierzono poziom cholesterolu u 653 pacjentów poddawanych angiografii wieńcowej w latach 1980-1985. Wyniki pokazują, że udział pacjentów z grupą krwi A był większy niż odsetek tej grupy w populacji kraju, a udział pacjentów z grupą 0 – mniejszy. Wykazano również systematyczne różnice w umiejscowieniu przewężeń naczyń wieńcowych u pacjentów obu grup[8].

• Z REJESTRU PRZYPADKÓW •

Barry F.
Grupa krwi A
Mężczyzna w średnim wieku
Poprawa: układ krążenia

„Badania laboratoryjne wykazują znaczny spadek poziomu cholesterolu i trójglicerydów we krwi, ważę o ponad 10 kg mniej, trawię znacznie lepiej, poziom energii w ciągu dnia jest bardziej ustabilizowany, jaśniej myślę. Dieta spowodowała poprawę we wszystkich dziedzinach. Praktykuję akupunkturę i ziołolecznictwo. Regularnie zalecam tę dietę swoim pacjentom".

Wiele form podwyższonego poziomu lipoprotein podlega dziedziczeniu. Jedna z bardziej rozpowszechnionych postaci hiperlipoproteinemii, zaliczana do tzw. typu IIB, charakteryzuje się podwyższonymi wartościami LDL i VLDL (skrót szczególnie *złego* cholesterolu). Hiperlipoproteinemia typu IIB prowadzi do przedwczesnego twardnienia tętnic, niedrożności tętnicy szyjnej (doprowadzającej krew do głowy i mózgu), choroby tętnic obwodowych, zawałów serca i udarów. Zważywszy na to, że wszystkie te stany chorobowe występują częściej u osób mających grupę krwi A, trudno się dziwić, iż badania potwierdzają związek hiperlipoproteinemii typu IIB z grupą krwi A, zarówno u noworodków, jak i u pacjentów po zawałach.

• Z REJESTRU PRZYPADKÓW •
Susan D.
Grupa krwi A
Kobieta w średnim wieku
Poprawa: układ krążenia

„Poziom cholesterolu LDL od wielu lat przekraczał u mnie 250. Próbowałam wielu diet, lecz żadna z nich nie przyczyniła się do jego obniżenia, a wręcz przeciwnie – sposoby żywienia zalecane przez lekarzy i dietetyków zawsze podwyższały ten wskaźnik! Po kilku miesiącach stosowania proponowanej przez Pana diety mój wskaźnik cholesterolu LDL obniżył się o 100 punktów! Za miesiąc będę miała kolejne badanie, ponieważ mój lekarz wątpi w wiarygodność poprzedniego. (PS Ja *nie* wątpię, bo wiem jak się czuję!)"

Grupy 0 i B: nietolerancja węglowodanów a grupa krwi

U osób z grupą krwi 0 lub B głównym czynnikiem ryzyka chorób serca nie jest tłuszcz zawarty w pokarmach, lecz gromadzący się w ich organizmach lub – ujmując rzecz inaczej – nietolerancja węglowodanów. Przedstawiciele grup 0 i B, stosujący diety niskotłuszczowe bogate w spowalniające metabolizm lektyny, przybierają na wadze. Ten właśnie rodzaj nadwagi jest dla nich najpoważniejszym czynnikiem ryzyka chorób serca.

Od wielu lat kardiolodzy twierdzili, że wysoki poziom trójglicerydów nie jest samodzielnym czynnikiem ryzyka chorób serca, lecz jedynie w powiązaniu z innymi. Coraz więcej dowodów wskazuje jednak na to, że jest to czynnik samodzielny, co częściowo tłumaczy nietypową drogę rozwoju chorób serca w organizmach z grupami krwi 0 i B.

Trójglicerydy powstają z połączenia trzech łańcuchów tłuszczowych. Większość tłuszczów występujących w pokarmach i w ludzkim ciele ma taką właśnie postać. W przebiegu cukrzycy obserwuje się często wysoki poziom trójglicerydów i jest ona uważana za główną przyczynę ich nadmiaru we krwi. Inaczej mówiąc, oporność na insulinę powodowana przez nietolerancję węglowodanów prowadzi do wzrostu stężenia trójglicerydów.

Jedno z najnowszych badań pokazuje, że u osób z najwyższym stężeniem trójglicerydów mierzonym na czczo zawały serca miały miejsce dwukrotnie częściej niż u osób ze stężeniem najniższym, nawet przy cukrzycy, nałogu palenia i siedzącym trybie życia. Osoby z niskim poziomem trójglicerydów (do 142 mg/dl) były również zagrożone zawałami; chociaż może to wydawać się dziwne, zważywszy, że wartości poniżej 200 mg/dl uważa się za prawidłowe. Poziom trójgli-

• Z REJESTRU PRZYPADKÓW •

Karen T.
Grupa krwi 0
Starsza kobieta
Poprawa: układ krążenia / samopoczucie

„Uczucie przygniatającego zmęczenia, które odczuwałam niemal po każdym posiłku, zniknęło bez śladu. Ciśnienie spadło ze 155/85 do 120/80. Przestałam pojadać w ciągu dnia i nie odczuwam już permanentnego głodu. Pozbywam się nadwagi, mimo iż nie ważę i nie mierzę pożywienia oraz nie liczę zawartych w nim kalorii. Znajomi mówią, że lepiej wyglądam. Mój lekarz jest zachwycony tymi rezultatami."

cerydów uznajemy za podwyższony, gdy mieści się on w przedziale 200-400 mg/dl, za wysoki – 400-1000 mg/dl i za bardzo wysoki – powyżej 1000 mg/dl[9].

Klasyczną oznaką insulinooporności grup 0 i B jest „beczkowata" figura z charakterystyczną oponą tłuszczu w połowie wysokości ciała. Komórki tłuszczowe umiejscowione na brzuchu uwalniają tłuszcz do krwi łatwiej niż znajdujące się gdzie indziej. Na przykład: osoby o „gruszkowatej" figurze, u których tłuszcz odkłada się na biodrach i udach, nie są tak bardzo zagrożone. Uwalnianie tłuszczu z tkanek położnych na brzuchu rozpoczyna się w ciągu 3-4 godzin po posiłku; w przypadku komórek usytuowanych gdzie indziej trwa to znacznie dłużej. Proces ten prowadzi do podwyższonego stężenia trójglicerydów i wolnych kwasów tłuszczowych. Te ostatnie same zwiększają insulinooporność, a podwyższone trójglicerydy zwykle współistnieją z niskim poziomem HDL – „dobrego" cholesterolu. Nadprodukcja insuliny będąca następstwem syndromu oporności na nią zwiększa również – jak potwierdziły badania – poziom „bardzo złego" cholesterolu VLDL.

U osób z grupą krwi 0 stwierdzono związek między otyłością, trójglicerydami i „groźnymi" lipoproteinami. Z francuskich badań dawców krwi ukierunkowanych na profilaktykę chorób sercowo-naczyniowych i mózgowo-naczyniowych wynika, że poziom trójglicerydów i lipoprotein w surowicy krwi koreluje z otyłością i grupą krwi 0. Stwierdzono również powiązanie statusu niewydzielania antygenów z wysokim poziomem trójglicerydów oraz insulinoopornością[10].

Establishment medyczny zaczyna nareszcie dostrzegać potrzebę wyjścia z ciasnych ram i rozszerzenia poglądów w kwestii czynników ryzyka chorób sercowo-naczyniowych. Jakkolwiek wystarczająco wiele dowodów potwierdza, że cholesterol przyczynia się do miażdżycy naczyń i chorób serca, to jednak musimy uwzględnić dużą liczbę osób nie pasujących do tego profilu.

Tajna broń przedstawicieli grup 0 i B

Natura wyposażyła ludzi z grupami krwi 0 i B w dodatkową „tajną broń", pozwalającą im korzystać z wysokiego poziomu białka.

W rozdziale IV była mowa o jelitowej fosfatazie zasadowej, enzymie wytwarzanym w jelicie cienkim, odgrywającym pierwszorzędną rolę w procesach rozkładu cholesterolu i tłuszczów zawartych w pokarmach. Liczne badania prowadzone od połowy lat sześćdziesiątych wykazały, że osoby mające grupy krwi 0 i B wydzielają więcej tego enzymu, zwłaszcza gdy są wydzielaczami. Grupy A i AB – przeciwnie – mają tego enzymu bardzo niewiele. Wyniki najnowszych badań sugerują, że niezdolność do skutecznego rozkładania tłuszczów pokarmowych częściowo przyczynia się do podwyższenia poziomu cholesterolu u tych grup, a tym samym zwiększa liczbę zawałów serca. W organizmach z krwią grup 0 i B tłuszcze są zaś efektywnie rozkładane dzięki dużemu stężeniu fosfatazy zasadowej w jelicie cienkim.

Drogi rozwoju chorób sercowo-naczyniowych

GRUPA 0 = Nietolerancja węglowodanów, wysoki poziom trójglicerydów, oporność na insulinę, zachowania właściwe dla „*Typu A*"

GRUPA A = Wysoki poziom LDL i całkowitego cholesterolu, stres oksydacyjny, nadmiar skrzeplin, wysoki poziom kortyzolu

GRUPA B = Zakłócenia równowagi tlenku azotu (nadciśnienie tętnicze), nietolerancja węglowodanów, wysoki poziom kortyzolu

GRUPA AB = Wysoki poziom LDL i całkowitego cholesterolu, stres oksydacyjny, nadmiar skrzeplin

NIEWYDZIELAJĄCY = Insulinooporność, niski poziom fosfatazy zasadowej w jelitach, nieregularna krzepliwość

Po spożyciu posiłku zawierającego tłuszcz aktywność jelitowej fosfatazy zasadowej rośnie, szczególnie wtedy gdy trójglicerydy znajdujące się w pokarmach należą do kwasów tłuszczowych o długich łańcuchach. Badania, w których ochotnicy spożywali różne posiłki o kontrolowanej zawartości, wykazały, że wzrost aktywności fosfatazy zasadowej w surowicy krwi po jedzeniu jest znacząco większy, gdy posiłek zawiera kwasy tłuszczowe o długich łańcuchach niż po posiłku zawierającym kwas o łańcuchach średnich, oraz generalnie większy u osobników z grupami krwi 0 i B. Paradoksem jest to, że grupy 0 i B odnoszą największe korzyści z działania jelitowej fosfatazy zasadowej, gdy spożywają duże ilości białka. Badania wykazują, że konsumpcja białek zwiększa u nich jeszcze bardziej stężenie fosfata-

• Z REJESTRU PRZYPADKÓW •

Mary N., Paul N.
Grupa krwi 0
Mężczyzna i kobieta w średnim wieku
Poprawa: układ krążenia, alergie

„Oboje z mężem mamy krew grupy 0. Mąż, mający obecnie 59 lat, cierpiał z powodu nadciśnienia, skrajnie wysokiego poziomu cholesterolu, bezsenności, żylaków mających związek z całodzienną pracą w pozycji stojącej, silnych alergii na wszystko, astmy, chronicznej infekcji ucha, nadwrażliwości pleców oraz powikłań po operacyjnej korekcji wysunięcia dysku międzykręgowego wykonanej przed 25 laty. Po przejściu na dietę zgodną z grupą krwi 0 stan jego zdrowia szybko poprawił się. Ciśnienie krwi, kontrolowane dotąd za pomocą trzech różnych leków i preparatu moczopędnego, zaczęło się obniżać. Równocześnie mąż zaczął lepiej sypiać i już po kilku dniach przestał chrapać, która to przypadłość męczyła go od dziesiątków lat. Obecnie zmniejsza stopniowo dawki leków obniżających ciśnienie; przyjmuje już tylko jeden z nich i tabletki moczopędne, ale tylko raz w tygodniu. Pełne rezultaty diety uzyskaliśmy dopiero ostatnio, rezygnując z sosu sojowego zawierającego pszenicę (którego, jako Azjaci, używaliśmy stale). W ostatnich latach Jay unikał pracy w ogrodzie z powodu licznych alergii; szczególnie nie znosił pewnych krzewów, po których przycinaniu miał na ciele liczne skazy. Podczas ostatniego weekendu pracowaliśmy oboje przy tych krzewach i – o dziwo! – na ciele męża nie było ani śladu uczulenia. To cud, bo przecież od pięciu lat mąż brał przeciwalergiczne zastrzyki. Używa jeszcze przeciwastmatycznego inhalatora, ale znacznie rzadziej. Oddech mu się poprawił, śpi przez całą noc bez zakłóceń, a rano czuje się wypoczęty. Ja również miałam umiarkowane alergie i egzemę na skórze głowy. Brałam codziennie wieczorem lek bezreceptowy o nazwie Actifed. Po zmianie diety używałam go tylko okazjonalnie, a po wprowadzeniu do jadłospisu sosu sojowego nie zawierającego pszenicy oraz ryb, lek ten okazał się zbędny. Stan mojej skóry bardzo się poprawił. Przez ostatnie dwa lata stosowaliśmy dietę beztłuszczową; obecnie spożywamy więcej tłuszczów w orzechach i mięsie, zgodnie z zaleceniem".

zy w jelitach. Stosując dietę niskobiałkową, nie wykorzystują oni w pełni wyspecjalizowanych enzymów jelitowych trawiących tłuszcze. Fakt ten wyjaśnia, dlaczego u ludzi z krwią grupy 0 i B poziom cholesterolu obniża się po przejściu na dietę wysokobiałkową.

Niedawno przeprowadzono bardzo interesujące badania rzucające nieco światła na przyczyny niskiego poziomu fosfatazy zasadowej u ludzi z krwią grup A i AB. W artykule zatytułowanym „Jelitowa fosfataza zasadowa a system grup krwi AB0 – nowy aspekt" *(Intestinal alkaline phosphatase and the AB0 blood group system – a new aspect)* autorzy przedstawiają dowody, świadczące o tym, że antygen grupy krwi A bezpośrednio dezaktywuje fosfatazę zasadową. Nie można wykluczyć, że niski poziom tego enzymu i wynikająca z tego niezdolność do rozkładania tłuszczów dostarczanych w pokarmie, nie jest powiązana genetycznie z grupą krwi. Reakcja, o której mowa, jest fizycznym wyrazem działania antygenu grupy A. Autorzy pracy stwierdzili, że czerwone ciałka krwi grupy A i AB wiążą niemal całą fosfatazę zasadową, podczas gdy takie same komórki krwi grup 0 i B czynią to w znacznie mniejszym stopniu[11].

Istnieje też powiązanie z lektynami. Dodatkowe badania wykazały, że kwas fenyloalanina jest niemal w stu procentach skutecznym inhibitorem fosfatazy zasadowej, a nasze badania potwierdziły, że wiele popularnych jego źródeł, takich jak ignam (jam) i słodkie ziemniaki, powoduje znaczący wzrost produkcji toksycznego indykanu u pacjentów z grupą krwi A.

• Z REJESTRU PRZYPADKÓW •

Harry T.
Grupa krwi A
Mężczyzna w średnim wieku
Poprawa: układ krążenia

„Badania poziomu cholesterolu przeprowadzone w lutym 1998 roku w szpitalu Kaiser Permanente w Los Angeles dały następujące wyniki: ogólny cholesterol 274, trójglicerydy 226, HDL 43, LDL 186 oraz współczynnik 6,4. Po trzech miesiącach diety zgodnej z grupą krwi A wykonałem ponowne badania w tym samym laboratorium. Wyniki były następujące: cholesterol ogólny 203, trójglicerydy 127, HDL 38, LDL 40 i współczynnik 5,3. Zauważyłem równocześnie poprawę stanu psychicznego: zmniejszyły się wahania nastrojów i drażliwość. Kolejne badania zamierzam wykonać za półtora miesiąca. Ciekaw jestem, co pokażą. Muszę w tym miejscu podziękować żonie, która znalazła ciekawe sposoby łączenia pokarmów zalecanych dla grupy A i potrafi przyrządzać z nich bardzo smaczne posiłki. Dziękuję za wszystkie badania i wytrwałą promocję teorii dietetycznej, która staje się teraz praktyczną rzeczywistością. O dalszych sukcesach nie omieszkam powiadomić. Szczęśliwy przedstawiciel grupy A+".

Chciałbym w tym miejscu opisać szczegółowo pewien przypadek ilustrujący szczególnie wyraźnie rolę właściwej diety w zwalczaniu chorób, nawet gdy jest to dieta z dużym udziałem białka zwierzęcego. Respondentem jest w tym przypadku czterdziestosiedmioletni mężczyzna z grupą krwi 0. Oto jego relacja:

„Jestem obecnie dowódcą oddziału Marynarki Wojennej Stanów Zjednoczonych stacjonującego w bazie lotniczej w Patuxent River w stanie Maryland. W listopadzie 1998 stwierdzono u mnie cukrzycę typu I i zaordynowano cztery dawki insuliny dziennie. 1 stycznia poziom cukru we krwi był już unormowany; ale przyjmowałem w tym czasie 30 jednostek insuliny dziennie – po 5 jednostek przy śniadaniu, obiedzie i kolacji oraz 15 jednostek NPH wieczorem przy ostatnim posiłku. Uprawiałem regularnie ćwiczenia fizyczne, współdziałałem z dietetykiem i spożywałem zrównoważone posiłki każdego dnia. Przez siedem tygodni przestrzegałem rygorystycznie bardzo surowego reżimu. W okresie 10 tygodni straciłem na wadze 5 kg i czułem się znakomicie. W dniu 19 lutego przeszedłem na proponowaną przez Pana dietę, do której namówił mnie mój współpracownik. Odnosiłem się bardzo sceptycznie do jego twierdzeń, szacunek do jego osoby zadecydował jednak o tym, że postanowiłem spróbować. Następnego dnia po przejściu na tę dietę poziom cukru zaczął spadać, w związku z czym dawki insuliny można było zmniejszyć już drugiego dnia. Działo się tak przez cztery tygodnie. Doszedłem do 20 jednostek dziennie – 1 przy śniadaniu, 3 przy kolacji i 13 przy ostatnim posiłku przed udaniem się na spoczynek. Oznacza to trzydziestotrzyprocentową redukcję dawek insuliny w ciągu czterech tygodni.

Po pierwszym tygodniu zauważyłem również zwiększenie poziomu energii. Zjawisko to trwa do dziś. W ciągu ostatnich czterech tygodni straciłem na wadze dalszych 5,5 kg. W każdym tygodniu, 4-5 razy pracuję w nocy przez 2 godziny. Od dwudziestu lat nie czułem się tak dobrze jak teraz. Czuję stale wysoki poziom energii.

W przeszłości miałem także wysoki poziom cholesterolu – ponad 300. Obecnie wynosi on 188. Trzy dni temu poddałem się kontrolnym badaniom endokrynologicznym; mój lekarz był bardzo zadowolony z wyników. Badanie glikozylohemoglobiny wykazało 6,4%. Lekarz planuje teraz zmniejszenie dawki insuliny z czterech do dwóch porcji dziennie. Dietę zgodną z grupą krwi 0 postanowiłem stosować do końca życia".

6

Immunologiczne pole bitwy

Grupa krwi jako broń w walce o przetrwanie

Odporność jest podstawowym mechanizmem biologicznego przetrwania. Organizm utrzymuje się przy życiu dzięki zdolności odróżniania czynników przyjaznych od wrogich, tego, co własne, od tego, co obce. Zdolność ta znajduje odzwierciedlenie w strukturze komórek i jest bezwzględnie podtrzymywana przez układ odpornościowy. Antygen grupy krwi jest dla układu odpornościowego potężnym znacznikiem organicznej tożsamości, strażnikiem stojącym u wrót natury, dopuszczającym przyjaciół i zamykającym dostęp wrogom.

Szlabanem dla wrogów są antygeny, niezwykle potężne chemiczne znaczniki rezydujące w komórkach i skutecznie uniemożliwiające wnikanie do organizmu szkodliwych substancji i niebezpiecznych drobnoustrojów. Immunologiczna funkcja grup krwi jest bez wątpienia najważniejsza. To ona umożliwiła naszemu gatunkowi przetrwanie.

Każdej grupie krwi odpowiada odmienny antygen o właściwej tylko dla niego strukturze chemicznej. O grupie krwi decyduje typ antygenu występującego w krwinkach czerwonych (erytrocytach). Fakt użycia liter oraz liczby 0 do oznaczenia grup krwi wynika z tego, że układy odpornościowe wszystkich ludzi traktują grupę 0 jako „własną", czyli przyjazną. Oznacza to, iż grupa ta ma „antygen zerowy", czyli neutralny. Chemiczną strukturę antygenów grup krwi można sobie bardzo prosto wyobrazić w postaci antenek wystających ze wszystkich komórek, uformowanych z długich łańcuchów powtarzających się cukrów. Na końcach tych wypustek znajduje się zawsze cukier zwany fukozą, będący znacznikiem najprostszej z grup – grupy 0.

- Antygen grupy krwi 0 służy za podstawę dla innych, bardziej złożonych antygenów.
- Antygen grupy A powstaje przez dodanie do fukozy drugiego cukru – N-acetylogalaktozaminy.
- Antygen grupy B powstaje przez dodanie do fukozy innego cukru zwanego D-galaktozaminą.
- Antygen grupy AB powstaje przez dodanie obu cukrów – N-acetylogalaktozaminy i D-galaktozaminy.

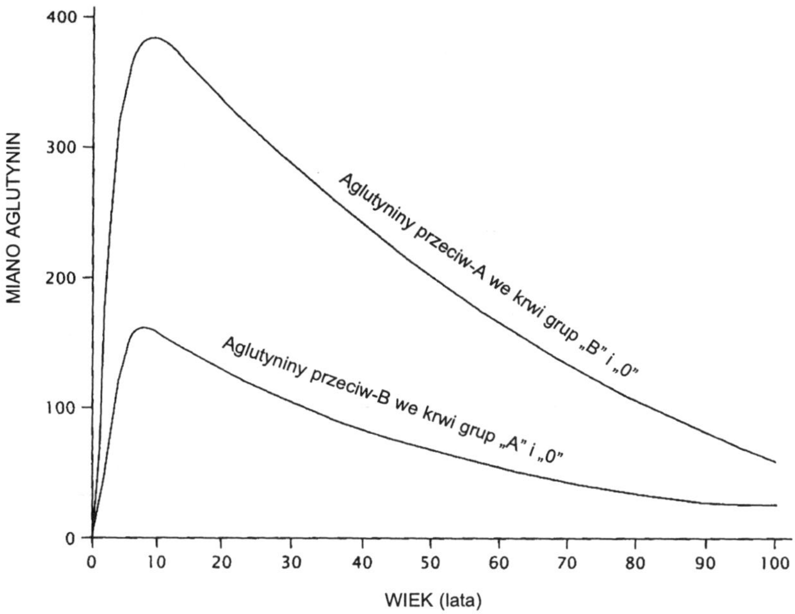

AGLUTYNACJA A PROCES STARZENIA SIĘ. *Z wiekiem zawartość we krwi aglutynin skierowanych przeciw grupom krwi maleje, co zwiększa podatność organizmu na choroby. Kluczowym czynnikiem zdrowego starzenia się jest utrzymanie wysokich poziomów tych aglutynin.*

Układ odpornościowy wytwarza przeciwciała, których zadaniem jest odrzucanie obcych antygenów, w tym także antygenów obcych grup krwi. Własny antygen grupy krwi uniemożliwia tworzenie przeciwciał skierowanych przeciw niemu samemu. Ludzie z grupą

Więcej informacji na temat związku grupy krwi z rozwojem choroby znajduje się na stronie 393.

krwi A mają przeciwciała grupy B w plazmie krwi. Przeciwciała te pomagają niszczyć krwinki grupy B wnikające do organizmu. Podobnie, osobnicy z krwią grupy B mają przeciwciała grupy A w plazmie krwi, co pomaga im niszczyć krwinki grupy A. Przedstawiciele grupy 0 mają przeciwciała do obu grup – A i B, a reprezentanci grupy AB nie wytwarzają żadnych tego rodzaju przeciwciał.

Antygen grupy krwi traktuje inne grupy krwi jako czynniki obce, czego wyrazem jest genetyczny program tworzenia bardzo potężnych przeciwciał antagonistycznych wobec nich, czy też raczej wobec mikroorganizmów i pokarmów zawierających antygeny obcych grup. Żaden inny mechanizm immunologiczny nie jest tak silny. Przeciwciała, o których mowa, nie powstają od pierwszych chwil naszego życia, zaczynamy je jednak wytwarzać bardzo szybko. Po dwóch tygodniach od momentu narodzin większość noworodków wykazuje już wrażliwość na obecność antygenów obcych grup krwi we własnym środowisku.

S. Breanndan Moore, hematolog z Mayo Clinic w Rochester w stanie Minnesota, opisuje powstawanie tych naturalnie tworzących się przeciwciał w bardzo przejrzysty sposób: „Powiedzmy, że dziecko rodzi się z erytrocytami grupy 0. Przeciwciała do grup A i B zaczynają powstawać w jego organizmie, gdy tylko zaczyna przyjmować pokarmy, ponieważ antygeny A i B są obecne w niektórych roślinach. Spożywanie pierwszych pokarmów roślinnych oznacza ekspozycję na te antygeny i wytwarzanie wymierzonych w nie przeciwciał. Od tego momentu transfuzja krwi grupy innej niż 0 spowoduje niszczenie nowych czerwonych krwinek w procesie zwanym hemolityczną reakcją transfuzyjną"[1].

Jest to stwierdzenie dające wiele do myślenia. Zastanówmy się przez chwilę nad tym, że jedna z głównych reakcji immunologicznych – i jedna z niewielu zaprogramowanych genetycznie – jest rezultatem setek, a może nawet tysięcy – minizaszczepień dokonujących się we wczesnym okresie życia dziecka, zaszczepień substancjami zawartymi w jego pożywieniu, chemicznie identycznymi z krwią niewłaściwej grupy. Organizm traktuje te substancje tak samo jak transfuzję obcej krwi!

Przeprowadzone niedawno badanie 644 Tajwańczyków wykazało, że synteza przeciwciał na grupy krwi A i B może być stwierdzona u większości mieszkających w tym kraju niemowląt w 2-4 miesiącu ich życia, a ustabilizowane stężenie tych przeciwciał występuje już w wieku około jednego roku. Ilości maksymalne stwierdzono w przedziale wiekowym 3-10 lat, a w wieku starszym stopniowy ich spadek. U osób starszych powyżej 80 roku życia poziom przeciwciał jest podobny jak u niemowląt sześcio- do dwunastomiesięcznych[2].

W ten sposób grupa krwi dostarcza nam wyraźnej mapy procesów starzenia się oraz ważnych wskazówek co do sposobów jego spowolnienia. Oto najprostsze ujęcie tego tematu. Podzielmy nasze życie na trzy etapy. Pierwszy wypełniają procesy uczenia się; układ odpornościowy, wystawiony na działanie antygenów, zaczyna się uczyć odróżniania obiektów przyjaznych od nieprzyjaznych, tworząc przeciwciała wymierzone w te drugie. Następny etap to podtrzymanie; jeżeli proces edukacji układu odpornościowego przebiegał prawidłowo, to będzie on silny i zdrowy. W etapie trzecim pojawiają się symptomy rozkładu; siły obronne organizmu słabną, w związku z czym wytwarza on coraz mniej przeciwciał. Widać wyraźnie, jak wielkie znaczenie ma etap pierwszy, edukacyjny, od którego zależy skuteczność podtrzymania i opóźnienie etapu trzeciego. Życie zgodne z własną grupą krwi może być czynnikiem kluczowym dla zachowania zdrowia i długowieczności.

Niepokojącą tendencją mającą poważne immunologiczne implikacje jest szybkość, z jaką wzrasta poziom izohemaglutynin skierowanych przeciw grupom krwi. Badania wykonane we Francji pokazują, że są one obecnie u dzieci o około 50% wyższe niż w roku 1929. Autorzy sugerują, iż zwiększona reaktywność immunologiczna organizmów dziecięcych może być następstwem upowszechnienia szczepień profilaktycznych[3].

Status wydzielania antygenów do płynów ustrojowych jako czynnik odpornościowy

Skoro antygen grupy krwi jest kluczowym elementem obrony immunologicznej, to warto zastanowić się nad konsekwencjami niezdolności do jego wydzielania do płynów ustrojowych. Okazuje się, że są one prawdziwie dramatyczne, co wynika jasno z ogromnej liczby naukowych prac badawczych.

Generalnie biorąc, niewydzielacze są bardziej narażeni na choroby o podłożu immunologicznym niż wydzielający, zwłaszcza gdy są one prowokowane przez infekujące organizmy. Niewydzielacze mają też genetycznie uwarunkowane trudności z usuwaniem kompleksów immunologicznych ze swych tkanek, co zwiększa ryzyko zaatakowania tych tkanek, z których owe kompleksy nie zostały dokładnie usunięte. Mówiąc innymi słowami, organizmy niewydzielające mają zwiększoną skłonność do traktowania własnych tkanek tak, jak gdyby były im nieprzyjazne.

Niewydzielacze dominują we wszystkich statystykach zaburzeń immunologicznych, a w szczególności:

- są bardziej podatni na uogólnione stany zapalne,
- są bardziej podatni na cukrzycę typu I i II,

- są, w przypadku cukrzycy typu I, bardziej podatni na infekcje *Candida albicans*, szczególnie w jamie ustnej i przewodzie pokarmowym,
- stanowią 80% cierpiących na gościec mięśniowo-ścięgnisty, niezależnie od grupy krwi,
- zapadają częściej na choroby autoimmunologiczne, w tym zesztywniające zapalenie stawów kręgosłupa, artretyzm reaktywny, gościec łuszczycowy, syndrom Sjogrena, stwardnienie rozsiane i chorobę Grave'a,
- podlegają zwiększonemu ryzyku powracających infekcji dróg moczowych; u 55-60% osobników niewydzielających stwierdzono zbliznowacenia nerkowe, występujące nawet w przypadkach regularnego leczenia infekcji antybiotykami,
- niewydzielacze stanowią 20 procent populacji, ale 80 procent ludzi lekarze traktują jako „kompleksowych" pacjentów. Trudno postawić w ich przypadku właściwą diagnozę i proces leczenia trwa u nich długo.

Widzimy więc, jak wielkie znaczenie ma sprawdzenie własnego statusu wydzielania/niewydzielania. Należąc do owych 20% populacji, należy uwzględnić czynnik niewydzielania w swoich strategiach życiowych. Oto przykład: osoby mające grupę krwi B są szczególnie podatne na infekcje dróg moczowych. Jeżeli ktoś taki jest osobnikiem niewydzielającym, to prawdopodobieństwo wystąpienia u niego chronicznych tego rodzaju infekcji jest niemal dwukrotnie wyższe. Najlepszą strategią jest w takim przypadku profilaktyka wszelkiego rodzaju zakażeń bakteryjnych. U osób z grupą krwi A ryzyko, o którym mowa, jest stosunkowo niewielkie, wzrasta jednak o 25% u niewydzielaczy.

Rak – rebelia układu odpornościowego

Chociaż istnieje zapewne ponad tysiąc publikacji poświęconych związkom grup krwi z chorobami – w tym także nowotworowymi – to jednak większość z nich bazuje wyłącznie na analizie statystycznej. Obliczenia takie nie są wprawdzie rozstrzygającym dowodem naukowym, nie sposób jednak ignorować znaczenia danych dotyczących złośliwości, koagulacji i infekcji. Informacje te ukazują pewne wyraźne prawidłowości. Niektóre odkrycia odnoszące się do receptorów bakteryjnych oraz związku z ważnymi białkami odpornościowymi są najbardziej przekonujące i sugerują, że antygeny grup krwi pełnią ważną biologiczną rolę w patogenezie raka.

Grupy krwi i choroby nowotworowe – w poszukiwaniu odpowiedzi

Poszerzający się dostęp do informacji genetycznej o przełomowym znaczeniu pozwolił nam połączyć ze sobą niektóre punkty i właściwie ukierunkować badania. Można powiedzieć na samym wstępie, że choroby nowotworowe wiążą się ogólnie z grupami krwi A i AB, a w znacznie mniejszym stopniu z grupami B i 0[4]. Największa koncentracja aktualnych badań antygenów grup krwi AB0 dotyczy obszaru onkologii molekularnej. Najnowsze odkrycia w dziedzinie chemii błon, immunologii guzów oraz chorób zakaźnych określają naukowy sens wielu związków z grupami krwi, a jednocześnie pojawia się coraz lepsze zrozumienie wcześniejszych odkryć o charakterze statystycznym.

Wielkie zainteresowanie grupami krwi wynika z wzrastającej świadomości niezwykle doniosłej roli antygenów grup krwi w procesie dojrzewania komórek i ich kontroli. Szczególnie znaczący jest fakt, iż pojawianie się i znikanie antygenów grup krwi jest wskaźnikiem złośliwości wielu rozpowszechnionych nowotworów.

Cechy komórek rakowych

- Komórki rakowe są zwykle okrągłe, a nie płaskie – jak komórki normalne.
- W odróżnieniu od komórek zdrowych komórki rakowe nie przylegają do siebie. Wiąże się to ze zmniejszoną liczebnością cząsteczek powierzchniowego przylegania na ich powierzchni. Jak się okazuje, do najważniejszych utraconych cząsteczek adhezyjnych należą antygeny grup krwi AB0.
- Hamowanie ruchu w warunkach kontaktu komórek jest ograniczone. Normalne komórki, stykając się ze sobą, przestają się poruszać; komórki rakowe nie mają takiej właściwości.
- Komórki rakowe są słabiej zakotwiczone, dzięki czemu mogą przenikać do innych tkanek oraz do krwiobiegu i układu limfatycznego (przerzuty).
- Rozwoju komórek rakowych nie hamuje gęstość otaczających tkanek; posiadają one zdolność nawarstwiania się.
- Wzrost pozakomórkowy.

Szereg antygenów nowotworowych zwanych „markerami guzów" to dobrze znane produkty pewnych prekursorów grup krwi. Wiele z nich ma struktury podobne do antygenu grupy A, co wyjaśnia uderzające statystycznie powiązanie zachorowalności na raka z grupami A i AB. Ujmując rzecz najprościej, można powiedzieć, że antygeny nowotworowe w organizmach należących do tych grup sprawiają wrażenie struktur przyjaznych i nie stymulują w wystarczającym zakresie produkcji przeciwciał. Z drugiej strony, zaburzenia autoimmunologiczne charakteryzujące się nadprodukcją przeciwciał wiążą się statystycznie z grupą krwi 0, co potwierdzałoby pogląd wczesnych immunologów o fundamentalnej przeciwstawności tych dwóch klas chorób. Podwyższona aktywność odpornościowa (grupa 0) prowadzi do ograniczenia procesów uzłośliwiania, podczas gdy nadmierna tolerancja układu odpornościowego (grupa A) najwyraźniej mu sprzyja. Spostrzeżenia te sugerują hipotezę ogólniejszą, zgodnie z którą w tkankach wszystkich ludzi – zarówno zdrowych, jak i nowotworowych – istnieją antygeny podobne na poziomie biochemicznym do antygenu grupy A, przeważnie niedostępne dla układu odpornościowego. Jednakże, w trakcie procesu autoimmunologicznego lub immunologicznej reakcji na rozwijający się nowotwór antygeny te stają się dostępne. W tym momencie w organizmie z grupą krwi A, który nie może wytwarzać przeciwciał skierowanych przeciwko własnym antygenom grupy A, pojawia się większe prawdopodobieństwo tolerowania raka, a mniejsze – atakowania własnych tkanek, co częściej ma miejsce u osób z grupą krwi 0[5].

Związek chorób nowotworowych z grupą krwi A nie ma jednak charakteru uniwersalnego, niektóre bowiem typy guzów występują częściej u grup 0 i B. Sugerowałoby to, iż rak jest chorobą związaną z ogólnym rozregulowaniem mechanizmu grup krwi, a pojawianie się antygenów podobnych do grupy A na powierzchni guzów jest tylko najpopularniejszą jego formą.

Antygeny grup krwi i przerzuty nowotworowe

Przenoszenie się zmian nowotworowych do odległych części ciała nazywamy procesem powstawania przerzutów (metastaza). Jest to zjawisko złożone obejmujące kilka kolejnych stadiów:

- inwazja komórek rakowych w ognisku pierwotnym,
- przenikanie komórek rakowych do krwi lub naczyń limfatycznych
- transport,
- migracja z krwiobiegu do tkanek i rozrost przerzutów.

Badania wykazały, że pewne formy antygenu węglowodanowego w komórkach rakowych są głęboko powiązane nie tylko ze sposobem metastatycznego rozprzestrzeniania i wzorcem rozkładu przerzutów w narządach, lecz także ze statystycznym rokowaniem. Udział limfy w powstawaniu przerzutów różnych nowotworów powiązano z pojawianiem się węglowodanów o rdzeniu mucynowym (antygen Tn i antygeny podobne do niego), natomiast wśród hematogennych węglowodanów związanych z tym procesem nie stwierdzono znaczących podobieństw między różnymi typami nowotworów. Formy antygenów grup krwi jawią się jako silne wskaźniki prognozowania rozwoju tych nowotworów, jakkolwiek ich powiązania z poszczególnymi typami guzów bywają różne. Wyniki te sugerują, iż cząsteczki adhezyjne i/lub węglowodany są, w jakimś stopniu, czynnikami determinującymi proces powstawania przerzutów i rokowanie.

Usunięcie bądź redukcja antygenów A lub B w guzach występujących w organizmach z krwią grupy A lub grupy B korelują z uzłośliwieniem i metastatycznym potencjałem, ponieważ oznaczają brak adhezyjności występujący w komórce rakowej po utracie antygenów grupy krwi. Odkrycia dotyczące raka okrężnicy u ludzi wskazują, iż stopień ruchliwości i zakres proliferacji jego komórek pozostają w bezpośrednim związku z usunięciem bądź redukcją antygenu grupy krwi A. Komórki pozbawione tego antygenu tracą zdolność do ujawniania wielu białek służących adhezji komórkowej, takich jak integryny, które normalnie ujawniają antygeny typu A w swoich receptorach w celu kontrolowania ruchu komórek.

Zważywszy, że antygeny grup krwi są potrzebne do tworzenia integrynowych receptorów utrzymujących komórki w skupiskach, łatwo zrozumieć, że ich utrata powoduje zdolność komórek rakowych do poruszania się i krążenia w ciele. To właśnie powiązanie między grupą krwi i adhezyjnością komórek ma przypuszczalnie równie doniosłe znaczenie dla rozwoju raka, jak dla samego życia komórkowego. Rosnący zarodek musi mieć zdolność do tworzenia i rozmieszczania nowych narządów oraz zapewnienia im dopływu krwi; w tych przypadkach zanik antygenu grupy krwi pozwala na migrację komórek embrionalnych do miejsc, w których mają w przyszłości znajdować się organy i naczynia powstającego ciała. Wiele spośród znaczników guzów komórek embrionalnych (takich jak antygen rakowo-płodowy, CEA) pojawia się niemal równolegle z zanikiem grupy krwi; im większy zanik antygenu grupy krwi, tym większa produkcja antygenów rakowo-płodowych. W przypadku nowotworów złośliwych utrata lub zanik antygenu grupy krwi oznacza migrację niekontrolowaną, której rezultatem są przerzuty.

W tkankach i organach, które normalnie nie wytwarzają antygenów grupy krwi, występuje efekt odwrotny – rakowacieją po *uzyskaniu* tych antygenów. Czasami zmiany dotyczące sposobu manifestowania się antygenu w jednym narządzie wpływają na sposób przejawiania się antygenów grup krwi w innej części ciała; dzieje się tak na przykład w przypadkach raka tarczycy i raka okrężnicy.

T i TN – uniwersalne antygeny karcenogenne

W komórkach wielu złośliwych nowotworów (takich jak komórki raka piersi i raka żołądka) powstaje znacznik (marker) guzów zwany

• Z rejestru przypadków •
Kay P.
Grupa krwi 0
Kobieta w średnim wieku
Poprawa: rak jajnika

„Mam raka jajnika. Po dwóch tygodniach od chwili przejścia na dietę zgodną z grupą krwi 0 mój wskaźnik CA 125 spadł z 400 do 390. Po ośmiu tygodniach stosowania diety CA 125 wynosił już 370. Poziom energii bardzo się poprawił i ustąpiły bóle stóp. Inną ważną korzyścią, którą odniosłam, jest zmniejszenie nadwagi, która gnębiła mnie przez całe życie. W dniu, w którym rozpoznano u mnie raka jajnika, ważyłam ponad 100 kg, a po pierwszej serii chemioterapii (połączonej z przyjmowaniem Decadronu) przybrałam na wadze około 40 kg. Sądziłam, że już nigdy nie schudnę. Jednak po ośmiu tygodniach diety zgodnej z grupą krwi 0 straciłam 10,5 kg".

antygenem Thomsena-Friedenreicha (T). Antygen ten nie ujawnia się w komórkach zdrowych, można go jednak porównać do podwodnej skały ukrytej pod powierzchnią wody podczas morskiego przypływu. Antygen T aktualizuje się w pełni, gdy komórka złośliwieje, czyli przekształca się w patologiczną komórkę rakową – podobnie jak śmiercionośna skała wyłania się z morza w fazie odpływu. Antygen T pojawia się w zdrowych tkankach tak rzadko, że organizm wytwarza antagonistyczne wobec niego przeciwciała. Jeszcze trudniej znaleźć w zdrowej komórce antygen Tn (będący mniej rozwiniętą formą antygenu T). Zdrowy organizm dysponuje zawczasu przygotowanymi przeciwciałami do zwalczania komórek z tymi znacznikami. Przeciwciała te powstają przy udziale flory bakteryjnej jelit. Ich związek z grupą krwi polega na tym, że wpływa ona dość często na ilość i aktywność przeciwciał antagonistycznych wobec antygenów T i Tn.

Antygeny, o których mowa, wykazują pewne strukturalne podobieństwo do antygenu grupy krwi A[6]. Trudno się zatem dziwić, że w organizmach z tą grupą krwi reakcje immunologiczne na antygeny T i Tn są najmniej agresywne. Immunologiczne podobieństwo antygenów T i Tn do antygenu grupy A wynika z obecności w obydwu strukturach tego samego końcowego cukru (N-acetylogalaktozaminy). Dlatego właśnie układy odpornościowe osób z grupami krwi A i AB mogą łatwo ulec dezorientacji w obliczu niebezpiecznego czynnika przypominającego budową antygen grupy A. Doprowadziło to uczonych do przypuszczenia, iż podobieństwo to musi być znaczne. Wniosek jest oczywisty: niższy poziom przeciwciał antygenów T i Tn, wynikająca z chemicznych analogii dezorientacja układu odpornościowego oraz jego niechęć do atakowania antygenów Tn generalnie osłabia zdolność immunologicznej obrony przed komórkami noszącymi znaczniki T i Tn u osób mających krew grupy A.

W idealnych warunkach układ odpornościowy jest dobrze przystosowany do zwalczania komórek z niekompletnymi lub nienormalnymi strukturami – podobnie jak komórek atakujących organizm wirusów. Organizmy z krwią A i AB mają jednak pewną wrodzoną ułomność, która nie pozwala im wyraźnie dostrzegać niebezpieczeństwa. W przebiegu niektórych najbardziej złośliwych nowotworów stwierdzono obniżony poziom przeciwciał wymierzonych w antygeny T, czego najlepszym przykładem jest rak piersi.

Antygeny T i Tn występują bardzo licznie w rakowych komórkach żołądka. Dziwną osobliwością jest to, że u prawie jednej trzeciej wszystkich Japończyków pewna ilość antygenów T występuje w pozornie zdrowych tkankach żołądka. Może to tłumaczyć fakt bardzo wysokiej zachorowalności na raka żołądka w Japonii. Zważywszy, że sok żołądkowy zwykle obfituje w antygeny grupy krwi, nie można wykluczyć, iż organizmy z krwią grupy A lub AB mają trudności z rozpoznawaniem antygenów T jako znaczników nowotworowych, a jeśli już je rozpoznają, nie są w stanie wytworzyć wystarczającej ilości antagonistycznych do nich przeciwciał.

Wydzielanie dużych ilości antygenu grupy krwi A w obecności raka żołądka nie ogranicza się do osobników mających krew tej grupy. Wielkie ilości tego antygenu zaobserwowano także w organizmach z krwią grupy B i 0, u osób które zapadły na tę chorobę. Związany z wiekiem spadek przeciwciał grup krwi może być pomocny w wyjaśnieniu, dlaczego na raka zapadają często ludzie starsi. Wygląda na to, że z procesem rakowacenia komórek żołądka wiąże się w sposób konieczny pewna mutacja genu AB0, czego rezultatem jest produkcja antygenu A, nawet u osób mających inną grupę krwi. Oczywiście posiadanie krwi grupy 0 lub B, z którym wiąże się zdolność atakowania wszystkiego, co przypomina antygen A – w tym także komórki rakowe – daje organizmowi dodatkową szansę. Wydaje się, że komórki rakowe i przedrakowe występujące w żołądku i jelitach mają skłonność do utraty antygenów grup 0 i B, dzięki czemu zdolność układu odpornościowego do wykrywania zagrożenia jest u przedstawicieli tych grup większa.

Kompozycja krwi – kolejna słabość grupy A

Hipoteza dotycząca związków raka z grupą krwi A jest bardzo dobrze ugruntowana w medycznej literaturze. Okazuje się jednak, że pewne cechy biologiczne krwi grupy A dodatkowo zwiększają podatność na nowotwory złośliwe. Być może drugą co do ważności właściwością mogącą sprzyjać poważnym komplikacjom związanym z rakowaceniem komórek jest „gęstość" krwi i skłonność do powstawania w niej zakrzepów[7]. Była o tym mowa w poprzednim rozdziale poświęconym chorobom układu krążenia. Teraz czynnik ten powraca w nieco innym kontekście.

Hipoteza, o której mowa, przedstawia się następująco:

CZYNNIK VON WILLEBRANDA I CZYNNIK VIII. Zauważono, że komórki rakowe mogą wędrować wraz z płytkami krwi, co zwykle zapoczątkowuje proces powstawania przerzutów. Odpowiedzialne są za to wadliwe receptory glikoproteinowe płytek powstające w ludzkich komórkach nowotworowych i uczestniczące w adhezyjnych oddziaływaniach warunkujących ten proces. Czynnik von Willebranda (vWF) i czynnik VIII to białka surowicze będące rodzajem cząsteczkowego kleju używanego przez płytki krwi w celu przyklejania się do białek zakrzepowych wzdłuż wyściółek naczyń krwionośnych. Tych samych czynników potrzebuje wadliwa glikoproteina płytkowa, by związać komórki rakowe. Badania plazmy pacjentów z rozproszonymi przerzutami wykazały, że poziomy czynnika von Willebranda i czynnika VIII w plazmie są podwyższone (w przypadku vWF nawet podwójnie) w stosunku do organizmów zdrowych, prawdopodobnie z uwagi na brak adekwatnych ilości enzymu, który czynniki te unieczynnia. Z powyższych względów aktywność płytek krwi u pacjentów z licznymi przerzutami jest podwyższona o 150% w porównaniu z ich aktywnością w organizmach zdrowych.

FIBRYNOGEN. Badania pacjentów z grupą krwi A, z rozpoznaniami chorób serca, cukrzycy i podwyższonego poziomu stresu, wykazują zwiększoną lepkość krwi, w porównaniu z osobnikami mającymi krew grupy 0. Przyczyną tego jest wyższy poziom fibrynogenu – białka krzepliwości. Fibrynogen jest białkiem „stanów ostrych", odgrywającym doniosłą rolę w reakcjach na stany zapalne i w gojeniu ran. U pacjentów z nowotworami jego poziom jest podwyższony, co uważa się za czynnik nie sprzyjający przeżyciu i przyczyniający się do utraty masy ciała. Podobnie jak vWF i czynnik VIII, fibrynogen bierze udział w adhezyjnej kaskadzie, dzięki której komórki rakowe mogą przyklejać się do płytek krwi i ścianek naczyń krwionośnych, przygotowując proces powstawania przerzutów.

Pomaga to zrozumieć, dlaczego w starszych badaniach stwierdzano mniejszą ilość przerzutów u osób przyjmujących leki rozrzedzające krew. Osoby z grupą krwi A mają, w stosunku do innych grup, wyższy poziom czynnika vWF i czynnika VIII, co przypuszczalnie jest powodem większej gęstości ich krwi. Mają również skłonność do wyższych stężeń fibrynogenu. Oba te czynniki krzepliwości sprawiają, że osoby z grupą krwi A są jeszcze bardziej podatne na nowotwory złośliwe[8].

Przyjazny dla grupy A czynnik wzrostu

Mało znanym i niedocenianym efektem antygenu grupy A jest jego zdolność przywierania do receptorów pewnych czynników wzrostu[9]. Czynniki te kontrolują wzrost komórek. W przypadku nowotworów złośliwych wzrost wymyka się spod kontroli. Nadprodukcja owych czynników wzrostu w następstwie aktywności onkogennej przyczynia się do utraty organicznej zdolności regulowania wzrostu, co może powodować wzrost komórek nowotworowych.

Czynnik wzrostu epidermalnego (EGF), którego synteza ma na celu umożliwienie organizmowi naprawy zdrowych tkanek, odgrywa również ważną rolę w procesach wzrostu nowotworów prostaty, okrężnicy, piersi i kilku innych form raka. Komórki tych nowotworów charakteryzują się szczególnie dużą koncentracją receptorów EGF na swojej powierzchni. Im większa liczba tych receptorów (EGF-R) na komórce rakowej, tym większą ilość cząsteczek EGF może ona związać. Nie można wykluczyć, że ów nadmiar czynnika wzrostu decyduje o rozrastaniu się guzów. W odniesieniu do raka piersi wiadomo na pewno, że jego wzrost jest kontrolowany przez receptory EGF, których nadmiar kojarzy się z pogorszeniem rokowania. Z powodu jego deregulacji w wielu nowotworach (pęcherza, piersi, szyjki macicy, okrężnicy, przełyku, głowy i szyi, płuc oraz prostaty) receptor czynnika wzrostu epidermalnego (EGF-R) został wybrany jako potencjalny cel działań chemoprewencyjnych.

• Z rejestru przypadków •

Lisa T.
Grupa krwi A
Kobieta w średnim wieku
Poprawa: rak piersi

„W roku 1971 stwierdzono u mnie raka piersi. Zastosowałam dietę zalecaną przez pana ojca w latach 1979/80, mieszkając w Stanach Zjednoczonych. Zostałam całkowicie wyleczona i czuję się dobrze od dziewiętnastu lat. Propaguję teraz te diety w Afryce Południowej".

Jak już wspomnieliśmy w części poświęconej trawieniu, receptor EGF-R ma cechy determinantu antygenowego blisko związanego ze strukturą węglowodanową grupy A. Istnieje już wyczerpująca dokumentacja, z której wynika, że antygen grupy A może również wiązać receptory EGF. Nie można wykluczyć, że wolne antygeny A u osobników z grupą krwi A i AB – zwłaszcza wydzielających – mogą docierać do owego nadmiaru receptorów EGF i stymulować wzrost komórek rakowych.

Omówimy teraz bardziej szczegółowo związki różnych chorób nowotworowych z grupami krwi.

Rak piersi

GRUPA 0	GRUPA A	GRUPA B	GRUPA AB	STATUS WYDZIELANIA
Niewielki stopień oporu i mniejsze ryzyko zgonu.	Zwiększone ryzyko, gorsze następstwa i szybsze postępy choroby.	Niewielki stopień oporu i mniejsze ryzyko zgonu, chyba że istnieją przypadki w rodzinie. Zwiększone ryzyko nawrotów.	Zwiększone ryzyko, gorsze następstwa i szybsze postępy choroby.	Nieco mniejsze ryzyko u niewydzielaczy.

Rak piersi jest najczęściej występującą chorobą nowotworową u kobiet. Śmiertelność spada wprawdzie nieznacznie w pewnych podgrupach, jednak w dalszym ciągu jest to śmiertelne zagrożenie. Standardowe leczenie obejmuje lumpektomię (chirurgiczne usunięcie guza i części otaczającej go tkanki), mastektomię (usunięcie całej piersi), chemioterapię, radioterapię i terapię hormonalną oraz różne kombinacje tych metod. Mammografia jest poważnym osiągnięciem medycznym umożliwiającym wczesne wykrywanie guzów, jednak wiele moich pacjentek odkryło zmiany przez samodzielne badanie własnych piersi, w związku z czym polecam gorąco tę praktykę. Z rozwojem raka piersi kojarzonych bywa wiele czynników ryzyka, rzadko się jednak wspomina o tym, że grupa krwi ma wpływ na podatność i następstwa zachorowania. Niektórzy badacze posunęli się nawet do stwierdzenia, iż „grupy krwi, jak wykazują badania, mają wartość prognostyczną niezależną od innych czynników prognozowania" w odniesieniu do raka piersi. Inni uczeni sugerują wręcz, że stopień podatności na raka piersi, z genetycznego punktu widzenia, może być rezultatem umiejscowienia w chromosomie genu tej podatności w powiązaniu z umiejscowieniem genu AB0 w odnodze 34 chromosomu 9.

Z moich obserwacji wynika, że u kobiet mających grupę krwi A następstwa raka piersi są z reguły gorsze niż u innych, a postępy choroby szybsze. Badania potwierdzają nadreprezentację kobiet z grupą krwi A wśród przypadków raka piersi i, co ciekawe, prawidłowość ta dotyczy także pacjentek, u których ryzyko zachorowania oceniano ja-

• Z REJESTRU PRZYPADKÓW •

Kay S.
Grupa krwi A
Kobieta w średnim wieku
Poprawa: rak piersi

„Moja babka i ciotka zmarły na raka piersi przed moimi narodzinami, nie mówiło się jednak o tym zbyt wiele w mojej rodzinie. Nie wiedzieliśmy też wówczas o dziedzicznym ryzyku zachorowania. U mnie stwierdzono guza lewej piersi po pierwszej mammografii. Miałam wtedy 42 lata i poddałam się zabiegowi lumpektomii. Nigdy przedtem nie chorowałam, tym razem wiedziałam jednak, że sprawa jest poważna. Dwa miesiące po operacji zaczęłam stosować dietę zgodną z grupą krwi A. Przestrzegałam jej skrupulatnie przez blisko cztery lata i w tym czasie nie było nawrotów choroby. Wyniki badań krwi są całkowicie prawidłowe. Nawet mój lekarz jest zdumiony. Moja szesnastoletnia córka, mająca również krew grupy A, uwielbia tę dietę. Wierzę, że uda jej się w ten sposób uwolnić od genetycznego obciążenia".

ko niewielkie. Grupa krwi A należy zatem do najpoważniejszych czynników ryzyka i wróży, w przypadku zachorowania, szybkie postępy choroby. U kobiet należących do tej grupy, u których rozpoznano raka piersi, zaobserwowano też zdecydowanie gorsze następstwa tej choroby[10].

Podatność kobiet z grupą krwi AB jest podobna jak w grupie A. Także i u nich występuje większa skłonność do nawrotów i krótsze okresy przeżycia.

Przynależność do grupy 0 wiąże się – przeciwnie – ze zwiększoną odpornością na raka piersi, a wśród kobiet, które zachorowały, stwierdzono znacznie mniejsze ryzyko zgonu. Organizmy z krwią grupy B zachowują się na ogół podobnie do tych z grupą 0, co w tym przypadku oznacza pewne zmniejszenie prawdopodobieństwa zachorowania. Jest to widoczne szczególnie wyraźnie u kobiet nie mających obciążenia dziedzicznego i przypadków zachorowań w rodzinie. Należy jednak brać pod uwagę dwie szczególne okoliczności. Jeżeli w rodzinie był przypadek raka piersi, wówczas ochrona związana z grupą krwi B praktycznie nie istnieje. Ponadto, kobiety mające krew tej grupy z aktualnym lub przeszłym rozpoznaniem, statystycznie biorąc, podlegają wysokiemu ryzyku nawrotów. Osoby te przeważnie pokonują skutecznie pierwszy atak choroby, powinny jednak rozważyć i stosować długofalowe strategie wzmacniania układu odpornościowego, o których będzie dalej mowa.

Rak piersi nie wykazuje silnego związku ze statusem wydzielania/niewydzielania antygenów grupy krwi do płynów ustrojowych.

Rak kobiecych narządów rodnych (guzy ginekologiczne)

GRUPA 0	GRUPA A	GRUPA B	GRUPA AB	STATUS WYDZIELANIA
Wyższy współczynnik przeżycia przy wszystkich nowotworach dróg rodnych.	Zwiększone ryzyko i gorsze następstwa przy wszystkich nowotworach dróg rodnych.	Najmniejsze ryzyko raka jajnika; wyższy współczynnik przeżycia przy raku śluzówki macicy; nieznacznie zwiększone ryzyko przy raku szyjki macicy.	Zwiększone ryzyko i gorsze następstwa przy wszystkich nowotworach dróg rodnych, zwłaszcza przy raku jajnika.	Zwiększona ilość antygenów Lewisa.

Regułą ogólną dotyczącą guzów ginekologicznych jest ich częstsze występowanie i gorsze rokowania u kobiet z grupą krwi A. Prawidłowość tę potwierdza częstsze występowanie raka śluzówki macicy u kobiet z krwią grupy A oraz częstsze przypadki raka jajnika w grupach A i AB. W obu tych nowotworach najniższe wskaźniki przeżycia dotyczą grupy A, najwyższe – grupy 0, a nieco niższe – grupy B. U kobiet z grupą krwi B prawdopodobieństwo złośliwego raka jajnika jest najniższe. Jeżeli chodzi o raka szyjki macicy, analizy danych wskazują na największe ryzyko i najgorsze następstwa u kobiet z grupą krwi A oraz nieznacznie zwiększone ryzyko w grupie B. Najwyższy wskaźnik przeżycia ma oczywiście grupa 0[11].

Zdrowa śluzówka macicy nie zawiera antygenów grup krwi, jednak w co drugim jej nowotworze można je odnaleźć. W nowotworach tego typu obserwuje się również zwiększoną, w stosunku do zdrowej tkanki, częstość występowania antygenów grup Lewisa, a zwłaszcza antygenu Lewis(b).

Rak pęcherza

GRUPA 0	GRUPA A	GRUPA B	GRUPA AB	STATUS WYDZIELANIA
Zwiększone ryzyko, większa złośliwość, zwiększona agresywność i więcej nawrotów.	Mniejsze ryzyko i rzadsze nawroty.	Zwiększone ryzyko, większa złośliwość, zwiększona agresywność i więcej nawrotów.	Mniejsze ryzyko i rzadsze nawroty.	Powiązań nie stwierdzono,

Rak pęcherza jest najwyraźniej wyjątkiem od ogólnej reguły większej agresywności nowotworów w grupie A. Autorzy jednego z badań stwierdzili jego zwiększoną agresywność i tendencję do większej liczby przerzutów w grupie krwi 0 i – w nieco mniejszym stopniu – B. Z drugiej strony w grupach A i AB prawdopodobieństwo wystąpienia bardziej agresywnych form tego nowotworu jest znacznie mniejsze; osoby te wydają się też być lepiej uodpornione na nawroty tej choroby. W innym badaniu uzyskano podobne wyniki. Jego autorzy stwierdzili, że spośród 141 pacjentów z nowotworami pęcherza osoby z grupą krwi A mieli mniej złośliwe zmiany i niższy wskaźnik umieralności. W grupie 0 większa była złośliwość guzów i wyższa umieralność. Inni badacze zaobserwowali podobne prawidłowości: u osób z krwią grupy 0 występowały guzy o większej złośliwości i większych rozmiarów, szybsze postępy choroby i większa umieralność, zwłaszcza po upływie ośmiu lat. Podobnie jak inne nowotwory, rak pęcherza charakteryzuje się zanikiem normalnego występowania antygenu AB0 i pojawieniem się wyspecjalizowanych cząsteczek adhezyjnych[12].

Rak płuc

GRUPA 0	GRUPA A	GRUPA B	GRUPA AB	STATUS WYDZIELANIA
Nieznacznie niższe ogólne ryzyko (w obecności innych czynników, takich jak palenie).	Nieznacznie wyższe ogólne ryzyko (w obecności innych czynników, takich jak palenie).	Nieznacznie niższe ogólne ryzyko (w obecności innych czynników, takich jak palenie).	Nieznacznie niższe ogólne ryzyko (w obecności innych czynników, takich jak palenie).	Powiązań nie stwierdzono.

NIEWIELKIE KORELACJE Z GRUPĄ KRWI. Rak płuc należy nadal do najczęstszych przyczyn śmierci w Stanach Zjednoczonych. W roku bieżącym oczekuje się rozpoznania około 180 000 nowych przypadków, z których około 160 000 będzie miało skutek śmiertelny. Liczba zarejestrowanych przypadków tej choroby u mężczyzn maleje od lat 80., natomiast liczba zachorowań kobiet wzrasta. Najlepiej znanym czynnikiem ryzyka jest oczywiście palenie papierosów, z którym powiązania dotyczą 85-90 % wszystkich przypadków. Innym znanym czynnikiem ryzyka jest ekspozycja w miejscu pracy na szkodliwe substancje (takie jak azbest i niektóre związki organiczne), ekspozycja na promieniowanie i radon (zwłaszcza u palaczy), a także palenie bierne (wchłanianie dymu tytoniowego w środowisku).

Związek przyczynowy między paleniem tytoniu i rakiem płuc mógłby nasuwać przypuszczenie, iż ten niezwykle silny czynnik przysłania różnice związane z grupami krwi. Jednak i w tym przypadku obserwujemy większą liczbę zachorowań u ludzi mających grupę krwi A, a mniejszą u grupy 0. Tendencja ta jest nawet silniejsza wśród osób poniżej pięćdziesiątego roku życia. Sugerowałoby to, że palenie, które zwiększa z każdą dekadą ryzyko zachorowania na raka płuc, do pewnego stopnia modyfikuje związek z grupami krwi w populacji mającej za sobą wiele dziesiątków lat palenia, nie zacierając jednak całkiem powiązania z grupą A.

Nowotwory układu trawiennego – rak żołądka

GRUPA 0	GRUPA A	GRUPA B	GRUPA AB	STATUS WYDZIELANIA
Bardzo niski poziom ryzyka.	Zwiększone ryzyko i niewielka szansa przeżycia.	Ogólny niski poziom ryzyka.	Zwiększone ryzyko i niewielka szansa przeżycia.	Nieco niższe ryzyko u niewydzielaczy.

Wielokrotnie potwierdzono korelację grupy krwi A ze zwiększonym ryzykiem zachorowania na raka żołądka i niższymi wskaźnikami przeżycia. W organizmach z krwią grupy 0 reakcje obronne są bardzo silne i energiczne, zdolne ograniczyć rozrost i rozprzestrzenianie się nowotworu. Dlatego w grupie 0 notuje się wyższy współczynnik przeżycia w porównaniu z grupą A.

Z uwagi na silne powiązanie raka żołądka z grupą krwi A uczeni wysunęli hipotezę, zgodnie z którą komórki tego nowotworu wytwarzają antygen immunologicznie związany z antygenem A, co oznacza, że antygen grupy krwi A postrzega go jako element przyjazny i nie odrzuca. Do pewnego stopnia tak się dzieje, w komórkach raka żołądka pojawia się bowiem antygen Thompsena-Friedenreicha (T). U osób mających grupę krwi A reakcja immunologiczna na ten antygen jest w naturalny sposób osłabiona.

Rak żołądka jest także często charakteryzowany przez obfite wydzielanie antygenów grupy krwi A, przy czym cecha ta bynajmniej nie ogranicza się do osobników mających krew tej grupy. Wielkie ilości antygenu grupy A obserwowano u osób z krwią grup B i 0, które zapadają na tę chorobę znacznie rzadziej. Wydaje się, że proces rakowacenia komórek żołądka wiąże się w sposób konieczny z mutacją genu AB0, czego następstwem jest produkcja antygenu grupy A także w organizmach z krwią innych grup. Jest zrozumiałe, że mając krew grup 0 i B i zdolność atakowania wszystkiego, co przypomina antygen A – a więc także komórek rakowych – osoby z tą rzadką grupą krwi znajdują się w szczególnie korzystnym położeniu. Cokolwiek tajemniczy wydaje się w tym świetle zagadkowy fakt statystycznego powiązania statusu niewydzielania z nieco niższą zachorowalnością na raka żołądka.

Nowotwory układu trawiennego – rak trzustki, rak wątroby, rak pęcherzyka żółciowego

GRUPA 0	GRUPA A	GRUPA B	GRUPA AB	STATUS WYDZIELANIA
Ogólnie niższy poziom ryzyka.	Zwiększone ryzyko raka trzustki, wątroby i pęcherzyka żółciowego.	Zwiększone ryzyko raka trzustki, wątroby i pęcherzyka żółciowego.	Zwiększone ryzyko raka trzustki, wątroby i pęcherzyka żółciowego.	Powiązań nie stwierdzono.

Zwiększone ryzyko zachorowania na raka trzustki dotyczy przedstawicieli grup A i B, jest natomiast stosunkowo niewielkie w grupie 0.

Podobnie jak w wielu innych nowotworach, struktury antygenu grupy krwi występują licznie na komórkach raka trzustki i podlegają modyfikacjom. W przebiegu tej choroby istnieje również możliwość nieprawidłowych manifestacji antygenów grup krwi. We wszystkich opisanych przypadkach polegało to na wytwarzaniu antygenów grupy B przez organizmy z grupą krwi A lub 0. Być może świadczy to o szczególnym związku tego nowotworu z grupą B (przynajmniej w niektórych przypadkach) i częściowo wyjaśnia zwiększone ryzyko zachorowania w tej grupie[13].

Nowotwory wątroby wykazują nieznaczną preferencję do grupy krwi A, natomiast nowotwory pęcherzyka żółciowego – silną preferencję do grup A i B.

Niewielkie korelacje z grupą krwi; związki z czynnikiem Rh. Nowotwory okrężnicy i odbytu należą do najczęstszych w Stanach Zjednoczonych. W roku bieżącym przewiduje się 133 000 nowych zachorowań (94 000 przypadków raka okrężnicy i 39 000 raka odbytu) i około 55 000 zgonów spowodowanych tymi chorobami.

Do najważniejszych czynników ryzyka należą obciążenia dziedziczne (przypadki w rodzinie), polipy okrężnicy oraz stany zapalne jelit. Inne czynniki ryzyka to: brak aktywności fizycznej, kontakt z niektórymi chemikaliami oraz dieta wysokotłuszczowa z niewielką zawartością błonnika.

Nowotwory układu trawiennego – rak okrężnicy

GRUPA 0	GRUPA A	GRUPA B	GRUPA AB	STATUS WYDZIELANIA
Powiązań nie stwierdzono.	Powiązań nie stwierdzono.	Powiązań nie stwierdzono.	Powiązań nie stwierdzono.	Różnice w rozprzestrzenianiu się choroby: Rh- bardziej zlokalizowana; Rh+ z większą liczbą przerzutów.

Grupa krwi nie należy w tym przypadku do głównych czynników ryzyka, warto jednak wspomnieć, że rak okrężnicy jest jedną ze stosunkowo nielicznych chorób powiązanych w istotny sposób z indywidualnym czynnikiem Rh. Jakkolwiek czynnik ten nie wiąże się statystycznie z prawdopodobieństwem zachorowania, to jednak ma wpływ na przebieg choroby: u osób mających krew Rh- nowotwór jest zlokalizowany, a u pacjentów z krwią Rh+ tworzy liczne przerzuty. Oznaczałoby to, że organizmy z krwią Rh+ są słabiej chronione przed procesami ekspansji, szczególnie gdy chodzi o przerzuty do lokalnych węzłów limfatycznych[14].

Wczesne badania potwierdziły związek chorób nowotworowych jelita grubego z grupą krwi A, jest to jednak korelacja słabsza niż w przypadku raka żołądka. Prawdopodobnie najsilniejsze powiązanie grup krwi z rakiem okrężnicy dotyczy pojawiania się bądź zaniku antygenów grup krwi. Powszechnie wiadomo, że pojawianie się zmienionego antygenu grupy krwi jest wskaźnikiem stopnia złośliwości tej postaci nowotworu.

Niektórzy badacze sugerują, że pewne lektyny (np. amarantu) mogłyby być użytecznym narzędziem wczesnego wykrywania raka okrężnicy (w rzeczy samej mogłyby one być również potencjalnie użytecznym czynnikiem terapeutycznym). Lektyny, o których mowa, są specyficzne dla grupy A. Chodzi o wykorzystanie zmienionych strukturalnych glikosprzężeń, które mają tendencję do alteracji bardziej zbliżonych do antygenu A. Wszystko to zależałoby od pierwotnej grupy AB0, statusu wydzielania/niewydzielania oraz fenotypu Lewisa.

Sugeruje się również, że *aglutynina Vicia faba* – zawarta w ziarnach bobu – może mieć działanie spowalniające rozwój raka okrężnicy. Wydaje się, że substancja ta stymuluje komórki nie zróżnicowanego nowotworu okrężnicy do różnicowania się i przechodzenia w struktury gruczołopodobne. Mówiąc innymi słowy, lektyna ta może przekształcać złośliwe komórki raka okrężnicy z powrotem w komórki funkcjonalne i zdrowe. Ci sami badacze stwierdzili również, że lektyna, o której mowa – podobnie jak lektyna zawarta w pieczarkach – hamuje rozprzestrzenianie się w ustroju ciągów komórek rakowych[15].

Nowotwory układu trawiennego – rak jamy ustnej i przełyku

GRUPA 0	GRUPA A	GRUPA B	GRUPA AB	STATUS WYDZIELANIA
Stosunkowo niski poziom ryzyka.	Najwyższy poziom ryzyka nowotworów jamy ustnej i przełyku.	Zwiększony poziom ryzyka nowotworów jamy ustnej i przełyku.	Najwyższy poziom ryzyka nowotworów jamy ustnej i przełyku, podobnie jak w grupie A.	*Wydzielacz*: Zwiększone ryzyko raka gruczołów ślinowych. *Niewydzielacz*: Zwiększony poziom ryzyka nowotworów jamy ustnej i przełyku.

Rak wargi jest statystycznie znacząco powiązany z grupą krwi A, podobnie jak nowotwory języka, dziąseł, policzków i gruczołów ślinowych. Ten ostatni rodzaj nowotworu koreluje również nieco słabiej z grupą B. Osoby z krwią grupy 0 wydają się dysponować skuteczną ochroną przed tymi nowotworami. Nowotwory gruczołów ślinowych występują częściej u wydzielaczy.

W rozdziale poświęconym trawieniu była mowa o związku grupy krwi A z przełykiem Barretta, przednowotworową zmianą tkanek przełyku. Nie powinien więc dziwić fakt wyższej zachorowalności na tę chorobę w grupie A. Osobnicy niewydzielający (oraz podgrupa Lewis(a+b-)) również częściej na nią zapadają. Zwiększoną zachorowalność na raka przełyku obserwuje się ponadto w grupie B, podczas gdy w grupie 0 jest ona zdecydowanie niższa, co świadczy o skuteczności mechanizmów odpornościowych tych organizmów[16].

Ogólną regułą jest większa intensywność chorób jamy ustnej u niewydzielaczy. Zmiany przednowotworowe i nowotworowe tkanek jamy ustnej i przełyku rozwijają się u nich szybciej niż u wydzielających. Przejawem podatności na choroby jamy ustnej jest także występowanie dysplazji nabłonkowej niemal wyłącznie w grupie niewydzielających.

Nowotwory krtani i gardła wiążą się statystycznie z grupami A, AB i B[17].

Strukturalne zmiany w nowotworach komórek łuskowatych głowy i szyi są dość powszechne. W normalnej tkance w tej okolicy występpują antygeny własnej grupy krwi. Wraz z tworzeniem się komórek nowotworowych antygen grupy A zanika u około 1/3 osób z grupą A i AB, a antygen grupy 0 pojawia się w komórkach rakowych u wszystkich grup krwi. Z tymi nowotworami wiąże się przeważnie bardzo złe rokowanie. Występują w nich masowo antygeny T i Tn.

Nowotwory mózgu i układu nerwowego

GRUPA 0	GRUPA A	GRUPA B	GRUPA AB	STATUS WYDZIELANIA
Stosunkowo niski poziom ryzyka.	Najwyższy poziom ryzyka guzów mózgu i układu nerwowego.	Dość wysoki poziom ryzyka guzów mózgu i układu nerwowego.	Najwyższy poziom ryzyka guzów mózgu i układu nerwowego.	Powiązań nie stwierdzono.

Stwierdzono zdecydowany związek pomiędzy nowotworami mózgu i układu nerwowego z grupą krwi A oraz nieco mniejszą z grupą krwi B. Dla osób z grupą krwi 0 rokowanie nowotworów mózgu i układu nerwowego jest pomyślne.

Uczeni badający zastosowanie i skuteczność pooperacyjnej polichemioterapii (leczenia wieloma chemioterapeutykami) oraz immunochemioterapii złośliwych glejaków zdecydowali się przebadać rezultaty w powiązaniu z grupami krwi. Skuteczność polichemioterapii i interwencji antybiotykowych, analizowana w świetle danych o okresach przeżycia, okazała się najbardziej zachęcająca u pacjentów z grupami krwi A i AB. U grupy 0 metody te są zupełnie nieskuteczne. Opierając się na tych wynikach, badacze doszli do wniosku, że chemio- i immunoterapia powinny być stosowane z uwzględnieniem grupy krwi. Jest to na razie wynik odosobniony, zwraca on jednak uwagę na fakt, iż medyczne interwencje w chorobach nowotworowych i w wielu innych stanach chorobowych mogłyby zostać udoskonalone, gdyby brano pod uwagę grupę krwi przy wyborze metody terapii[18].

Rak tarczycy

GRUPA 0	GRUPA A	GRUPA B	GRUPA AB	STATUS WYDZIELANIA
Stosunkowo niski poziom ryzyka.	Najwyższy stopień ryzyka raka tarczycy.	Średni poziom ryzyka raka tarczycy.	Najwyższy stopień ryzyka raka tarczycy.	Powiązań nie stwierdzono.

Organizmy z grupą krwi A mają szczególną skłonność do raka tarczycy. Grupa 0 ma wprawdzie skłonność do pewnych chorób tego organu, rak jednak do nich nie należy. Wydaje się, że grupa 0 jest nań uodporniona. Podobnie jak w innych chorobach nowotworowych, mikrostruktura różnych antygenów jest inna w komórkach zdrowych i zrakowaciałych. Ogólną zasadą charakteryzującą raka tarczycy jest utrata antygenów A i B oraz pojawianie się większych ilości antygenów Tn, czemu towarzyszy tendencja do uzłośliwiania[19].

Czerniak (melanoma)

GRUPA 0	GRUPA A	GRUPA B	GRUPA AB	STATUS WYDZIELANIA
Najwyższy stopień ryzyka raka skóry i czerniaka złośliwego; najniższy współczynnik przeżycia.	Najlepszy wskaźnik przeżycia, zwłaszcza u kobiet.	Powiązań nie stwierdzono.	Powiązań nie stwierdzono.	Powiązań nie stwierdzono.

Problemowi związku grup krwi z nowotworami skóry poświęcono tyko dwie prace badawcze. Ogólnie biorąc, wydaje się, że choroby te są silnie powiązane z grupą 0, w której zanotowano najwięcej przypadków czerniaka złośliwego oraz najniższy wskaźnik przeżycia po rozpoznaniu. Najdłuższy czas przeżycia mają osoby z krwią grupy A, a wśród nich kobiety[20].

Nowotwory kości

GRUPA 0	GRUPA A	GRUPA B	GRUPA AB	STATUS WYDZIELANIA
Stosunkowo niskie ryzyko raka kości.	Niewielkie ryzyko raka kości.	Najwyższe ryzyko raka kości.	Powiązań nie stwierdzono.	Powiązań nie stwierdzono.

Nowotwory kości wykazują najsilniejsze powiązanie z grupą krwi B oraz nieco słabsze z A[21].

Białaczka i choroba Hodgkina

GRUPA 0	GRUPA A	GRUPA B	GRUPA AB	STATUS WYDZIELANIA
Mniejsze ryzyko białaczki, zwłaszcza u kobiet. Większe ryzyko choroby Hodgkina.	Zwiększone ryzyko białaczki, zwłaszcza dla A2.	Powiązań nie stwierdzono.	Powiązań nie stwierdzono.	Powiązań nie stwierdzono.

U osób mających grupę krwi A, a szczególnie w podgrupie A2, występuje zwiększona skłonność do białaczki. Wydaje się, że grupa 0 jest na tę chorobę uodporniona, zwłaszcza gdy chodzi o jej ostre formy. Odporność ta jest szczególnie wyraźna u kobiet. Z tego względu niektórzy naukowcy sugerują możliwość istnienia „uwrażliwionego na płeć" genu w pobliżu genu AB0, na chromosomie 9, chroniącego kobiety z grupą 0 przed ostrą białaczką. Choroba Hodgkina – przeciwnie – atakuje grupę 0[22].

Leukemia przejawia się zwykle zanikiem antygenów grupy krwi. Po całkowitej remisji zdarza się powrót grupy krwi do poprzedzającego chorobę stanu normalności i ponowne pojawienie się jej antygenów na komórkach.

Grupa krwi jest kluczem do zdrowia układu odpornościowego, a nawet więcej – kluczem do przeżycia. Było tak zawsze. Żyjąc w zgodzie z własnym kodem genetycznym wpisanym przez grupę krwi do wszystkich komórek ciała, zwiększamy szanse przeżycia własnego i potomstwa.

7

Przywracanie równowagi

Biologiczna harmonia i detoksyfikacja

Konsekwentne stosowanie zawartych w tej książce zaleceń dietetycznych i ogólnych opartych na specyfice grup krwi doprowadzi do trwałych zmian w naszym życiu, a korzyści z nich wynikające będą w pełni widoczne dopiero po wielu latach. W jaki sposób ocenić, czy jakaś dieta jest dla nas korzystna? Czy decyzję w tej sprawie można opierać na dobrym (lub złym) samopoczuciu w drugim tygodniu jej stosowania? Przekonałem się wiele razy o tym, że coś, co wydaje się dobrze działać, może okazać się zupełnie nieskuteczne lub nawet szkodliwe na dłuższą metę. Z drugiej strony, gwałtowne i radykalne zmiany mogą zaburzać równowagę ustroju, wywołując efekty uboczne, co jednak nie znaczy, że program jest zły? Idąc o krok dalej, możemy zapytać: jak poznać, czy w naszych organizmach dzieją się rzeczy dobre, czy złe?

Większość naturopatów zgadza się, że owe „złe rzeczy" są w jakiś sposób toksyczne, choć konwencjonalna medycyna odrzuca ideę toksyczności innej niż ta, która zabija człowieka w dwadzieścia cztery godziny lub szybciej. Koncepcja, zgodnie z którą czyjś wewnętrzny ekosystem może być toksyczny, wydaje się większości ludzi zupełnie obca. Mimo to według mojej własnej, przypuszczalnie zaniżonej, oceny 70% wszystkich chorób związanych ze stanami zapalnymi, zaburzeniami trawienia i pochodnymi stresu, które obserwuję w swojej praktyce, wiąże się z jakimś rodzajem toksycznej nierównowagi.

Powstaje zatem pytanie: jak rozpoznać ową toksyczność, póki nie jest za późno? No cóż, zwykle nie potrafimy tego dokonać. Słyszałem kiedyś opowieść o górnikach z początku dwudziestego stulecia, którzy nie mając urządzeń służących do mierzenia stężeń toksycznych gazów, nie wiedzieli, kiedy zbliżają się one do niebezpiecznego poziomu. Wielu z nich traciło przytomność, nawet tego nie czując. W tej sytuacji zaczęto wnosić do kopalni klatki z kanarkami. Kiedy ptak przewracał się, było wiadomo, że trzeba uciekać na powierzchnię.

Oto dlaczego w naszej rodzinie od dwóch pokoleń uważamy diety zgodne z grupami krwi jako sposób odtruwania organizmu i studiujemy ich działanie w tym względzie.

Jak się czujesz? Test indykanowy

Jedząc zgodnie z fizjologią grup krwi możemy zmniejszyć poziom zawartości nieprzyswojonych białek i toksycznych produktów ubocznych ich rozkładu w przewodzie pokarmowym. Jednocześnie redukując udział w diecie pokarmów zawierających lektyny wchodzące w reakcje z antygenem własnej grupy krwi i zapewniając sobie równowagę bakteryjną w przewodzie pokarmowym, otwieramy drogę ku większej żywotności i zwiększamy odporność organizmu. Mam nadzieję, że kończąc lekturę tego rozdziału, Czytelnik zgodzi się z poglądem, iż długofalowe rezultaty wprowadzania w życie tych decyzji jako strategicznego planu mogą naprawdę zmniejszyć ryzyko wielu chronicznych chorób i zaburzeń.

Od wielu lat wykorzystuję do badania zawartości w moczu pewnych białek związanych z toksycznością jelita procedurę indykanową zwaną też testem Obermeyera[1]. Zlecam wykonanie tego badania praktycznie wszystkim moim pacjentom. Jest ono jednym ze sposobów sprawdzenia, czy dieta, którą pacjent stosuje, funkcjonuje prawidłowo w jego organizmie. Metoda polega na pomiarze stężenia indykanu w próbce moczu pochodzącej z pierwszego strumienia porannego. Podwyższenie zawartości tej substancji w moczu świadczy przeważnie o niepożądanej przemianie tryptofanu w indol dokonującej się w górnym odcinku jelita przy udziale bakterii. W zdrowym przewodzie pokarmowym nadmiar kwasu żołądkowego stanowi barierę dla bakterii, która nie pozwala im wnikać do jelita cienkiego, choć uważa się, że niektóre drobnoustroje z łatwością przeszkodę tę pokonują. Bakterie mogą też dostać się do dolnych odcinków jelita cienkiego przez okrężnicę, ale zazwyczaj nie docierają do górnych jego segmentów.

• Z REJESTRU PRZYPADKÓW •

Marie L.
Grupa krwi A
Kobieta w średnim wieku
Poprawa: trawienie i problemy odpornościowe

„Przed około ośmiu laty byłam Pana pacjentką. Po roku wizyt i przestrzegania zalecanej przez Pana diety zrezygnowałam, gdyż doszłam do wniosku, że jest Pan – wraz ze swoimi koncepcjami – najbardziej szaloną osobą, jaką kiedykolwiek spotkałam. Byłam wówczas w okresie przedmenopauzalnym, miałam lekkie skłonności histeryczne, a przede wszystkim nie chciałam podporządkowywać się jakimkolwiek reżimom i popadać w obsesję lęku przed rakiem. Od tamtej pory miałam kontakt z dwoma innymi lekarzami uprawiającymi medycynę holistyczną i wreszcie sama zdecydowałam, że najbardziej dla mnie odpowiednią jest dieta wegetariańska (mam grupę A+, A2 i należę do wydzielaczy). Przestrzegam teraz bardzo dokładnie diety, którą Pan zaleca. Mam obecnie 55 lat. Połowa znajomych kobiet w moim wieku ma już raka piersi (ja nie!), a pozostałe wyglądają jak utuczone krowy. Z zadowoleniem mogę powiedzieć, że nie biorę leków hormonalnych. Na diecie wegetariańskiej czuję się świetnie. Jem produkty sojowe, duże ilości warzyw, owoce. Białka zwierzęcego nie jadam prawie w ogóle, z wyjątkiem 3-4 porcji ryby tygodniowo. Nie mam już alergii i nie zdarzają mi się depresje wywołane nierównowagą hormonalną. Kiedyś uważałam Pana pomysły za szaleństwo; teraz chciałabym Pana za to przeprosić".

W chorym organizmie zbyt niskie stężenie kwasu żołądkowego powoduje, że nie stanowi on skutecznej bariery dla bakterii, które przenikają do górnych odcinków jelita i rozwijają się w nim ,tworząc kolonie. Następstwem niedostatku kwasu żołądkowego jest również niepełny rozkład białek, które stają się pożywką dla mikroorganizmów i przyciągają bakterie z dolnych odcinków jelita. Gnicie niestrawionych resztek białek prowadzi do powstawania indoli, które przenikają do krwiobiegu i usuwane są wraz z moczem w postaci indykanu.

A zatem, poziom indykanu w moczu może nam dać wyobrażenie o ilości indoli w jelitach, a tym samym o skali ewentualnych nieprawidłowości trawiennych. Z tych względów pomiar zawartości indykanu jest pośrednim pomiarem określonego typu toksyczności jelitowej.

Dlaczego zawartość indykanu w moczu jest tak ściśle związana z dietą zgodną z grupami krwi? Otóż jej przestrzeganie można porównać do napędzania silnika paliwem o odpowiednim składzie. Pomyślmy przez chwilę o samochodowym gaźniku. Kiedy mieszanka jest zbyt bogata w paliwo, wówczas zawarte w niej powietrze nie wystarcza do pełnego spalania. Efektem tego są „nieczyste" spaliny, sadza itd. Coś podobnego dzieje się w ludzkim organizmie, który nie wchłania i nie przyswaja skutecznie całego pokarmu. Rezultatem niepełnego spalania jest obecność w przewodzie pokarmowym niestrawionych do końca tłuszczów i białek. Zostają one oczywiście wydalone, wcześniej jednak powodują zachwianie równowagi bakteryjnej w jelitach. Śladem obecności produktów ubocznych takiego procesu jest zawartość indykanu w moczu. W przypadkach zwiększonego stężenia indykanu stosowanie diety zgodnej z grupą krwi skutecznie obniża ten wskaźnik, podobnie jak detergenty dodawane do paliw czyszczą gaźniki samochodowe.

W mojej klinice wykonuje się rutynowo badania poziomu indykanu u wszystkich nowych pacjentów. U jednej trzeciej przyjętych osób jest on podwyższony, co wskazuje na zwiększoną toksyczność jelit. Wysoki poziom indykanu występuje regularnie u wegetarian mających grupę krwi 0, których dieta zawiera duże ilości skrobi; wynika to z wysokiej zawartości lektyn w ziarnach zbóż. Znacznie podwyższony poziom indykanu stwierdza się również u osób z krwią grupy A spożywających duże ilości białek zwierzęcych, których ich układy trawienne nie są w stanie w pełni rozłożyć, jak również u pacjentów z grupą krwi B, których dieta obfituje w znaczne ilości lektyn zawartych w kurczakach, kukurydzy i gryce.

Dla osób pracujących w mojej klinice oraz dla tych lekarzy, stosujących w swojej praktyce diety zgodne z grupami krwi, stało się oczywiste, że ścisłe przestrzeganie właściwej diety obniża zawartość indykanu w moczu do wartości śladowych, co jest wysoce pożądane, ponieważ wysoki poziom indoli jest bardzo niedobrym objawem i może być pośred-nią lub bezpośrednią przyczyną poważnych problemów zdrowotnych. Zapewne dlatego właśnie ze wszystkich aforyzmów Hipokratesa najważniejszą dla lekarzy jest ta prosta rada: „Po pierwsze oczyścić jelita".

Stwierdzono na przykład, że obecność indoli i indykanu potęguje rakotwórcze właściwości niektórych związków chemicznych. Wysoki poziom indykanu w moczu dowodzi również, że organizm marnuje duże ilości białek pokarmowych, nie mogąc ich odpowiednio strawić i przyswoić.

Poliaminy – nowy aspekt toksyczności

Studiując w latach 80. w Bastyr University, dyskutowałem koncepcję detoksyfikacji z jednym z moich nauczycieli Edwardem Madisonem. Doktor Madison uważał, że chcąc zacząć naukowo oceniać zjawisko tak rozległe jak toksyczność, musimy zidentyfikować główne substancje odpowiedzialne za powstawanie takiego stanu. W opinii doktora Madisona są to przede wszystkim indole oraz inne związki powszechnie występujące w jelitach, takie jak putrescyna, spermidyna i kadaweryna.

Kilka lat temu, wertując literaturę w poszukiwaniu danych dotyczących lektyn, po raz kolejny natrafiłem na te wyraziste nazwy. Substancje te należą do klasy związków zwanych poliaminami. Są to białka z kategorii amin biogennych, obecne w niewielkich ilościach we wszystkich komórkach ludzkich, zwierzęcych i roślinnych. Narządy potrzebują poliamin do procesów wzrostu, odnowy i przemiany materii. Zależy od nich prawidłowy rozwój komórek. Wywierają także głęboki stabilizujący wpływ na komórkowe DNA. Stwierdzono, że poliaminy warunkują prawidłowe funkcjonowanie układu nerwowego oraz procesy wzrostu w wieku dziecięcym; dlatego też organizmy dziecięce wytwarzają ich znacznie więcej niż osoby dorosłe.

Wiele pokarmowych lektyn, niezależnie od ich związków z grupami krwi, silnie pobudza procesy syntezy poliamin w przewodzie pokarmowym. Jest to przypuszczalnie przejawem i rezultatem wysiłku komórek usiłujących naprawiać mikrokosmki uszkadzane przez lektyny[2].

Paradoksalnie, lektyny mogą obniżać ogólne poziomy poliamin w organizmie, wywołując podrażnienie ścianek jelita wystarczające do wychwytywania wszystkich poliamin przez komórki wyściółek jelitowych w celu przyśpieszenia naprawy, a tym samym zmniejszając ogólny poziom poliamin dostępnych dla innych tkanek. Być może w tym tkwi przyczyna mniejszego średniego wzrostu dzieci wychowywanych w wegetarianizmie, w porównaniu z dziećmi spożywającymi pokarm mieszany. Wysoka zawartość lektyn w typowej diecie wegetariańskiej opartej na ziarnach zbóż powoduje, że komórki jelit wychwytują zbyt dużo poliamin, przez co zmniejsza się ich wykorzystanie przez inne tkanki, co w konsekwencji spowalnia wzrost tkanek, takich jak kości i mięśnie.

Wiele lektyn powoduje nienaturalne powiększenie rozmiarów niektórych narządów, w tym wątroby, trzustki i śledziony. Rozrost tych narządów jest następstwem wielkiego napływu do nich poliamin. Na przykład: lektyna zarodków pszenicy bardzo silnie pobudza produkcję poliamin. Włączenie jej do karmy zwierząt doświadczalnych zmniejszało ich zdolność do trawienia i wykorzystywania białek pokarmowych oraz znacząco spowolniło ich wzrost. Równocześnie zaobserwowano stymulowany przez poliaminy rozrost trzustki i tkanek jelita cienkiego[3]. Badania wykazały, że podobne efekty wywołują lektyny zawarte w niektórych gatunkach fasoli i innych warzyw strączkowych. W tym świetle całkiem sensowne wydaje się przypuszczenie, iż pobudzające działanie lektyny zarodków pszenicy na procesy syntezy poliamin z jednoczesną jej zdolnością do imitowania działania insuliny stanowią podłoże niepożądanego wzrostu wagi ciała u osób z grupami krwi 0 i B przyjmujących w pokarmach nadmierne jej ilości.

Kontrolowanie poliamin poprzez dietę to kolejny ważny czynnik równowagi ustrojowej. Odpowiednia ilość tych związków jest nam potrzebna w procesach wzrostu i gojenia, nie chcemy jednak mieć ich w nadmiarze, spowalnia to bowiem funkcje odpornościowe i modyfikuje niekorzystnie metabolizm tkanek. Przestrzeganie diety zgodnej z własną grupą krwi pozwala kontrolować zawartość w pokarmach tych lektyn, które mogą podwyższać poziomy poliamin w jelitach.

• Z REJESTRU PRZYPADKÓW •

Amelia K.
Grupa krwi B
Kobieta w średnim wieku
Poprawa: trawienie, układ odpornościowy i energia

„Od ponad roku realizuję w pełni program zalecany dla grupy krwi B. Przede wszystkim wyeliminowałam ze swej diety kurczaki, kukurydzę i większość roślin strączkowych i staram się także unikać wszystkich innych pokarmów »zakazanych« w mojej grupie. Najbardziej fascynującym rezultatem jest wzrost odporności. Od chwili przejścia na dietę nie miałam ani jednego zaziębienia, a nawet lekkiego kataru. Przedtem zdarzały mi się co najmniej trzy poważne infekcje dróg oddechowych w ciągu roku. Czuję się jak czarodziejka odpychająca od siebie krążące wokół wirusy! Drugim spostrzeżeniem jest niesamowity przypływ energii i dobrego samopoczucia. Do momentu, gdy zaczęłam spożywać wystarczające ilości białka, nie zdawałam sobie sprawy, jak bardzo mi go brakowało przez te wszystkie lata, kiedy starając się »zdrowo« odżywiać nie jadałam mięsa. Diecie przypisuję również poprawę przemiany materii, dzięki której zdołałam ograniczyć chaotyczne objadanie się i zaczęłam pozbywać się nadwagi".

Poliaminy zawarte w pożywieniu

Podręczniki biochemii często określają poliaminy jako białka „martwych ciał". Kiedy tkanka doznaje szoku lub umiera, struktura jej białek zaczyna się rozpadać. Bakterie lub enzymy zawarte w pożywieniu przekształcają następnie wiele fragmentów białek w poliaminy. Dlatego właśnie duże ilości tych substancji znajdujemy w tkankach pacjentów, którzy doznali poważnych obrażeń, jak również w produktach spożywczych, których faktura i smak zostały trwale zmienione przez nadmierne przetworzenie, takie jak np. gwałtowne zamrożenie. Niektórzy obrońcy wegetarianizmu wskazują na poliaminy jako uzasadnienie unikania mięsa i owoców morza; substancje te występują jednak również obficie w warzywach, ziarnach zbóż, owocach i kiełkach. Często się też zdarza, że nie ma ich w roślinnym pokarmie, ale wydzielane są przez ludzki organizm w ramach reakcji na lektyny zawarte w wielu roślinach, a w szczególności w ziarnach i roślinach strączkowych.

Poliaminy znajdują się zwykle w pokarmach poddanych fermentacji, takich jak podpuszczka, kapusta kwaszona czy ekstrakty z drożdży. Nie brakuje ich także w produktach wysoko przetworzonych, w których konserwowanie lub mrożenie niszczy strukturalną spójność tkanek. Większość serów poddawanych „dojrzewaniu" lub „zaostrzaniu" zawiera duże ilości putrescyny. Warzywa takie jak

• Z rejestru przypadków •

Phillip N.
Grupa krwi B
Mężczyzna w średnim wieku
Poprawa: trawienie i odporność

„W ostatnich latach walczyłem z obniżoną odpornością na wszelkiego rodzaju infekcje górnych dróg oddechowych – przeziębienia, zapalenia oskrzeli, grypy itp. Doszło w końcu do tego, że stwierdzono u mnie przepuklinę rozworu przełykowego. Lekarz zaordynował leki, twierdząc, że nie ma dla nich żadnej alternatywy. Pragnąc ją jednak znaleźć, udałem się do specjalisty praktykującego akupunkturę, który doradził mi Pana dietę dla lepszego trawienia. Przed przeczytaniem książki jadałem kurczaki 4-5 razy w tygodniu; były to kurczaki pieczone, rosoły z kurczaków, mięso z kurczaków w kanapkach... już Pan wie, o co chodzi. Sądziłem, że będzie mi trudno wyeliminować ten pokarm z diety, zacząłem więc zastępować go jagnięciną. Przechodząc na dietę, nie miałem zamiaru się odchudzać, a jednak w ciągu dwóch tygodni zrzuciłem 5 kg nadwagi, mimo iż nie przestrzegałem zalecanych wielkości porcji. Najbardziej cieszę się z tego, że poprawił się ogólny stan mojego zdrowia. Przestałem poruszać się jak ślimak, a znajomi zauważyli wyraźną różnicę w poziomie mojej energii życiowej. Ważę teraz 71 kg – tyle samo co w dniu ukończenia studiów – bez jakichkolwiek prób zmniejszania ilości kalorii w pożywieniu. Mimo iż nigdy nie byłem otyły, ludzie widzą jakąś istotną zmianę dotyczącą mojej „wagi". Po prostu inaczej się poruszam. Najbardziej zdumiewające jest to, że mój organizm radzi sobie teraz z popularnymi chorobami. Kiedyś, czując pierwsze objawy zaziębienia, wiedziałem, że nie uniknę zachorowania. Musiałem położyć się do łóżka na kilka dni. Ostatnio, kiedy to się zdarzyło, spodziewałem się – jak zwykle – okropnego samopoczucia, tymczasem po obudzeniu następnego dnia objawy zniknęły! Mimo efektów, które uzyskałem, ludzie są nadal sceptyczni. Nie przejmuję się tym jednak. Czuję się świetnie i nie będę się musiał krępować z powodu zwisającego brzucha podczas pobytu na Hawajach".

ziemniaki, warzywa puszkowane i mrożone (inne niż warzywa zielone) oraz niektóre owoce – np. pomarańcze i mandarynki – także w nią obfitują. Fermentowany sos sojowy (zawierający pszenicę) jest bogatym źródłem poliamin, a zwłaszcza putrescyny. Duże jej ilości znajdują się w krewetkach, szczególnie prasowanych i mrożonych. Dojrzałe sery, fermentowana soja, fermentowana herbata, japońska sake, pieczarki, ziemniaki i świeży chleb zawierają duże ilości spermidyny, podobnie jak płatki zbożowe, warzywa puszkowane i mrożone, przetwory mięsne, czerwone mięso i drób.

Czy poziomy poliamin nie są u ciebie zbyt wysokie?

Nie ma wygodnej bezpośredniej metody pozwalającej ocenić poziom poliamin, możemy jednak posłużyć się kilkoma technikami pomiaru pośredniego:

WYSOKI LUB PODWYŻSZONY POZIOM ALBUMINY W SUROWICY KRWI. Albumina jest białkiem wytwarzanym przez wątrobę w celu szybkiego transportu innych czynników odżywczych. Jej wydzielanie zmniejsza się z powodu stresów środowiskowych, pokarmowych i urazowych lub obecności toksyn. Synteza poliamin ma pozytywny wpływ na poziom albuminy. Pomiar stężenia tej substancji może służyć do długofalowej oceny sposobu odżywiania się pacjentów, ponieważ odzwierciedla stan zapasów białka w organizmie w ciągu ostatniego miesiąca. Norma wynosi 3,5-5,2 g/dl. Wartości przekraczające 4,8 wskazują przypuszczalnie na wyższe poziomy poliamin. Wartości poniżej 4 oznaczają poziomy bezpieczne.

WYSOKI POZIOM INDYKANU W MOCZU. Badanie zawartości indykanu w moczu daje wyobrażenie o stężeniu indoli w jelicie, związek ten jest bowiem produktem ich rozkładu. Wysoki poziom indykanu jest zwykle oznaką zwiększonej obecności bakterii w górnym odcinku jelita. Duże ilości bakterii w górnych partiach jelita cienkiego wiążą się z wysokim poziomem poliamin.

CUCHNĄCY ODDECH. Jeżeli u osoby przestrzegającej higieny jamy ustnej (mycie zębów, czyszczenie przestrzeni międzyzębowych) występuje nieprzyjemny zapach z ust, to należy przypuszczać, że w jej organizmie poziom poliamin jest wysoki. Zjawisko, o którym mowa, powodowane jest głównie przez nadmiar putrescyny oraz należącej do drugorzędnych poliamin kadaweryny. Ponadto, wysoki poziom poliamin w jamie ustnej hamuje proces migracji białych krwinek do rejonów, w których występują infekcje lub stany zapalne.

BÓL GŁOWY PO SPOŻYCIU SFERMENTOWANEGO POKARMU. Poliaminy wzmacniają działanie histaminy obecnej zwykle w pokarmach zawierających histadynę, takich jak czerwone wino. Typowym objawem wysokiego poziomu poliamin są bóle głowy po spożyciu przefermentowanych pokarmów, np. wina, piwa lub kwaszonej kapusty.

Oznaki możliwego przekroczenia norm zawartości indykanu lub poliamin w poszczególnych grupach krwi:

GRUPA 0. Osoby z grupą 0 powinni uważać na lektyny zawarte w ziarnach zbóż; zwiększają one produkcję poliamin w komórkach jelit, trzustki i wątroby. Lektyny zbożowe stymulują również efekty wzrostowe podobne do wywoływanych przez insulinę, co wzmacnia prowzrostowe działania poliamin.

Oznaki toksyczności w grupie 0

1. Skłonność do stanów zapalnych, takich jak zapalenia stawów; bóle o niespecyficznym podłożu, np. fibromialgia; zaburzenia menstruacji.
2. Trudności z pozbyciem się nadwagi, nadmierne zatrzymywanie wody (zwłaszcza u osobników niewydzielających).
3. Zaburzenia funkcji jelit: skurcze, wiatry, trudności z wypróżnieniem.
4. Uczucie zmęczenia, nadaktywność umysłowa.
5. Nietolerancja węglowodanów. Zmęczenie pojawiające się po posiłkach obfitujących w węglowodany.
6. Wysoki poziom trójglicerydów.

GRUPA A. U osób z krwią grupy A, które spożywają zbyt wiele pokarmów pochodzenia zwierzęcego, nieprawidłowe wchłanianie będące wynikiem niepełnego trawienia białek zwierzęcych jest kuszącym źródłem aminokwasów dla bakterii jelitowych. W dowód wdzięczności za tę ucztę dokonują one syntezy wielkich ilości poliamin.

Oznaki toksyczności w grupie A

1. Problemy skórne, takie jak łuszczyca, egzema i trądzik.
2. Bóle głowy, zwykle tępe, umiejscowione w części przedniej, nie reagujące łatwo na aspirynę i paracetamol.
3. Torbiele piersi.
4. Niepokój umysłu i słaba zdolność kontrolowania stresu.
5. Fermentacja pokarmu w żołądku objawiająca się cuchnącym oddechem (zwłaszcza u niewydzielaczy).
6. Hipoglikemia (niski poziom cukru we krwi).
7. Wysoki cholesterol.
8. Cuchnące stolce.

GRUPY B i AB. Istnieje ciekawe powiązanie między argininą i grupą krwi. Ornityna często powstaje z bardziej pospolitego aminokwasu, jakim jest arginina. Gen enzymu wytwarzającego kwas argininobursztynowy, będący prekursorem argininy, umiejscowiony jest obok genu

AB0 na chromosomie 9q34. Badania wykazały silne powiązanie korelacyjne tych genów. Genetyczne elementy kontrolujące grupę krwi wpływają na ilość argininy, która może być przekształcona w ornitynę, a następnie w poliaminy. Arginina bierze również udział w produkcji tlenku azotu[4]. Powiązania te pomagają zrozumieć, dlaczego organizmy z grupami krwi B i AB, posiadające antygen B, posługują się tlenkiem azotu inaczej niż organizmy z krwą grupy 0 i A. Osoby mające krew grupy B lub AB są szczególnie uwrażliwione na zmiany poziomu tlenku azotu i reagują negatywnie w sytuacji, gdy poliaminy wiążą argininę niezbędną w procesie jego produkcji.

Oznaki toksyczności w grupach B i AB

1. Brak libido (popędu płciowego).
2. Niewydolność krążenia objawiająca się zimnymi dłońmi i stopami, różnice ciśnienia krwi w postawach stojącej i leżącej (hipotensja ortostatyczna), hemoroidy, żylaki, uczucie zmęczenia.
3. Wrażliwość na światło (fotofobia) i różne zapachy.
4. Fermentacja żołądkowa, cuchnący oddech (przeważnie u niewydzielaczy z grupą krwi AB).
5. Uczucie wypełnienia (obciążenia) i dyskomfortu w dolnym odcinku jelita.

Przeglądając zestawy pokarmów o dużej zawartości poliamin widzimy, że wielu z nich powinni unikać wszyscy bez względu na grupę krwi. Ciekawe jest to, że wiele pokarmów blokujących dekarboksylazę ornitynową i obniżających poziom poliamin należy do kategorii obojętnych lub zalecanych dla wszystkich grup. A zatem, przestrzegając diety zgodnej z własną grupą krwi, obniżamy poziom poliamin w jelitach, unikając odpowiednich lektyn. Należy się też wystrzegać przekraczania granic zdolności przyswajania wyznaczonych przez grupę krwi. Jest to ważne uzasadnienie dla spożywania pokarmów świeżych i czystych ekologicznie. Chemikalia, niewłaściwe przechowywanie i skażenia środowiskowe „stresują" pokarmy, podnosząc w nich zawartość poliamin.

Pokarmy obniżające stężenia poliamin i indoli

- ARABINOGALAKTAN MODRZEWIOWY (ARA6). Substancja ta występująca w modrzewiu amerykańskim *(Larix americana)* sprzyja równowadze funkcjonalnej przewodu pokarmowego, zmniejszając ilości produktów końcowych trawienia białek, w tym amoniaku. Zalecana dla wszystkich grup krwi.
- ORZECHY WŁOSKIE. Badania wykazują, że orzechy włoskie hamują dekarboksylazę ornitynową. Wskazane dla wszystkich grup krwi.
- ZIELONA HERBATA. Badania pokazały, że polifenole zawarte w zielonej herbacie są inhibitorami dekarboksylazy ornitynowej. Zalecana dla wszystkich grup krwi.

- OWOCE CIEMNONIEBIESKIE, PURPUROWE I CZERWONE. Owoce z takimi pigmentami barwnymi zawierają antrocjanidyny, przeciwutleniacze hamujące dekarboksylazę ornitynową. Należą do nich m.in. owoce czarnego bzu, wiśnie i czarne jagody. Większość zalicza się do pokarmów obojętnych lub zalecanych dla wszystkich grup krwi.
- GRANAT, PLANTAN I GUAWA. Hamują dekarboksylazę ornitynową. *Uwaga dotycząca grup krwi:* granatów powinny unikać osoby z grupami krwi AB i B, a plantanów – A i 0.
- CEBULA, KOPER, ESTRAGON, LIŚCIE BROKUŁU I CZOSNEK. Pokarmy te są łagodnie bakteriobójcze wobec wielu drobnoustrojów wytwarzających poliaminy. Również nieznacznie hamują dekarboksylazę ornitynową. Wskazane dla wszystkich grup krwi.
- KURKUMA I CURRY. Popularne przyprawy rodem z kuchni indyjskiej używane od wieków przez lekarzy praktykujących medycynę ajurwedyjską. Zawarta w nich kurkumina jest potężnym inhibitorem syntezy poliamin. Zalecana dla wszystkich grup krwi.

Zwalczanie ognia ogniem – probiotyczna lina ratunkowa

Kiedy w roku 1910 rosyjski biolog Ilia I. Miecznikow wystąpił z koncepcją poprawy zdrowia i przedłużenia życia za pomocą detoksykacji przewodu pokarmowego, wielu przedstawicieli medycznego establishmentu uznało go za szarlatana. Panowała wówczas moda na „oczyszczanie"; powstawały różne snobistyczne sanatoria dla najbogatszych, a rynek zalewały rozmaite eliksiry. Akademickie środowiska medyczne, patologicznie podejrzliwe wobec każdej teorii nie noszącej imprimatur oficjalnej nauki, zlekceważyły ideę Miecznikowa, odrzucając ją wraz z całą resztą podobnych koncepcji. Należy się tego wstydzić, ponieważ uczony ten miał rację.

Miecznikow wprowadził pojęcie elementów „probiotycznych" – co znaczy dosłownie „sprzyjających życiu" – by wyjaśnić swój pogląd na proces starzenia się organizmu związany ze stałą ekspozycją na intoksykację gnilną powodowaną przez nierównowagę bakteriologiczną w jelitach. Proces ten, jego zdaniem, można powstrzymać, spożywając regularnie pokarmy zawierające bakterie kwasu mlekowego.

Dziś, po niespełna stu latach, powszechnie wiadomo, że „przyjazne" bakterie chronią nasze komórki, wspierają funkcje układu odpornościowego oraz pozytywnie wpływają na zdolność pełnego wykorzystywania składników odżywczych naszego pożywienia. Uchodzi natomiast uwagi kluczowy fakt decydującego wpływu antygenów grup krwi na równowagę owych przyjaznych drobnoustrojów[5].

Jak już wcześniej wspomnieliśmy, antygeny grup krwi występują masowo we wszystkich częściach ludzkiego ciała wchodzących w bezpośrednie interakcje ze światem zewnętrznym. U wydzielaczy znajdują się one również w śluzie wyściełającym i chroniącym przewód pokarmowy. Jaką rolę spełniają te antygeny w procesie podtrzymywania równowagi flory bakteryjnej? Mówiąc najprościej, są one „żerem mikrobów".

Antygeny grup krwi to złożone cukry, które bakterie bardzo lubią. Antygeny zbudowane są z różnych kombinacji cukrów, a bakterie są wybredne. Wiele przyjaznych gatunków odżywia się zawsze zgodnie z naszą grupą krwi, konsumując jej antygen. Kiedy zaczyna go brakować, bakterie sojusznicze walczą o pokarm znacznie skuteczniej niż drobnoustroje szkodliwe (są przecież naszymi „przyjaciółmi"), wypierając je i skazując na śmierć głodową. Odpowiednie szczepy bakteryjne, zgodne z grupą krwi, żyjące w okrężnicy, przerabiają antygeny grupy krwi na krótkołańcuchowe kwasy tłuszczowe, niezmiernie korzystne dla zdrowia tej części jelita.

Skąd się bierze ta „preferencja"? Otóż opiera się ona na zjawisku tzw. przylegania. Każdy klucz pasuje do odpowiedniego zamka, a bakterie przylegają tylko do pewnych konfiguracji cukrów tworzących odpowiednie miejsca adhezyjne lub przyczepy. Wprawdzie nie wszystkie takie miejsca w jelitach i przewodzie pokarmowym są zróżnicowane zgodnie z grupami krwi, jednak proces przylegania wielu przyjaznych (i nieprzyjaznych) bakterii jest od nich uzależniony. Prawie 50% przebadanych pod tym kątem szczepów bakteryjnych wykazuje specyficzność związaną z grupami krwi[6].

Aby dać Czytelnikowi pewne wyobrażenie o wielkości wpływu grup krwi na mikroflorę jelit, wspomnę, iż, zgodnie z obecnymi oszacowaniami, liczba szczepów bakteryjnych przyjaznych dla organizmu z krwią grupy B jest o 50 000 większa od analogicznej wielkości dla grup A i 0. To się nazywa preferencja! (Opracowałem niedawno serię preparatów probiotycznych przeznaczonych dla reprezentantów poszczególnych grup krwi. Uzupełnienia te – pod nazwą „D'Adamo 4 Your Type" – można zamówić w firmie North American Pharmacal, której adres znajduje się w Dodatku E, lub nabyć w sklepie ze zdrową żywnością).

Antygen grupy krwi występuje w całym przewodzie pokarmowym, w którym przyciąga szczególne gatunki przyjaznych bakterii. W podobny sposób wysypanie w ogrodzie ziaren dla ptaków spryskanych określoną substancją przyciąga pewne wybrane ich gatunki.

Na zakończenie pragnę raz jeszcze zachęcić wszystkich czytających te słowa do przestrzegania właściwej diety i innych wskazań pozwalających utrzymać we własnym organizmie czyste środowisko wewnętrzne.

CZĘŚĆ TRZECIA

Życie zgodne z grupą krwi

8

Zasady podstawowe

Najlepsze wykorzystanie wskazań

Drogi doktorze D'Adamo!

Pragnę donieść o niewiarygodnym sukcesie dotyczącym osoby mojego dziewięciomiesięcznego syna Piotra, mającego grupę krwi 0. Piotruś urodził się z przepukliną przeponową, którą korygowano w piątym dniu po narodzinach i ponownie po pięciu miesiącach. Poza tym dziecko jest umysłowo i fizycznie normalne. Jest jednym z bliźniaków, a jego braciszek jest zdrów i czuje się dobrze. U Piotrusia wystąpił także silny refluks pokarmowy, nie ustępujący po zastosowaniu leków (Cissapride, Zantac).

Pożywienie dziecka składało się początkowo z odżywek zbożowych przeznaczonych dla niemowląt, z dodatkiem owoców i bardzo gęstych – zgodnie z zaleceniem szpitalnego dietetyka. Niestety, po każdym takim posiłku dziecko wymiotowało 2-3 razy. W ciągu trzech dni po przejściu na pokarmy złożone z mięsa i warzyw wymioty zmniejszyły się; Piotruś zatrzymywał ponad 75% pożywienia, a resztę zwracał, przyjmując jednak w zamian dodatkowe jego ilości. W ciągu ostatnich dwóch dni torsji nie było wcale. Po zmianie diety poprawa była natychmiastowa.

Mówiono mi, że jedynym ratunkiem dla mojego dziecka jest operacja chirurgiczna (fundoplication). Obecnie wierzę i mam nadzieję, że uda się jej uniknąć. Dziękuję Panu za to, że odmienił Pan życie mojego syna. Zmienił się nie do poznania. Jestem niezmiernie szczęśliwa, że dowiedziałam się o Pańskiej książce i zdecydowałam się ją kupić.

Z wyrazami wdzięczności,
Anne T.

Oto prawdziwa miara sukcesu. Czegóż więcej można oczekiwać po publikacji książki *Jedz zgodnie ze swoją grupą krwi*, ponad to, co wyraziła w swoim liście uszczęśliwiona matka Piotrusia T.? Instynkt skłonił tę kobietę do poszukiwania czegoś więcej, niż oferowała jej służba zdrowia i do wnikliwego zbadania sprawy. To uchroniło jej dziewięciomiesięczne dziecko od serii coraz bardziej drastycznych błędnych działań. Piotruś przezwyciężył samodzielnie coś, co mogło się przerodzić w chroniczny stan chorobowy. Często zastanawiałem się, jak odmienne byłyby koleje losu wielu moich pacjentów, gdyby przestrzegali oni zasad diety zgodnej z własną grupą krwi od najmłodszych lat. Niestety, do lekarzy zgłaszają się przeważnie ludzie, których organizmy od bardzo dawna toczą nierówną walkę kojarzącą się nieodparcie z atakowaniem pod górę.

„Atakowanie pod górę" to wojskowy eufemizm oznaczający bitwę *przegraną*. Opisuje on dobrze to, co widzę u ludzi zmagających się od lat z chronicznymi lub ostrymi stanami chorobowymi. Ludzie ci są tą walką zmęczeni. Są bliscy wyczerpania. Przychodzą do mnie z osłabionym układem odpornościowym, niezrównoważonym metabolizmem, chronicznymi zaburzeniami trawienia, wieloletnią historią walki z otyłością i cukrzycą – a wszystko to jest pożałowania godnym rezultatem stosowania diet i terapii niezgodnych z genetycznymi predyspozycjami ich organizmów. Dziewięciomiesięczny Piotruś i jego braciszek mają szansę na życie pełne sukcesów, jeśli będą się konsekwentnie odżywiać zgodnie z własną grupą krwi.

Zalecenia, które przedstawię w tej części książki, pomogą każdemu Czytelnikowi, który poważnie je potraktuje, jak również członkom jego rodziny. Od dnia wydania pierwszej książki (*Jedz zgodnie z własną grupą krwi*) w styczniu 1997 (wyd. polskie – lipiec 1998) roku jej Czytelnicy domagają się *większej liczby* informacji, pragnąc głębiej zrozumieć dynamikę grup krwi. Praca, którą oddajemy im teraz do rąk, wychodzi naprzeciw tym oczekiwaniom. Przedstawione w niej wskazania, wraz z gruntownym naukowym uzasadnieniem, mogą stanowić wyczerpujący przewodnik dla rodzin pragnących poznać różne implikacje i powiązania związane z grupami krwi.

Jak wykorzystać w pełni tę książkę

Zdaję sobie sprawę, że moje słowa czytać będą różni ludzie – cieszący się dobrym zdrowiem, lecz pragnący lepiej wykorzystać swoje potencjały i zapewnić sobie długowieczność; zmagający się od dawna z jakimś problemem, np. nadwagą, utrudnionymi i bolesnymi menstruacjami, zaburzeniami trawienia, chronicznymi infekcjami bądź uciążliwymi migrenami; i wreszcie poważnie chorzy – cierpiący z powodu ostrych lub zagrażających życiu anomalii zdrowotnych. Każda z tych grup wyniesie jakieś korzyści z przestudiowania tej książki. Wiedza i informacja nie mogą zaszkodzić; ich brak szkodzi nam bardzo często.

Opiszę w tym miejscu kilka zasad mających podstawowe znaczenie w każdej pracy badawczej. Ich znajomość pomoże Czytelnikom wykorzystać materiał tej książki w maksymalnym stopniu.

1. OTWARTOŚĆ I ELASTYCZNOŚĆ MYŚLENIA. Wiedza o grupach krwi nie ma charakteru jednowymiarowego, stanowi bowiem, w swej istocie, studium różnic. Z tego względu powinno być zrozumiałe, że nie wszystko i nie zawsze pasuje idealnie do czterech kategorii. Trzeba być otwartym i ostrożnym w wyciąganiu wniosków. Nie chodzi nam o zastąpienie jednego sztywnego schematu innym. Należy raczej przyswajać sobie ten program stopniowo, sprawdzając eksperymentalnie, co działa najlepiej w niepowtarzalnej, indywidualnej sytuacji. Dieta zgodna z grupą krwi może wydawać się ideą fascynującą – podobnie jak inne nasze zalecenia – pamiętajmy jednak, że kluczem do pomyślności jest równowaga.

Kiedy popularność książki *Jedz zgodnie ze swoją grupą krwi* zaczynała narastać, przeżywałem zalew korespondencji pochodzącej od spanikowanych „dietowiczów", starających się kontrolować każdy kęs wkładanego do ust pożywienia. Porażał ich lęk na myśl o tym, że jakiekolwiek odstępstwo – szczypta cynamonu, kiszony ogórek, łyżeczka musztardy – spowoduje zwycięski pochód armii lektyn w krwiobiegu, pozostawiającej na swej drodze liczne skupiska posklejanych komórek. Jest to typowy przykład destruktywnego myślenia o własnym organizmie występujący często u osób porażonych obsesją poprawności dietetycznej, a jednocześnie nie mających wystarczającej wyobraźni i wiedzy, by docenić maestrię i złożoność zachodzących w nim procesów samoregulacyjnych. Życie w permanentnym strachu przez „błędem dietetycznym" czyni większe spustoszenia niż niedoskonałości jadłospisu. Decydujące znaczenie dla zdrowia ma utrzymanie równowagi między predyspozycjami genetycznymi i codzienną praktyką. Osoba ogólnie zdrowa może sobie pozwolić na pewną elastyczność, gdy sytuacja tego wymaga. Mam grupę krwi A, ale tak się składa, że lubię tofu i jem go przez całe życie. Poza tym średnio raz w roku mam ogromny apetyt na tradycyjne danie przyrządzane w rodzinie mojej żony Marty – kapustę faszerowaną mielonym mięsem (danie to zwane jest w Polsce „gołąbkami" – przyp. tłum.). I delektuję się każdym jego kęsem.

Otrzymuję również wiele listów od ludzi mających problemy z tym lub owym spośród rekomendowanych pokarmów. Zdarza się, że przedstawiciele grupy A nie tolerują orzeszków ziemnych, reprezentanci grupy 0 nie chcą jeść czerwonego mięsa, a osoby z grupą krwi AB nie mogą żyć bez kurczaków. Zawsze są jakieś odchylenia, a nasza zdolność ich rozumienia i radzenia sobie z nimi pozwala jakoś nad nimi zapanować. I do tego będziemy starali się dążyć.

2. SCEPTYCYZM WOBEC REDUKCJONISTYCZNYCH WNIOSKÓW. Związki istniejące między grupami krwi i chorobami, będące przedmiotem naszych dociekań, mają charakter złożony i nie dają się sprowadzić do prostych relacji przyczynowo-skutkowych. Weźmy, na przykład, choroby serca. Na serce może chorować każdy, niezależnie od grupy krwi. Grupa krwi może mieć jednak wpływ na to, w jaki sposób dochodzi do zachorowania i jak należałoby się leczyć. Większość przypadków chronicznych stanów chorobowych ma charakter wieloczynnikowy, co oznacza, że mogą się one rozwijać w wieloraki sposób. Bezcenną korzyścią płynącą z rozpoznania korelacji między grupami krwi i chorobami jest możliwość przewidywania, które czynniki niosą największe zagrożenie w poszczególnych przypadkach.

Wiele osób ma trudności z rozpoznaniem i oceną czynników ryzyka, co jest najzupełniej zrozumiałe. Język konwencjonalnej medycyny wydaje się sugerować bezpośrednie powiązania między tymi czynnikami i chorobami. Przyczyna i skutek – jak w stwierdzeniach: „Palenie powoduje raka" lub „Stres wywołuje nadciśnienie".

Mówiąc o czynnikach ryzyka związanych z grupami krwi, nie chcemy sugerować, jakoby posiadanie krwi określonej grupy *samo przez się* oznaczało zwiększone ryzyko wystąpienia pewnych chorób. Pragniemy tylko powiedzieć, że w połączeniu z innymi czynnikami – takimi jak nieodpowiednia dieta, stres lub niekorzystne warunki środowiskowe – ta lub inna grupa krwi może oznaczać zwiększone ryzyko zachorowania. Czynnik ryzyka, zmieniający się bardzo powoli, może w dłuższym czasie wzrosnąć znacząco lub tylko nieznacznie. Powinniśmy wystrzegać się uproszczeń, takich jak: „Spożywanie mięsa to zatruwanie organizmu" albo: „Wszystkie węglowodany zamieniają się w tłuszcz". Są to uogólnienia zbyt prymitywne, by można było na nich opierać rozsądne działanie, tym bardziej że wielu ludzi, wcielając w życie takie tezy, powoduje się strachem, który bywa bardzo złym doradcą.

To, co wiemy o mechanizmach związanych z grupami krwi, każe nam także zwrócić uwagę na inny ważny aspekt czynników ryzyka. Mogą one być natury genetycznej, co znaczy, że nie mają charakteru *ogólnego,* czyli uniwersalnego. Współczesna medycyna w nadmiernym stopniu ulega tendencji myślenia w kategoriach „jednego schematu dla wszystkich"; nie bierze się w wystarczającym stopniu pod uwagę ewidentnych różnic między organizmami i ich indywidualnej specyfiki.

Badania dotyczące grup krwi dają uczonym możliwość spojrzenia na zdrowie ludzkie z innej perspektywy, w sposób nieco mniej zunifikowany. Zastosowanie tego punktu widzenia do patofizjologii poszczególnych chorób pozwala inicjować nowe kierunki badań. Możemy rozpatrywać czynniki ryzyka w nowym kontekście, brać pod uwagę zróżnicowanie ludzkiej fizjologii i proponować metody leczenia, sięgające do głębszych przyczyn podatności chorobowej.

Chcąc w pełni wykorzystać zalecenia odnoszące się do grupy krwi, trzeba posiąść pewną wiedzę o sobie. Trzeba dowiedzieć się jak najwięcej na temat zmiennych tworzących własny indywidualny profil – grupy krwi, statusu wydzielania/niewydzielania antygenów do płynów ustrojowych, rodzinnej historii chorób, sposobów ich leczenia i trybu życia. Wobec twierdzeń mających się sprawdzać w każdym przypadku – uniwersalnie prawdziwych dla wszystkich – powinniśmy zachowywać daleko posunięty sceptycyzm.

3. BADAWCZA POSTAWA WOBEC SAMEGO SIEBIE. Jak ustalić, co jest prawdą? Co można uznać za dowód naukowy? Każdy, kto próbuje stosować nowy rodzaj diety lub nowe podejście do problemu zachowania zdrowia, musi się zmierzyć z tymi pytaniami. O tym, że koncepcja zgodności z grupą krwi ma wartość naukową, trzeba będzie przekonywać nie tylko siebie, lecz także własnego lekarza pierwszego kontaktu i innych przedstawicieli służby zdrowia. Aby ułatwić Czytelnikom te konfrontacje, przygotowałem potężny wykaz źródeł, w którym znaleźć można około 1200 prac naukowych (40% z nich pochodzi z ostatnich trzech lat). Są to artykuły związane w rozmaity sposób z zagadnieniem grup krwi, prezentujące wyniki doświadczeń klinicznych, testów laboratoryjnych przeprowadzonych na zwierzętach i ludziach oraz zaawansowanych analiz dominujących cech skojarzonych z poszczególnymi grupami krwi. Niezależnie od tej obszernej bibliografii, w całej książce zamieszczam w ramkach opisy niektórych przypadków z rejestru tworzonego w okresie minionych trzech lat za pomocą witryny internetowej i stanowiącego bezpośredni miernik efektów wywołanych przez moją pierwszą książkę (*Jedz zgodnie ze swoją grupą krwi*). W pracy nad trzecią książką, którą Państwo czytacie, wykorzystałem 2330 przypadków z owego rejestru; wszystkie one mają wiarygodną dokumentację medyczną. Ogólna statystyka rejestru przedstawia się następująco:

> *Osoby zainteresowane uczestnictwem w moim Rejestrze zapraszam do mojej witryny: http://www.dadamo.com*

Rejestr przypadków związanych z implikacjami grup krwi

Ogólna liczba przypadków: 2330

Płeć:
Mężczyźni: 546
Kobiety: 1784

Wiek:
Dzieci: 85
Młodzież w wieku dojrzewania: 71
Młodzi dorośli: 666
Dorośli w średnim wieku: 1411
Przypadki geriatryczne: 97

Grupy krwi:
Grupa 0: 1209
Grupa A: 724
Grupa B: 318
Grupa AB: 79

Rezultaty uzyskane przez respondentów mieszczą się w następujących ośmiu kategoriach:

- Energia/dobre samopoczucie
- Eliminacja nadwagi
- Trawienie/wydalanie
- Immunologia/nowotwory
- Mięśnie/szkielet
- Serce/układ oddechowy
- Hormony/układ rozrodczy
- Neurologia/psychologia

Materiał ten nie jest „oficjalną" pracą naukową, stanowi jednak kliniczne i ogólne potwierdzenie słuszności koncepcji diety zgodnej z grupą krwi. Uważam ponadto, że historie chorób wielu respondentów będą miały dla moich Czytelników wartość poznawczą i inspirującą, a w wielu wypadkach stanowić będą fascynujące źródło wsparcia i otuchy.

Przyswajając informacje zawarte w tej książce, Czytelnik powinien stosować rygorystycznie własne, subiektywne kryteria prawdy. Nadal uważam, że najlepszym punktem wyjścia w ocenie słuszności jakiejkolwiek teorii jest sprawdzenie skuteczności jej funkcjonowania we własnym, indywidualnym przypadku. Nauka o grupach krwi daje nam możliwość spoglądania na rzeczy z innej perspektywy. Stosując ją w kontekście patofizjologicznym konkretnej choroby lub określonego trybu życia, otwieramy nowy kierunek badań. Możemy rozpatrywać czynniki ryzyka w nowym uwarunkowaniu, biorąc pod uwagę osobliwości ludzkiej fizjologii i proponując metody leczenia sięgające do głębszych przyczyn podatności chorobowej.

4. CZYNNIK CZASU. Chroniczne stany chorobowe rozwijają się w ciągu dziesiątków lat. Każda terapia, z którą wiążą się obietnice szybkiej poprawy bez wysiłku ze strony pacjenta, powinna budzić podejrzliwość. System zgodności z grupami krwi to nie tylko dieta, to także wzorzec sposobu życia.

5. GRUPA KRWI TO NIE WSZYSTKO. Ktoś, kto skrupulatnie przestrzega wskazań zawartych w tej książce, lecz pracuje w karcenogennym środowisku, może zachorować na raka mimo swych najlepszych intencji. Osoba żyjąca w rodzinie, w której zdarzają się akty przemocy, będzie w niedługim czasie obciążona fizycznymi i psychicznymi konsekwencjami tej sytuacji. Jeżeli ktoś nosi za ciasne obuwie, będą go bolały nogi. Trzeba więc zatroszczyć się nie tylko o swój żołądek, lecz o *całą własną osobę*. Istnieją praktyczne strategie mające sens dla każdego, bez względu na grupę krwi. Pierwszym krokiem w każdym programie profilaktyczno-zdrowotnym jest podstawowy harmonogram działań niezależnych od tego ważnego indywidualnego parametru; propozycję takiego harmonogramu przedstawiamy poniżej. Niezależnie od niego każdy powinien przynajmniej raz w roku skontrolować stan uzębienia w gabinecie stomatologicznym.

Wskazania związane z grupą krwi

W następnych rozdziałach książki Czytelnik znajdzie szczegółowe zalecenia dla każdej z grup krwi. W tym miejscu podaję ogólny opis struktury ich zawartości.

Profil grupy krwi

PROFIL OGÓLNY: Omówienie podstawowych cech wyróżniających daną grupę krwi.

PROFIL RYZYKA ZDROWOTNEGO: Przedstawienie właściwych danej grupie krwi mierzalnych tendencji oraz ich związku z powstawaniem stanów chorobowych.

Proponowany zestaw badań

BADANIA	CEL	HARMONOGRAM
Badanie śliny na wydzielanie/niewydzielanie antygenu	Określenie statusu wydzielania/niewydzielania	Raz w życiu
Badanie moczu na zawartość indykanu	Wykrycie śladów zatrucia i poliamin jako czynników ryzyka w różnych stanach chorobowych	Raz lub dwa razy w roku
Badanie krwi	Liczebność krwinek, albumina surowicy, poziom cholesterolu, trójglicerydy, cukier, żelazo, poziomy hormonów	Raz w roku lub częściej w przypadkach: cukrzycy, chorób tarczycy, anemii, wysokiego poziomu cholesterolu, wysokiego poziomu trójglicerydów, HIV, chorób nowotworowych
Analizy oporności bioelektrycznej	Pomiar stosunku masy mięśni do tłuszczu; obecność wody wewnątrzkomórkowej	Raz lub dwa razy w roku
EKG	Pomiar funkcji serca	Raz w roku lub częściej w przypadkach chorób serca
Ciśnienie krwi	Pomiar ciśnienia tętniczego, skurczowego i rozkurczowego	Raz w roku lub częściej (nawet codziennie, za pomocą przyrządu domowego) w przypadkach nadciśnienia
Badanie piersi (u kobiet)	Wykrycie zmian patologicznych w tkankach piersi	• Badanie samodzielne raz w miesiącu po menstruacji • Raz w roku w gabinecie lekarskim
Mammografia (u kobiet)	Prześwietlenie wykrywające zmiany w piersi niewykrywalne innymi metodami	• Okresowo w przedziale wieku 35-40 • Raz w roku lub co dwa lata w przedziale wieku 40-50 • Raz w roku po 50 roku życia
Wziernikowanie esicy	Badanie odbytu i końcowego odcinka jelita grubego w celu wykrycia nowotworów łagodnych i złośliwych	• Raz w roku po 40 roku życia • Kolonoskopia (wziernikowanie okrężnicy) – po 50 roku życia
Badanie prostaty (u mężczyzn)	Badania krwi i badania odbytnicze w celu wykrycia wczesnych stadiów raka prostaty	Raz w roku po 40 roku życia
Badanie ginekologiczne i badanie cytologiczne (u kobiet)	Wykrycie zmian i wczesnych stadiów raka szyjki macicy	Raz w roku w pierwszej połowie cyklu

Zalecenia związane z grupą krwi

ZALECANY TRYB ŻYCIA: Zalecenia te wynikają z wiedzy dotyczącej zróżnicowania biologicznych i chemicznych współoddziaływań w zależności od grupy krwi.

STRATEGIE SPECJALNE: Praktyczne porady przeznaczone dla dzieci, osób starszych i ludzi żyjących w szczególnych warunkach.

CZYNNIKI ZRÓWNOWAŻENIA EMOCJONALNEGO: Strategie dotyczące kontrolowania stresu i unikania komplikacji psychofizycznych związanych z grupą krwi.

DIETA DWUWARIANTOWA: Plan dietetyczny bardziej zaawansowany od tego, który zaprezentowaliśmy w książce *Jedz zgodnie ze swoją grupą krwi*, zapewniający większą zgodność z indywidualnymi potrzebami i uwzględniający osobniczy status wydzielania/niewydzielania antygenów.

Zindywidualizowane zasady diety: podstawowe zalecenia dla ludzi zdrowych zgodne z ich grupą krwi.

Wariant I: maksymalizacja zdrowia: poziom diety, który wraz z pokarmami neutralnymi stanowiącymi ogólne uzupełnienie pożywienia, jest wystarczający dla większości ludzi zdrowych.

Wariant II: przezwyciężanie chorób: poziom diety przeznaczony dla osób, u których występują chroniczne stany chorobowe, oraz dla tych, które pragną odżywiać się w większej zgodności z własną grupą krwi.

TERAPIE ZINDYWIDUALIZOWANE W CHRONICZNYCH STANACH CHOROBOWYCH. W zależności od grupy krwi podlegamy różnym zwiększonym zagrożeniom chorobowym. Wskazania odnoszące się do życia zgodnego z grupą krwi obejmują, oprócz diety, wiele rekomendacji terapeutycznych. Należy pamiętać, że niższe ryzyko zachorowania wynikające z grupy krwi nie zmniejsza wpływu niezależnych od niej czynników genetycznych i trybu życia decydujących o podatności na chorobę. Z tego względu zamieszczam w tym miejscu indeks z odsyłaczami do konkretnych zagadnień omawianych w dalszej części książki.

Indeks terapii

Profile ryzyka i terapie opisane zostały w układzie grup krwi. U niektórych Czytelników mogą jednak występować schorzenia nietypowe dla ich grup. Indeks zawiera zindywidualizowane terapie stosowane w stanach chronicznych, omówione wraz z zaleceniami.

Trawienie

Przemiana materii

Układ odpornościowy

Zagadnienia różne

9

Życie zgodne z grupą krwi 0

ZAWARTOŚĆ ROZDZIAŁU

Profil grupy 0

Przenoszenie dominującej w gatunku ludzkim grupy krwi 0 w środowisko XXI wieku musi budzić mieszane uczucia, albowiem prehistorycznym pierwowzorem tego typu był przebiegły i agresywny dwunożny drapieżca. Jego instynktem pierwotnym była walka o dominującą pozycję społeczną kosztem jednostek słabszych i gorzej przystosowanych. Postawa taka miała niegdyś służyć dobru większości, czyli pomyślnemu przeżyciu ludzkiego stada. Te pragmatyczne i bezlitosne cechy pozwoliły ludziom przetrwać w środowisku dzikiej przyrody. Nieprzyjazne i groźne otoczenie sprzyjało powstawaniu agresywnych i wrogich strategii przeżycia. Podstawowe aspekty profilu związanego z grupą 0 pozostają nadal aktualne w dzisiejszych społeczeństwach – przywództwo, ekstrawersja, energia, koncentracja. Ludzie należący do tej grupy bywają silni i skuteczni, a ich energia może się przejawiać w pożytecznym społecznie działaniu. W warunkach silnego stresu ich charakterystyczne cechy manifestują się jednak w formach skrajnych. Dobre przywództwo może być inspirujące i wspierające. Jednak mamy też do czynienia z formami patologicznymi, w których żądza władzy pcha ludzi do walki na śmierć i życie o stanowiska i wpływy, a ich rozgrywki dezorganizują życie nowoczesnych społeczeństw.

Pod wpływem stresu u ludzi z grupą krwi 0 wytwarza się duża ilość katecholamin i niewielkie ilości oksydazy monoaminowej (MAO). Odzwierciedla to spuściznę po ich przodkach, którym potrzebna była w razie zagrożenia instynktowna zdolność do natychmiastowej „walki lub ucieczki". Niestety, ów precyzyjnie wyregulowany mechanizm reakcji na stres nie zawsze bywa korzystny w świecie współczesnym. Typowa dla osób z grupą 0 reakcja na stres objawia się atakami złości, agresji i nadaktywności, a niekiedy może nawet wywołać poważne zachwiania równowagi chemicznej, powodujące epizody maniakalne. Z powodu silnego, synergicznego związku między wydzielaniem dopaminy a dążeniem do nagrody i stanu szczęścia osoby z grupą 0 są bardziej skłonne do destruktywnych zachowań w warunkach przemęczenia, złości, depresji lub nudy. Może to być patologiczna skłonność do hazardu, poszukiwanie sensacji, ryzykanctwo, jak również intoksykacja i impulsywność.

Najważniejszym wyzwaniem dla współczesnego przedstawiciela grupy 0 jest opanowanie potężnych sił fizjologicznych stanowiących jego genetyczne dziedzictwo. Są to ludzie stworzeni do skutecznego działania, których trawienie, przemiana materii i układy odpornościowe nastawione są na podtrzymanie siły i wytrzymałości. Kiedy organiczna równowaga zostaje zakłócona – przez nieprawidłową dietę, brak ruchu, niezdrowe zachowania lub zbyt wysoki poziom stresu – pojawiają się u nich poważne zagrożenia negatywnymi procesami metabolicznymi. Należą do nich: insulinooporność, niedoczynność tarczycy, obrzęki i nadwaga. Układ immunologiczny tych ludzi jest ogólnie sprawny, z naturalną awersją do chorób nowotworowych, jednak zachwianie równowagi ustrojowej może prowadzić do stanów zapalnych, artretyzmu i alergii.

Przystosowując własne życie do sił i możliwości organizmu z zerową grupą krwi należy wykorzystać to, co jest w nim najlepsze. Zgodnie ze swym dziedzictwem genetycznym osoba z grupą krwi 0 powinna być silna, szczupła, energiczna, skuteczna w działaniu, optymistyczna i długowieczna.

Wskazania dla grupy 0

Wskazania dla ludzi z grupą krwi 0 obejmują dietę, elementy behawioralne oraz terapie środowiskowe pomagające im żyć zgodnie z własnymi predyspozycjami. Omówione zostaną kolejno:

- TRYB ŻYCIA sprzyjający zdrowiu i długowieczności.
- STRATEGIE SPECJALNE dla dzieci, osób starszych i niewydzielaczy.
- CZYNNIKI ZRÓWNOWAŻENIA EMOCJONALNEGO i sposoby uwalniania się od stresu.
- DIETA PODSTAWOWA: wariant I – maksymalizacja zdrowia.
- DIETA UKIERUNKOWANA: wariant II – przezwyciężanie chorób
- TERAPIE ZINDYWIDUALIZOWANE w chronicznych stanach chorobowych.
- TERAPEUTYCZNY PROGRAM UZUPEŁNIAJĄCY dla dodatkowego wsparcia.

Zalecany tryb życia

Kluczowe wskazania dla grupy 0

- Tworzyć jednoznaczne plany złożone z konkretnych celów i zadań – roczne, miesięczne, tygodniowe i dzienne; jest to sposób unikania impulsywnych i nieprzemyślanych działań.
- Zmian w trybie życia dokonywać stopniowo, nie usiłując rozwiązywać równocześnie wszystkich problemów.
- Wszystkie posiłki – również przekąski – spożywać na siedząco przy stole.
- Żuć pokarmy powoli, odkładając widelec między kolejnymi kęsami; nie śpieszyć się z jedzeniem.
- Unikać podejmowania ważnych decyzji lub wydawania pieniędzy w sytuacjach stresowych.
- Wykonywać czynności fizyczne, gdy pojawia się uczucie niepokoju.

Profil ryzyka zdrowotnego grupy 0

DZIEDZINY	ZJAWISKA
Umysł i Ciało Tendencja do utrzymywania wyższego poziomu katecholamin (noradrenaliny i adrenaliny) w warunkach stresu z powodu niskiego poziomu oksydazy monoaminowej – enzymu rozkładającego katecholaminy	• Nierównowaga neurochemiczna; dopamina • Tendencja do unikania monotonii, która prowadzi do podejmowania ryzyka • Tendencja do wyrażania złości i agresji pod wpływem stresu • Nadmierny emocjonalizm i nadaktywność • Zmienność nastrojów – popadanie na przemian w euforię i przygnębienie • Ekstrawersja połączona z potrzebą panowania i kontrolowania
Trawienie Wydzielanie zbyt dużych ilości kwasu żołądkowego; zbyt szybkie wydzielanie pepsinogenu po posiłkach	• Fizjologiczne wsparcie dla skutecznego trawienia białka zwierzęcego • Skłonność do dyskomfortów żołądkowo-jelitowych
Wysoki poziom enzymu jelitowego fosfatazy zasadowej	• Łatwe rozkładanie tłuszczów • Dodatkowa ochrona przed chorobą naczyń wieńcowych • Wzmocnienie kości
Upodobanie bakterii *H. pylori* do cukru antygenu grupy 0	• Podatność na infekcję *H. pylori* • Większa podatność na stany zapalne
Metabolizm Niskie stężenie czynników krzepliwości	• Mniejsza gęstość krwi • Zaburzenia krwotoczne
Przemiana materii nastawiona na skuteczne wykorzystanie kalorii	• Słabe wykorzystanie węglowodanów • Dieta wysokowęglowodanowa powoduje obrzęki i rozwój tkanki tłuszczowej • Dieta wysokowęglowodanowa podnosi poziom trójglicerydów oraz zwiększa oporność na insulinę • Dieta wysokowęglowodanowa prowadzi do niedoczynności tarczycy
Układ Odpornościowy Wytwarza duże ilości antygenów A i B	• Zwiększone ryzyko chorób autoimmunologicznych
Związek antygenu grupy 0 z cukrem fukozą (6-dezoksygalaktozą)	• Możliwość przylegania cząsteczek lektynopodobnych umożliwiających migrację krwinek białych
Wysoki poziom przeciwciał IgE (immunoglobuliny E)	• Zwiększona wrażliwość na pyłki
Wysoki poziom przeciwciał IgA (immunoglobuliny A)	• Nadmiernie agresywne reakcje odpornościowe

ZWIĘKSZONE RYZYKO	WARIANTY
• Choroba dwubiegunowa (psychoza maniakalno-depresyjna) • Depresja • Choroby serca (w przypadku osobowości typu A) • Choroba Parkinsona • Schizofrenia • Intoksykacje	DZIECI: Wysoki poziom katecholamin i nierównowaga dopaminy związana z nadaktywnością
• Wrzody • Nieżyt żołądka • Zapalenie dwunastnicy	NIEWYDZIELACZE: podlegają dodatkowemu ryzyku
	WYDZIELACZE: najwyższy poziom alkalicznej fostazy
• Wrzody	NIEWYDZIELACZE: podlegają jeszcze bardziej zwiększonemu ryzyku, jeżeli mają grupę krwi 0
• Udar (spowodowany wylewem krwi do mózgu)	
• Niewielkie ryzyko cukrzycy i chorób serca, gdy metabolizm znajduje się w stanie pełnej równowagi • Dieta wysokowęglowodanowa sprzyja powstawaniu syndromu X prowadzącego do chorób serca	NIEWYDZIELACZE: Większe ryzyko wystąpienia syndromu X
• Stany zapalne jelit	NIEWYDZIELACZE: Ryzyko jeszcze większe u niewydzielaczy z grupy krwi 0
• Stany zapalne • Wrzody	NIEWYDZIELACZE: Bardziej narażeni na ogólne stany zapalne
• Alergie związane z układem oddechowym	NIEWYDZIELACZE: Większe ryzyko wystąpienia problemów oddechowych, a zwłaszcza alergii
• Choroby autoimmunologiczne, zwłaszcza związane z tarczycą • Stany zapalne uzębienia i osad nazębny	NIEWYDZIELACZE: Mniejsze ryzyko zwiększonego poziomu IgA; zwiększone ryzyko problemów stomatologicznych

- Co najmniej trzy razy w tygodniu wykonywać ćwiczenia aerobowe przez 45-60 minut.
- Wykonywać czynności fizyczne, gdy pojawia się pragnienie korzystania z używek (alkohol, tytoń, narkotyki, cukier).

Przedstawimy teraz szczegółowe wytyczne dotyczące trybu życia przeznaczone dla osób z grupą krwi 0, pozwalające im zachować maksimum zdrowia i długowieczności.

1. Prawidłowa dieta jako źródło siły i równowagi

Niezależnie od stosowania odpowiedniej diety, osoby z grupą krwi 0 powinny przestrzegać następujących zasad utrzymujących poziom stresu w równowadze:

- Unikać kofeiny i alkoholu, zwłaszcza w sytuacjach stresowych. Szczególnie groźna jest kofeina, ponieważ podwyższa poziom adrenaliny i noradrenaliny – z natury bardzo wysoki u osób z grupą 0.
- Gdy pojawi się silna potrzeba spożycia pszenicy, zjeść jakiś pokarm białkowy; zachcianka *zazwyczaj* po tym mija.
- Nie opuszczać posiłków, zwłaszcza przy dużym wysiłku fizycznym. Głód pokarmowy jest potężnym źródłem stresu.
- Planować posiłki tak, by ich nie zabrakło o właściwych porach. Jest to szczególnie ważne dla osób, które dużo podróżują. W barach szybkiej obsługi bardzo trudno znaleźć cokolwiek, co nie zawierałoby pszenicy, należy więc zabierać odpowiednie pożywienie ze sobą.

2. Sport jako czynnik zrównoważenia emocjonalnego

Ludzie mający krew grupy 0 odnoszą ogromne korzyści z intensywnych i regularnych ćwiczeń sportowych obciążających narządy ruchu i układ sercowo-naczyniowy. Są to korzyści znacznie ważniejsze niż fizyczna sprawność i kondycja. Ćwiczenia fizyczne wpływają regulująco i stabilizująco na całą biochemię ich organizmów, a zwłaszcza na neuroprzekaźniki). Osoby z grupą krwi 0 regularnie uprawiające sport lepiej kontrolują swoje reakcje emocjonalne; są bardziej zrównoważone w rezultacie dobrze wyregulowanego i skutecznego systemu transportu chemicznego w ciele. Kultura fizyczna jako czynnik zachowania zdrowia i równowagi emocjonalnej ma u tych ludzi znaczenie większe niż u pozostałych grup. Poniżej podajemy listę ćwiczeń zalecanych dla grupy 0, wraz z ogólnymi wskazówkami pozwalającymi korzystać z nich w maksymalnym zakresie.

RODZAJ ĆWICZENIA	CZAS TRWANIA	CZĘSTOTLIWOŚĆ
Aerobik	40-60 minut	3-4 razy w tygodniu
Ćwiczenia siłowe	30-45 minut	3-4 razy w tygodniu
Bieganie	40-45 minut	3-4 razy w tygodniu
Gimnastyka	30-45 minut	3 razy w tygodniu
Bieżnia mechaniczna	30 minut	3 razy w tygodniu
Kickboxing	30-45 minut	3 razy w tygodniu
Kolarstwo	30 minut	3 razy w tygodniu
Sporty walki	60 minut	2-3 razy w tygodniu
Łyżworolki/wrotki	30 minut	2-3 razy w tygodniu

Wskazówki pozwalające korzystać z programu ćwiczeń w maksymalnym zakresie

- Osoby łatwo ulegające znudzeniu powinny wybrać dwa lub trzy rodzaje ćwiczeń i wykonywać je naprzemiennie.
- Najlepsze rezultaty osiąga się, ćwicząc co najmniej cztery razy w tygodniu przez 30-45 minut.
- Ćwiczenia aerobowe powinny być poprzedzone rozgrzewką złożoną z ćwiczeń rozciągających i uelastyczniających.
- Maksymalne korzyści dla układu krążenia daje ćwiczenie, w którym puls utrzymuje się na poziomie 70% maksymalnych możliwości. Po osiągnięciu tego poziomu powinno się go utrzymywać przez 20-30 minut.
- Każdy trening kończy się co najmniej pięciominutową serią ćwiczeń rozciągających i odprężających.

Sposób obliczania pulsu maksymalnego i optymalnego pulsu treningowego:

1. Odjąć wiek ćwiczącego od liczby 220.
2. Pomnożyć różnicę przez 0,7 (lub 0,6 dla osób powyżej 60 roku życia). Wynik oznacza puls maksymalny.
3. Pomnożyć różnicę przez 0,5. Wynik oznacza minimalny puls treningowy.

3. Rzucenie palenia

Z całą pewnością każdy palacz powinien starać się zerwać z nałogiem, niezależnie od tego, jaką ma grupę krwi. Grupa 0 potrzebuje jednak w tym względzie szczególnej pomocy. Wielu moich pacjentów z tą grupą krwi nie może sobie poradzić z rzuceniem palenia. Podejrzewam, że ma to jakiś związek z nierównowagą dopaminy. Palenie wywołuje chemiczną reakcję imitującą przyjemność i nagrodę. Nieprzystosowane jednostki z krwią grupy 0 przeważnie bywają podatne na uzależniające zachowania służące poszukiwaniu przyjemności. Kontrolowanie poziomu stresu ułatwia przezwyciężenie nałogu nikotynowego. A oto pewne dodatkowe sugestie dla osób należących do tej grupy:

- Realizując program rzucania palenia, prowadź dziennik postępów. Rejestruj w nim korzyści, jakie osiągasz, nie paląc.
- Uprawiaj energiczne ćwiczenia fizyczne dla zmniejszenia głodu palenia.
- Unikaj okoliczności, w których pojawia się najsilniejsza potrzeba palenia, a w szczególności sytuacji wywołujących złość, nudę lub przygnębienie.
- Jeżeli miałeś zwyczaj palenia po jedzeniu, wstawaj od stołu natychmiast po posiłku i dokładnie myj zęby.
- Kiedy pojawiać się będzie chęć palenia, wykonuj następujące ćwiczenie oddechowe:

  1. Głęboki wdech przez nos.
  2. Powolny wydech przez usta.
  3. Powtórzenie ćwiczenia cztery razy.

- Znajdź zastępcze „nagrody" i stosuj je zamiast palenia, w miarę potrzeby.
- Omów z lekarzem celowość zastosowania plastrów (Habitrol), środków doustnych (Zyban) lub preparatów wziewnych pomagających rzucić palenie.

STRATEGIE SPECJALNE	DZIECI Z GRUPĄ 0

Wychowując dziecko z krwią grupy 0 powinno się uwzględniać następujące wskazania, zwiększając w ten sposób jego szanse na zachowanie zdrowia i ograniczając ryzyko chorób.

Dzieci młodsze

- Zachęcać do niezależności i elastycznego podejścia do rutynowych zadań w programie codziennych zajęć.
- Dbać o prawidłowe relacje społeczne z rówieśnikami. Dzieci z grupą 0 mają skłonności przywódcze; doskonale czują się w przedszkolach, grupach rówieśniczych i innych zorganizowanych formach środowiska społecznego.

- Organizować dziecku co najmniej godzinę zajęć sportowych dziennie – bieganie, wspinaczka, pływanie, jazda na rowerze.
- Wprowadzać możliwie jak najwcześniej elementy diety właściwej dla grupy 0 – np. zastępując mleko krowie zdrowymi sokami i używając orkiszu zamiast zwykłej mąki pszennej.
- Nie żałować dziecku pochwał i wyrazów uznania, gdy osiąga sukcesy i realizuje pomyślnie swoje cele. Każde dziecko tego potrzebuje, jednak dla dziecka z grupą 0 uwaga i pochwała są szczególnie ważne.
- Ustanowić twarde reguły postępowania z wybuchami złości – ograniczenia, konsekwencje – ucząc jednocześnie bardziej pozytywnych sposobów radzenia sobie z negatywnymi emocjami. Jeżeli dziecko grupy 0 nauczy się kontrolować złość w młodym wieku, będzie miało mniej problemów związanych ze stresem w późniejszym życiu.

Dzieci starsze

- Pozwolić dziecku przyjąć na siebie określone obowiązki domowe.
- Wzmacniać naturalne zdolności przywódcze, podkreślać wartość pracy zespołowej i budowania zespołu.
- Zachęcać do udziału w grupowej działalności sportowej.
- Uświadamiać niebezpieczeństwa związane z alkoholem, paleniem tytoniu i narkotykami, dając w tym względzie przykład pozytywnego zachowania. Pamiętajmy, że osobnicy z grupą krwi 0 są szczególnie skłonni do unikania monotonii, co może prowadzić do zachowań destruktywnych.
- Omijać z daleka restauracje i bary szybkiej obsługi. Znalezienie w nich pokarmów nie zawierających pszenicy jest prawie niemożliwe.
- Uczyć rozwiązywania problemów jako sposobu na złość i frustrację.

Szczepienia ochronne u osób z grupą krwi 0

DZIECI Z KRWIĄ GRUPY 0. U dzieci z grupą krwi 0 szczepienia przeciw chorobom zakaźnym powinny być stosowane szczególnie ostrożnie. Są to jednostki z nadaktywnym układem odpornościowym, w związku z czym lekarz powinien starannie rozważyć celowość szczepienia, sposób jego wykonania i możliwości wystąpienia efektów ubocznych. Dzieci należące do omawianej grupy powinny otrzymywać szczepionkę przeciwko zapaleniu istoty szarej rdzenia (*poliomyelitis*) w formie doustnej, a nie w postaci silniej działających zastrzyków. (Choroba Heinego-Medina jest przypadkiem szczególnym *poliomyelitis* – przyp. tłum.). Po zaszczepieniu dziecka należy pilnie obserwować jego reakcje pod kątem ewentualnych powikłań, których objawami mogą być: stany zapalne, bóle stawów i gorączka. Dzieciom z grupą 0 nie należy podawać nagminnie zapisywanych leków zawierających acetominofen (takich jak Tylenol). Zamiast tego stosuj marunę (złocień *Chrysanthemum parthenium*). *Dawkowanie: 4-8 kropli płynnej nalewki zmieszanej z sokiem co 4 godziny.*

KOBIETY W CIĄŻY Z KRWIĄ GRUPY 0. Ciężarne kobiety z grupą krwi 0 powinny unikać szczepionek przeciwko grypie, zwłaszcza gdy ojciec ich dziecka należy do grupy A lub AB. Szczepionka, o której mowa, może spowodować zwiększenie ilości przeciwciał antagonistycznych w stosunku do krwi grupy A, które mogą zaatakować płód.

STRATEGIE SPECJALNE	OSOBY STARSZE Z GRUPĄ 0

W starszym wieku podstawowym problemem jest zachowanie sprawności ruchowej, szczególnie u osób z grupą krwi 0, dla których aktywność fizyczna ma w życiu ogromne znaczenie. Oto zalecenia, które proponujemy tym osobom:

- Stosować dietę wysokobiałkową, używając w razie potrzeby odpowiednich dodatków. Białko odgrywa kluczową rolę w profilaktyce artretyzmu i stanów zapalnych, a to są właśnie problemy zagrażające przedstawicielom grupy 0. Białko warunkuje także zdrowie kości i mięśni.
- W przypadku bolesnego reumatoidalnego zapalenia stawów lub stanów zapalnych stawów unikać niesteroidowych leków przeciwzapalnych, takich jak ibuprofen i naprosin. Specyfiki te wywołują u pacjentów z grupą 0 wrzody trawienne.
- Zachować aktywność. Bardzo ważne jest kontynuowanie programu ćwiczeń fizycznych, nawet jeśli ograniczają się one tylko do codziennego spaceru. Nie należy też zbyt pochopnie decydować się na operacje chirurgiczne, z wyjątkiem tych, których w żaden sposób nie można uniknąć. Badania wykazują, że przeciętną osobę w starszym wieku tydzień hospitalizacji osłabia w takim stopniu jak rok pozbawienia normalnej aktywności.

Inne wskazówki dla osób starszych z grupą 0

- Stwierdzono, że u ludzi starszych z grupą krwi 0 najczęściej występują stany zapalne jamy ustnej wywołane przez protezy stomatologiczne. Stany te mają u nich również najostrzejszy przebieg. Najczęstszą ich przyczyną jest pasożyt o nazwie *Candida albicans*. Osoby używające protez dentystycznych powinny zapoznać się z zasadami profilaktyki zamieszczonymi na stronie 195.

- Uzupełnienia diety właściwej dla grupy 0:
  Kwas foliowy – 400 mcg (mikrogramów) zapobiega chorobom dziąseł,
  Wapń – 1000 – 1200 mg dla zdrowia kości,
  Waleriana (kłącza kozłka lekarskiego) – 400 mg łagodzi podrażnienia jelit,
  Kobiety w okresie menopauzy: 40 mg korzenia *Cimicifuga racemosa* (black cohosh) i korzenia *Lepidium meyenii* (maca). (Jest to warzywo korzeniowe rosnące w wysokich Andach, podnoszące poziom estrogenu u kobiet i zwiększające libido – przyp. tłum.).

Czynniki zrównoważenia emocjonalnego

Wskazania podstawowe

- Stosować techniki kontrolowania złości i gniewu.
- Planować wszystkie działania w skali dni i tygodni, starając się zminimalizować monotonię. Nuda skłania osoby z grupą krwi 0 do podejmowania nieuzasadnionego ryzyka.
- Praktykować przerwy w pracy wypełnione aktywnością fizyczną, zwłaszcza przy zajęciach siedzących. Przyniesie to uczucie przypływu energii.
- Ustanawiać na własny użytek niewielkie „nagrody" w chwilach pomyślnego wykonania zadań.
- Rzucić palenie i unikać substancji pobudzających.
- Unikać antydepresyjnych środków z inhibitorem MAO.

Dla zachowania zdrowia emocjonalnego i uniknięcia stanów psychofizycznej nierównowagi osoby z grupą krwi 0 powinny stosować w życiu codziennym następujące reguły zachowań.

1. Identyfikacja i uświadamianie sobie własnych skłonności
Badania wykazują, że tzw. „*zachowania typu A*" występują znacznie częściej u osób z grupą 0 niż u przedstawicieli innych grup[1]. Wiadomo że wiele poważnych zaburzeń powiązanych z grupą krwi, takich jak wrzody dwunastnicy i zawały serca, może mieć podłoże psychosomatyczne. Autorzy jednej z prac skupili się na zależnościach między grupami krwi i różnymi wskaźnikami wzorców zachowań (takich jak „*zachowanie typu A*" i skłonność do ataków złości) u młodych pacjentów z zawałami serca. W badaniu tym u pacjentów z grupą krwi 0 „*zachowania typu A*" i związane z nimi ataki złości występowały znacznie częściej niż u pacjentów z grupą A. Osoby z grupami krwi B i AB uzyskiwały wyniki pośrednie.

Ludzi z wzorcami „*zachowań typu A*" opisano jako „...zdominowanych przez: intesywne pragnienie sukcesu pojmowanego w kategoriach wywyższania się i pokonywania konkurentów, przesadne poczucie pilności zadań, lęk przed upływem czasu, nieustanny pośpiech oraz częste przejawy agresji i wrogości wobec innych ludzi". Jednostki takie często usiłują zajmować się dwiema sprawami jednocześnie oraz wierzą, że najlepszym sposobem załatwienia czegokolwiek jest zrobienie tego samemu. Przeważnie szybko mówią, szybko myślą i szybko działają. Są „zbyt zajęci", by zauważyć to, co się wokół nich dzieje. Skupieni na swoich „interesach" i „wyścigu z czasem" nie dostrzegają żadnych szczegółów w swoim otoczeniu; nie interesują się też przejawami piękna – przyrodą, sztuką, muzyką, zachodami słońca.

Osoby mające grupę krwi 0 powinny ocenić, czy występują u nich cechy osobowości uważane przez badaczy za typowe dla tej grupy – zwłaszcza cechy tzw. „*zachowań typu A*", które manifestują się w tej grupie częściej niż w innych. W stanie zachwiania równowagi emocjonalnej ich naturalne skłonności przywódcze i tendencje ekstrawertyczne mogą prowadzić do stanów złości, frustracji, agresji i gniewu. Nigdy nie było naszą intencją „szufladkowanie" ludzi. Każda osobowość jest niepowtarzalna, a predyspozycje genetyczne to tylko niewielki fragment jej obrazu. Czytelnik mający krew grupy 0 powinien jednak zastanowić się nad tym, co znaczą dla niego te dane. Z mojego doświadczenia wynika, że opisane powyżej prototypowe zachowania przejawiają się najintensywniej wówczas, gdy opór jest niewielki, a poziom stresu wysoki.

2. Strategie kontrolowania złości i gniewu

Osobom z grupą krwi 0 mającym skłonności do „*zachowań typu A*" mogą pomóc w opanowaniu złości i gniewu następujące strategie:

- Kiedy czujesz, że ogarnia cię złość, której nie możesz opanować, przerwij na chwilę swoje działania, wyjdź na świeże powietrze, zrób krótki spacer, napij się wody, wykonaj kilka ćwiczeń aerobowych lub potraktuj poduszkę jak worek treningowy. Poczekaj, aż złość minie, zanim zaczniesz rozwiązywać problem.
- Wyładuj się w pisaniu. Jeśli czujesz złość skierowaną do konkretnej osoby, nie atakuj jej bezpośrednio. Zamiast tego siądź i napisz list wyrażający szczegółowo własne uczucia. Zobaczysz, że pisząc, nie można pozostawać w fizycznym stanie złości i gniewu.
- Zidentyfikuj czynniki wywołujące w tobie złość. Zbadaj, z czego one wynikają – z nierealistycznych oczekiwań, postaw wyuczonych w dzieciństwie czy też z błędnych wyobrażeń o motywacjach innych osób.
- Skoncentruj się na *własnych* odczuciach i przestań skupiać uwagę na krytycznej ocenie zachowań innych osób. Przykład: zamiast mówić: „Ty wszystko zrujnowałaś", powiedz: „Jestem rozczaro-

wany". „Mówienie za siebie" i powstrzymanie się od naładowanych emocjonalnie osądów daje wielką siłę w każdej sytuacji życiowej.

- Znajdź sobie czynność, która będzie twoją własną wersją „liczenia do dziesięciu".
- Studiuj techniki rozwiązywania problemów. Złość jest najczęściej rezultatem utraty kontroli. Intencja rozwiązania problemu – w przeciwieństwie do eksplodowania bezsilną złością – sprzyja stabilizacji hormonów stresu.
- Znajdź osoby, z którymi będziesz mógł porozmawiać w chwilach frustracji lub gniewu. Dla ekstrawertycznych osób z grupą 0 podtrzymująca rozmowa jest doskonałą formą odreagowania stresu.

3. Adaptogeny korygujące reakcje na stres

Terminu „adaptogen" używa się na określenie roślin poprawiających niespecyficzne reakcje na stres. Wiele z nich ma dwukierunkowe, a co za tym idzie – normalizujące działanie na ludzką fizjologię: zwiększają to, czego jest za mało, i obniżają to, czego mamy za dużo. Poniżej podaję adaptogeny szczególnie cenne dla osób z grupą krwi 0.

RHODIOLA ROSEA I RHODIOLA SP. Oprócz działania antystresowego *Rhodiola* posiada znaczącą zdolność hamowania wywoływanej przez stres aktywności katecholamin w obrębie mięśnia sercowego oraz sprzyja stabilizacji jego kurczliwości. *Rhodiola* zapobiega również zaburzeniom funkcji sercowo-płucnym na dużych wysokościach.

ROŚLINNE STEROLE I STEROLINY. Roślinne sterole i steroliny należą do związków chemicznych opisywanych zwykle jako roślinne „tłuszcze", bardzo podobne chemicznie do cholesterolu, mające jednak adaptogeniczne działanie. Przeciwdziałają one stanom nierównowagi układu odpornościowego powstającym w warunkach stresu i sprzyjają normalizacji jego ogólnego poziomu. Roślinne „tłuszcze", o których mowa, znane są także pod handlową nazwą „Moducare". Stwierdziłem ich działanie profilaktyczne w stosunku do stanów zapalnych u osób z grupą krwi 0.

WITAMINY GRUPY B. Osoby z grupą krwi 0 potrzebują dużych ilości witamin grupy B dla podtrzymania zrównoważonych reakcji na stres. Szczególne znaczenie ma dla nich witamina B_1, aktywna witamina B_5 *(kwas pantotenowy)* i witamina B_6. W warunkach stresu witaminy te należy przyjmować w ilościach wielokrotnie przekraczających średnie dawki rekomendowane.

KWAS LIPONOWY. Kwas liponowy pełni ważną rolę w metabolizmie katecholamin, ma działanie przeciwutleniające, wpływa korzystnie na reakcję stresową osób mających krew grupy 0.

Najlepszym działaniem, które można podjąć dla przeciwdziałania depresjom i chorobie dwubiegunowej (maniakalno-depresyjnej) jest przestrzeganie diety odpowiedniej dla grupy 0, uprawianie sportów i planowanie działań życiowych. Celem jest zrównoważenie poziomu hormonów stresu, a w szczególności katecholamin. Wiele dodatków dietetycznych może pobudzać bądź hamować ten proces.

4. Unikanie inhibitorów oksydazy monoaminowej/dziurawca zwyczajnego

Moi pacjenci należący do grupy 0, przyjmujący w celach leczniczych preparaty z dziurawca zwyczajnego *(Hypericum perforatum)* zwanego też zielem świętojańskim, po 1-2 tygodniach jego stosowania twierdzą, iż lek ten wywołuje u nich stany letargiczne oraz – w niektórych przypadkach – „dziwaczne sny". Trwa wprawdzie dyskusja nad tym, czy specyfik ten jest inhibitorem oksydazy monoaminowej, wydaje się jednak, że jej uczestnicy nie studiują rzetelnie dostępnej literatury. Główne czynniki antydepresyjne zawarte w dziurawcu prawdopodobnie nie hamują oksydazy monoaminowej, natomiast inne jej składniki chemiczne – głównie flawonole i ksantole – z całą pewnością mają takie działanie. Składniki te hamują w szczególności oksydazę MAO-B znajdującą się w płytkach krwi. Ponieważ w organizmach z krwią grupy 0 poziom tego enzymu jest niski, wobec tego przyjmowanie ziela świętojańskiego pogarsza ich stan. Ponadto działanie preparatów z tej rośliny hamujące oksydazę monoaminową obniża zawartość MAO do poziomu, na którym problemy *„osobowości typu A"* – takie jak impulsywność, porywczość, poszukiwanie sensacji itp. – nasilają się zamiast ustępować.

Bardzo niewiele wiadomo o hamującym działaniu dziurawca na beta-hydroksylazę dopaminową. Wyciągi alkoholowe z całej rośliny najczęściej kupowane w sklepach ze zdrową żywnością przypuszczalnie hamują wydzielanie tej substancji silniej niż czysta hiperycyna. Hamowanie beta-hydroksylazy dopaminowej u osób z grupą krwi 0 i „wysokim" cyklem dopaminowym może mieć katastrofalne skutki. Istnieje niebezpieczeństwo podniesienia poziomu dopaminy do granic psychozy. (Pamiętajmy, że schizofrenia jest związana z wysokim poziomem dopaminy).

Należy również unikać *kava-kava* – rośliny nieco mniej znanej, ale coraz bardziej popularnej. Używana od dawien dawna przez tubylców z wysp Pacyfiku jako składnik napojów rytualnych, kava-kava jest środkiem uspokajającym, który wywołuje stan odprężenia i senności. Niestety, ekstrakty z tej rośliny, które dostać można w sklepach ze zdrową żywnością, mogą znacząco hamować zawartość oksydazy monoaminowej w płytkach krwi.

5. Uzupełnienia dietetyczne zapewniające równowagę neurochemiczną

L-TYROZYNA. Wzrost poziomu aminokwasu zwanego L-tyrozyną może zwiększyć stężenie dopaminy w mózgu. W jednym z badań kadeci szkoły oficerskiej spożywali napój o dużej zawartości L-tyrozyny podczas trudnych treningów bojowych. U żołnierzy należących do grupy doświadczalnej stwierdzono lepszą pamięć i zdolność śledzenia obiektów w porównaniu z grupą kontrolną, której podawano napoje bez L-tyrozyny, lecz o wysokiej zawartości węglowodanów. Wyniki te sugerują, że w warunkach stresu fizycznego i psychospołecznego tyrozyna zmniejsza następstwa stresu i zmęczenia mające wpływ na wykonywanie zadań związanych z myśleniem poznawczym. Z mojego doświadczenia wynika także, że L-tyrozyna może pomóc osobom z grupą krwi 0 cierpiącym z powodu stanów depresyjnych.

5-HTP. Ten prekursor serotoniny wydaje się działać szczególnie dobrze u osób z grupą krwi 0. Zawsze podnosi poziom dopaminy. W stanach przygnębienia, silnego pociągu do objadania się węglowodanami, bezsenności, a także ogólnego spowolnienia 5-HTP może pomóc – osobno lub w połączeniu z L-tyrozyną.

GLUTAMINA. Glutamina jest aminokwasem przekształcającym się w neurotransmitery klasy GABA, szczególnie pomocnym dla osób z grupą 0 mających słabość do słodyczy. W chwilach tego rodzaju pokus proponuję 500 mg glutaminy rozpuszczonej w szklance wody.

KWAS FOLIOWY. Większość ludzi z niedoborem tej witaminy nie reaguje dobrze na leki antydepresyjne (Prozac, Zoloft). Osoby z grupą 0 doświadczające zmienności i wahań nastroju powinny przyjmować dodatkowe dawki kwasu foliowego, wraz z innymi witaminami z grupy B.

STRATEGIE SPECJALNE	DZIECI NADAKTYWNE I Z TRUDNOŚCIAMI KONCENTRACJI

Nadaktywność wiąże się z wysokim poziomem katecholamin i niestabilnym stężeniem dopaminy. W mojej klinice spotykam często dzieci z grupą krwi 0, u których stwierdzono tzw. „zaburzenie deficytu uwagi" (ang.: *Attention Deficit Disorder, ADD*) lub „zaburzenie deficytu uwagi z nadaktywnością" (ang.: *Attention Deficit Hyperactivity Disorder*, ADHD). Jakkolwiek stany te są trudne do ścisłego zdiagnozowania (i według opinii wielu lekarzy są zbyt często rozpoznawane), to jednak można określić ich podstawowe objawy: nadpobudliwość, brak koncentracji, zmienność nastrojów, zachowania agresywne, impulsywność oraz okresowe przypływy energii, po których występuje uczucie zmęczenia.

Tradycyjnie w przypadkach nadaktywności stosuje się leki takie jak Ritalin. Jest to jednak leczenie typowo objawowe, nie sięgające do istoty problemu i kompletnie ignorujące doskonale znane głębsze przyczyny – takie jak podwyższony poziom hormonów stresu, syndromy autoimmunologiczne i niewłaściwa dieta.

Wobec dziecka z grupą krwi 0 objawiającego nadaktywność należy zastosować następujące strategie działania:

- Żywić zgodnie z zasadami diety odpowiedniej dla grupy krwi 0, z przewagą białek wysokiej jakości nad węglowodanami. Ograniczyć ilość spożywanego cukru oraz całkowicie wyeliminować pszenicę, ziemniaki i kukurydzę.
- Zapewnić dziecku warunki do rozwoju sportowego. Tę radę dawał zawsze mój ojciec rodzicom, których dzieci miały grupę krwi 0; jest ona całkowicie zgodna z tym, co wiemy obecnie o roli kultury fizycznej w redukowaniu stresu u przedstawicieli tej grupy. Jeżeli dziecko napotyka trudności w sportach drużynowych, należy je zachęcać do dyscyplin indywidualnych – takich jak pływanie, kolarstwo, bieganie itp.
- Badania pokazują, że wiele dzieci z diagnozą ADHD (patrz: wyżej) cierpi także na nadwrażliwość i alergie, a więc problemy autoimmunologiczne. Wiem z doświadczenia, że osoby z krwią grupy 0 mające problemy alergologiczne niemal zawsze trzymają się diety opartej na pszenicy. Kiedy produkt ten zostaje zastąpiony wysokogatunkowym białkiem, następuje spektakularna poprawa – zarówno w zakresie alergii, jak i w nadaktywności.
- Dziecku należy podawać kwas foliowy i witaminę B_{12} (400 mcg dziennie) w połączeniu z odpowiednią dietą i programem zajęć sportowych. Tym sposobem wyleczyłem skutecznie wiele dzieci z nadaktywności. Witaminy grupy B są odpowiedzialne za produkcję czerwonych i białych krwinek. Dziecko powinno zatem spożywać jak najwięcej pokarmów bogatych w te witaminy:

  Kwas foliowy: wątróbki, zielone warzywa liściowe, pieczarki, groch, fasola, orzechy
  B_{12}: wołowina, wątróbki, mięso jagnięce, drób, ryby

- Wdrażać strategie kontrolowania złości – przerwy odpoczynkowe, boksowanie poduszek, gra na instrumentach muzycznych – jako alternatywy niekontrolowanych wybuchów.
- Dostarczać dziecku jak najwięcej wzmocnień pozytywnych stanowiących formę gratyfikacji społecznej i podnoszących samoocenę.
- Stawiać realistyczne, krótkoterminowe cele, których realizacja tworzy częste okazje do przeżywania uczucia sukcesu.

Dieta dwuwariantowa dla grupy 0

Dieta dwuwariantowa jest programem bardziej zindywidualizowanym w stosunku do diety podstawowej opisanej we wcześniejszych publikacjach. Z mojego doświadczenia wynika, że dieta podstawowa, w której pewne pokarmy są zalecane, inne nie, a jeszcze inne – określane mianem obojętnych – ważne jako ogólne uzupełnienie pokarmowe, służy bardzo dobrze pewnej liczbie ludzi, którzy ją stosują. Są jednak jednostki wymagające ściślejszego planu dietetycznego; należą do nich zwłaszcza osoby cierpiące z powodu chronicznych stanów chorobowych. Z myślą o nich opracowaliśmy dwa warianty, których celem jest pomoc w przezwyciężaniu chorób i przywracaniu stanu homeostazy.

> *WYDZIELACZE czy NIEWYDZIELACZE?*
> *Przed wprowadzeniem diety należy sprawdzić prostym domowym sposobem, czy mamy organizm wydzielający czy niewydzielający antygeny grupy krwi.*
> *Patrz strona 392.*

Status wydzielania/niewydzielania ma wpływ na zdolność trawienia i przemiany pewnych pokarmów. Z tego powodu każdy wykaz pokarmów zawiera oddzielną kolumnę z informacją dla osobników wydzielających i niewydzielających. Większość ludzi należy do pierwszej kategorii, co oznacza, że mogą oni bezpiecznie stosować zalecenia znajdujące się w kolumnie dla wydzielających. Około 20% populacji to niewydzielacze i dla nich wprowadziliśmy istotne, ważne dla zdrowia modyfikacje.

W bardzo rzadkich przypadkach czynnik Rh i status MN wpływają na rekomendacje dietetyczne. Szczegóły na ten temat wymieniamy pod odpowiednimi zestawieniami.

> POKARMY ZALECANE: Pokarmy zawierające składniki wpływające korzystnie na metabolizm, układ odpornościowy lub zdrowie strukturalne organizmu z daną grupą krwi.
>
> POKARMY OBOJĘTNE: Pokarmy zazwyczaj nie wpływające szczególnie korzystnie bądź niekorzystnie na zdrowie organizmu z daną grupą krwi, zawierające jednak składniki, które powinny się znajdować w zrównoważonej diecie.
>
> POKARMY, KTÓRYCH NALEY UNIKAĆ: Pokarmy zawierające elementy szkodliwe dla organizmów z daną grupą krwi.

Dwuwariantowy system diet zgodnych z grupami krwi

Wariant I: maksymalizacja zdrowia
Zalecenia wymienione w tym wariancie należy zastosować jak najszybciej dla uzyskania maksymalnych korzyści zdrowotnych. U większości ludzi zdrowych przestrzeganie wariantu I diety w połączeniu z pokarmami obojętnymi stanowiącymi niezbędne uzupełnienie ogólne wystarcza do utrzymania optymalnego stanu zdrowia.

Wariant II: przezwyciężanie chorób
Zalecenia wymienione w tym wariancie przeznaczone są dla osób przewlekle chorych oraz tych, które pragną stosować dietę zgodną z własną grupą krwi na wyższym poziomie tej zgodności. Stosując dietę w wariancie II, należy zachować ostrożność w doborze pokarmów zaliczonych do kategorii obojętnych, stanowiących ogólne uzupełnienie pokarmowe.

Zindywidualizowane zalecenia dietetyczne

Osobom zdrowym mającym grupę krwi 0 wariant I naszej diety dostarcza zestawu pokarmów niezbędnych dla utrzymania zdrowia na optymalnym poziomie. Aby wykorzystać tę dietę w maksymalnym stopniu, należy przestrzegać następujących zaleceń:

Zalecenia kluczowe

- Spożywaj umiarkowane porcje chudego mięsa wysokiej jakości kilka razy w tygodniu. Uzyskasz z niego siłę, energię i skuteczność przemiany materii. Najlepsze efekty zdrowotne osiągniesz jedząc mięso półsurowe lub lekko opiekane. Do mięs z rusztu i gotowanych używaj marynat zawierających wartościowe składniki, takie jak sok z wiśni lub cytryny, przyprawy i zioła.
- Uwzględniaj w jadłospisie tłuste ryby zimnowodne. Rybie tłuszcze przeciwdziałają stanom zapalnym, wpływają korzystnie na funkcje tarczycy i przyśpieszają przemianę materii.
- Produkty mleczarskie spożywaj w niewielkich ilościach lub wcale. Są one dla ciebie trudne do strawienia.
- Wyeliminuj całkowicie ze swojej diety pszenicę i zawierające ją pokarmy. U ludzi z grupą krwi 0 powodują one więcej problemów niż jakiekolwiek inne pożywienie. Jeżeli masz kłopoty z trawieniem lub problemy z nadwagą, usuń także owies ze swojego jadłospisu.
- Ogranicz spożycie fasoli, jej białko nie jest bowiem najbardziej odpowiednie dla osób z grupą krwi 0.

- Jedz duże ilości korzystnych dla zdrowia owoców i warzyw.
- Jeżeli potrzebujesz codziennej dawki kofeiny, zastąp kawę zieloną herbatą. Nie jest tak kwasotwórcza i zawiera mniej kofeiny.
- Uwzględniaj korzystne dla zdrowia i obojętne dla grupy krwi orzechy oraz suszone owoce; używaj ich w charakterze przekąsek.

Strategie dietetyczne dla grupy krwi 0

Opisane dalej strategie żywieniowe, stosowane przez zdrową osobę z grupą krwi 0, mogą jej pomóc uniknąć problemów wynikających z jej specyficznej konstytucji neurologicznej, gastrologicznej, metabolicznej i immunologicznej.

Kontrolowanie wysokiego poziomu kwasów żołądkowych

KORZEŃ LUKRECJI BEZ KWASU LUKRECJOWEGO (PREPARAT DGL). Korzeń lukrecji pozbawiony kwasu lukrecjowego podwyższa poziom sekretyny – hormonu hamującego produkcję kwasu żołądkowego. Preparat ten może również hamować wydzielanie gastryny – hormonu pobudzającego tę produkcję – oraz sprzyjać powstawaniu warstwy śluzu chroniącej komórki żołądka przed żrącym działaniem kwasu solnego. Korzeń lukrecji bez kwasu lukrecjowego jest łatwo dostępny w sklepach ze zdrową żywnością w postaci przyjemnego w smaku proszku lub w formie pastylek do ssania. Prymitywnych preparatów z lukrecji należy unikać, zawierają one bowiem składnik podwyższający ciśnienie krwi. Z preparatów typu DGL (ang.: *de-glycyrrhizinated licorice*) składnik ten został usunięty.

KORA WIĄZU (*ULMUS RUBRA*). Wpływa korzystnie na błony śluzowe żołądka, jelit i przewodów moczowych. Działa również kojąco i przeciwzapalnie na tkanki jelit pobudzając rozwój pałeczek mlekowych.

KŁĄCZE IMBIRU. Zawiera związki działające przeciwzapalnie, przeciwwrzodowo i przeciwutleniająco. Zwiększa ruchliwość przewodu pokarmowego.

OWOC GOŹDZIKA. Bogate źródło eugenolu – związku działającego przeciwzapalnie i przeciwwrzodowo. Goździk przeciwdziała również infekcjom gatunków z rodzaju *Candida sp.*

KŁĄCZE KURKUMY. Kurkuma posiada wiele właściwości korzystnych dla ludzkiego zdrowia. Zawiera związki o silnym działaniu antyutleniającym, antykancerogennym (przeciwrakowym) i przeciwzapalnym. Zmniejsza aktywność dekarboksylazy ornitynowej, zwiększa spójność procesów trawiennych, zwiększa wydzielanie mucyn, chroni przewód pokarmowy, pobudza wydzielanie enzymów trawiennych i usprawnia funkcje wątroby.

OWOC PIEPRZU TURECKIEGO (CAYENNE). Chroni przewód pokarmowy przed toksynami. Zawiera związki działające przeciwzapalnie, przeciwwrzodowo i przeciwutleniająco.

GAZOWANA WODA MINERALNA. Szklanka gazowanej wody mineralnej – letniej lub o temperaturze pokojowej – zmniejsza wydzielanie gastryny i kwasu żołądkowego; obniża też apetyt.

UNIKAĆ MLEKA, PIWA, ALKOHOLU I BIAŁEGO WINA. Wszystkie te płyny zwiększają wydzielanie gastryny. Umiarkowane ilości czerwonego wina nie mają tego działania.

UNIKAĆ KAWY I CZARNEJ HERBATY. Badania wykazały, że wszystkie formy palonej kawy (również bezkofeinowej) zwiększają wydzielanie gastryny, a czarna herbata pobudza wydzielanie kwasów żołądkowych.

UNIKAĆ POKARMÓW SILNIE KWAŚNYCH – takich jak pomarańcze, tangerynki (odmiana mandarynek) i truskawki. Pić soki warzywne zamiast owocowych.

• Z REJESTRU PRZYPADKÓW •

Karen T.
Grupa krwi 0
Kobieta w średnim wieku
Poprawa: Liczne nietolerancje pokarmowe

„Doszłam do stanu, w którym każdy pokarm działał na mnie jak trucizna. Co najmniej dwa razy dziennie czułam się ciężko chora. Bez przerwy zażywałam Immodium, by przetrwać kolejne dni pracy. Unikałam zajęć poza domem. Byłam leczona na kilka różnych chorób – oczywiście przez lekarzy uprawiających tradycyjną medycynę. Usunięto mi pęcherzyk żółciowy, nadciśnienia nie zdołano opanować, a moja tarczyca prawie w ogóle nie funkcjonowała. Po przejściu na dietę właściwą dla grupy 0 zauważyłam istotną poprawę zdrowia już po upływie tygodnia. Ustały bóle jelit, a ciśnienie krwi i czynność tarczycy nareszcie zaczęły poddawać się kontroli. Straciłam na wadze, najważniejsze zmiany dotyczyły jednak mojego samopoczucia ogólnego i poziomu energii. Ludzie obserwujący w przeszłości moje codzienne wysiłki w dążeniu do znalezienia pokarmu, który by mnie nie dobijał, widzący moją ogólną słabość, zmęczenie i niski poziom energii, nie potrafią teraz opanować zdumienia. Zachowuję się znowu jak nastolatka. Wierzę w dietę zgodną z grupą krwi, ponieważ życie dostarczyło mi niepodważalnych dowodów jej słuszności. Szczęśliwie znalazłam również lekarza i kręgarza, którzy znają tę koncepcję, uważają, że jest korzystna dla mojego zdrowia i podtrzymują mnie w moich wysiłkach. Wdrażam do niej swoją trzynastoletnią córkę i spodziewam się znakomitych efektów".

Przeciwdziałanie szkodliwym wpływom lektyn

UNIKAĆ POKARMÓW SZCZEGÓLNIE NIEBEZPIECZNYCH DLA PRZEDSTAWICIELI GRUPY 0. Najgroźniejsze są:

fasola biała	pszenica
fasola czerwona	soczewica
kukurydza	ziemniaki
orzeszki ziemne	

Osoby z grupą krwi 0 mogą dodatkowo blokować działanie lektyn pokarmowych za pomocą polisacharydowych cząsteczek ofiarnych zawartych w następujących źródłach:

- NAG (*N-acetyloglukozamina*)
- Morszczyn (*Fucus vesiculosis*)
- Listownica (*Laminaria*)
- Arabinogalaktan modrzewiowy (*larch arabinogalactan*)

Mięso i drób

Białko ma zasadnicze znaczenie dla organizmów z krwią grupy 0. Niedostateczny jego dowóz może poważnie zaburzyć ich zdolność trawienia tłuszczów, stając się przyczyną pośrednią cukrzycy i chorób układu sercowo-naczyniowego. Dla grupy 0 spożywanie wysokogatunkowego białka jest najlepszym sposobem zapobiegania nadwadze. Białko zwiększa masę aktywnych tkanek, co z kolei intensyfikuje podstawową przemianę materii, umożliwiając przez to spalanie nadmiaru tłuszczów. Ogólnie biorąc, niewydzielacze powinni bardziej niż inni skłaniać się ku diecie paleolitycznych łowców-zbieraczy.

Należy oczywiście wybierać mięso najwyższej jakości, a więc: chude i wolne od zanieczyszczeń chemicznych – zwłaszcza pozostałości pestycydów.

GRUPA KRWI 0: MIĘSO I DRÓB			
Porcje: 120-180 g (mężczyźni); 60-150 g (kobiety i dzieci)			
	Rasa afrykańska	Rasa kaukaska	Rasa azjatycka
Wydzielacz	6-9	6-9	6-9
Niewydzielacz	7-12	7-12	7-11
Rh-	Zwiększać o 1-2 porcje tygodniowo		
	razy w tygodniu		

Wariant I

POKARMY	WYDZIELACZ Z GRUPĄ KRWI 0	NIEWYDZIELACZ Z GRUPĄ KRWI 0
Baranina	Wskazane	Wskazana
Bekon, szynka, wieprzowina	Unikać	Unikać
Cielęcina	Wskazana	Wskazana
Dziczyzna	Wskazana	Wskazana
Mięso bawole	Wskazane	Wskazane
Mięso jagnięce	Wskazane	Obojętne
Mięso przepiórki	Unikać	Obojętne
Mięso żółwia morskiego	Unikać	Obojętne
Wątroba (cielęca)	Wskazana	Obojętna
Wołowina	Wskazana	Wskazana

Wariant II

POKARMY	WYDZIELACZ Z GRUPĄ KRWI 0	NIEWYDZIELACZ Z GRUPĄ KRWI 0
Serce, grasica, trzustka (podroby zwierzęce)	Wskazane	Wskazane

Pokarmy obojętne: ogólne uzupełnienie jadłospisu

POKARMY	WYDZIELACZ Z GRUPĄ KRWI 0	NIEWYDZIELACZ Z GRUPĄ KRWI 0
Bażant	Obojętny	Wskazany
Gęś	Obojętna	Obojętna
Indyk	Obojętny	Obojętny
Kaczka	Obojętna	Obojętna
Konina	Obojętna	Obojętna
Królik	Obojętny	Wskazany
Kura kornwalijska (*cornish*)	Obojętna	Obojętna
Kurczak	Obojętny	Obojętny
Kuropatwy, pardwy, jarząbki	Obojętne	Obojętne
Mięso kozie	Obojętne	Obojętne
Mięso strusie	Obojętne	Wskazane
Mięso wiewiórcze	Obojętne	Obojętne
Młody gołąb	Obojętny	Wskazany
Przepiórka	Obojętna	Wskazana

Ryby i owoce morza

Ta grupa pokarmów stanowi drugie źródło białka dla osób z grupą krwi 0. Ogólnie biorąc, większość przeciwwskazań w tej grupie pokarmów wiąże się z lektynami i poliaminami powszechnie występującymi w pożywieniu człowieka. Wiele gatunków ryb i owoców morza zawiera lektyny szkodzące, jak się wydaje, bardziej osobnikom niewydzielającym z grupą krwi 0. Osoby te powinny unikać ryb mrożonych, ponieważ zawierają one więcej poliamin niż ryby świeże.

GRUPA KRWI 0: RYBY I OWOCE MORZA			
Porcje: 120-180 g (mężczyźni); 60-150 g (kobiety i dzieci)			
	Rasa afrykańska	**Rasa kaukaska**	**Rasa azjatycka**
Wydzielacz	2-4	3-5	2-5
Niewydzielacz	2-5	3-5	4-5
Rh-	Zwiększać o 2 porcje tygodniowo		
	razy w tygodniu		

Wariant I

POKARMY	WYDZIELACZ Z GRUPĄ KRWI 0	NIEWYDZIELACZ Z GRUPĄ KRWI 0
Barakuda	Unikać	Unikać
Czarniak (z r. dorszowatych)	Unikać	Unikać
Dorsz	Wskazany	Wskazany
Kałamarnica	Unikać	Unikać
Maskelung (r. szczupaka)	Unikać	Unikać
Okoń (wszystkie gatunki)	Wskazany	Wskazany
Ośmiornica	Unikać	Unikać
Szczupak	Wskazany	Wskazany
Szkrzydelnik (*conch*)	Unikać	Unikać
Uchowiec (*abalone*)	Unikać	Unikać
Zębacz	Unikać	Obojętny
Żaby	Unikać	Unikać

Wariant II

POKARMY	WYDZIELACZ Z GRUPĄ KRWI 0	NIEWYDZIELACZ Z GRUPĄ KRWI 0
Halibut	Wskazany	Obojętny
Jesiotr	Wskazany	Wskazany
Płytecznik	Wskazany	Wskazany
Pstrąg tęczowy	Wskazany	Wskazany
Ryby lucjanowate (zwłaszcza *red snapper*)	Wskazane	Obojętne
Seriola	Wskazana	Wskazana
Sola	Wskazana	Wskazana
Strzępielowate	Wskazane	Obojętne
Włócznik	Wskazany	Wskazany
Złotośledź (aloza)	Wskazany	Wskazany

Pokarmy obojętne: ogólne uzupełnienie jadłospisu

POKARMY	WYDZIELACZ Z GRUPĄ KRWI 0	NIEWYDZIELACZ Z GRUPĄ KRWI 0
Anioł morski	Obojętny	Obojętny
Bass słoneczny	Obojętny	Obojętny
Bieługa	Obojętna	Obojętna
Błyszczak	Obojętny	Obojętny
Brosma	Obojętna	Obojętna
Cefal (mugil)	Obojętny	Obojętny
Czukuczan	Obojętny	Obojętny
Flądra	Obojętna	Obojętna
Graniki	Obojętne	Obojętne
Homar	Obojętny	Obojętny
Karmazyn	Obojętny	Obojętny
Karp	Obojętny	Obojętny
Kawior	Obojętny	Obojętny
Kleń	Obojętny	Obojętny
Koryfena	Obojętna	Obojętna
Kraby	Obojętne	Unikać

Krewetki	Obojętne	Obojętne
Kulbiniec szary	Obojętny	Obojętny
Łosoś	Obojętny	Obojętny
Makrela	Obojętna	Wskazana
Małże	Obojętne	Obojętne
Medialuna	Obojętna	Obojętna
Młody dorsz	Obojętny	Obojętny
Morszczuk	Obojętny	Obojętny
Omułki jadalne	Obojętne	Unikać
Ostrygi	Obojętne	Obojętne
Papugoryby	Obojętne	Obojętne
Pikerel (r. szczupaka)	Obojętny	Obojętny
Plamiak (łupacz)	Obojętny	Obojętny
Przegrzebek (r. małża)	Obojętny	Obojętny
Pstrąg morski (troć)	Obojętny	Obojętny
Pstrąg źródlany	Obojętny	Obojętny
Rekin	Obojętny	Obojętny
Ryby kulbinowate	Obojętne	Obojętne
Ryby prażmowate (np. morlesz, dorada, sparus)	Obojętne	Obojętne
Sardela	Obojętna	Unikać
Sardynka	Obojętna	Wskazana
Siejowate, (np. sieja, sielawa)	Obojętne	Obojętne
Sierpiki	Obojętne	Obojętne
Skap	Obojętny	Obojętny
Skubacz	Obojętny	Obojętny
Śledź	Obojętny	Wskazany
Ślimaki (*Helix pomatia, escargot*)	Obojętne	Obojętne
Stynka	Obojętna	Obojętna
Sumik karłowaty	Obojętny	Obojętny
Szara sola	Obojętna	Obojętna
Tasergal	Obojętny	Obojętny
Tilapia	Obojętna	Obojętna
Tuńczyk	Obojętny	Obojętny
Węgorz	Obojętny	Obojętny
Witlinek	Obojętny	Obojętny
Żaglica	Obojętna	Obojętna
Żuwakowate	Obojętne	Obojętne

Produkty mleczne i jaja

Osoby z grupą krwi 0 – zarówno wydzielające antygeny, jak i niewydzielające – powinny unikać produktów mlecznych, których spożycie może prowadzić do nadwagi, skłonności do stanów zapalnych i uczucia zmęczenia. Jaja można spożywać w umiarkowanych ilościach. Są one dobrym źródłem dwuhydroksyacetonu (DHA) i pomagają budować aktywne tkanki, zwiększając tym samym ich masę.

GRUPA KRWI 0: JAJA

Porcja: 1 jajko

	Rasa afrykańska	Rasa kaukaska	Rasa azjatycka
Wydzielacz	1-4	3-6	3-4
Niewydzielacz	2-5	3-6	3-4
	razy w tygodniu		

GRUPA KRWI 0: MLEKO I JOGURT

Porcje: 120-180 g (mężczyźni); 60-150 g (kobiety i dzieci)

	Rasa afrykańska	Rasa kaukaska	Rasa azjatycka
Wydzielacz	0-1	0-3	0-2
Niewydzielacz	0	0-2	0-3
	razy w tygodniu		

GRUPA KRWI 0: SERY

Porcje: 90 g (mężczyźni); 60 g (kobiety i dzieci)

	Rasa afrykańska	Rasa kaukaska	Rasa azjatycka
Wydzielacz	0-1	0-2	0-1
Niewydzielacz	0	0-1	0
MM	Zwiększać o 2 porcje tygodniowo		
	razy w tygodniu		

Wariant I

POKARMY	WYDZIELACZ Z GRUPĄ KRWI 0	NIEWYDZIELACZ Z GRUPĄ KRWI 0
Brie	Unikać	Unikać
Camembert	Unikać	Unikać
Cheddar	Unikać	Unikać
Colby	Unikać	Unikać
Edamer	Unikać	Unikać
Ementaler	Unikać	Unikać
Gouda	Unikać	Unikać
Gruyère	Unikać	Unikać
Jarlsberg	Unikać	Unikać
Jogurt	Unikać	Unikać
Kefir	Unikać	Unikać
Kwaśna śmietana (nisko - lub beztłuszczowa)	Unikać	Unikać
Lody	Unikać	Unikać
Maślanka	Unikać	Unikać
Mleko chude lub 2%	Unikać	Unikać
Mleko pełne	Unikać	Unikać
Mleko ze śmietaną (half & half)	Unikać	Unikać
Monterey Jack	Unikać	Unikać
Muenster	Unikać	Unikać
Neufchatel	Unikać	Unikać
Provolone	Unikać	Unikać
Quark	Unikać	Unikać
Ricotta	Unikać	Unikać
Ser amerykański	Unikać	Unikać
Ser biały	Unikać	Unikać
Ser śmietankowy	Unikać	Unikać
Ser szwajcarski	Unikać	Unikać
Ser wiejski	Unikać	Unikać
Sery pleśniowe „błękitne”	Unikać	Unikać
String	Unikać	Unikać
Szerbet	Unikać	Unikać

Wariant II

POKARMY	WYDZIELACZ Z GRUPĄ KRWI 0	NIEWYDZIELACZ Z GRUPĄ KRWI 0
Jaja gęsie	Unikać	Obojętne
Jaja przepiórcze	Unikać	Obojętne
Mleko kozie	Unikać	Unikać
Serwatka	Unikać	Unikać

Pokarmy obojętne: ogólne uzupełnienie jadłospisu

POKARMY	WYDZIELACZ Z GRUPĄ KRWI 0	NIEWYDZIELACZ Z GRUPĄ KRWI 0
Białka jaj kurzych	Obojętne	Obojętne
Jaja kacze	Obojętne	Obojętne
Jaja kurze	Obojętne	Obojętne
Masło klarowane (*ghee*)	Obojętne	Obojętne
Masło	Obojętne	Obojętne
Mozzarella	Obojętna	Unikać
Ser farmer	Obojętny	Unikać
Ser feta	Obojętny	Unikać
Ser kozi	Obojętny	Unikać
Żółtka jaj kurzych	Obojętne	Obojętne

Fasole i inne rośliny strączkowe

Jakkolwiek ludzie z grupą krwi 0 należą do istot mięsożernych, to jednak mogą z powodzeniem przyswajać białka zawarte w wielu gatunkach fasoli i innych roślinach strączkowych. Trzeba jednak przy tym pamiętać, że rośliny te zawierają duże ilości niekorzystnie działających lektyn. Mając możliwość wyboru, przedstawiciele grupy 0 powinni opierać swą dietę na białkach pochodzenia zwierzęcego.

GRUPA KRWI 0: FASOLE I INNE ROŚLINY STRĄCZKOWE			
Porcja: 1 filiżanka suchych nasion			
	Rasa afrykańska	**Rasa kaukaska**	**Rasa azjatycka**
Wydzielacz	1-3	1-3	2-4
Niewydzielacz	0-2	0-3	2-4
	razy w tygodniu		

Wariant I

POKARMY	WYDZIELACZ Z GRUPĄ KRWI 0	NIEWYDZIELACZ Z GRUPĄ KRWI 0
Fasola copper	Unikać	Unikać
Fasola nerkowata (*kidney*)	Unikać	Unikać
Fasola perłowa (*navy*)	Unikać	Unikać
Fasola pinto	Unikać	Obojętna
Soczewica amerykańska	Unikać	Obojętna
Soczewica czerwona	Unikać	Obojętna
Soczewica zielona	Unikać	Obojętna

Wariant II

POKARMY	WYDZIELACZ Z GRUPĄ KRWI 0	NIEWYDZIELACZ Z GRUPĄ KRWI 0
Groch „czarne oczko"	Wskazany	Obojętny
Fasola adzuki	Wskazana	Obojętna
Fasola tamaryndowa	Unikać	Unikać

Pokarmy obojętne: ogólne uzupełnienie jadłospisu

POKARMY	WYDZIELACZ Z GRUPĄ KRWI 0	NIEWYDZIELACZ Z GRUPĄ KRWI 0
Bób	Obojętny	Obojętny
Ciecierzyca (*garbanzo*)	Obojętna	Unikać
Fasola biała	Obojętna	Obojętna
Fasola cannellini	Obojętna	Obojętna
Fasola czarna	Obojętna	Obojętna

Fasola czerwona	Obojętna	Unikać
Fasola fava	Obojętna	Unikać
Fasola limeńska (*lima*)	Obojętna	Obojętna
Fasola mung (kiełki)	Obojętna	Obojętna
Fasola northern	Obojętna	Obojętna
Fasola szparagowa	Obojętna	Obojętna
Fasola zielona	Obojętna	Obojętna
Granulki sojowe	Obojętne	Unikać
Jicama	Obojętna	Obojętna
Miso sojowe (pasta)	Obojętna	Unikać
Mleczko sojowe	Obojętne	Unikać
Płatki sojowe	Obojętne	Unikać
Serek sojowy	Obojętny	Unikać
Soja	Obojętna	Unikać
Tempeh	Obojętny	Unikać
Tofu sojowe	Obojętne	Unikać

Orzechy i pestki

Orzechy i pestki są drugorzędnym źródłem białka dla osób z grupą krwi 0. Orzechy włoskie mają silne działanie odtruwające, a siemię lniane wzmacnia układ odpornościowy. Trzeba jednak zachować umiar, ponieważ wiele orzechów i nasion zawiera aktywne lektyny niekorzystne dla organizmów tej grupy. Dotyczy to w szczególności buczyny, słonecznika* i kasztanów jadalnych*.

GRUPA KRWI 0: ORZECHY I PESTKI			
Porcje: nasiona – garść, masło orzechowe – 1-2 łyżki			
	Rasa afrykańska	**Rasa kaukaska**	**Rasa azjatycka**
Wydzielacz	2-5	2-5	2-4
Niewydzielacz	5-7	5-7	5-7
	razy w tygodniu		

* Nowa klasyfikacja

Wariant I

POKARMY	WYDZIELACZ Z GRUPĄ KRWI 0	NIEWYDZIELACZ Z GRUPĄ KRWI 0
Buczyna (nasiona buka zwyczajnego)	Unikać	Unikać
Kasztany jadalne	Unikać	Unikać
Masło słonecznikowe	Unikać	Unikać
Masło z orzeszków ziemnych	Unikać	Unikać
Nasiona słonecznika	Unikać	Unikać
Orzech brazylijski	Unikać	Unikać
Orzechy czarne	Wskazane	Wskazane
Orzechy nerkowca (*cashew*) i masło orzechowe	Unikać	Unikać
Orzechy włoskie	Wskazane	Wskazane
Orzeszki pistacjowe	Unikać	Unikać
Orzeszki ziemne (fistaszki)	Unikać	Unikać
Pestki dyni	Wskazane	Wskazane

Wariant II

POKARMY	WYDZIELACZ Z GRUPĄ KRWI 0	NIEWYDZIELACZ Z GRUPĄ KRWI 0
Liczi	Unikać	Unikać
Mak	Unikać	Unikać
Siemię lniane	Wskazane	Obojętne

Pokarmy obojętne: ogólne uzupełnienie jadłospisu

POKARMY	WYDZIELACZ Z GRUPĄ KRWI 0	NIEWYDZIELACZ Z GRUPĄ KRWI 0
Makadamia	Obojętne	Obojętne
Masło migdałowe	Obojętne	Obojętne
Masło sezamowe (*tahini*)	Obojętne	Obojętne
Migdały	Obojętne	Obojętne
Mleczko migdałowe	Obojętne	Unikać
Nasiona sezamu	Obojętne	Obojętne

Nasiona safloru (krokosz barwierski, *Carthamus tinctorius*)	Obojętne	Unikać
Orzech szary (*Juglans cinerea*)	Obojętny	Unikać
Orzechy hikorii	Obojętne	Obojętne
Orzechy laskowe	Obojętne	Obojętne
Orzechy pekanowe i masło pekanowe	Obojętne	Obojętne
Orzeszki pinii (piniole)	Obojętne	Obojętne
Serek migdałowy	Obojętny	Unikać

Ziarna zbóż i skrobie

Pokarmy tej grupy to pięta Achillesowa osób z krwią grupy 0. Ich organizmom nie służą ziarna kukurydzy, pszenicy i jęczmienia, podobnie jak liczne zbożowe produkty uboczne (słodziki itp.). Te nadzwyczaj popularne pokarmy przyczyniają się walnie do powstawania nadwagi u osób z grupą krwi 0. Aglutyniny (zlepniki) zawarte w pełnych ziarnach pszenicy sprzyjają powstawaniu stanów zapalnych, zwłaszcza u jednostek niewydzielających antygenów. Efekt ten potęguje się szczególnie u mężczyzn z tej grupy. Niewydzielacze powinni unikać także owsa, który dla wydzielających jest niegroźny.

GRUPA KRWI 0: ZIARNA ZBÓŻ I SKROBIE			
Porcje: 1/2 filiżanki suchego pokarmu, 1 płaska bułka, 2 kromki chleba			
	Rasa afrykańska	**Rasa kaukaska**	**Rasa azjatycka**
Wydzielacz	1-6	1-6	1-6
Niewydzielacz	0-3	0-3	0-3
Rh-	Zwiększać o 1 porcje tygodniowo		
	razy w tygodniu		

Wariant I

POKARMY	WYDZIELACZ Z GRUPĄ KRWI 0	NIEWYDZIELACZ Z GRUPĄ KRWI 0
Jęczmień	Unikać	Unikać
Kukurydza (biała, żółta, błękitna)	Unikać	Unikać
Kukurydza prażona	Unikać	Unikać
Kuskus	Unikać	Unikać
Mąka glutenowa	Unikać	Unikać
Pieczywo pszenne (z mąki kiełkowanej)	Unikać	Unikać
Płatki kukurydziane	Unikać	Unikać
Pszenica (manna, grysik)	Unikać	Unikać
Pszenica (otręby)	Unikać	Unikać
Pszenica (wyroby z białej mąki)	Unikać	Unikać
Pszenica (wyroby z mąki glutenowej)	Unikać	Unikać
Pszenica (wyroby z mąki rafinowanej niewybielanej)	Unikać	Unikać
Pszenica (wyroby z pełnego ziarna)	Unikać	Unikać, z wyjątkiem chleba esseńskiego i Ezekiela
Pszenica (zarodki)	Unikać	Unikać
Sorgo	Unikać	Unikać

Wariant II

POKARMY	WYDZIELACZ Z GRUPĄ KRWI 0	NIEWYDZIELACZ Z GRUPĄ KRWI 0
Chleb esseński	Wskazany	Wskazany

Pokarmy obojętne: ogólne uzupełnienie jadłospisu

POKARMY	WYDZIELACZ Z GRUPĄ KRWI 0	NIEWYDZIELACZ Z GRUPĄ KRWI 0
Amarant	Obojętny	Obojętny
Chleb bezglutenowy	Obojętny	Unikać
Chleb Ezekiela (komercyjny)	Obojętny	Obojętny

Chleb z mąki sojowej	Obojętny	Unikać
Dziki ryż	Obojętny	Obojętny
Kamut	Obojętny	Obojętny
Kasza gryczana	Obojętna	Unikać
Mąka owsiana	Obojętna	Unikać
Mąka ryżowa	Obojętna	Obojętna
Mąka żytnia	Obojętna	Obojętna
Makaron soba (100% gryki)	Obojętny	Unikać
Mleczko ryżowe	Obojętne	Obojętne
Orkisz	Obojętny	Unikać
Pieczywo żytnie (100%)	Obojętne	Obojętne
Płatki owsiane z otrębami	Obojętne	Unikać
Proso	Obojętne	Obojętne
Quinoa	Obojętna	Obojętna
Ryż (biały, brązowy, basmati)	Obojętny	Obojętny
Ryż dmuchany i otręby ryżowe	Obojętny	Obojętny
Tapioka	Obojętna	Unikać
Teff (trawa abisyńska)	Obojętna	Unikać
Wypieki z mąki ryżowej	Obojętne	Obojętne
Wyroby z mąki orkiszowej	Obojętne	Unikać

Warzywa

Warzywa są bogatym źródłem przeciwutleniaczy i błonnika, a jednocześnie zmniejszają wydzielanie poliamin w przewodzie pokarmowym. Niektóre z nich jednak zawierają reaktywne lektyny, których działanie uzależnione jest od grupy krwi. Do takich warzyw należą, m.in.: kalafior, pory, kolokazja, jukka, ziemniak, jałowiec, ogórek* i gorzki melon. Osoby z grupą krwi 0 nie powinny zastępować warzyw pokarmami skrobiowymi. Wiele gatunków warzyw obfituje w potas, który zwiększa ilość wody wewnątrzkomórkowej i zmniejsza ilość wody pozakomórkowej.

* Nowa klasyfikacja

GRUPA KRWI 0: WARZYWA			
Porcja: 1 filiżanka pokarmu surowego lub gotowanego			
	Rasa afrykańska	**Rasa kaukaska**	**Rasa azjatycka**
Wydzielacz – zalecane	Bez ograniczeń	Bez ograniczeń	Bez ograniczeń
Wydzielacz – obojętne	2-5	2-5	2-5
Niewydzielacz – obojętne	2-3	2-3	2-3
Niewydzielacz – zalecane	Bez ograniczeń	Bez ograniczeń	Bez ograniczeń
MM	Korzystać głównie z zalecanych w wariancie I		
	razy dziennie		

Wariant I

POKARMY	WYDZIELACZ Z GRUPĄ KRWI 0	NIEWYDZIELACZ Z GRUPĄ KRWI 0
Aloes, herbatka, sok	Unikać	Unikać
Cebula (wszystkie gatunki)	Wskazana	Wskazana
Chrzan	Wskazany	Wskazany
*Collard greens**	Wskazana	Wskazana
Cykoria	Wskazana	Wskazana
Imbir	Wskazany	Wskazany
Jałowiec	Unikać	Unikać
Jukka	Unikać	Unikać
Kalafior	Unikać	Unikać
Kelp	Wskazane	Wskazane
Kiełki lucerny (*alfalfa*)	Unikać	Unikać
Kolokazja (taro)	Unikać	Unikać
Liście buraka ćwikłowego	Wskazane	Wskazane
Mniszek lekarski (mlecz)	Wskazany	Wskazany
Ogórek	Unikać	Unikać
Oliwki (czarne)	Unikać	Unikać
Pikle w occie	Unikać	Unikać
Pikle w zalewie	Unikać	Unikać
Por	Unikać	Unikać
Rabarbar	Unikać	Unikać
Sok z ogórków	Unikać	Unikać
Szpinak i sok ze szpinaku	Wskazany	Wskazany
Wodorosty	Wskazane	Wskazane

Wariant II

POKARMY	WYDZIELACZ Z GRUPĄ KRWI 0	NIEWYDZIELACZ Z GRUPĄ KRWI 0
Akacja (guma arabska)	Unikać	Unikać
Boćwina (burak liściowy)	Wskazana	Wskazana
Brokuły	Wskazane	Wskazane
Dynia	Wskazana	Wskazana
Eskarola	Wskazana	Wskazana
Gorczyca	Unikać	Obojętna
Grzyby shiitake	Unikać	Unikać
Kalarepa	Wskazana	Wskazana
*Kale**	Wskazana	Wskazana
Kapary	Unikać	Unikać
Karczoch amerykański i jerozolimski	Wskazany	Wskazany
Okra (ketmia jadalna)	Wskazana	Wskazana
Papryka (czerwona, cayenne)	Wskazana	Wskazana
Pasternak	Wskazany	Obojętny
Rzepa	Wskazana	Wskazana
Sałata rzymska	Wskazana	Obojętna
Ziemniak słodki	Wskazany	Wskazany
Ziemniaki (białe, czerwone, błękitne)	Unikać	Unikać

Pokarmy obojętne: uzupełnienie jadłospisu

POKARMY	WYDZIELACZ Z GRUPĄ KRWI 0	NIEWYDZIELACZ Z GRUPĄ KRWI 0
Agar	Obojętny	Unikać
Arugula	Obojętna	Obojętna
Brukiew	Obojętna	Obojętna
Brukselka	Obojętna	Unikać
Buraki czerwone (ćwikłowe)	Obojętne	Obojętne
Cebula dymka	Obojętna	Obojętna
Chili	Obojętne	Obojętne

* Gatunki uprawianej w USA bezgłowej kapusty warzywnej. Podobne do nich są kapusta włoska i jarmuż.

Cukinia	Obojętna	Obojętna
Czosnek	Obojętny	Wskazany
Dynia (letnia, zimowa)	Obojętna	Obojętna
Endywia	Obojętna	Obojętna
Groch (zielony, cukrowy)	Obojętny	Obojętny
Grzyby (abalone)	Obojętne	Obojętne
Grzyby (enoki)	Obojętne	Obojętne
Grzyby (maitake)	Obojętne	Obojętne
Grzyby (oyster)	Obojętne	Obojętne
Grzyby (portobello)	Obojętne	Obojętne
Grzyby (straw)	Obojętne	Obojętne
Ignam (jam)	Obojętny	Obojętny
Kapusta (chińska, czerwona, biała)	Obojętna	Unikać
Kapusta pekińska	Obojętna	Obojętna
Kiełki rzodkiewki	Obojętne	Obojętne
Kolendra	Obojętna	Obojętna
Koper włoski (fenkuł)	Obojętny	Obojętny
Kotewka pospolita (orzech wodny)	Obojętny	Obojętny
Kwaszona kapusta	Obojętna	Unikać
Marchew	Obojętna	Wskazana
Oberżyna (bakłażan)	Obojętna	Unikać
Oliwki (greckie, hiszpańskie)	Obojętne	Unikać
Oliwki zielone	Obojętne	Unikać
Paproć jadalna	Obojętna	Wskazana
Papryka (zielona, żółta, jalapeño)	Obojętna	Obojętna
Pędy bambusa	Obojętne	Obojętne
Poi	Obojętne	Unikać
Pomidor, sok pomidorowy	Obojętny	Obojętny
Radicchio	Obojętne	Obojętne
Rappini	Obojętne	Obojętne
Rukiew wodna	Obojętna	Obojętna
Rzodkiew japońska (*daikon*)	Obojętna	Obojętna
Rzodkiewka	Obojętna	Obojętna
Sałata (bibb, boston, lodowa, mesclun)	Obojętna	Obojętna
Seler	Obojętny	Obojętny

Seler naciowy	Obojętny	Obojętny
Senes	Obojętny	Obojętny
Sok z buraków i liści	Obojętny	Obojętny
Sok z kapusty	Obojętny	Unikać
Sok z marchwi	Obojętny	Obojętny
Sok z selera	Obojętny	Obojętny
Szalotka	Obojętna	Obojętna
Szparagi	Obojętne	Obojętne
Trybula ogrodowa	Obojętna	Obojętna
Ziele angielskie	Obojętne	Obojętne

Owoce i soki owocowe

Owoce obfitują w przeciwutleniacze, a wiele z nich – jak borówki amerykańskie, jagody bzu czarnego, wiśnie – zawierają pigmenty blokujące enzym wątrobowy dekarboksylazę ornitynową, co powoduje zmniejszenie wydzielania poliamin współdziałających z insuliną w procesie powstawania nadwagi. Z powyższych względów dieta bogata w odpowiednie warzywa i owoce pomaga zmniejszyć nadwagę przez ograniczenie skutków działania insuliny. Spożywanie owoców sprzyja również zmniejszeniu ilości wody pozakomórkowej na korzyść wewnątrzkomórkowej. Wiele owoców, takich jak ananasy, obfituje w enzymy działające przeciwzapalnie i ułatwiające utrzymanie równowagi wodnej. Pomarańcze należy spożywać w ilościach ograniczonych, zawierają bowiem duże ilości poliaminy zwanej putrescyną. W niektórych owocach – np. kiwi* – znajdują się reaktywne lektyny niekorzystnie działające na organizmy z grupą krwi 0.

GRUPA KRWI 0: OWOCE I SOKI OWOCOWE			
Porcja: 1 filiżanka lub 1 kawałek owocu			
	Rasa afrykańska	**Rasa kaukaska**	**Rasa azjatycka**
Wydzielacz	2-4	3-5	3-5
Niewydzielacz	1-3	1-3	1-3
MM	Korzystać głównie ze wskazanych w wariancie I		
	razy dziennie		

* Nowa klasyfikacja

Wariant I

POKARMY	WYDZIELACZ Z GRUPĄ KRWI 0	NIEWYDZIELACZ Z GRUPĄ KRWI 0
Awokado	Unikać	Wskazane
Banan	Wskazany	Wskazany
Borówka amerykańska	Wskazana	Wskazana
Figi (świeże, suszone)	Wskazane	Wskazane
Gruszka azjatycka	Unikać	Unikać
Guawa	Wskazana	Wskazana
Jeżyna, sok jeżynowy	Unikać	Unikać
Kantalupa (melon)	Unikać	Unikać
Kiwi	Unikać	Unikać
Mandarynka (tangerynka), sok	Unikać	Unikać
Mango i sok z mango	Wskazane	Wskazane
Melon gorzki	Unikać	Unikać
Melon miodunka	Unikać	Unikać
Mleczko kokosowe	Unikać	Unikać
Pomarańcza, sok pomarańczowy	Unikać	Unikać
Sok wiśniowy	Wskazany	Wskazany
Sok z guawy	Wskazany	Wskazany
Śliwki (ciemne, zielone, czerwone)	Wskazane	Wskazane
Śliwki suszone, sok	Wskazane	Wskazane
Wiśnia i czereśnia	Wskazane	Wskazane

Wariant II

POKARMY	WYDZIELACZ Z GRUPĄ KRWI 0	NIEWYDZIELACZ Z GRUPĄ KRWI 0
Plantan	Unikać	Unikać
Sok ananasowy	Wskazany	Wskazany

Pokarmy obojętne: ogólne uzupełnienie jadłospisu

POKARMY	WYDZIELACZ Z GRUPĄ KRWI 0	NIEWYDZIELACZ Z GRUPĄ KRWI 0
Agrest	Obojętny	Obojętny
Ananas	Obojętny	Obojętny
Arbuz	Obojętny	Obojętny
Bez (czarny, koralowy)	Obojętny	Obojętny
Brzoskwinia	Obojętna	Obojętna
Cytryna i sok cytrynowy	Obojętne	Obojętne
Daktyle (wszystkie gatunki)	Obojętne	Unikać
Granat	Obojętny	Wskazany
Grejpfrut i sok grejpfrutowy	Obojętne	Obojętne
Gruszka i sok z gruszek	Obojętne	Obojętne
Jabłecznik (cydr), sok jabłkowy	Obojętne	Unikać
Jabłko	Obojętne	Unikać
Jeżyna popielica	Obojętna	Obojętna
Karambola	Obojętna	Obojętna
Kumkwat	Obojętny	Obojętny
Limona i sok limonowy	Obojętne	Obojętne
Malina	Obojętna	Obojętna
Malinojeżyna	Obojętna	Obojętna
Melon canang	Obojętny	Obojętny
Melon casaba	Obojętny	Obojętny
Melon christmas	Obojętny	Obojętny
Melon crenshaw	Obojętny	Obojętny
Melon hiszpański	Obojętny	Obojętny
Melon musk	Obojętny	Obojętny
Morela, sok morelowy	Obojętna	Unikać
Morwa	Obojętna	Obojętna
Nektarynka i sok nektarynkowy	Obojętne	Obojętne
Opuncja	Obojętna	Wskazana
Owoc drzewa chlebowego	Obojętny	Obojętny
Papaja i sok z papai	Obojętne	Obojętne
Persymona	Obojętna	Obojętna
Pigwa	Obojętna	Obojętna
Porzeczki (czarne, czerwone)	Obojętne	Obojętne
Rodzynki	Obojętne	Obojętne
Sago (owoc sagowca)	Obojętne	Obojętne

Truskawka	Obojętna	Unikać
Winogrona (wszystkie odmiany)	Obojętne	Obojętne
Woda z cytryną	Obojętna	Obojętna
Żurawina, sok żurawinowy	Obojętne	Obojętne

Oleje i tłuszcze

Generalnie biorąc, osobom z grupą krwi 0 najlepiej służą tłuszcze pojedyncze nienasycone (takie jak oliwa z oliwek) oraz oleje bogate w kwasy tłuszczowe serii omega (np. olej lniany). Osobnicy niewydzielający antygenów trawią tłuszcze nieco łatwiej niż wydzielający i prawdopodobnie ich organizmy lepiej je wykorzystują.

GRUPA KRWI 0: OLEJE			
Porcja: 1 łyżeczka			
	Rasa afrykańska	**Rasa kaukaska**	**Rasa azjatycka**
Wydzielacz	3-8	4-8	5-8
Niewydzielacz	1-7	3-5	3-6
	razy w tygodniu		

Wariant I

POKARMY	WYDZIELACZ Z GRUPĄ KRWI 0	NIEWYDZIELACZ Z GRUPĄ KRWI 0
Olej arachidowy	Unikać	Unikać
Olej kokosowy	Unikać	Obojętny
Olej krokoszowy	Unikać	Unikać
Olej kukurydziany	Unikać	Unikać
Olej lniany	Wskazany	Obojętny
Olej rycynowy	Unikać	Unikać
Olej słonecznikowy	Unikać	Unikać
Olej sojowy	Unikać	Unikać
Olej z nasion bawełny	Unikać	Unikać
Olej z zarodków pszenicy	Unikać	Unikać
Oliwa z oliwek	Wskazana	Wskazana

Wariant II

POKARMY	WYDZIELACZ Z GRUPĄ KRWI 0	NIEWYDZIELACZ Z GRUPĄ KRWI 0
Olej z wiesiołka dwuletniego	Unikać	Unikać

Pokarmy obojętne: ogólne uzupełnienie jadłospisu

POKARMY	WYDZIELACZ Z GRUPĄ KRWI 0	NIEWYDZIELACZ Z GRUPĄ KRWI 0
Olej migdałowy	Obojętny	Wskazany
Olej rzepakowy (*canola*)	Obojętny	Unikać
Olej sezamowy	Obojętny	Obojętny
Olej z nasion czarnej porzeczki	Obojętny	Obojętny
Olej z nasion ogórecznika	Obojętny	Unikać
Olej z orzechów włoskich	Obojętny	Wskazany
Olej z wątróbek dorszowych	Obojętny	Unikać

Zioła i przyprawy

Wiele przypraw ma łagodne lub umiarkowane działanie lecznicze, gdyż często wpływa na poziom bakterii w końcowym odcinku jelita. Wielu popularnych gum – np. z nasion guaru i karageny – należy unikać, wzmacniają bowiem działanie lektyn zawartych w innych pokarmach.

Wariant I

POKARMY	WYDZIELACZ Z GRUPĄ KRWI 0	NIEWYDZIELACZ Z GRUPĄ KRWI 0
Algi zielono-błękitne	Unikać	Unikać
Aspartam	Unikać	Unikać
Cierniopląt (*guarana*)	Unikać	Unikać
Dekstroza (cukier gronowy)	Unikać	Unikać
Fruktoza	Unikać	Unikać
Glutaminian sodowy	Unikać	Obojętny
Guma z guaru	Unikać	Unikać
Karagena	Unikać	Unikać
Keczup	Unikać	Unikać
Maltodekstryna	Unikać	Unikać
Marynowane dodatki	Unikać	Unikać
Ocet	Unikać	Unikać
Pieprz (czarny, biały)	Unikać	Unikać
Rodymenia (wodorost *Rhodymenia palmata*)	Wskazana	Wskazana
Skrobia kukurydziana	Unikać	Unikać
Syrop kukurydziany	Unikać	Unikać

Wariant II

POKARMY	WYDZIELACZ Z GRUPĄ KRWI 0	NIEWYDZIELACZ Z GRUPĄ KRWI 0
Chleb świętojański	Wskazany	Obojętny
Curry	Wskazane	Wskazane
Gałka muszkatołowa	Unikać	Obojętna
Kurkuma	Wskazana	Obojętna
Kwiat muszkatołowy	Unikać	Unikać
Pietruszka	Wskazana	Wskazana

Pokarmy obojętne: ogólne uzupełnienie jadłospisu

POKARMY	WYDZIELACZ Z GRUPĄ KRWI 0	NIEWYDZIELACZ Z GRUPĄ KRWI 0
Anyż	Obojętny	Obojętny
Bazylia	Obojętna	Wskazana
Bergamotka	Obojętna	Obojętna
Chilli w proszku	Obojętne	Obojętne
Cukier (brązowy i biały)	Obojętny	Unikać
Cynamon	Obojętny	Unikać
Cząber	Obojętny	Obojętny
Czekolada	Obojętna	Obojętna
Dressingi, dodatki do sałatek (ze wskazanymi składnikami)	Obojętne	Obojętne
Drożdże (browarniane)	Obojętne	Wskazane
Esencja migdałowa	Obojętna	Obojętna
Estragon	Obojętny	Wsklazany
Golteria rozesłana (*wintergreen*)	Obojętna	Obojętna
Gorczyca (suszona)	Obojętna	Obojętna
Goździk korzenny	Obojętny	Obojętny
Kardamon	Obojętny	Obojętny
Kmin włoski	Obojętny	Obojętny
Kminek	Obojętny	Obojętny
Kolendra	Obojętna	Obojętna
Koper	Obojętny	Obojętny
Korzeń lukrecji	Obojętny	Wskazany
Liść laurowy (wawrzyn)	Obojętny	Wskazany
Majeranek	Obojętny	Obojętny
Majonez	Obojętny	Unikać
Mączka z bulw maranty (*arrowroot*)	Obojętna	Obojętna
Melasa	Obojętna	Obojętna
Mięta	Obojętna	Obojętna
Mięta pieprzowa	Obojętna	Obojętna
Mięta zielona	Obojętna	Obojętna
Miód	Obojętny	Unikać
Mus jabłkowy	Obojętny	Obojętny

Musztarda (domowa, bez octu)	Obojętna	Obojętna
Ocet jabłkowy	Obojętny	Unikać
Oregano	Obojętne	Wskazane
Papryka	Obojętna	Obojętna
Pieprz (ziarna, płatki)	Obojętny	Obojętny
Rozmaryn	Obojętny	Obojętny
Słód jęczmienny	Obojętny	Unikać
Sól morska	Obojętna	Obojętna
Sos sojowy	Obojętny	Unikać
Sos Worcestershire	Obojętny	Unikać
Stewia	Obojętna	Unikać
Sukanat	Obojętny	Unikać
Syrop klonowy	Obojętny	Obojętny
Syrop ryżowy	Obojętny	Unikać
Szafran	Obojętny	Wskazany
Szałwia	Obojętna	Unikać
Szczypiorek	Obojętny	Obojętny
Tamari, bez pszenicy	Obojętne	Unikać
Tamarynda	Obojętna	Obojętna
Tymianek	Obojętny	Obojętny
Wanilia	Obojętna	Unikać
Wodorowinian potasu (kamień winny)	Obojętny	Obojętny
Ziele angielskie	Obojętne	Obojętne
Żelatyna	Obojętna	Obojętna

Napoje

Niewydzielacze z grupą krwi 0 mogą sobie pozwolić od czasu do czasu na kieliszek wina do posiłku. Umiarkowana jego konsumpcja wpływa korzystnie na ich układ sercowo-naczyniowy. W diecie tych osób nie powinno też zabraknąć zielonej herbaty, zawiera ona bowiem polifenole blokujące wydzielanie szkodliwych poliamin.

Wariant I

POKARMY	WYDZIELACZ Z GRUPĄ KRWI 0	NIEWYDZIELACZ Z GRUPĄ KRWI 0
Alkohol wysokoprocentowy	Unikać	Unikać
Kawa (z kofeiną i bez kofeiny)	Unikać	Unikać
Napoje gazowane (wszystkie z wyjątkiem wody mineralnej)	Unikać	Unikać

Wariant II

POKARMY	WYDZIELACZ Z GRUPĄ KRWI 0	NIEWYDZIELACZ Z GRUPĄ KRWI 0
Herbata (czarna, zwykła i bez kofeiny)	Unikać	Unikać
Herbata (zielona)	Wskazana	Wskazana
Piwo	Unikać	Unikać
Wino białe	Unikać	Unikać
Woda sodowa (Seltzera)	Wskazana	Wskazana

Pokarmy obojętne: ogólne uzupełnienie jadłospisu

POKARMY	WYDZIELACZ Z GRUPĄ KRWI 0	NIEWYDZIELACZ Z GRUPĄ KRWI 0
Wino (czerwone)	Obojętne	Wskazane

Zindywidualizowane terapie w chronicznych stanach chorobowych

Profil zagrożeń chorobowych dla osób z grupą krwi 0 wskazuje, iż jej przedstawiciele są najbardziej ze wszystkich podatni na niektóre chroniczne stany chorobowe. Stany te opiszemy teraz szczegółowo, w powiązaniu z grupą krwi 0, proponując szeroki wybór terapii wspomagających wariant II diety zgodnej z grupą krwi.

Patrz: Profil ryzyka zdrowotnego dla grupy krwi 0, str. 142.

Choroby układu pokarmowego związane z grupą krwi 0

Refluks żołądkowo-przełykowy (ang.: GERD)
Wrzody
Choroba Crohna

Refluks żołądkowo-przełykowy (GERD)

Refluks żołądkowo-przełykowy (ang.: *gastro-esophageal reflux disease*, GERD) objawiający się chroniczną zgagą dokucza codziennie ponad 20 milionom Amerykanów. Bóle, które chorzy odczuwają w klatce piersiowej, nie mają nic wspólnego z sercem. Są to typowe pieczenia w górnej części jamy brzusznej i w piersiach, związane z zaburzeniami funkcji przewodu pokarmowego. Choroba ta może powstać z wielu różnych przyczyn, np. w następstwie przepukliny rozworu przełykowego. Najczęstszym jej podłożem są jednak złe nawyki dietetyczne ogromnej liczby ludzi. Odżywianie niezgodne z grupą krwi zakłóca równowagę kwasową żołądka, w związku z czym kwasy cofają się do przełyku przez wrażliwy otwór łączący przełyk z żołądkiem. Osoby z grupą krwi 0, mające z natury podwyższony poziom kwasów żołądkowych, wykazują większą podatność na tę chorobę, zwłaszcza gdy nie przestrzegają odpowiedniej dla siebie diety.

W celach profilaktycznych i leczniczych proponujemy następujące formy terapii refluksu żołądkowo-przełykowego:

- Unikać kawy, czekolady, mięty i czarnej herbaty. Wszystkie te pokarmy sprzyjają zachorowaniu, wzmagając wydzielanie kwasów żołądkowych.
- Unikać cukru i słodyczy, których spożywanie może być przyczyną poważnych problemów na tle nadkwasoty.
- Rozpuszczać 5-15 kropli goryczki żółtej (gencjana, *Gentiana lutea*) w szklance wody i wypijać roztwór pół godziny przed każdym posiłkiem. Dzięki temu zabiegowi soki trawienne będą lepiej przygotowane do rozkładania pokarmu. Interesujący jest fakt, iż terapia ta ma długą tradycję w wielu krajach europejskich.
- Imbir. Wiele składników imbiru chroni komórki wyściółek żołądka. Stwierdziłem, że przyjmowanie łyżeczki świeżego soku imbirowego kilka razy dziennie bardzo skutecznie zapobiega chorobie GERD i łagodzi jej objawy.
- Nie objadać się. Warto wstać od stołu z uczuciem niedosytu.

Wrzody

Pierwotnym czynnikiem sprawczym w chorobie wrzodowej są bakterie. Do niedawna sądzono, iż bezpośrednią przyczyną wrzodów jest oddziaływanie nadmiaru kwasu żołądkowego wydzielającego się w warunkach stresu. W początkach lat osiemdziesiątych naukowcy ustalili jednak, że za powstawanie wrzodów odpowiedzialne są popularne bakterie z gatunku *Helicobacter pylori*. Drobnoustroje te stanowią wyjątek od reguły, zgodnie z którą kwas solny w wysokim stężeniu sterylizuje wnętrze żołądka. *H. pylori* żyją w kwaśnym środowisku dzięki zdolności tworzenia wokół siebie „lokalnych kieszonek" – obszarów obniżonej kwasowości[2].

Powstawaniu wrzodów towarzyszą zwykle takie objawy jak uogólnione bóle, nudności, wymioty i brak apetytu. Kiedy krwawią, stolec staje się czarny jak smoła.

W początkach lat pięćdziesiątych stwierdzono, że u osób z krwią grupy 0 wszelkiego rodzaju wrzody trawienne występują dwukrotnie częściej niż u przedstawicieli pozostałych grup krwi. Badania te powtarzano wiele razy (ponad 25 prac w ostatnim dwudziestoleciu) z identycznymi wynikami, płynące z nich wnioski można więc uznać za niepodważalne[3]. Ludzie z grupą krwi 0 chorują na wrzody dwukrotnie częściej. Dlaczego tak jest?

Podobnie jak inne bakterie żyjące w przewodzie pokarmowym, *H. pylori* mają swoją ulubioną grupę krwi, którą jest właśnie grupa 0. Ostatnio stwierdzono, że bakterie te wytwarzają cząsteczki podobne do lektyn, zwane adhezyjnymi, ułatwiające ich wiązanie z komórkami żołądka i ścianami dwunastnicy. Wiązanie to umożliwiają komórki będące nosicielami antygenów grupy krwi 0. Badania wskazują również, że osoby z grupą krwi 0 częściej zapadają na zapalenia wywołane przez *H. pylori* niż ludzie z inną grupą krwi. U niewydzielaczy z grupą krwi 0 *H. pylori* występuje najczęściej.

Infekcje *H. pylori* są w 90% uleczalne za pomocą leków antybakteryjnych i hamujących wydzielanie kwasu, należy więc zalecać ich wczesne wykrywanie. Istnieją również terapie naturalne pozwalające kontrolować *H. pylori*. Metody te w tym miejscu opiszemy.

MORSZCZYN I INNE WODOROSTY ZAWIERAJĄCE FUKOZĘ. Już w roku 1958 uczony George Springer zidentyfikował szereg roślin zawierających substancje reagujące na grupy krwi.[4] Jedna z nich – popularny wodorost, zwany morszczynem *(Fucus vesiculosus)* – zawiera znaczne ilości fukozy – cukru będącego antygenem grupy krwi 0. Bakterie z garunku *H. pylori* lubią się przyklejać do antygenu grupy 0, wykorzystując w charakterze przynęty cukry strukturalnie do niego podobne. Skoro bakterie te tak bardzo lubią tego rodzaju substancje, to dajmy im je w nieco innej postaci! Możemy, na przykład, zalać ich „kubki ssące" fałszywym antygenem grupy 0, czyli jego namiastką (fukozą zawartą w morszczynie), dzięki czemu będą ślizgać się po wyściółce ścianek żołądka, nie mogąc się do niej przyklejać i zainicjować procesu chorobowego.

Badania wykazały, że szczególnego rodzaju fukozy – zwane fukoidynami – zawarte w morszczynie mają także działanie przeciwzapalne, blokują bowiem działanie wielu czynników pośredniczących (mediatorów) zwanych dopełniaczami. Oznacza to, że mogą one być wybitnie korzystne dla osób z krwią grupy 0 mających większą niż inni skłonność do stanów zapalnych żołądka wywoływanych przez *H. pylori*, zwłaszcza zaś dla osobników niewydzielających antygenów do płynów ustrojowych. Duże ilości fukoidyn znajdują się również w morskich wodorostach z rodzajów *Ascophyllum* (6-8%) i *Laminaria* (listownica, 5-20%). Należy używać wodorostów świeżo suszonych zamiast nalewek, w których ilości fukoidyn są znikome.

BIZMUT. Związki bizmutu przeciwdziałają rozwojowi bakterii *H. pylori* i mają działanie lecznicze w chorobach wrzodowych. Dobrym przykładem jest bezreceptowy lek o nazwie Pepto-Bismol. Jeżeli jednak ktoś jest wrażliwy na barwniki, powinien znaleźć inne rozwiązanie.

BERBERYNA. Jest to alkaloid zawarty w ziołach: *Hydrastis canadensis* (gorzknik kanadyjski), *Coptis chinensis*, i *Berberis vulgaris* (berberys pospolity), wybitnie hamujący rozwój *H. pylori*.

BAKTERIE PROBIOTYCZNE. Niektóre szczepy przyjaznych drobnoustrojów z rodzaju *Bifidobacteria (B. bifidus, B. Breve* i *B. infantis)* zwiększają odporność na wrzody.

Proponuję leczyć błonę śluzową żołądka następującymi metodami:

- Korzeń prawoślazu lekarskiego (*Althaea officinalis*) w postaci herbatki lub w kapsułkach.
- Wiąz *Ulmus rubra* (zwłaszcza u niewydzielaczy).
- Sho-saiko-to – tradycyjny lek chiński zmniejszający wydzielanie kwasów i chroniący błonę śluzową żołądka, także w warunkach silnych stresów.
- Ziele tymianku pospolitego, ziele oregano i ziele rozmarynu lekarskiego. Te popularne przyprawy kuchenne mają silne działanie przeciwutleniające i łagodne działanie przeciwzapalne. Ponadto wszystkie wymienione gatunki zwiększają odporność na działanie bakterii (takich jak *H. pylori*) i innych mikroorganizmów (np. *Candida*) mogących zakłócić trawienie u osób z grupą krwi 0.
- Kłącze imbiru: zawiera związki działające przeciwzapalnie, przeciwwrzodowo i przeciwutleniająco; zwiększa ruchliwość żołądka.
- Owoc goździka: bogate źródło eugenolu – związku o działaniu przeciwzapalnym i przeciwwrzodowym.
- *Azardirachta indica* – adaptogen pochodzenia indyjskiego wytwarzany z nasion drzewa tropikalnego z rodziny mahoniowatych;

zapobiega powstawaniu wrzodów trawiennych w warunkach długotrwałych stresów.

• Z REJESTRU PRZYPADKÓW •

Mark E.
Dziecko
Grupa krwi 0
Poprawa: chroniczne zaburzenia trawienne

„Mój syn Michael ma obecnie 9 i pół roku. Od drugiego roku życia miał kłopoty z perystaltyką jelit. Zdarzało się, że ruchy robaczkowe zanikały u niego na okres do dziesięciu dni. Lekarze ordynowali lewatywy, czopki, środki przeczyszczające i olej mineralny. W wieku 9 lat stan dziecka był gorszy niż kiedykolwiek. W przystępie rozpaczy przeczytaliśmy Pana książkę. Po 36 godzinach od wprowadzenia diety właściwej dla grupy 0 wszystkie objawy ustąpiły! Po tygodniu zaczęliśmy traktować jadłospis nieco swobodniej. Nie była to całkowita dowolność, a mimo to w poniedziałek u syna niektóre objawy zaczęły powracać. Natychmiast wróciliśmy do diety zalecanej dla grupy 0 i ponownie nastąpiła poprawa. Choroba zniknęła! Program dietetyczny, który Pan zaproponował, pozwolił mojemu dziecku odzyskać poczucie wartości! Przez siedem i pół roku leczyło go czterech lekarzy, a Pan rozwiązał problem w 36 godzin".

Choroba Crohna
Proponuję leczenie stanu zapalnego jelit (choroby Crohna) następującymi metodami:

- Włączyć do pożywienia duże ilości rozpuszczalnego i nierozpuszczalnego błonnika. Najlepszym jego źródłem jest mało znana substancja *arabinogalactans* (AG) występująca w modrzewiu amerykańskim *(Larix americana)*. Badania wykazały, że *arabinogalactans* wzmacnia układ odpornościowy i zwiększa stężenie w przewodzie pokarmowym krótkołańcuchowych kwasów tłuszczowych, takich jak kwas masłowy, będących ważnym źródłem energii dla komórek jelit. Modrzew pomaga również zmniejszyć stężenie amoniaku (toksycznego produktu ubocznego syntezy białek) w jelicie. Amoniak jest zwykle wydalany przez nerki. Preparat AG z modrzewia dostępny jest pod nazwą handlową ARA-6 (North American Pharmacal, Norwalk, CT). Doskonałym źródłem nierozpuszczalnego błonnika jest siemię lniane, którego łyżkę stołową wsypujemy wieczorem do szklanki z wodą i odstawiamy na noc w celu zmiękczenia. Przygoto-

waną w ten sposób mieszaninę spożywamy następnego dnia rano.
- Unikać substancji, takich jak karagena, ghatti i guma arabska, używanych często do stabilizowania produktów spożywczych. Wybierać produkty stabilizowane innymi metodami.
- Przyjmować preparaty z przyjaznymi bakteriami probiotycznymi właściwymi dla własnej grupy krwi.
- Stosować kelp blokujący lektyny; dotyczy to zwłaszcza niewydzielaczy.
- Unikać lektyn wiązanych przez aminocukry. Najbardziej niebezpieczna dla przedstawicieli grupy 0 jest lektyna zarodków pszenicy wiązana przez cukier, n-acetyloglukozaminę, podczas gdy inne lektyny wiązane są przez mannozę, fukozę, n-acetylogalaktozaminę i galaktozę.
- Przedsięwziąć kroki w kierunku zmniejszenia poziomu stresów.
- Używać produktu o nazwie Seacure zawierającego peptyd ekstrahowany z sielawy, niezwykle skutecznie normalizujący komórki przewodu pokarmowego u osób z krwią grupy 0. Można go nabyć w sklepach ze zdrową żywnością.
- Używać ghee (klarowanego masła), które jest dobrym źródłem maślanu.

Zaburzenia metabolizmu związane z grupą krwi 0

Syndrom X
Zaburzenia krzepliwości krwi

Syndrom X

Syndromem X nazywamy stan chorobowy, na który składa się nadwaga, podwyższony poziom trójglicerydów i zwiększona oporność na insulinę. Może on prowadzić do cukrzycy i chorób serca. U osób z grupą krwi 0 głównym czynnikiem sprawczym syndromu X jest bardzo niska tolerancja węglowodanów. Wiele typów lektyn zawartych w ziarnach popularnych zbóż hamuje procesy rozkładu tłuszczów poprzez specyficzne działanie na insulinę. Przedstawiciele grupy 0, praktykujący dietę niskotłuszczową bogatą w metabolicznie aktywne lektyny, nieuchronnie przybierają na wadze.

Przez wiele lat kardiolodzy twierdzili, że wysokie trójglicerydy nie stanowią niezależnego czynnika ryzyka w chorobach serca, a mają taki charakter jedynie w powiązaniu z innymi czynnikami. Pojawia się jednak coraz więcej dowodów na to, że podwyższony poziom trójglicerydów jest samodzielnym czynnikiem ryzyka, co mogłoby częściowo wyjaśniać szczególną podatność osób z krwią grupy 0 na choroby serca.

Otyłość jest jakby bramą wejściową do syndromu X, jego profilaktyka oznacza więc przede wszystkim utrzymanie prawidłowej wagi ciała.

Ogólnie biorąc, właściwą strategią dla osób z grupą 0 jest rozwój jak największej masy tkanek aktywnych, a co za tym idzie, jak najintensywniejszy metabolizm. Osiąga się to przez właściwą dietę i ćwiczenia fizyczne. Z tego powodu białko zwierzęce wykorzystywane jest najskuteczniej, podczas gdy lektyny zawarte w niektórych ziarnach, gatunkach pieczywa, fasolach i innych roślinach strączkowych wytwarzają stan oporności na insulinę, którego efektem ubocznym jest przyrost tkanki tłuszczowej. Najgroźniejsze są lektyny zawarte w zarodkach pszenicy i wyrobach z pełnego ziarna pszenicznego. Pszenica wywołuje w organizmie efekty diametralnie przeciwne do białka zwierzęcego, czego potwierdzeniem jest pozbywanie się nadwagi i stopniowe zmniejszenie zatrzymywania wody u osób z grupą 0 wyłącznie dzięki usunięciu z diety pszenicy i wszelkich jej przetworów. Przedstawiciele grupy 0, którym trudno pozbyć się nadwagi, powinni zrezygnować z produktów zbożowych na rzecz takich źródeł węglowodanów, jak słodkie ziemniaki, dynie i warzywa korzeniowe.

Normalizacja wagi ciała powinna być częścią długofalowej strategii zdrowotnej. Opisany dalej program zawiera wszystkie kluczowe elementy, których wymaga pozbycie się nadwagi. Punktem wyjścia jest dieta właściwa dla grupy 0 w wariancie II. Dla poprawy rezultatów należy stosować metody opisane dalej w tym rozdziale. W przypadkach znacznej nadwagi lub innych poważnych stanów chorobowych należy oczywiście każde przedsięwzięcie dietetyczne przekonsultować z lekarzem.

1. ROZPOZNANIE INDYWIDUALNEGO PROFILU METABOLIZMU. Znajomość masy mięśniowej, procentowego udziału tkanek tłuszczowych i podstawowych cech przemiany materii może być ważniejsza niż waga ciała, są to bowiem wskaźniki równowagi metabolicznej. Celem jest nie tylko zmniejszenie wagi, lecz przede wszystkim budowanie mięśni. Wysoce wskazana jest okresowa analiza oporności bioelektrycznej. Jeżeli nie ma możliwości wykonania takiego badania, wówczas dane o stanie metabolizmu można uzyskać innymi, prostszymi metodami. Nie są one może naukowo ścisłe, dostarczają jednak informacji na temat ogólnej kondycji i ewentualnego nadmiaru wody w organizmie.

Badanie wody pozakomórkowej – obrzęk:
Naciskamy mocno palcem wskazującym przednią powierzchnię goleni i przytrzymujemy przez pięć sekund. Po zwolnieniu nacisku na tkankę mięśniową lub tłuszczową skóra natychmiast podnosi się, jeżeli jednak między komórkami znajduje się woda, to zagłębienie będzie wypełniać się powoli, poczynając od brzegów. Im wolniej się to odbywa, tym więcej mamy wody pozakomórkowej, stanowiącej część nadwagi.

• Z REJESTRU PRZYPADKÓW •

Lynn N.
Grupa krwi 0
Młoda kobieta
Poprawa: cukrzyca/nadwaga

„Mniej więcej rok temu stwierdzono u mnie cukrzycę typu drugiego. Wtedy też rozpoczęła się walka o utrzymanie na właściwym poziomie zawartości glukozy we krwi. Książka pt. *Jedz zgodnie ze swoją grupą krwi* jest zdumiewająca! W przeszłości próbowałam wegetarianizmu przez pewien czas i nie mogłam zrozumieć, dlaczego mój stan zdrowia nie poprawiał się, a nadwaga ani trochę się nie zmniejszyła. Po bezskutecznym wypróbowaniu wszystkich innych metod zdecydowałam się kupić książkę doktora D'Adamo i dać szansę opisanym w niej wskazaniom. Muszę przyznać, że na początku odnosiłam się sceptycznie do tej koncepcji, ponieważ »wszyscy mamy taki sam układ trawienny, nieprawdaż?« Mimo wątpliwości byłam prawdziwie zaintrygowana tym, co się wydarzyło. Obecnie, po stosowaniu diety zgodnej z grupą krwi 0 przez zaledwie kilka tygodni, czuję przypływ energii, a mój poziom glukozy obniżył się. Nie miewam już niestrawności, nie czuję pieczenia w klatce piersiowej i nie zdarzają mi się wzdęcia. Wystarczyło wykluczyć z diety pszenicę i wszystkie jej pochodne. Spożywam teraz niewielkich ilości produktów zbożowych z orkiszu, kamutu, jęczmienia, quinoi, gryki oraz białego i brązowego ryżu. Ogólnie biorąc, przestrzegam co do joty diety zalecanej osobom z grupą krwi 0. Nie zdobyłam się jeszcze na całkowite odrzucenie kawy, natomiast rezygnacja z typowych produktów afroamerykańskich – takich jak ham hock i pieczywo z mąki kukurydzianej – nie sprawiła mi trudności. Jestem Afroamerykanką z nadwagą i skłonnościami do cukrzycy, samotnie wychowującą dziecko i studiującą w pełnym wymiarze. Prócz tego zajmuję się nauczaniem języka obcego i prowadzę dom, mam więc wiele powodów, by dbać o zdrowie. Z przyjemnością donoszę, że pozbywam się nadwagi i doskonale się czuję!"

Pomiar stosunku obwodów w biodrach i w talii:
Nadwaga jest stanem wybitnie niezdrowym, a w sytuacji gdy jest skoncentrowana w okolicach brzucha, a nie bioder i ud, prowadzi do zaburzeń przemiany materii. A oto szybki test rozłożenia nadmiaru tkanki tłuszczowej. Stajemy prosto przed dużym lustrem i za pomocą centymetra krawieckiego mierzymy obwód w najwęższym miejscu talii oraz w najszerszym miejscu na wysokości pośladków. Dzielimy wynik pierwszego pomiaru przez wynik drugiego. Zdrowy rezultat dla kobiet powinien mieścić się w przedziale 0,70-0,75, a dla mężczyzn w przedziale 0,80-0,90.

2. ELIMINACJA LEKTYN INSULINOPODOBNYCH. Większość przedstawicieli grupy 0 może pozbyć się nadwagi łatwo i szybko eliminując z diety pokarmy zwiększające oporność na insulinę. Lektyny dzia-

łają na receptory komórek tkanki tłuszczowej u osób z grupą krwi 0 podobnie jak insulina występują w pszenicy, kukurydzy, ziemniakach i niektórych odmianach fasoli. Wiążąc się z tymi receptorami cząsteczki lektyn powodują wysyłanie do komórek tłuszczowych sygnału do zaprzestania spalania tłuszczu i do gromadzenia nadmiaru kalorii w formie tłuszczu. A zatem, spożywając duże ilości lektyn insulinopodobnych w diecie nieprawidłowej z punktu widzenia grupy krwi, zwiększamy objętość tkanek tłuszczowych, zmniejszając jednocześnie masę tkanek aktywnych.

Klucz do prawidłowej wagi u osób z grupą 0

ZAMIAST...	JEDZ...
Fasoli	Dynię
Kukurydzy	Warzywa korzeniowe
Pszenicy	Słodkie ziemniaki
Ziemniaków	Dyniowate

Czynniki sprzyjające powstawaniu nadwagi u osób z grupą krwi 0

- dieta wysokowęglowodanowa,
- niedobór podstawowych kwasów tłuszczowych, a w szczególności olejów Omega-3 występujących w rybach,
- stosowanie w przeszłości diet niskokalorycznych,
- opuszczanie posiłków,
- spożywanie cukru rafinowanego i pokarmów skrobiowych,
- zbyt niska zawartość błonnika w diecie,
- zbyt niski udział fitochemicznych przeciwutleniaczy zawartych w warzywach i owocach,
- spożywanie sztucznych cukrów,
- niewłaściwy dobór i poziom lektyn w diecie,
- brak ćwiczeń fizycznych lub siedzący tryb życia,
- stosowanie używek, takich jak kawa, alkohol i palenie tytoniu.

3. UNIKANIE SUBSTANCJI POBUDZAJĄCYCH. Wiele osób usiłuje się odchudzać, stosując używki, metoda ta nie ma jednak najmniejszego sensu u osób z grupą krwi 0. Pokarmy pobudzające zawierają przeważnie jakąś postać kofeiny. Tymczasem istnieją niepodważalne dowody na to, że niewielkie nawet ilości tego związku pobudzają układ nerwowy osobników grupy 0 w sposób zwiększający wydzielanie adrenaliny, co powoduje efekt hipoglikemii nawet wówczas, gdy podstawowy poziom cukru we krwi nie jest w rzeczywistości niski.

• Z REJESTRU PRZYPADKÓW •

Alice S.
Grupa krwi 0
Młoda kobieta
Poprawa: nadwaga

„Jestem potężną kobietą, dla której pozbycie się nadwagi było zawsze trudnością nie do pokonania. Przeszłam na dietę opisaną w książce *Jedz zgodnie ze swoją grupą krwi* z kilku powodów: po to, by trochę schudnąć, by pozbyć się kłopotów trawiennych, a także po to, by uwolnić się od migren. Po trzech miesiącach zrzuciłam 15 kg (właściwie bez jakiegoś poważnego programu ćwiczeń sportowych!). Problemy z trawieniem znacznie się zmniejszyły. Zauważyłam też niewielką poprawę, jak chodzi o częstotliwość i natężenie ataków migreny. Ponadto, mój lekarz stwierdził, że zmniejszył się mój puls spoczynkowy i obniżyło ciśnienie krwi. Jestem bardzo zadowolona z tych rezultatów. Po pierwszym szoku, gdy uświadomiłam sobie, że wszystko, co jadałam i lubiłam jeść, znajdowało się na liście pokarmów do skreślenia, przystosowałam się do nowej diety i nie czuję się w związku z nią sfrustrowana lub nieszczęśliwa".

Podstawowymi objawami owej hipoglikemii związanej z układem sympatycznym i katecholaminami są: zwiększona potliwość, drżenia, palpitacje (kołatanie serca), uczucie głodu, nienaturalne ożywienie i niepokój. Niedostateczny dowóz glukozy do mózgu może powodować inne jeszcze objawy, np. zamglenie wzroku, zaburzenia mowy, zawroty głowy i trudności z koncentracją.

Niezależnie od diety zgodnej z własną grupą krwi, reprezentanci grupy 0 mogą intensyfikować swoją przemianę materii, dodając do jadłospisu morszczyn i kelp.

4. ZMNIEJSZENIE POTRZEBY SPOŻYWANIA WĘGLOWODANÓW. Silne pragnienie spożycia pokarmu stymulującego lub węglowodanowego świadczy o niskim poziomie serotoniny. Mózg usiłuje w ten sposób doraźnie podnieść poziom tego ważnego hormonu. Trudne do opanowania „zachcianki" tego rodzaju można radykalnie zmniejszyć, przyjmując między posiłkami preparaty zawierające 5HTP, tyrozynę lub glutaminę.

Przekonałem się, że u kobiet silne potrzeby spożywania węglowodanów mogą być wywołane niskim poziomem estrogenu. Poziom tego hormonu normalizuje korzeń rośliny o nazwie *maca*, która rośnie w wysokich Andach *(Lepidium meyenii)*. Przyjmuje się jednorazowo 1-2 kapsułki preparatu z tej rośliny.

DODATKI NASERCOWE DLA OSÓB Z GRUPĄ KRWI 0 SZCZEGÓLNIE PRZYDATNE DLA NIEWYDZIELAJĄCYCH

L-karnityna
głóg
magnez
kwas pantotenowy (aktywna witamina B_5)
CoQ_{10}

Zaburzenia krzepliwości krwi
„Rzadka krew" osób należących do grupy 0 może być poważnym problemem w przypadkach zranień i operacji chirurgicznych, podczas których występują duże krwawienia. Oto kilka sposobów zwiększenia krzepliwości:

- Co najmniej na tydzień przed operacją rozpocząć przyjmowanie dziennych dawek 2000 mg witaminy C i 30 000 j.m. witaminy A. Witaminy tę przyśpieszają gojenie się ran.
- Przed operacją przyjąć zwiększoną dawkę witaminy K, mającej zasadnicze znaczenie dla krzepliwości krwi. Jeść duże ilości zieleniny, np. szpinaku. Uzupełnić dietę płynnym chlorofilem.
- Unikać rozrzedzającej krew aspiryny.
- Unikać innych substancji rozrzedzających krew, jak czosnek i miłorząb japoński na dwa tygodnie przed operacją.

I jeszcze jedno słowo ostrzeżenia: wiele osób z grupą krwi 0 trwa w błędnym przekonaniu, jakoby ich rzadka krew chroniła przed niebezpiecznymi zakrzepami. Nie musi tak być. Na przykład: swobodny przepływ krwi w naczyniach może być zakłócony przez zapalenie żył.

ANTYKONCEPCJA

Kobiety z grupą krwi 0 powinny unikać doustnych środków antykoncepcyjnych, ponieważ ich przyjmowanie zwiększa ryzyko krwotoków.

Choroby układu odpornościowego związane z grupą krwi 0

Kandydoza
Choroby tarczycy
Stany zapalne

Kandydoza

Kandydoza, czyli infekcja bielnikiem białym *(Candida albicans)*, jest zdecydowanie zbyt często rozpoznawana. Ogólnie biorąc, u osób z grupą krwi 0 stwierdziłem większą podatność na tę chorobę w porównaniu z innymi grupami krwi. Dotyczy to zwłaszcza niewydzielaczy.

Badania wykazały, że można skutecznie ją leczyć za pomocą preparatów ziołowych i innych substancji. Jeżeli jednak w leczeniu tym nie zostanie uwzględniony stan przewodu pokarmowego, to należy się liczyć z nawrotami. Dlatego najlepszym sposobem walki z kandydozą jest zmiana diety na odpowiednią dla własnej grupy krwi. Oto dodatkowe wskazania pomagające zwalczać tę chorobę:

- Zwiększyć spożycie oliwy z oliwek.
- Pewna intrygująca lektyna zawarta w korzeniu pokrzywy skleja drobnoustroje *Candida albicans.* Fakt ten został potwierdzony w moim laboratorium.
- Bakterie probiotyczne. Praktycznie wszystkie bakterie tej kategorii w jakimś stopniu ograniczają rozwój *Candida albicans.* Najlepszą ochroną jest obecność w przewodzie pokarmowym dostatecznie dużych populacji przyjaznych drobnoustrojów z rodzaju *Lactobacilli.* Najbardziej aktywne w zwalczaniu *C. albicans* są: *L. acidophilus, L. reuteri* i *L. casei.*
- Ziele tymianku, liść oregano i ziele rozmarynu lekarskiego. Te popularne przyprawy kuchenne uodparniają na działanie bakterii takich jak *H. pylori* i innych mikroorganizmów, np. *Candida albicans.* Zapobiegają przyklejaniu się tych ostatnich do komórek, a nawet potrafią odczepiać te, które już się do nich przykleiły.
- Listownica *(Laminaria)* i morszczyn *(Fucus vesiculosus)* zwiększają odporność na *Candida albicans* i przeciwdziałają ich przyklejaniu się.

Choroby tarczycy

Osoby z grupą krwi 0, których dieta obfituje w pszenicę i jej pochodne, mają do czynienia z autoimmunologiczną chorobą tarczycy znacznie częściej niż inni ludzie. Zarówno zaburzenia nadczynnościowe (Grave'a), jak i niedoczynnościowe (Hashimoto) występują najczęściej u przedstawicieli grupy 0[5]. Wielu chorych z niedoczynnością autoimmunologiczną Hashimoto uzyskało poprawę dzięki stosowaniu diety zgodnej z grupą krwi. Należy przypuszczać, iż jest to rezultat zmniejszenia ilości lektyn w pożywieniu. W chorobie Grave'a powinno się zawsze działać pod ścisłą kontrolą lekarską.

Gruczoł tarczycy wywiera ogromny wpływ na wiele organów i funkcji ciała. Choroba Hashimoto (podostre limfocytarne zapalenie tarczycy) i choroba Grave'a powstają na skutek uszkodzenia układu odpornościowego lub stymulacji tkanki tarczycy. Symptomy niedoczynności i nadczynności tego gruczołu są niespecyficzne i mogą się rozwijać powoli lub pojawiać nagle. Należą do nich: uczucie znużenia, nerwowość, zmniejszenie tolerancji na niskie i wysokie temperatury, osłabienie, zmiany faktury włosów lub ich ilości oraz wzrost lub ubytek wagi. Autoimmunologiczne choroby tarczycy występują u 4% kobiet, często w rodzinach, w których występowały inne schorzenia autoimmunologiczne. Rozpoznania konkretnej choroby tarczycy dokonuje się bez trudu na podstawie odpowiednich badań laboratoryjnych.

Objawy *hipotyroidyzmu* (niedoczynności tarczycy) kontroluje się za pomocą tabletek uzupełniających jej hormon. W leczeniu tym zbyt małe lub zbyt duże dawki leku mogą spowodować efekty uboczne i komplikacje. Leczenie *hipertyroidyzmu* (nadczynności tarczycy) wymaga długotrwałej terapii lekowej, ewentualnie zniszczenia gruczołu tarczycznego za pomocą radioaktywnego jodu lub operacji chirurgicznej. Dwie ostatnie metody związane są z poważnym ryzykiem i długotrwałymi skutkami ubocznymi.

Nadaktywna tkanka tarczycy jest znacznie bardziej wrażliwa na aglutynujące działanie lektyn zawartych w pszenicy i soi niż tkanka zdrowa[6]. Tym zapewne tłumaczy się wiele nadzwyczajnych wyleczeń, o których donoszą osoby relacjonujące na stronach mojej witryny internetowej, spontaniczne, kompletne remisje po zastosowaniu diety zgodnej z grupą krwi. Wszystkie te przypadki dotyczą reprezentantów grupy 0, mam więc prawo przypuszczać, że dieta niskolektynowa w jakiś sposób usuwa czynnik warunkujący ciągłą reakcję zapalną bądź autoimmunologiczną. Nie bez znaczenia może być również fakt, iż w zdrowej tarczycy nie powstaje tak wiele antygenów grupy krwi, jak w chorej. Tkanka tarczycy znajdująca się w stanie zapalnym wytwarza ogromne ilości antygenu typu A. Staje się to źródłem poważnego problemu w organizmie, w którego surowicy występują antygeny typu anty-A, zwłaszcza gdy jest to organizm z krwią grupy 0 wytwarzający cztery warianty antygenów.

Stany zapalne

Generalnie osoby mające grupę krwi 0 są bardziej podatne na stany zapalne w porównaniu z innymi grupami, a to ze względu na fukozę – cukier pełniący w ich organizmach funkcję antygenu grupy krwi. Fukozy pełnią rolę cząsteczek adhezyjnych dla podobnych do lektyn cząsteczek zwanych selektynami. Adhezja ta umożliwia łatwą migrację białych krwinek z krwiobiegu do rejonów, w których występują

• Z REJESTRU PRZYPADKÓW •

Rick D.
Grupa krwi 0
Mężczyzna w średnim wieku
Poprawa: Bóle stawów i mięśni

„Przestałem pić kawę, a moja żona nakłoniła mnie do przestrzegania diety zgodnej z grupą krwi. Zauważyłem wielką różnicę w stawach i mięśniach. Stawy od dawna mnie bolały. Każdego dnia. Obecnie odczuwam niewielkie bóle rano, a kiedy się rozruszam, czuję się dobrze. Przez trzy tygodnie próbowałem znowu pić kawę, nadal trzymając się diety. Już po godzinie zauważyłem różnicę. Mam skazę moczanową i zapalenie stawów; po kawie z dnia na dzień było gorzej. Teraz rzadko się to zdarza".

stany zapalne. Osoby z grupą krwi 0 mogą też być szczególnie predystynowane do takich stanów z uwagi na niski podstawowy poziom kortyzolu, hormonu mającego działanie przeciwzapalne.

Osoby z grupą krwi 0 spożywające duże ilości produktów zbożowych są wybitnie podatne na choroby autoimmunologiczne. Lektyny zaostrzają u nich skłonność do charakteryzującej te choroby nadodporności.

Wszyscy przedstawiciele grupy 0 podlegają zwiększonemu ryzyku stanów zapalnych. Osoby starsze z tą grupą krwi mają skłonności do zapaleń kości i stawów, którym towarzyszy chroniczne zwyrodnienie kości pochodzenia chrzęstnego. Kobiety są bardziej zagrożone niż

• Z REJESTRU PRZYPADKÓW •

Julie H.
Grupa krwi 0
Kobieta w średnim wieku
Poprawa: choroba autoimmunologiczna

„W kwietniu, po wielu tygodniach bólów i ogromnego zmęczenia, poprosiłam swojego lekarza o skierowanie na wszystkie badania mogące mieć związek ze stanem mojego zdrowia. W związku z wysokim opadem i poziomem przeciwciał przeciwjądrowych (ANA) otrzymałam skierowanie do reumatologa, który zlecił dalsze badania. Po ich wykonaniu rozpoznano u mnie syndrom Sjogrena oraz lekkie postaci twardziny skóry, tocznia i paru innych jednostek reumatyczno-immunologicznych. Co trzy godziny brałam aspirynę w celu złagodzenia bólów, a moja skóra łuszczyła się i była pokryta wysypką, mimo stosowania kremów kortyzonowych. W pierwszym tygodniu lipca przeszłam na dietę opisaną w książce *Jedz zgodnie ze swoją grupą krwi*, a 8 sierpnia tańczyłam na weselu mojej córki".

mężczyźni. Najlepszą obroną jest dieta zgodna z grupą krwi 0, ze szczególnym uwzględnieniem unikania pszenicy i produktów mlecznych, mogących wywoływać stany zapalne.

Następujące uzupełnienia dietetyczne mogą pomóc w zwalczaniu stanów zapalnych i zapobieganiu im:

- Korzeń pochodzącego z Jamajki kolcowoju lekarskiego zwanego również sarsaparylą *(Smilax sp.)* jest adaptogenem używanym do łagodzenia stanów zapalnych. Często bywa składnikiem preparatów zwiększających fizyczną wydolność, przeznaczonych dla sportowców.
- Astragalus – chińskie zioło równoważące aktywność procesów zapalnych i odpornościowych.
- Ziele tymianku, oregano i rozmarynu – popularne przyprawy kuchenne zawierające potężne przeciwutleniacze i wykazujące łagodne działanie przeciwzapalne.
- Kłącze imbiru – zawiera związki działające przeciwzapalnie i przeciwwrzodowo oraz przeciwutleniacze.
- Owoc goździka – bogate źródło eugenolu oraz związków działających przeciwzapalnie i przeciwwrzodowo.
- Kurkumin (ekstrakt z kurkumy) – preparat chemoochronny, zalecany szczególnie osobnikom niewydzielającym antygenów.

Aby dowiedzieć się więcej na temat zachowania zdrowia i równowagi, zapoznaj się z witryną internetową: www.dadamo.com.

10

Życie zgodne z grupą krwi A

ZAWARTOŚĆ ROZDZIAŁU

Profil grupy A

Osoby z grupą krwi A wkraczające w wiek XXI muszą sobie uświadomić, że stoją przed nimi wyzwania ogromnie skomplikowane, całkowicie przekraczające wyobraźnię ich protoplastów. Wiele neurochemicznych czynników wpływa na genetyczne przystosowanie przedstawicieli grupy A do życia w harmonijnym, dobrze zorganizowanym i rytmicznym środowisku oraz w pozytywnej i udzielającej wsparcia społeczności. Narastające tempo współczesnego życia oraz izolacja i wyobcowanie, których doświadcza dziś tak wielu ludzi, ogromnie utrudniają zaspokajanie tych potrzeb. Grupa krwi A, odpowiadająca najstarszej historycznie fazie adaptacji, najlepiej uwidocznia potężne powiązania wzajemne między umysłem i ciałem, które miały niegdyś decydujące znaczenie w procesie przechodzenia od łowiectwa do budowania, gospodarowania i rozwoju cywilizacyjnego. Z drugiej strony, bardziej pasywny i uwewnętrzniony – w porównaniu z grupą 0 – stosunek do stresu, służący bardzo dobrze wczesnym przedstawicielom grupy A, w dzisiejszym świecie może być dla ich potomków potężnym wyzwaniem. Codzienne nawarstwianie się stresujących czynników utrudnia osobom z krwią grupy A skuteczny powrót do hormonalnej równowagi. Konsekwencje chronicznego stresu są wyraźnie widoczne w ogólnym profilu tej grupy, której reprezentantom grozi zwiększone ryzyko chorób serca i chorób nowotworowych. Utrzymanie hormonów stresu w równowadze jest dla nich najważniejszym zadaniem zdrowotnym.

Kluczowy czynnik ewolucji grupy A wywodzi się z prehistorycznej walki o przetrwanie w warunkach gwałtownie malejącej podaży mięsa w środowisku naturalnym. Po zdziesiątkowaniu wielkich stad Afryki ludzie zaczęli przemieszczać się ze swego ojczystego kontynentu do Europy i Azji, stając się powoli istotami wszystkożernymi i kompensując w ten sposób coraz bardziej ograniczoną dostępność pokarmów mięsnych. Proces przystosowawczy, którego rezultatem jest grupa krwi A, opierał się na konieczności pełnego wykorzystania czynników odżywczych zawartych w węglowodanowych źródłach pokarmowych. Efekty tej biologicznej adaptacji możemy jeszcze dziś obserwować w strukturach trawiennych organizmów z grupą krwi A. Niski poziom kwasu solnego w żołądku i wysoki poziom dwucukrów w jelitach pozwalają im skuteczniej trawić węglowodany. Te same czynniki utrudniają im trawienie i przyswajanie białek i tłuszczów pochodzenia zwierzęcego.

Wrażliwa równowaga hormonalna organizmów grupy A, w której istotną rolę odgrywa stały wysoki poziom kortyzolu, czyni je bardziej podatnymi na cukrzycę, choroby serca i nowotwory. Jest jednak i pocieszająca wiadomość: osoba mająca krew grupy A może znacząco zminimalizować wszystkie związane z nią czynniki ryzyka zdrowotnego, stosując właściwą dietę i zalecenia znajdujące się w tym rozdziale.

Wskazania dla osób z grupą krwi A obejmują zasady aktywnego trybu życia, czynniki podtrzymujące równowagę hormonalną, terapie sportowe oraz zindywidualizowane zalecenia dietetyczne służące maksymalizacji zdrowia, ograniczeniu czynników ryzyka zdrowotnego oraz przezwyciężaniu chorób. Efektami tego programu są: zwiększona aktywność życiowa, jasność umysłu, witalność i długowieczność.

Wskazania dla przedstawicieli grupy A

Wskazania dla ludzi z grupą krwi A obejmują dietę, elementy behawioralne oraz terapie środowiskowe pomagające im żyć zgodnie z własnymi predyspozycjami. Omówione zostaną kolejno:

- TRYB ŻYCIA sprzyjający zdrowiu i długowieczności.
- STRATEGIE SPECJALNE dla dzieci, osób starszych i organizmów nie wydzielających antygenów grupy krwi.
- CZYNNIKI ZRÓWNOWAŻENIA EMOCJONALNEGO i sposoby uwalniania się od stresu.
- DIETA PODSTAWOWA: wariant I – maksymalizacja zdrowia.
- DIETA UKIERUNKOWANA: wariant II – przezwyciężanie chorób
- TERAPIE ZINDYWIDUALIZOWANE w chronicznych stanach chorobowych.
- TERAPEUTYCZNY PROGRAM UZUPEŁNIAJĄCY dla dodatkowego wsparcia.

Zalecany tryb życia

Kluczowe wskazania dla grupy A

- Tworzyć i realizować spójne harmonogramy codziennych zajęć.
- Udawać się na spoczynek nie później niż o godz. 23:00 i sypiać regularnie co najmniej 8 godzin na dobę.
- W ciągu dnia pracy robić przynajmniej dwie dwudziestominutowe przerwy i traktować je jak wakacje.
- Nie opuszczać posiłków.
- Spożywać więcej pokarmów białkowych w godzinach rannych i przedpołudniowych, a mniej pod koniec dnia.
- Unikać jedzenia w stanie podniecenia nerwowego.
- Jeść więcej mniejszych posiłków w ciągu dnia – np. sześć zamiast trzech.
- Uprawiać 30-40-minutowe ćwiczenia odprężające przynajmniej trzy razy w tygodniu.
- Przeprowadzać regularne badania w ramach profilaktyki kardiologicznej i onkologicznej.

Przedstawimy teraz szczegółowe wytyczne dotyczące trybu życia przeznaczone dla osób z grupą krwi A i których stosowanie pozwoli im zachować maksimum zdrowia i długowieczności.

Profil ryzyka zdrowotnego dla grupy A

DZIEDZINY	ZJAWISKA
UMYSŁ I CIAŁO Naturalnie wysoki podstawowy poziom kortyzolu oraz tendencja do jego nadprodukcji w warunkach reakcji na stres	• Nadmierna reakcja na stres • Trudności z przezwyciężaniem stresu • Zakłócenia wzorców snu • Zamglenia świadomości w porze dziennej • Stłumiony niepokój, histeria, introwersja, niskie poczucie wartości własnej • Łatwość przetrenowania przy nadmiernym wysiłku fizycznym (sportowym) • Niszczący wpływ na przyjazne bakterie GI • Tłumienie funkcji odpornościowych • Skłonność do dystrofii mięśniowej i otłuszczenia
TRAWIENIE Nadwrażliwość na enzym trawienny zwany czynnikiem wzrostu naskórkowego żołądkowego	• Skuteczna ochrona przed wrzodami trawiennymi • Wytwarzanie nadmiaru śluzu • Skłonność do rozrostu tkanek przełyku i żołądka
Słabe wydzielanie kwasu żołądkowego	• Utrudnione trawienie białek • Blokowanie funkcji enzymów trawiennych • Tendencja do nadmiernego rozwoju bakterii w żołądku i jelitach • Upośledzenie wchłaniania witamin i minerałów
Brak enzymu jelitowego zwanego fosfatazą zasadową	• Sprzyjające warunki do wzrostu poziomu cholesterolu, szczególnie LDL • Trudności z rozkładaniem tłuszczów
METABOLIZM Wysoki poziom przeciwciał IgA	• „Gęstsza" krew – tendencja do agregacji (powstawania skupisk komórek) • Dobra krzepliwość
UKŁAD ODPORNOŚCIOWY Niskie poziomy przeciwciał IgA	• Podatność na infekcje uszu i dróg oddechowych • Podatność na infekcje bakterii GI
Niski poziom przeciwciał IgE	• Skłonność do astmy i alergii
Znaczniki nowotworowe przypominają antygen grupy krwi A	• Osłabienie cytotoksycznej aktywności krwinek białych • Upośledzenie ustrojowej zdolności odróżniania elementów przyjaznych od wrogich

ZWIĘKSZONE RYZYKO	WARIANTY
• Zaburzenia obsesyjno-kompulsywne (OCD) • Choroby serca • Syndrom oporności na insulinę (syndrom X) i cukrzyca typu II • Niedoczynność tarczycy • Rak • Wysoki poziom stresu może stworzyć zagrożenie praktycznie wszystkimi chorobami	OSOBY STARSZE: • Wysoki poziom cholesterolu jest powiązany z chorobą Alzheimera i demencją starczą • Zaburzenia funkcji hormonów stresu mogą prowadzić do starczej dystrofii mięśni
• Przełyk Barretta • Rak przełyku • Infekcje dróg oddechowych • Rak żołądka	DZIECI: Nadmierne wydzielanie śluzu zwiększa ryzyko infekcji uszu
• Rak żołądka • Kamienie żółciowe • Żółtaczka	NIEWYDZIELACZE: Nieco wyższy poziom kwasu żołądkowego ułatwia trawienie białek
• Choroba naczyń wieńcowych • Osteoporoza • Rak okrężnicy • Hipercholesterolemia	NIEWYDZIELACZE: Nieco wyższy poziom jelitowego enzymu – fosfatazy zasadowej
• Choroba naczyń wieńcowych • Zakrzepica naczyń mózgowych • Problematyczne w chorobach nowotworowych	OSOBY STARSZE: • Zwiększone ryzyko udarów zatorowych • Zwiększone ryzyko okluzyjnych chorób serca
• Celiakia • Gośćcowa choroba serca • Choroby nerek	NIEWYDZIELACZE: zwiększone ryzyko, zwłaszcza u dzieci infekcji uszu
• Większość nowotworów	

1. Przestawienie osobistego zegara dobowego

Zważywszy, że wydzielanie kortyzolu, wzrost kości, funkcje odpornościowe i wiele innych ważnych funkcji biologicznych odbywa się z zachowaniem dwudziestoczterogodzinnego rytmu dobowego, należy starannie uregulować porządek życia codziennego w sposób pozwalający unikać błędnych wzorców snu. Wyznacznikiem zdrowego rytmu snu powinno być pojawianie się światła wschodzącego Słońca między godziną 6:00 i 8:00 rano. Przestawienie nieprawidłowych rytmów mogą ułatwić dwa uzupełnienia pokarmowe – dobrze znana melatonina i nieco mniej znana forma witaminy B_{12} o nazwie metylkobalamina.

Najłagodniejszym i najbardziej skutecznym sposobem przestawienia nieprawidłowego rytmu dobowego jest połączenie jasnego światła dziennego z metylkobalaminą, która intensyfikuje jego działanie. Metylkobalamina poprawia także jakość snu, zapewniając uczucie świeżości po obudzeniu. Nie wpływa wprawdzie na ogólny poziom kortyzolu, może jednak przesunąć w czasie moment jego maksymalnego wydzielania, pozwalając przestawić „kortyzolowy zegar" w normalne położenie.

Metylkobalamina: 1-3 mg dziennie, rano.

Melatonina: Melatonina jest hormonem, może więc być przyjmowana wyłącznie pod nadzorem lekarza. Z mojego doświadczenia wynika, że jest bezpieczna u osób z grupą krwi A, a jej przyjmowanie może im przynieść dodatkowe korzyści – na przykład rozwiązać problem nadczynności receptorów EGF i poprawić ich funkcję immunologiczną. Używanie hormonów jako uzupełnień pokarmowych powinno być jednak uważane za ostateczność i stosowane tylko wówczas, gdy inne, łagodniejsze środki okazały się nieskuteczne.

2. Prawidłowa dieta jako źródło siły i równowagi

Niezależnie od stosowania odpowiedniej diety, osoby z grupą krwi A powinny przestrzegać następujących zasad utrzymujących poziom stresu w równowadze:

- Ograniczyć spożycie cukru, kofeiny i alkoholu. Są to pokarmy o działaniu doraźnym, których przyjmowanie w dłuższym czasie wzmaga stres i spowalnia przemianę materii. Większość osób z grupą krwi A może sobie pozwolić na jedną filiżankę kawy co sześć godzin, lepiej jednak ograniczyć się do jednej filiżanki dziennie. Taka ilość kofeiny nie wywołuje znaczącej reakcji stresowej. Pobudza jedynie wydzielanie katecholamin, które w organizmie z krwią grupy A są łatwo eliminowane. Miłośnicy kawy, którym trudno z niej zrezygnować, powinni przynajmniej ograni-

O doniosłości rytmu dobowego

Wydzielanie kortyzolu podlega dwudziestoczterogodzinnemu rytmowi dobowemu. W organizmie ludzkim dokonuje się ponad sto takich rytmicznych procesów. Każdy z nich wpływa na jakiś aspekt funkcji ciała. Cyklicznie zmieniają się: ciepłota, poziomy hormonów, puls, ciśnienie krwi, a nawet próg bólu. Trudno znaleźć okolicę lub część ciała, która nie podlegałaby tej cykliczności. Uczeni nie potrafią dokładnie wyjaśnić, w jaki sposób mózg kontroluje ten niezwykle złożony, wielopłaszczyznowy dwudziestoczterogodzinny schemat, wiemy jednak, że kluczową rolę odgrywa w jego mechanizmie światło słoneczne i jego brak. W idealnych warunkach największe ilości kortyzolu wydzielają się między godziną 6:00 i 8:00 rano. Następnie jego poziom stopniowo maleje. Badacze wysuwają przypuszczenie, iż wydzielanie kortyzolu w rytmie dobowym pomaga nam w podtrzymywaniu wielu innych rytmów biologicznych. Hipoteza ta nie jest ostatecznie potwierdzona, wiadomo jednak, że podwyższony poziom kortyzolu podczas snu powoduje rozregulowanie innych dwudziestoczterogodzinnych rytmów fizjologicznych. Na przykład: podwyższony poziom kortyzolu o północy zakłóca proces regeneracji kości w następnym dniu, zmieniając względną równowagę metabolizmu wzrostu tkanek kostnych, co oznacza, że tkanki te nie odnawiają się w prawidłowym tempie. To samo dotyczy regeneracji skóry. Podwyższony poziom kortyzolu w porze nocnej zaburza proces bieżącej odnowy tkanek skóry, co powoduje przedwczesne jej starzenie się. Wysoki nocny poziom kortyzolu zakłóca również działanie układu odpornościowego. Jest to swego rodzaju błędne koło, ponieważ nadmiar kortyzolu wywołuje bezsenność, a ta z kolei jeszcze bardziej podwyższa jego stężenie, czemu nie należy się dziwić, wiedząc, jak wielkim jest stresem. Zmuszając się do czuwania w porze, w której normalnie pogrążamy się we śnie, doznajemy gwałtownego uczucia senności. Co się wtedy dzieje? Temperatura ciała spada, a poziom kortyzolu gwałtownie wzrasta. Powiedzmy, że z jakiegoś powodu nadal nie udajemy się na spoczynek. W takiej sytuacji uczucie senności bardzo się wzmaga, a jednocześnie robi nam się zimno. Gdybyśmy zmierzyli sobie temperaturę, okazałoby się, że jest ona poważnie zaniżona; poziom cukru we krwi również w takich okolicznościach gwałtownie spada. Kiedy poziom kortyzolu jest zbyt wysoki, zaczynamy odczuwać to samo w ciągu dnia, aż po spadek energii i permanentne „zamglenie umysłu".

czyć konsumpcję innych pokarmów zawierających kofeinę. Zbyt duże dawki kofeiny wyzwalają reakcje kortyzolowe.

- Unikać niedojadania i opuszczania posiłków. Spożywać przekąski między posiłkami, gdy pojawia się wyraźne uczucie głodu. Unikać diet niskokalorycznych. Pamiętać o tym, że głód jest potężnym źródłem stresu podwyższającym poziom kortyzolu, spowalniającym metabolizm, sprzyjającym odkładaniu się tłuszczu i zmniejszającym zdrową masę mięśniową.
- Jeść zrównoważone śniadania z większą niż w innych posiłkach ilością pokarmów białkowych. Osoby z krwią grupy A powinny

traktować śniadanie jak posiłek królewski, zwłaszcza gdy pragną pozbyć się nadwagi. Śniadanie jest najważniejszym posiłkiem dnia równoważącym potrzeby metaboliczne i reakcje stresowe. Jedz jak król z rana, jak biedak wieczorem.

- Posiłki mniejsze, ale częstsze, zapobiegają powstawaniu zaburzeń trawiennych powodowanych przez niski poziom kwasu żołądkowego. Żołądek rozpoczyna proces trawienia wydzielając odpowiednie soki i kurcząc się rytmicznie w celu wymieszania ich z pokarmem. Niski poziom kwasów żołądkowych sprzyja dłuższemu pozostawaniu pokarmu w żołądku. Należy również zwracać uwagę na właściwe komponowanie posiłków. Trawienie jest łatwiejsze i skuteczniejsze, kiedy unikamy łączenia pokarmów skrobiowych z białkami. Zioła pobudzające trawienie przyjmowane pół godziny przed posiłkiem znakomicie usprawniają funkcje żołądka.

3. Sport jako życiowy wentyl bezpieczeństwa

Wyższy niż u innych poziom kortyzolu utrudnia grupie A przezwyciężanie stresu. Badania wykazały, że podwyższony poziom tego hormonu można skutecznie obniżyć, realizując program regularnych ćwiczeń fizycznych zawierających element skupienia i działających uspokajająco. Działania tego rodzaju powinny stać się trwałym – i ratującym życie – elementem codziennej aktywności.

ĆWICZENIA HATHA JOGI. Hatha joga jest w świecie zachodnim coraz bardziej popularną metodą walki ze stresem. Z mojego doświadczenia wynika, że jest to znakomita forma ćwiczeń fizycznych szczególnie odpowiednia dla osób z grupą krwi A.

ĆWICZENIA WSCHODNICH SZTUK WALKI I TAI CHI. *Tai chi* jest starożytną chińską formą medytacji w ruchu. Wiele prac naukowych potwierdza jej działanie antystresowe. Ustalono ponad wszelką wątpliwość, że praktyka *tai chi* obniża poziom kortyzolu w ślinie, obniża ciśnienie krwi i poprawia nastrój po wydarzeniach wywołujących reakcje stresowe. Efekty te są porównywalne z antystresowym działaniem marszu z prędkością 6 km/godz. i lepsze od analogicznego działania odprężającej lektury.

ĆWICZENIA MEDYTACYJNE I GŁĘBOKIE ODDYCHANIE. Wpływ medytacji na hormony stresu był przedmiotem wielu badań naukowych, z których wynika, że po medytacji poziom kortyzolu w surowicy krwi jest znacząco niższy. Oddychanie jest kluczowym elementem medytacji i jogi. Stosowana przez joginów technika naprzemiennego oddychania przez prawe i lewe nozdrze jest potężnym narzędziem kontrolowania poziomu stresu. Oddychanie przez lewe nozdrze uspokaja sympatyczny układ nerwowy, natomiast oddychanie przez nozdrze prawe pobudza jego aktywność. Oddychanie naprzemienne, zgodne z tradycją jogi, odbudowuje równowagę między układem sympatycznym i parasympatycznym, stanowiąc nadzwyczaj potężny i skuteczny środek przeciwstresowy.

Osoby z grupą krwi A mogą również skorzystać z wymienionych niżej form treningu sportowego, pod warunkiem uprawiania go z umiarem. Zdrowi i cieszący się dobrą kondycją przedstawiciele grupy A mogą uczestniczyć w bardziej intensywnych formach zaprawy fizycznej, pamiętając jednak o tym, że nie jest ona dla nich antystresowym wentylem bezpieczeństwa. Widziałem znakomitych ciężarowców i gimnastyków reprezentujących tę grupę, wiem jednak, że musieli oni bardzo pilnie unikać przetrenowania. Objawami świadczącymi o nadmiernym obciążeniu treningowym są: chronicznie zimne dłonie, uczucie silnego zmęczenia występujące dwie godziny po zakończeniu treningu oraz uczucie zawrotu głowy po przejściu do pozycji stojącej. Wystąpienie któregokolwiek z tych symptomów u osoby z grupą A intensywnie uprawiającej sport jest ostrzeżeniem, które powinno ją skłonić do zmniejszenia obciążenia.

ĆWICZENIA RUCHOWE	ĆWICZENIA SIŁOWE	ĆWICZENIA ROZCIĄGAJĄCE
25 minut	20 minut	30 minut
2-3 razy w tygodniu	2-3 razy w tygodniu	3-4 razy w tygodniu

STRATEGIE SPECJALNE	DZIECI Z GRUPĄ A

Wychowując dziecko z krwią grupy A powinno się uwzględniać następujące wskazania, zwiększając w ten sposób jego szanse na zachowanie zdrowia i ograniczając ryzyko chorób.

Dzieci młodsze

- Radykalnie zmniejszyć oglądalność telewizji; unikać programów lub filmów zawierających elementy przemocy, horroru lub niebezpieczeństwa oraz sceny wojenne. Oglądanie przez dziecko takich obrazów podwyższa poziom kortyzolu. Kłaść nacisk na kontakt z muzyką, sztuką i książkami.
- Od drugiego lub trzeciego roku życia włączyć dziecko w tok własnych ćwiczeń oddechowych i rozciągających.
- Unikać tłumów i zbiegowisk. Przebywanie w tłoku jest dla dzieci z grupą krwi A czynnikiem stresującym.
- Zaszczepiać miłość do przyrody i nauki.
- Podawać dziecku sześć niewielkich posiłków dziennie, zamiast trzech dużych, trzymając się zasady: mniej, ale częściej.

- Każdego dnia znaleźć czas na dwie przerwy w zajęciach wypełnione spokojnym relaksem.
- Bezwzględnie przestrzegać pór udawania się na spoczynek, zapewniając dziecku 8-10 godzin nocnego snu w celu zachowania prawidłowego rytmu dobowego i uniknięcia nierównowagi kortyzolowej.
- Odtwarzać w dziecięcym pokoju muzykę relaksacyjną i stosować aromaterapię.
- Ludzie z grupą krwi A mają tendencję do uwewnętrzniania emocji. Należy zatem zwrócić szczególną uwagę na występujące u dziecka oznaki smutku i zakłopotania.

Dzieci starsze

- Ograniczyć oglądanie filmów i programów telewizyjnych zawierających przemoc, zachęcając w zamian do oglądania komedii. Śmiech obniża poziom stresu; widok przemocy gwałtownie podwyższa stężenie kortyzolu.
- Ograniczyć zajęcia pozaszkolne do jednego lub dwóch.
- Zachęcać dziecko do uczestnictwa w zajęciach ruchowych nie podnoszących poziomu stresu. Przykłady: sztuki walki i taniec. Ludzie z grupą krwi A nie są predystynowani do sportów o charakterze repetycyjnym i wytrzymałościowym.
- Uczyć rozwiązywania problemów jako sposobu radzenia sobie z frustracją. Przedstawiciele grupy A łatwo ulegają zniechęceniu.
- Podawać posiłki codziennie w tych samych porach dnia.
- Kultywować miłość do przyrody i samotnych długich spacerów, biwakowania, obserwowania ptaków.
- Rozmawiać z dzieckiem. Zachęcać je do otwarcia się bez lęku przed osądzeniem i karą. Reprezentanci grupy A mają skłonność do internalizacji emocji, co oznacza zapewne zwiększoną potrzebę zwracania uwagi na oznaki pojawiających się u dziecka problemów.

STRATEGIE SPECJALNE	OSOBY STARSZE Z GRUPĄ A

Ze szczególnego profilu związanego z grupą krwi A wynikają specjalne wyzwania dla osób starszych. Wszystkie one mogą być skutecznie podejmowane za pomocą właściwych strategii działania. W tym kontekście należy zwrócić uwagę na następujące problemy:

- Wydzielanie kwasu żołądkowego, z natury dość słabe u osób z grupą krwi A, zmniejsza się w starszym wieku jeszcze bardziej – o około 20%. Szczególnego znaczenia nabiera przestrzeganie diety właściwej dla grupy A, warunkującej utrzymanie poziomu kwasu żołądkowego w granicach niezbędnych dla prawidłowego

trawienia. Zaleca się przyjmowanie dwa razy dziennie preparatu o nazwie L-histidine, picie niezbyt mocnej herbaty z gorzkich ziół przed posiłkami oraz unikanie napojów gazowanych.
- Utrzymanie prawidłowego dobowego rytmu aktywności może w starszym wieku nastręczać trudności. Ogólnie biorąc, zjawiska bezsenności i przerw w spaniu nasilają się w zaawansowanym wieku. Pomocna może być witamina B_{12} lub preparaty z melatoniną.
- Po ukończeniu sześćdziesiątego roku życia zmysł powonienia słabnie, czasami dość dramatycznie. Węch, podobnie jak smak, pobudza wydzielanie soków trawiennych, wysyłając sygnał: „Nadeszła pora jedzenia". Osoby o upośledzonym węchu i smaku mają często tendencję do niedojadania. Niezdolność wyczuwania silnych woni może być także niebezpieczna, odbiera bowiem możliwość rozpoznania pokarmów nieświeżych lub zepsutych. Podstawowym problemem starszych osób z grupą krwi A jest spożywanie zbyt małych ilości pokarmów. Ich delikatny układ odpornościowy uwrażliwia też bardziej ich organizmy na infekcje bakteryjne.
- Konsekwencje stresu, a zwłaszcza wysoki poziom kortyzolu, mogą mieć charakter ogólnoustrojowy. W szczególności warto pamiętać, że podwyższony poziom kortyzolu może prowadzić do rzeszotowienia kości. Codzienne ćwiczenia relaksacyjne i rozciągające zapobiegają osteoporozie, a jednocześnie pomagają zachować ostrość myślenia. Badania wykazały, że wysokie stężenie kortyzolu ma związek z chorobą Alzheimera i demencją starczą.

Czynniki zrównoważenia emocjonalnego

Osoby mające grupę krwi A powinny stosować się w życiu codziennym do następujących wskazań. Pozwoli im to uniknąć zachwiania psychofizycznej równowagi i zachować emocjonalne zdrowie.

Wskazania podstawowe

- Wyrażać w słowach uczucia niepokoju i przygnębienia. Nie tłumić i nie lekceważyć własnych zmartwień i problemów. Śpiewać!
- Chcąc podjąć kolejny obowiązek lub nowe działanie, pozbyć się jednego z dotychczasowych zobowiązań.
- Zapewnić sobie w miejscu pracy jak największą ilość naturalnego światła słonecznego.
- Być zdecydowanym. Odroczone decyzje podwyższają poziom kortyzolu.
- Raz w miesiącu spędzać cały jeden dzień w zupełnej samotności i ciszy.
- Podczas treningów sportowych kończyć ćwiczenia *przed* osiągnięciem granic możliwości. Unikać przetrenowania.

- Dzielić pracę umysłową i fizyczną na etapy.
- Uzupełniać dietę adaptogenami obniżającymi poziom stresu (patrz: poniżej).

1. Identyfikacja i uświadamianie sobie własnych skłonności
Badania potwierdzają istnienie związku między wysokimi poziomami kortyzolu i cechami tzw. *„zachowania typu C"*. Osobowość tego typu kojarzona jest jednoznacznie z zagrożeniem chorobami nowotworowymi. Jest to całkowicie zgodne z tym, co wiemy o grupie krwi A; niemal wszystkie popularne nowotwory zdarzają się częściej u osób mających krew grupy A niż u przedstawicieli pozostałych grup. Niektóre typowe atrybuty *„osobowości typu C"* korelują, jak można się spodziewać z efektami podwyższonego poziomu kortyzolu. Na przykład: ludzie z taką osobowością mają skłonność do tłumienia swych prawdziwych niepokojów, w związku z czym sprawiają wrażenie pewnych siebie i dobrze przystosowanych; wznoszą emocjonalne blokady nie pozwalające im tworzyć bliskich związków; często czują się niegodni miłości; mają skłonność do dawania z siebie w związkach partnerskich znacznie więcej, niż w nich otrzymują; nierzadko angażują się w spełnianie pragnień innych osób, ignorując przy tym własne potrzeby; żywią do samych siebie uczucie politowania; martwią się i przejmują drobnymi, nieistotnymi sprawami. Z wysokim poziomem kortyzolu wiąże się także: nieśmiałość i nadmierna ostrożność u dzieci; „cynicznie wrogie" zachowania u mężczyzn; poporodowa depresja i niepokój u nastoletnich matek; nadaktywność u dzieci połączona z internalizacją uczuć; oraz jąkanie się u dzieci połączone z tremą w kontaktach wymagających słownego porozumiewania się.

Wiele koncepcji japońskiej psychologii popularnej opartych na klasyfikacji według grup krwi przypisuje grupie A wybitną zdolność kontrolowania szczegółów i subtelności. Uważam to spostrzeżenie za interesujące w kontekście związku grupy krwi A z zaburzeniami obsesyjno-kompulsywnymi (OCD). Być może coś, co przejawia się u zdrowej osoby z grupą krwi A jako „dbałość o szczegóły", przeradza się w OCD u osób, które znajdują się na samym końcu zdrowotnego spektrum.

Osoby mające grupę krwi A powinny ocenić, czy występują u nich cechy osobowości uważane przez badaczy za typowe dla tej grupy, a w szczególności: tendencja do introwersji, nadmierne skupianie się na szczegółach, a być może również pewne przejawy zaburzeń obsesyjno-kompulsywnych. Nie jest naszą intencją „szufladkowanie ludzi". Każda osobowość jest niepowtarzalna, a predyspozycje genetyczne to tylko niewielki fragment jej złożonego obrazu. Czytelnik mający krew grupy A powinien jednak zastanowić się nad tym, co znaczą dla niego te dane. Z mojego doświadczenia wynika, że opisane powyżej prototypowe zachowania zazwyczaj przejawiają się najintensywniej wówczas, gdy opór jest niewielki, a poziom stresu wysoki.

Osoba mająca krew grupy A, rozpoznająca u siebie cechy introwersji i elementy „*osobowości typu C*", powinna przede wszystkim zwrócić uwagę na swoje skłonności do uwewnętrzniania idei i emocji. Powinna odpowiedzieć sobie na pytania: Czy czuję się ograniczona przez swoją pracę lub związek partnerski? Czy jest ktoś, z kim mógłbym podzielić się własnymi uczuciami? Czy praca, którą wykonuję i moje hobby, zaspokajają moje aspiracje? Czy mam uczucie, że wyrażam siebie w sposób adekwatny? Czy pozwalam piętrzyć się uczuciom w sobie, zanim pozwolę komukolwiek poznać własne tajemnice?

Z moich doświadczeń wynika, że skłonności introwertyczno-analityczne występują szczególnie często i wyraźnie u mężczyzn z grupą krwi A. Jak już wspomniałem, inne badania wykazały, że wysoki poziom kortyzolu koreluje z nieśmiałością i jąkaniem się u dzieci oraz poporodowymi depresjami i niepokojami u młodych matek.

Możliwość wyrażania siebie – poprzez sztukę, pisanie, wypowiadanie się lub działanie fizyczne – daje przedstawicielom grupy A szansę zachowania psychicznej równowagi. Mogą oni sobie również pomóc, pijąc napary ze stabilizujących psychicznie i uspokajających ziół – dziurawca, rumianku, waleriany i męczennicy.

W pracy wymagającej skupienia uwagi i koncentracji powinno się robić przerwy. Mając sam grupę krwi A, wiem z doświadczenia, że moja praca jest wydajniejsza, gdy nie kontynuuję jej do granic wyczerpania, lecz przerywam co jakiś czas zupełnie inną formą wysiłku – taką jak stolarstwo. Wielokrotnie w ciągu dnia zmieniam rodzaj pracy z umysłowego na fizyczny i na odwrót. Technika ta ma prawdziwie rehabilitujące działanie. Pozwala zdystansować się wobec każdej z form działania oraz uzyskać w obydwu większą obiektywność i kreatywność. Jest to także strategia ograniczająca skłonność do neurotycznego zajmowania się szczegółami w stopniu zagrażającym istocie przedsięwzięcia. Winston Churchill opisywał swoją zdolność do „odprężania" części własnego umysłu przez używanie innych jego części. Musiał chyba należeć do grupy A! W najstraszniejszych chwilach II wojny światowej zawsze potrafił znaleźć czas na uprawianie malarstwa akwarelowego.

2. Adaptogeny korygujące reakcje na stres

Terminu „adaptogen" używa się na określenie roślin poprawiających niespecyficzne reakcje na stres. Wiele z nich ma dwukierunkowe, a co za tym idzie – normalizujące działanie na ludzką fizjologię: zwiększają to, czego jest za mało, i obniżają to, czego mamy za dużo. Poniżej podaję adaptogeny szczególnie cenne dla osób z grupą krwi A.

ŻEŃ-SZEŃ KOREAŃSKI LUB CHIŃSKI *(PANAX GINSENG)*. Żeń-szeń koreański lub chiński korzystniej oddziałuje na mężczyzn. W ogromnej liczbie badań potwierdzono pozytywny wpływ tej rośliny na reakcje organizmu w warunkach stresu fizycznego lub chemicznego oraz jego uzdrawiające działanie na centralny układ nerwowy, układ krążenia i układ wydzielania wewnętrznego.

ŻEŃ-SZEŃ SYBERYJSKI *(ELEUTHEROCOCCUS SENTICOSUS)*. Żeń-szeń syberyjski służy równie dobrze mężczyznom i kobietom. Także i jego korzystny wpływ na zdolność przystosowywania się do warunków stresowych został wielokrotnie potwierdzony w badaniach.

ASHWAGANDHA *(WITHANIA SOMNIFERA)*. Roślina ta nazywana jest „indyjskim żeń-szeniem" i uchodzi za jeden z najpotężniejszych adaptogenów w medycynie ajurwedyjskiej. Ma działanie antystresowe i anaboliczne podobne do żeń-szenia koreańskiego i chińskiego.

„ŚWIĘTA BAZYLIA" *(OCIMUM SANCTUM)*. W indyjskiej tradycji religijnej jest to roślina święta i otaczana czcią. Zalicza się ją również do adaptogenów. U osób z grupą krwi A może poprawiać reakcje na stres.

BOERHAAVIA. Zgodnie z tradycją boerhaavia jest stosowana przede wszystkim w leczeniu wątroby, ma jednak również działanie antystresowe o osób z grupą krwi A. Może wywoływać dramatyczne efekty w profilaktyce wzrostu poziomu kortyzolu w plazmie w warunkach stresowych, przeciwdziałając jednocześnie osłabieniu układu odpornościowego. U osób z krwią grupy A, u których długotrwałe stresy doprowadziły do chronicznego przekroczenia norm stężenia kortyzolu, dwukierunkowe, adaptogeniczne działanie boerhaavii przywraca stan równowagi.

TERMINALIA ARJUNA. Klasyczne zioła nasercowe wywodzące się z tradycyjnej medycyny indyjskiej, szczególnie korzystnie działające u osób grupy A ze skłonnościami do chorób serca. Normalizują reakcje na stres, obniżając poziom kortyzolu.

INULA RACEMOSA. Inne azjatyckie ziele działające przede wszystkim na układ krążenia. Podobne w działaniu do *terminalii* (obniża poziom kortyzolu).

MIŁORZĄB JAPOŃSKI. Uważa się, że roślina ta poprawia pamięć, ma ona jednak również silne działanie przeciwstresowe (ogranicza wydzielanie kortyzolu). Jest doskonałym ziołowym uzupełnieniem dla osób z grupą krwi A.

3. Zwalczanie stresu za pomocą odpowiednich uzupełnień dietetycznych

Osoby z grupą krwi A, podlegające silnym stresom umysłowym, emocjonalnym lub fizycznym powinny łagodzić ich wpływ, przyjmując wymienione niżej dodatki dietetyczne.

WITAMINA C. Istnieją dowody, że witamina C w ilościach przekraczających 500 mg dziennie zapobiega wzrostowi stężeń kortyzolu w warunkach silnego oddziaływania czynników stresogennych.

WITAMINY GRUPY B. U osób mających grupę krwi A zachowanie optymalnej zdolności reagowania na stres wymaga dodatkowych ilości witamin B_1, B_5 i B_6 (a także wystarczających ilości witaminy B_{12} w przypadku stosowania diety ściśle wegetariańskiej). Witaminy B_1 i B_6 poprawiają czynność wydzielania kortyzolu przez nadnercza, normalizując jednocześnie rytmiczną funkcję tych gruczołów. Każdy rodzaj stresu zwiększa zapotrzebowanie na witaminę B_5, potęgując nadmierną reakcję i wyczerpanie w obliczu czynników stresujących.

CYNK. Około 15-25 mg dodatkowego cynku może obniżyć poziom kortyzolu.

TYROZYNA. Tyrozyna jest aminokwasem niezwykle pomocnym w warunkach silnego stresu. Wyniki badań dowodzą niezbicie, że przyjęcie 3-7 g tyrozyny przed zaistnieniem sytuacji stresowej znacząco zmniejsza ostre objawy stresu i zmęczenia. Odnosi się to w szczególności do występów publicznych.

FOSFATYDYLOSERYNA. Związek ten, którego śladowe ilości znajdują się w lecytynie, wpływa regulująco na wywołane stresem pobudzenie osi HPA. (Uwaga: dla uzyskania efektu konieczna jest dawka 400-800 mg, a jest to substancja bardzo kosztowna).

STEROLE I STEROLINY POCHODZENIA ROŚLINNEGO. Roślinne sterole i steroliny należą do związków chemicznych opisywanych zwykle jako roślinne „tłuszcze", bardzo podobne chemicznie do cholesterolu, mające jednak adaptogeniczne działanie. Przeciwdziałają one stanom nierównowagi układu odpornościowego powstającym w warunkach stresu i sprzyjają normalizacji poziomu kortyzolu i DHEA.

4. Ograniczenie źródeł stresu w środowisku życia

Następujące czynniki podnoszą poziom kortyzolu u osób z grupą krwi A, powodując u nich psychiczne wyczerpanie[1]. Należy się ich wystrzegać i ograniczyć ich wpływ na siebie.

- Tłumne zgromadzenia
- Bezproduktywne spotkania
- Kłopoty finansowe
- Długie rozmowy telefoniczne
- Negatywne emocje
- Zaniepokojenie losem innych osób
- Skrajne warunki pogodowe (mrozy i upały)
- Opalanie się na słońcu
- Brak snu
- Kawa (w ilości większej niż 1 filiżanka)
- Palenie tytoniu
- Dieta niskokaloryczna
- Śniadania z dużą ilością węglowodanów
- Nadmierne ilości cukru i skrobi
- Filmy z przemocą
- Silnie działające substancje
- Silne zapachy lub wonie perfum
- Głośny hałas
- Przepracowanie
- Zbyt forsowne treningi sportowe
- Kłótnie i spory

Inne sposoby tworzenia harmonijnego środowiska:

MUZYKA. Muzyka może być doskonałym modulatorem stresu. Umiejętne użycie niektórych gatunków muzyki wybitnie łagodzi reakcje na stres[2]. Są jednak i takie rodzaje muzyki, których działanie wzmaga wewnętrzne reakcje stresowe. Jest to więc „miecz obosieczny". Badania wykazały, że słuchanie muzyki któregoś z podanych rodzajów powoduje spadek poziomu kortyzolu:
- walce Jana Straussa,
- kompozycje współczesne H.W. Henzego,
- muzyka typu „ambient" Briana Eno.

AROMATERAPIA. Wybitnie uspokajające działanie mają zapachy rumianku i cytryny. Można je stosować wedle własnego uznania.

5. Odpowiednia terapia redukująca poziom niepokoju
Oto ważne informacje dla osób poddających się terapii mającej zmniejszyć poziom niepokoju bądź ograniczyć objawy obsesyjno-kompulsywne.

- Leczenie zaburzeń obsesyjno-kompulsywnych często skupia się na nierównowadze serotoniny, w związku z czym aplikowane są leki takie jak Luvox. Lekarze ignorują przy tym znaczenie kortyzolu i nie starają się obniżać jego poziomu. Uważam, że zaburzenia, o których mowa, związane są z kortyzolem, a nie z serotoniną, zalecam więc leczenie ukierunkowane na obniżenie poziomu stresu.
- Wiadomo że pacjenci z zaburzeniami obsesyjno-kompulsywnymi mają niski poziom melatoniny, należałoby więc zapytać lekarza, co sądzi o jej uzupełnieniu.

6. Panowanie nad sytuacją życiową
Trzeba starać się kontrolować te elementy sytuacji życiowej, na które mamy istotny wpływ. Natychmiastowe uwolnienie się od stresującej pracy, niszczącego związku partnerskiego lub nieznośnej sytuacji domowej najczęściej nie jest możliwe. Zawsze jednak można coś zrobić dla zmniejszenia stresu. Może to być zmiana sposobu reagowania zmniejszająca skalę złości i konfliktu, lepsza organizacja czasu, sprzeciwienie się czyimś nowym żądaniom, a nade wszystko podjęcie określonych decyzji. To ostatnie działanie jest najważniejsze, ponieważ niezałatwione sprawy bywają źródłem chronicznego stresu. Nierozwiązane problemy mają działanie podobne do wirusa komputerowego rezydującego na stałym dysku. Zarażają całą dostępną pamięć, uniemożliwiając uruchamianie takich „programów", jak dobre zdrowie i spokój umysłu. Niekontrolowane emocje obniżają jakość życia

i rujnują zdrowie. Ograniczają też jasność myślenia, skuteczność działania oraz odbierają nam zdolność prawidłowej adaptacji w sytuacjach stresowych. Pozytywne i życzliwe uczucia są najlepszą ochroną przed stresem; dlatego właśnie osoby z grupą krwi A powinny regularnie uprawiać ćwiczenia uspokajające umysł.

Dieta dwuwariantowa dla grupy A

Dieta dwuwariantowa jest programem bardziej zindywidualizowanym w stosunku do diety podstawowej opisanej we wcześniejszych publikacjach. Z mojego doświadczenia wynika, że dieta podstawowa, w której pewne pokarmy są zalecane, inne unikane, a jeszcze inne – określane mianem obojętnych – traktowane jako ogólne uzupełnienie pokarmowe, służy dobrze pewnej liczbie ludzi, którzy ją stosują. Są jednak jednostki wymagające ściślejszego planu dietetycznego; należą do nich zwłaszcza osoby cierpiące z powodu chronicznych stanów chorobowych. Z myślą o nich opracowaliśmy wariant II poszczególnych diet, aby lepiej pomóc w przezwyciężaniu chorób i przywracaniu stanu homeostazy.

> *WYDZIELACZ czy NIEWYDZIELACZ?*
> *Przed wprowadzeniem diety należy sprawdzić prostym domowym sposobem, czy mamy organizm wydzielający, czy nie wydzielający antygeny grupy krwi.* *Patrz strona 392.*

Status wydzielania/niewydzielania ma wpływ na zdolność trawienia i przemiany pewnych pokarmów. Z tego powodu każdy wykaz pokarmów zawiera oddzielne kolumny z informacjami dla osobników wydzielających i niewydzielających. Większość ludzi należy do pierwszej kategorii, co oznacza, że mogą oni bezpiecznie stosować zalecenia znajdujące się w kolumnie dla wydzielających. Około 20% populacji to niewydzielacze antygenów i dla nich wprowadziliśmy istotne, ważne dla zdrowia modyfikacje.

> POKARMY ZALECANE: Pokarmy zawierające składniki wpływające korzystnie na metabolizm, układ odpornościowy lub zdrowie strukturalne organizmu z daną grupą krwi.
>
> POKARMY OBOJĘTNE: Pokarmy zazwyczaj nie wpływające szczególnie korzystnie bądź niekorzystnie na zdrowie organizmu z daną grupą krwi, zawierające jednak składniki, które powinny się znajdować w zrównoważonej diecie.
>
> POKARMY, KTÓRYCH NALEŻY UNIKAĆ: Pokarmy zawierające elementy szkodliwe dla organizmów z daną grupą krwi.

W bardzo rzadkich przypadkach czynnik Rh i status MN wpływają na rekomendacje dietetyczne. Szczegóły na ten temat znajdują się pod odpowiednimi zestawieniami.

Dwuwariantowy system diet zgodnych z grupami krwi

Wariant I: maksymalizacja zdrowia
Zalecenia wymienione w tym wariancie należy zastosować jak najszybciej dla uzyskania maksymalnych korzyści zdrowotnych. U większości ludzi zdrowych przestrzeganie wariantu I diety w połączeniu z pokarmami obojętnymi stanowiącymi niezbędne uzupełnienie ogólne wystarcza do utrzymania optymalnego stanu zdrowia.

Wariant II: przezwyciężanie chorób
Zalecenia wymienione w tym wariancie przeznaczone są dla osób przewlekle chorych oraz tych, które pragną stosować dietę zgodną z własną grupą krwi na wyższym poziomie tej zgodności. Stosując dietę w wariancie II, należy zachować ostrożność w doborze pokarmów zaliczonych do kategorii obojętnych, stanowiących ogólne uzupełnienie pokarmowe.

Zindywidualizowane zalecenia dietetyczne

Osobom zdrowym mającym grupę krwi A wariant I naszej diety dostarcza zestawu pokarmów niezbędnych dla utrzymania zdrowia na optymalnym poziomie. Aby wykorzystać tę dietę w maksymalnym stopniu, należy przestrzegać następujących zaleceń:

Zalecenia kluczowe

- Unikaj mięsa. Niskie poziomy kwasu solnego i jelitowej fosfatazy zasadowej czynią je niestrawnym dla ludzi z grupą krwi A i mogą być przyczyną wielu metabolicznych problemów.
- Ogranicz spożycie gatunków mięsa zaliczonych do dietetycznie obojętnych (kurczak, indyk) do 2-3 posiłków tygodniowo.
- Jako główne źródła białka traktuj produkty sojowe i świeże owoce morza.
- Uwzględniaj w diecie umiarkowane ilości produktów mlecznych wytwarzanych z udziałem kultur bakteryjnych (kefiry, jogurty, maślanki, sery itp.), unikaj natomiast produktów ze świeżego mleka zwiększających wydzielanie śluzu. Produkty mleczarskie pierwszej z tych kategorii mają działanie probiotyczne; pobudzają rozwój zdrowej flory bakteryjnej w jelitach, tworząc dzięki temu korzystniejsze środowisko dla układu odpornościowego.

- Nie ograniczaj spożycia fasoli; jest ona podstawowym źródłem białka dla osób z grupą krwi A.
- Nie nadużywaj produktów zbożowych, a zwłaszcza pochodnych pszenicy. Unikaj pszenicy, jeśli masz problem z nadwagą lub tendencję do wydzielania nadmiernej ilości śluzu.
- Jedz jak najwięcej warzyw i owoców zaliczonych w diecie grupy A do pokarmów zalecanych.
- Jedz dużo orzechów i nasion (pestek). Wysoka jakość odżywcza pokarmów tej grupy wpływa bardzo korzystnie na serce osób mających krew grupy A.
- Pij zieloną herbatę dla dodatkowego wzmocnienia układu odpornościowego.
- Jedz pokarmy bogate w witaminę A, takie jak żółta cukinia, marchew, szpinak i brokuły, by podnieść poziom jelitowej fosfatazy zasadowej.

Strategie dietetyczne dla grupy krwi A

Opisane dalej strategie żywieniowe, stosowane przez zdrową osobę z grupą krwi A, mogą jej pomóc uniknąć problemów wynikających z jej specyficznej konstytucji neurologicznej, gastrologicznej, metabolicznej i immunologicznej.

Zwiększanie poziomu kwasu żołądkowego

Opisane dalej działania pozwalają korygować niski poziom kwasu żołądkowego.

L-HISTYDYNA. Jest to uzupełnienie dietetyczne z grupy aminokwasów. Przyjmowanie dawki 500 mg dwa razy dziennie poprawia wydzielanie kwasu żołądkowego, szczególnie u osób z objawami alergicznymi.

ZIOŁA GORZKIE. Zioła takie jak goryczka żółta *(Gentiana lutea)* są od dawna stosowane przez naturopatów w celu pobudzania czynności wydzielniczej żołądka. Należy je przyjmować w postaci niezbyt mocnego naparu pół godziny przed posiłkiem.

UNIKAĆ NAPOJÓW GAZOWANYCH – takich jak gazowana woda mineralna, woda sodowa, oranżady, cole itp. Dwutlenek węgla zmniejsza wydzielanie gastryny, co z kolei obniża kwasowość soku żołądkowego.

BETAINA (TRÓJMETYLOGLICYNA). W formie chlorowodorku betainowego związek ten podwyższa kwasowość żołądka. Ma także inne korzystne działania. Stosuje się go w celu obniżenia zawartości we krwi substancji zwanej homocysteiną (związanej z chorobą serca). Organizm wykorzystuje betainę w procesie syntezy S-adenozylometioniny, substancji budzącej ostatnio zainteresowanie mediów w związku z jej naturalnym działaniem antydepresyjnym i uzdrawiającym wpływem na wątrobę. W tradycyjnej medycynie chińskiej niepokój i depresja kojarzone są z nierównowagą energii *chi* mającej szczególny związek z wątrobą. Orzeszki koli zawierają duże ilości betainy, jak również kilku innych substancji chroniących wątrobę, takich jak: d-katechina, l-epikatechina, kolatina i kolanina. Znajduje się w nich także kofeina, należy więc spożywać je sporadycznie lub nie jeść ich wcale, jeżeli mamy jakieś problemy trawienne.

DENDROBIUM. Wzmaga wydzielanie kwasu żołądkowego i zwiększa stężenie gastryny w sokach trawiennych.

Jeśli pękają wargi lub twarzą się zajady w kącikach ust, stosuj miejscowo żel z lukrecji, przynoszący ulgę.

Zapobieganie szkodliwemu działaniu lektyn

UNIKAĆ LEKTYN SZCZEGÓLNIE NIEBEZPIECZNYCH DLA OSÓB Z KRWIĄ GRUPY A.

fasola nerkowata
fasola limeńska
ziemniaki
kapusta
oberżyna
banany (dotyczy tylko wydzielaczy)
pomarańcze
pomidory

Niewydzielacze powinni unikać spożywania pszenicy i kukurydzy

WSKAZÓWKA: Pomidory można zastąpić czymś bardziej przyjaznym – koktajlem owocowym, który często zalecam osobom z grupą krwi B i który jest równie bogatym źródłem likopenu. Przyrządzamy go na bazie soku z guawy, grejpfruta lub arbuza, do którego dodajemy 1/2 łyżki stołowej wysokiej jakości oleju z siemienia lnianego i jedną łyżkę równie wysokiej jakości lecytyny. Mieszaninę silnie wstrząsamy. Lecytyna tworzy emulsję z olejem, a całość ma niezaprzeczalne walory smakowe. Koktajl dostarcza likopenu w ilości nie mniejszej niż pasta pomidorowa, wolny jest jednak od zawartej w pomidorach lektyny. Dobrym pomysłem są również suszone morele w charakterze przekąski.

Przedstawiciele grupy A mogą dodatkowo blokować działanie lektyn pokarmowych za pomocą polisacharydowych cząsteczek ofiarnych zawartych w następujących źródłach:

- NAG (*N-acetyloglukozamina*)
- Morszczyn (*Fucus vesiculosis*)
- Listownica (*Laminaria*)
- Arabinogalaktan modrzewiowy

Regularnie jeść pokarmy zawierające kultury bakteryjne
Regularne spożywanie pokarmów z właściwymi dla grupy krwi kulturami bakteryjnymi powinno być jedną z głównych strategii życiowych grupy A. Systematyczne wprowadzanie tego rodzaju pokarmów do codziennego jadłospisu przynosi ogromne korzyści zdrowotne, a mianowicie: poprawia trawienie, wzmacnia układ odpornościowy, zwiększa odporność na szkodliwe bakterie, wirusy i inne patogeny, usprawnia procesy odtruwania, zmniejsza ryzyko nowotworów, poprawia regulację hormonalną i przyswajanie czynników odżywczych, witamin i minerałów oraz przynosi liczne inne korzystne efekty zdrowotne.

Czynniki blokujące działanie lektyn dla niewydzielaczy z grupą krwi A

Siarczan chondroityny (preparat odżywczy)
Kelp
Brunatnica (preparat ziołowy)
N-acetyl glukozaminy (aminokwas)
Mannoza

Osoby mające krew grupy A powinny regularnie spożywać cały szereg tego rodzaju produktów sojowych, a w szczególności miso, tempeh i natto. Jogurty i kefiry przygotowane z użyciem żywych kultur bakteryjnych należy spożywać dwa lub trzy razy w tygodniu. Poza tym wszystkie gatunki fasoli i innych roślin strączkowych, ziarna zbóż, warzywa korzeniowe i liściowe, owoce, przyprawy, a nawet napoje, można modyfikować z użyciem kultur bakteryjnych i traktować jako cenne uzupełnienie diety.

Należące do tej kategorii produkty sojowe – miso, natto, okara, sos sojowy i tempeh – to prawdziwy skarbiec związków chemicznych zbawiennych dla zdrowia osób z krwią grupy A. Są to znakomite przeciwutleniacze poprawiające przyswajanie żelaza i przez to przeciwdziałające anemizacji, a jednocześnie zwiększające dostępność cynku w diecie.

Miso jest pastą z nasion soi z dodatkiem kultur bakteryjnych. Działa intensywnie przeciwutleniająco i poprawia biodostępność minerałów, takich jak żelazo i cynk. Podobnie jak większość tego typu produktów sojowych, miso odznacza się szczególnie wysoką zawartością izoflawonów diazeiny i genisteiny, którym przypisuje się znaczącą rolę w przeciwnowotworowym działaniu soi. Prawdopodobnie najbardziej dobroczynnym aspektem tego produktu jest jego wpływ na zmniejszenie ryzyka powstania nowotworów.

Bezprzedmiotowy spór o soję

Wiele osób mających grupy krwi A i AB wyraziło swoje zaniepokojenie w związku z produktami sojowymi po przeczytaniu ostrzeżeń, z których wynikało, że produkty te mogą być inhibitorami proteazy – to znaczy hamować działanie enzymu wydzielanego przez trzustkę i ułatwiającego trawienie białek. Należy raz na zawsze rozproszyć ten mit. Prawdą jest, że soja zawiera inhibitor proteazy nazywany „inhibitorem proteazy sojowej Bowmana-Birka" (BBI). Jednakże, ów BBI nie tylko nie szkodzi grupom A i AB, ale jest ich bardzo dobrym przyjacielem. A oto dlaczego:

- Inhibitor proteazy BBI pochodzący z soi ma doskonale znane właściwości antykancerogenne.
- Inhibitor proteazy BBI pochodzący z soi jest silnym inhibitorem ludzkiej elastazy leukocytowej (HLE) – enzymu rozpuszczającego białko, elastynę, a także degradującego i unieczynniającego liczne białka plazmowe. Elastaza prawdopodobnie pełni funkcję fizjologiczną związaną z migracją krwinek białych obojętnochłonnych, fagocytozą i przebudową tkanek. HLE najwyraźniej odgrywa rolę patologiczną w samoistnej rozedmie płuc, reumatoidalnym zapaleniu stawów (gośćcu przewlekłym postępującym), gruczolistości (endometriozie), infekcjach i stanach zapalnych.

Tak więc osoby mające grupy krwi A i AB, spożywające regularnie produkty sojowe, mogą spodziewać się mniejszej podatności na stany zapalne, alergie, choroby nowotworowe i infekcje – właśnie dzięki owej „truciźnie" zawartej w soi[3]. Innym korzystnym efektem spożywania soi o szczególnym znaczeniu dla grupy A jest zdolność fitochemicznej genesteiny blokowania skutków działania enzymu aromatazy. Aromataza jest enzymem wytwarzającym estrogen i inne steroidy. Znajduje się w komórkach ciała wytwarzających estrogen. Blokowanie tego enzymu hamuje rozwój wielu estrogeno-dodatnich typów nowotworów. Inhibitory aromatazy są coraz częściej stosowanym lekiem w przypadkach przerzutowych nowotworów piersi, które zachowały wrażliwość estrogenową. Innymi inhibitorami aromatazy są: bogate w ligninę siemię lniane oraz flawony apigenin (zawarty w rumianku) i chrysin (zawarty w pasiflorze).

Natto jest tradycyjnym pokarmem japońskim, którego przygotowanie polega na poddaniu gotowanej soi fermentacji z udziałem bakterii *Bacillus natto*. W natto stwierdzono obecność znacznych ilości izoflawonów. Potrawa ta zwiększa również przyswajalność żelaza i biodostępność cynku, korzystnie wpływa na immunologiczne funkcje komórek B i T oraz rozrzedza krew, przeciwdziałając powstawaniu zakrzepów. Ma to szczególne znaczenie dla osób niewydzielających z krwią grupy A, mają oni bowiem większe skłonności do zakrzepów niż osobnicy wydzielający antygeny.

Okara Koji to okara zaprawiona bakteriami *Aspergillus oryzae* używanymi również do przyrządzania miso. Okara obfituje w przeciwutleniacze, takie jak gamma-tokoferol, delta-tokoferol, genistyna, diazeina, genisteina i kwas 3-hydroksyantranilowy. Ponadto ułatwia przyswajanie żelaza.

Składniki tradycyjnego japońskiego przefermentowanego sosu sojowego zawierają związki przeciwutleniające i antykancerogenne. Także i ten pokarm ułatwia przyswajanie żelaza.

Tempeh jest potrawą z soi pochodzenia indonezyjskiego. Wyizolowano z niej potężny przeciwutleniacz (kwas 3-hydroksyantranilowy). Podobnie jak inne produkty sojowe przygotowywane z udziałem bakterii fermentacyjnych, tempeh ułatwia przyswajanie żelaza. Procesy zachodzące podczas fermentacji tempehu korzystnie wpływają na zawartość i formowanie się rozpuszczalnych w tłuszczach witamin i prowitamin, takich jak beta-karoten i sterole roślinne. Tempeh obfituje również w izoflawony, a często zawiera także witaminę B_{12}, wyjątkowo ważną dla wegetarian mających grupę krwi A.

Edamame, soja gotowana w strąkach, jest doskonałym pokarmem dla osób z grupą krwi A. Sam często jem ją w charakterze szybkiej przekąski.

Mięso i drób

Wiele chorób związanych z dietą wysokobiałkową występuje znacznie częściej u ludzi mających grupę krwi A. W ich organizmach brakuje niektórych enzymów i kwasów żołądkowych niezbędnych do efektywnego trawienia białka zwierzęcego. Badania wykazały, że niewydzielacze mają nieco większą zdolność skutecznego rozkładania białek, jednak nawet oni powinni zaspokajać większą część swojego zapotrzebowania na białko spożywając jego formy inne niż mięsne.

GRUPA KRWI A: MIĘSO I DRÓB			
Porcje: 120-180 g (mężczyźni); 60-150 g (kobiety i dzieci)			
	Rasa afrykańska	Rasa kaukaska	Rasa azjatycka
Wydzielacz	0-2	0-3	0-3
Niewydzielacz	2-5	2-4	2-3
A_2	Zwiększyć o 1 porcję tygodniowo		
MM	Zmniejszyć o 1 porcję tygodniowo		
	razy w tygodniu		

Wariant I

POKARMY	WYDZIELACZ Z GRUPĄ KRWI A	NIEWYDZIELACZ Z GRUPĄ KRWI A
Baranina	Unikać	Obojętna
Bekon, szynka, wieprzowina	Unikać	Unikać
Cielęcina	Unikać	Unikać
Dziczyzna	Unikać	Unikać
Gęś	Unikać	Obojętna
Kaczka	Unikać	Obojętna
Konina	Unikać	Unikać
Mięso bawole	Unikać	Unikać
Mięso jagnięce	Unikać	Obojętne
Mięso kozie	Unikać	Obojętne
Mięso królicze	Unikać	Obojętne
Mięso wiewiórcze	Unikać	Unikać
Mięso żółwia morskiego	Unikać	Obojętne
Serca	Unikać	Unikać
Wątroba (cielęca)	Unikać	Unikać
Wołowina	Unikać	Unikać

Wariant II

POKARMY	WYDZIELACZ Z GRUPĄ KRWI A	NIEWYDZIELACZ Z GRUPĄ KRWI A
Bażant	Unikać	Obojętny
Kuropatwa	Unikać	Obojętna
Przepiórka	Unikać	Obojętna

Pokarmy obojętne: ogólne uzupełnienie jadłospisu

POKARMY	WYDZIELACZ Z GRUPĄ KRWI A	NIEWYDZIELACZ Z GRUPĄ KRWI A
Indyk	Obojętny	Wskazany
Kura kornwalijska (*cornish*)	Obojętna	Obojętna
Kurczak	Obojętny	Obojętny
Kuropatwy, jarząbki, pardwy	Obojętne	Obojętne
Mięso strusie	Obojętne	Obojętne
Młody gołąb	Obojętny	Obojętny
Perliczka	Obojętna	Obojętna

Ryby i owoce morza

Organizmy morskie są bogatym źródłem białka dla większości osób z grupą krwi A. Z tego powodu ryby są prawdopodobnie najlepszym surowcem do budowy tkanek aktywnych (dotyczy to szczególnie niewydzielaczy z grupą krwi A). Wiele gatunków ryb obfituje w kwasy tłuszczowe serii omega, przyczyniające się do obniżenia ryzyka chorób sercowo-naczyniowych i pomagające kontrolować wytwarzanie czynników wzrostu komórkowego. Z drugiej strony, wiele organizmów morskich zawiera lektyny lub poliaminy, których należy unikać. Osoby z grupą krwi A należące do niewydzielaczy praktycznie nie mają antygenu grupy krwi A w przewodach pokarmowych, w związku z czym są mniej podatne na szkodliwe działanie lektyn zawartych w owocach morza. Wyższe stężenie jelitowej fosfatazy zasadowej pomaga im również trawić ryby oceaniczne lepiej, niż mogą to robić wydzielający przedstawiciele grupy A. Szczególnie godne polecenia są ślimaki z gatunku *Helix pomatia*, zawierają bowiem dobroczyną lektynę wzmacniającą układ odpornościowy organizmów grupy A.

GRUPA KRWI A: RYBY I OWOCE MORZA			
Porcje: 120-180 g (mężczyźni); 60-150 g (kobiety i dzieci)			
	Rasa afrykańska	Rasa kaukaska	Rasa azjatycka
Wydzielacz	1-3	1-3	1-3
Niewydzielacz	2-5	2-5	2-4
A_2	Zwiększać o 2 porcje tygodniowo		
	razy w tygodniu		

Wariant I

POKARMY	WYDZIELACZ Z GRUPĄ KRWI A	NIEWYDZIELACZ Z GRUPĄ KRWI A
Aloza (złotośledz)	Unikać	Obojętna
Czarniak (z r. dorszowatych)	Wskazany	Wskazany
Flądra	Unikać	Obojętna
Graniki	Unikać	Obojętne
Halibut	Unikać	Obojętny
Homar	Unikać	Unikać
Kraby	Unikać	Unikać

Krewetki	Unikać	Unikać
Łosoś wędzony	Unikać	Unikać
Łosoś	Wskazany	Wskazany
Makrela	Wskazana	Wskazana
Morszczuk	Unikać	Obojętny
Omułki jadalne	Unikać	Obojętne
Ośmiornica	Unikać	Obojętna
Pikerel (r. szczupaka)	Wskazany	Wskazany
Plamiak (łupacz)	Unikać	Obojętny
Płytecznik	Unikać	Obojętny
Przegrzebek (małż)	Unikać	Obojętny
Ryby lucjanowate (*np. red snapper*)	Wskazane	Wskazane
Sardynka	Wskazana	Wskazana
Siejowate (np. sieja, czyr, sielawa)	Wskazane	Wskazane
Ślimaki (*Helix pomatia*, escargot)	Wskazane	Wskazane
Sola	Unikać	Unikać
Szara sola	Unikać	Obojętna
Witlinek	Wskazany	Wskazany

Wariant II

POKARMY	WYDZIELACZ Z GRUPĄ KRWI A	NIEWYDZIELACZ Z GRUPĄ KRWI A
Anioł morski (ryna, skwat)	Wskazany	Wskazany
Barakuda	Unikać	Unikać
Bass błękitnoskrzeli	Unikać	Obojętny
Bieługa	Unikać	Obojętna
Błyszczak	Unikać	Wskazany
Dorsz	Wskazany	Wskazany
Kałamarnica	Unikać	Unikać
Karp	Wskazany	Wskazany
Kawior	Unikać	Obojętny
Kraby	Unikać	Unikać
Małże	Unikać	Unikać
Mięczaki	Unikać	Unikać
Okoń srebrny	Wskazany	Wskazany
Okoń żółty	Wskazany	Wskazany
Ostrygi	Unikać	Unikać

Pstrąg morski (troć)	Wskazany	Wskazany
Pstrąg tęczowy	Wskazany	Wskazany
Rokus (skalnik)	Unikać	Unikać
Sardela	Unikać	Obojętna
Skap	Unikać	Obojętny
Skrzydelnik (conch;)	Unikać	Unikać
Skubacz (np. kalifornijski)	Unikać	Obojętny
Śledź marynowany	Unikać	Unikać
Śledź świeży	Unikać	Obojętny
Tasergal	Unikać	Obojętny
Węgorz, węgorz japoński	Unikać	Unikać
Zębacz	Unikać	Unikać
Żaby	Unikać	Obojętne

Pokarmy obojętne: ogólne uzupełnienie jadłospisu

POKARMY	WYDZIELACZ Z GRUPĄ KRWI A	NIEWYDZIELACZ Z GRUPĄ KRWI A
Bass słoneczny	Obojętny	Obojętny
Brosma	Obojętna	Wskazana
Cefal (mugil)	Obojętny	Wskazany
Czukuczan	Obojętny	Wskazany
Jesiotr	Obojętny	Obojętny
Karmazyn	Obojętny	Wskazany
Korytena	Obojętna	Obojętna
Kulbiniec szary	Obojętny	Obojętny
Medialuna	Obojętna	Wskazana
Młody dorsz	Obojętny	Obojętny
Okoń biały	Obojętny	Wskazany
Okoń oceaniczny	Obojętna	Obojętna
Papugoryby	Obojętne	Obojętne
Prażmowate (np. morlesz, dorada, sargus, sparus)	Obojętne	Obojętne
Pstrąg źródlany	Obojętny	Wskazany
Rekin	Obojętny	Obojętny
Ryby kulbinowate	Obojętne	Obojętne

Seriola	Obojętna	Obojętna
Sierpiki	Obojętne	Wskazane
Stynka	Obojętna	Obojętna
Sumik karłowaty	Obojętny	Obojętny
Maskelung (rodzaj szczupaka)	Obojętny	Wskazany
Szczupak	Obojętny	Obojętny
Tilapia	Obojętna	Obojętna
Tuńczyk	Obojętny	Obojętny
Uchowiec (*abalone*)	Obojętny	Obojętny
Włócznik	Obojętny	Wskazany
Żaglica	Obojętna	Obojętna
Żuwakowate	Obojętne	Obojętne

Produkty mleczne i jaja

Wydzielacze z grupą krwi A mogą spożywać niewielkie ilości produktów mlecznych, a niewydzielacze – jeszcze mniej. Szczególną ostrożność powinni zachować w przypadkach powtarzających się infekcji zatok lub przeziębień, ponieważ u osobników z krwią grupy A mleko i jego przetwory zwiększają wydzielanie śluzu. Jaja, spożywane w umiarkowanych ilościach, można traktować jako uzupełniające źródło białka. Dotyczy to zwłaszcza niewydzielaczy, którzy bardzo dobrze i skutecznie je trawią.

GRUPA KRWI A: JAJA			
Porcja: 1 jajko			
	Rasa afrykańska	**Rasa kaukaska**	**Rasa azjatycka**
Wydzielacz	1-3	1-3	1-3
Niewydzielacz	2-3	2-5	2-4
	razy w tygodniu		

GRUPA KRWI A: MLEKO I JOGURT			
Porcje: 120-180 g (mężczyźni); 60-150 g (kobiety i dzieci)			
	Rasa afrykańska	**Rasa kaukaska**	**Rasa azjatycka**
Wydzielacz	0-1	1-3	0-3
Niewydzielacz	0-1	1-2	0-2
	razy w tygodniu		

GRUPA KRWI A: SERY			
Porcja: 90 g (mężczyźni), 60 g (kobiety i dzieci)			
	Rasa afrykańska	**Rasa kaukaska**	**Rasa azjatycka**
Wydzielacz	0-2	1-3	0-2
Niewydzielacz	0	0-1	0-1
A_2	Mniej mleka i jogurtu o 2 porcje na tydzień		
MM	O 2 jajka w tygodniu więcej, mniej mleka, sera i jogurtu o 2 porcje na tydzień		
	razy w tygodniu		

Wariant I

POKARMY	WYDZIELACZ Z GRUPĄ KRWI A	NIEWYDZIELACZ Z GRUPĄ KRWI A
Camembert	Unikać	Unikać
Cheddar	Unikać	Unikać
Edamer	Unikać	Unikać
Ementaler	Unikać	Unikać
Gouda	Unikać	Unikać
Lody	Unikać	Unikać
Maślanka	Unikać	Unikać
Mleko chude lub 2%	Unikać	Unikać
Mleko pełne	Unikać	Unikać
Mleko ze śmietaną (half & half)	Unikać	Unikać
Parmezan	Unikać	Unikać
Ser amerykański	Unikać	Unikać
Ser biały	Unikać	Unikać
Ser brie	Unikać	Unikać
Ser colby	Unikać	Unikać

Ser gruyère	Unikać	Unikać
Ser jarlsberg	Unikać	Unikać
Ser Monterey Jack	Unikać	Unikać
Ser muenster	Unikać	Unikać
Ser neufchatel	Unikać	Unikać
Ser provolone	Unikać	Unikać
Ser szwajcarski	Unikać	Unikać
Ser śmietankowy	Unikać	Unikać
Sery pleśniowe „błękitne"	Unikać	Unikać

Wariant II

POKARMY	WYDZIELACZ Z GRUPĄ KRWI A	NIEWYDZIELACZ Z GRUPĄ KRWI A
Ser string	Unikać	Unikać
Ser wiejski	Unikać	Obojętny
Serwatka	Unikać	Obojętna
Szerbet	Unikać	Unikać

Pokarmy obojętne: ogólne uzupełnienie jadłospisu

POKARMY	WYDZIELACZ Z GRUPĄ KRWI A	NIEWYDZIELACZ Z GRUPĄ KRWI A
Białka jaj kurzych	Obojętne	Obojętne
Jaja gęsie	Obojętne	Obojętne
Jaja kacze	Obojętne	Obojętne
Jaja kurze	Obojętne	Obojętne
Jaja przepiórcze	Obojętne	Obojętne
Jogurt	Obojętny	Obojętny
Kefir	Obojętny	Obojętny
Kwaśna śmietana (nisko- lub beztłuszczowa)	Obojętna	Unikać
Masło klarowane (ghee)	Obojętne	Obojętne
Mleko kozie	Obojętne	Unikać
Mozzarella	Obojętna	Obojętna
Paneer	Obojętny	Obojętny
Ser farmer	Obojętny	Obojętny

Ser feta	Obojętny	Obojętny
Ser kozi	Obojętny	Obojętny
Ser ricotta	Obojętny	Obojętny
Żółtka jaj kurzych	Obojętne	Obojętne

Fasole i inne rośliny strączkowe

Grupie tej doskonale służą białka roślinne zawarte w wielu gatunkach fasoli i innych roślin strączkowych, z niektórymi z nich wiąże się jednak problem lektyn. Ogólnie biorąc, ta kategoria pokarmów, wraz z odpowiednim doborem owoców morza, najzupełniej wystarcza organizmom grupy A do budowania aktywnej masy tkankowej. Szczególnie polecić należy fasolę sojową stanowiącą źródło podstawowych aminokwasów, zawierającą również lektynę chroniącą przed wieloma nowotworami i hamującą proces tworzenia się komórek nowotworowych w naczyniach krwionośnych. Dobroczynne, antyrakowe lektyny zawiera również fasola fava *(Vicia faba)*, której regularne spożywanie zmniejsza ryzyko nowotworów przewodu pokarmowego.

GRUPA KRWI A: FASOLE I INNE ROŚLINY STRĄCZKOWE			
Porcja: 1 filiżanka			
	Rasa afrykańska	**Rasa kaukaska**	**Rasa azjatycka**
Wydzielacz	5-7	5-7	5-7
Niewydzielacz	3-5	3-5	3-5
MM	Zwiększać o 2 porcje w tygodniu		
	razy w tygodniu		

Warianty: MM – wskazane są bób, fasola tamaryndowa, tofu i wszystkie produkty sojowe.

Wariant I

POKARMY	WYDZIELACZ Z GRUPĄ KRWI A	NIEWYDZIELACZ Z GRUPĄ KRWI A
Fasola adzuki	Wskazana	Obojętna
Fasola copper	Unikać	Obojętna
Fasola czarna	Wskazana	Obojętna
Fasola czerwona	Unikać	Unikać
Fasola fava	Wskazana	Obojętna
Fasola garbanzo (ciecierzyca)	Unikać	Unikać
Fasola limeńska (*lima*)	Unikać	Unikać
Fasola nerkowata (*kidney*)	Unikać	Obojętna
Fasola perłowa (*navy*)	Unikać	Obojętna
Fasola pinto	Wskazana	Wskazana
Fasola sojowa (soja)	Wskazana	Obojętna
Granulki sojowe	Wskazane	Obojętne
Groch „czarne oczko"	Wskazany	Obojętny
Miso	Wskazane	Wskazane
Płatki sojowe	Wskazane	Obojętne
Soczewica amerykańska	Wskazana	Wskazana
Soczewica czerwona	Wskazana	Wskazana
Soczewica zielona	Wskazana	Wskazana
Tempeh	Wskazany	Obojętny
Tofu	Wskazane	Obojętne

Wariant II

POKARMY	WYDZIELACZ Z GRUPĄ KRWI A	NIEWYDZIELACZ Z GRUPĄ KRWI A
Fasola tamaryndowa	Unikać	Unikać
Fasola zielona	Wskazana	Wskazana
Mleczko sojowe	Wskazane	Obojętne
Serek sojowy	Wskazany	Obojętny

Pokarmy obojętne: ogólne uzupełnienie jadłospisu

POKARMY	WYDZIELACZ Z GRUPĄ KRWI 0	NIEWYDZIELACZ Z GRUPĄ KRWI 0
Bób	Obojętny	Obojętny
Fasola biała	Obojętna	Obojętna
Fasola cannellini	Obojętna	Obojętna
Fasola mung (kiełki)	Obojętna	Obojętna
Fasola northern	Obojętna	Obojętna
Fasola szparagowa	Obojętna	Obojętna
Jicama	Obojętna	Obojętna

Orzechy i pestki

Orzechy i pestki są ważnym uzupełniającym źródłem białka dla osób z grupą krwi A. Ponadto wiele gatunków orzechów – np. włoskie – przyczyniają się do obniżenia stężenia poliamin hamując aktywność enzymu dekarboksylazy. Siemię lniane szczególnie obfituje w ligniny, których działanie zmniejsza liczbę receptorów czynnika wzrostu epidermalnego stanowiącego element niezbędny w rozwoju wielu nowotworów. Wydaje się również, że orzeszki ziemne są pożądanym składnikiem diety osób z krwią grupy A. Zawarta w nich lektyna hamuje wczesne zmiany w tkankach nowotworowych raka piersi dzięki blokowaniu działania enzymu aromatazy odpowiedzialnego za produkcję estrogenów.

GRUPA KRWI A: ORZECHY I PESTKI			
Porcje: nasiona – garść, masła orzechowe – 1-2 łyżeczki			
	Rasa afrykańska	Rasa kaukaska	Rasa azjatycka
Wydzielacz	4-7	4-7	4-7
Niewydzielacz	5-7	5-7	5-7
MM	Zwiększyć o 2 porcje w tygodniu		
	razy w tygodniu		

Wariant I

POKARMY	WYDZIELACZ Z GRUPĄ KRWI A	NIEWYDZIELACZ Z GRUPĄ KRWI A
Masło z orzeszków ziemnych	Wskazane	Wskazane
Orzechy czarne	Wskazane	Wskazane
Orzechy włoskie	Wskazane	Wskazane
Orzeszki ziemne	Wskazane	Wskazane
Siemię lniane	Wskazane	Wskazane

Wariant II

POKARMY	WYDZIELACZ Z GRUPĄ KRWI A	NIEWYDZIELACZ Z GRUPĄ KRWI A
Orzech brazylijski	Unikać	Unikać
Orzechy i masło nerkowca (*cashew*)	Unikać	Unikać
Orzeszki pistacjowe	Unikać	Unikać

Pokarmy obojętne: ogólne uzupełnienie jadłospisu

POKARMY	WYDZIELACZ Z GRUPĄ KRWI A	NIEWYDZIELACZ Z GRUPĄ KRWI A
Buczyna (nasiona buka zwyczajnego)	Obojętna	Obojętna
Kasztany jadalne	Obojętne	Obojętne
Liczi	Obojętne	Obojętne
Mak	Obojętny	Obojętny
Makadamia	Obojętna	Obojętna
Masło migdałowe	Obojętne	Obojętne
Masło sezamowe (*tahini*)	Obojętne	Obojętne
Masło słonecznikowe	Obojętne	Unikać
Migdały	Obojętne	Obojętne
Mleczko migdałowe	Obojętne	Obojętne
Nasiona sezamu	Obojętne	Obojętne
Nasiona słonecznika	Obojętne	Unikać

Nasiona safloru (krokosza)	Obojętne	Unikać
Orzech szary (*Juglans cinerea*)	Obojętny	Obojętny
Orzechy hikorii	Obojętne	Obojętne
Orzechy i masło pekanowe	Obojętne	Obojętne
Orzechy laskowe	Obojętne	Obojętne
Orzeszki pinii (piniole)	Obojętne	Obojętne
Serek migdałowy	Obojętny	Obojętny

Ziarna zbóż i skrobie

Niewydzielacze z grupą krwi A mogą, jak wiemy, spożywać białka zwierzęce w umiarkowanych ilościach z racji wrażliwości na insulinę. Powinni jednak – w przeciwieństwie do wydzielaczy – zachować daleko idącą ostrożność wobec złożonych węglowodanów, a zwłaszcza ograniczyć spożycie pszenicy i kukurydzy oraz ich pochodnych. Zawarte w nich lektyny, podobne w działaniu do insuliny, mogą bowiem sprzyjać obniżeniu masy tkanek aktywnych i rozrostowi tkanek tłuszczowych. Nie znaczy to, że wydzielający przedstawiciele grupy A mogą się objadać produktami pszennymi; gdyż aglutynina zawarta w pełnym ziarnie pszenicy sprzyja stanom zapalnym i obniża masę tkanek aktywnych w każdym organizmie. Zawartość tej substancji można zmniejszyć przez odpowiednie mielenie ziarna lub całkowicie zniszczyć przez skiełkowanie. W podstawowym jadłospisie dla grupy krwi A powinno się znaleźć znane od starożytności ziarno zwane amarantem; zawiera ono korzystną dla zdrowia lektynę przeciwdziałającą powstawaniu nowotworów okrężnicy.

GRUPA KRWI A: ZIARNA ZBÓŻ I SKROBIE			
Porcja: filiżanka suchego pokarmu (ziarna lub makaronu)			
	Rasa afrykańska	**Rasa kaukaska**	**Rasa azjatycka**
Wydzielacz	7-10	7-9	7-10
Niewydzielacz	5-7	5-7	5-7
A_2	Zmniejszyć o 1 porcję w tygodniu		
Rh-	Zmniejszyć o 1 porcję w tygodniu		
	razy w tygodniu		

Wariant I

POKARMY	WYDZIELACZ Z GRUPĄ KRWI A	NIEWYDZIELACZ Z GRUPĄ KRWI A
Amarant	Wskazany	Wskazany
Chleb esseński	Wskazany	Obojętny
Chleb z mąki sojowej	Wskazany	Obojętny
Kasza gryczana	Wskazana	Obojętna
Mąka owsiana	Wskazana	Obojętna
Mąka ryżowa i wypieki	Wskazane	Obojętne
Mąka żytnia	Wskazana	Obojętna
Makaron soba (100% gryki)	Wskazany	Obojętny
Pieczywo pszenne (z mąki kiełkowanej)	Wskazane	Obojętne

Wariant II

POKARMY	WYDZIELACZ Z GRUPĄ KRWI A	NIEWYDZIELACZ Z GRUPĄ KRWI A
Pszenica (kiełki)	Unikać	Unikać
Pszenica (otręby)	Unikać	Unikać
Pszenica (wyroby z pełnego ziarna)	Obojętna	Unikać
Teff	Unikać	Obojętny

Pokarmy obojętne: ogólne uzupełnienie jadłospisu

POKARMY	WYDZIELACZ Z GRUPĄ KRWI A	NIEWYDZIELACZ Z GRUPĄ KRWI A
Chleb Ezekiela	Obojętny	Obojętny
Dziki ryż	Obojętny	Obojętny
Jęczmień	Obojętny	Obojętny
Kamut	Obojętny	Obojętny
Kukurydza (biała, żółta błękitna)	Obojętna	Unikać
Kukurydza prażona	Obojętna	Unikać

Kuskus	Obojętny	Unikać
Mąka glutenowa	Obojętna	Unikać
Mleczko ryżowe	Obojętne	Obojętne
Orkisz	Obojętny	Obojętny
Otręby ryżowe	Obojętne	Obojętne
Owies, otręby, płatki	Obojętne	Obojętne
Pieczywo bezglutenowe	Obojętne	Obojętne
Płatki kukurydziane	Obojętne	Unikać
Proso	Obojętne	Obojętne
Pszenica (manny, grysik)	Obojętne	Unikać
Pszenica (wyroby z białej mąki)	Obojętne	Unikać
Pszenica (wyroby z mąki glutenowej)	Obojętne	Unikać
Pszenica (wyroby z mąki rafinowanej niewybielanej)	Obojętne	Unikać
Quinoa	Obojętna	Obojętna
Ryż (wszystkie rodzaje)	Obojętny	Obojętny
Sorgo (proso afrykańskie)	Obojętne	Obojętne
Tapioka	Obojętna	Obojętna
Wypieki z mąki ryżowej	Obojętne	Obojętne
Wyroby z mąki orkiszowej	Obojętne	Obojętne

Warzywa

Dla osób z grupą krwi A warzywa powinny być pierwszą linią obrony przed chronicznymi chorobami. Są one bogatym źródłem przeciwutleniaczy i błonnika, a jednocześnie obniżają wydzielanie poliamin w przewodzie pokarmowym. Warzywem szczególnie dobroczynnym jest cebula zawierająca znaczące ilości przeciwutleniacza, zwanego kwercetyną. Wiele warzyw obfituje w potas, który pomaga w ograniczaniu nadmiaru wody w organizmie. Pieczarka – najpopularniejszy z rodzimych grzybów – choć nie należy formalnie do grupy warzyw, zawiera także lektyny o działaniu przeciwrakowym. Karczoch doskonale wpływa na wątrobę i pęcherzyk żółciowy, organy należące u osób z krwią grupy A do najsłabszych części organizmu. Pasternak zawiera polisacharydy silnie pobudzające układ odpornościowy.

W pomidorach znajduje się lektyna reagująca ze śliną i sokami trawiennymi wydzielaczy z krwią grupy A. Reakcje te nie zachodzą u osób niewydzielających. Ignam (jam) obfituje w aminokwas fenyloalaninę, który niszczy fosfatazę zasadową, jelitowy enzym rozkładający tłuszcze (występujący u ludzi z grupą krwi A w niewielkich ilościach); z tego względu warzywa tego należałoby unikać lub nawet wyłączyć je z diety całkowicie.

GRUPA KRWI A: WARZYWA			
Porcja: 1 filiżanka pokarmu surowego lub gotowanego			
	Rasa afrykańska	**Rasa kaukaska**	**Rasa azjatycka**
Wydzielacz	Bez ograniczeń	Bez ograniczeń	Bez ograniczeń
Niewydzielacz	Bez ograniczeń	Bez ograniczeń	Bez ograniczeń
MM	Starać się jeść przede wszystkim wskazane w wariancie I		

Warianty: A_2 – czerwona papryka jest obojętna. MM – cebula, kapusta pekińska, pieczarki, cykoria i pomidory są wskazane.

Wariant I

POKARMY	WYDZIELACZ Z GRUPĄ KRWI A	NIEWYDZIELACZ Z GRUPĄ KRWI A
Akacja (guma arabska)	Unikać	Unikać
Boćwina (burak liściowy)	Wskazana	Wskazana
Brokuł	Wskazany	Wskazany
Cebula (zielona)	Wskazana	Wskazana
Chrzan	Wskazany	Obojętny
*Collard greens**	Wskazana	Wskazana
Cykoria	Wskazana	Wskazana
Czosnek	Wskazany	Obojętny
Dynia	Wskazana	Wskazana
Imbir	Wskazany	Wskazany
Jukka	Unikać	Unikać
Kalarepa	Wskazana	Wskazana
*Kale**	Wskazane	Wskazane
Karczoch (amerykański i jerozolimski)	Wskazany	Wskazany

* Zob. s. 174.

Ketmia jadalna (*okra*)	Wskazana	Wskazana
Koper włoski (fenkuł)	Wskazany	Obojętny
Marchew, sok z marchwi	Wskazane	Obojętne
Mniszek lekarski (mlecz)	Wskazany	Wskazany
Nać buraczana	Wskazana	Wskazana
Pasternak	Wskazany	Wskazany
Por	Wskazany	Wskazany
Rappini	Wskazane	Obojętne
Rzepa	Wskazana	Wskazana
Sałata rzymska	Obojętna	Obojętna
Seler, sok z selera	Wskazane	Obojętne
Szpinak i sok ze szpinaku	Wskazany	Wskazany
Ziemniak (biały, czerwony, błękitny, żółty)	Unikać	Unikać

Wariant II

POKARMY	WYDZIELACZ Z GRUPĄ KRWI A	NIEWYDZIELACZ Z GRUPĄ KRWI A
Aloes, herbatka, sok	Wskazany	Obojętny
Cebula (czerwona, hiszpańska, żółta)	Wskazana	Wskazana
Eskarola	Wskazana	Wskazana
Grzyby (*maitake*)	Wskazane	Obojętne
Grzyby (*shiitake*)	Unikać	Obojętne
Ignam (jam)	Unikać	Unikać
Jałowiec	Unikać	Unikać
Kapary	Unikać	Unikać
Kapusta (chińska, czerwona, biała)	Unikać	Unikać
Kiełki lucerny (*alfalfa*)	Wskazane	Obojętne
Kwaszona kapusta	Unikać	Unikać
Oberżyna (bakłażan)	Unikać	Obojętna
Oliwki czarne	Unikać	Unikać
Oliwki greckie i hiszpańskie	Unikać	Unikać
Papryka (czerwona, cayenne)	Unikać	Obojętna

Papryka (zielona, żółta, jalapeño)	Unikać	Obojętna
Papryka ostra (chili)	Unikać	Obojętna
Pikle w occie	Unikać	Unikać
Pomidor, sok pomidorowy	Unikać	Obojętny
Rabarbar	Unikać	Unikać
Ziemniak słodki	Unikać	Obojętny

Pokarmy obojętne: ogólne uzupełnienie jadłospisu

POKARMY	WYDZIELACZ Z GRUPĄ KRWI 0	NIEWYDZIELACZ Z GRUPĄ KRWI 0
Agar	Obojętny	Unikać
Arugula	Obojętna	Obojętna
Brukiew	Obojętna	Obojętna
Brukselka	Obojętna	Obojętna
Buraki	Obojętne	Obojętne
Cebula dymka	Obojętna	Obojętna
Cukinia	Obojętna	Obojętna
Dyniowate	Obojętne	Obojętne
Endywia	Obojętna	Obojętna
Gorczyca	Obojętna	Obojętna
Groch (zielony, cukrowy)	Obojętny	Obojętny
Groch szparagowy	Obojętny	Obojętny
Grzyby (abalone)	Obojętne	Obojętne
Grzyby (oyster, enoki, portobello)	Obojętne	Obojętne
Grzyby (straw)	Obojętne	Obojętne
Kalafior	Obojętny	Obojętny
Kapusta pekińska	Obojętna	Obojętna
Kelp	Obojętny	Obojętny
Kiełki rzodkiewki	Obojętne	Obojętne
Kolendra	Obojętna	Wskazana
Kolokazja (taro)	Obojętna	Obojętna
Kotewka pospolita (orzech wodny)	Obojętna	Obojętna
Kozibród	Obojętny	Obojętny
Nać buraczana, sok z buraków	Obojętne	Obojętne

Ogórek, sok ogórkowy	Obojętny	Obojętny
Oliwki zielone	Obojętne	Unikać
Paproć jadalna	Obojętna	Obojętna
Pędy bambusa	Obojętne	Obojętne
Pikle w zalewie	Obojętne	Unikać
Poi	Obojętne	Obojętne
Radicchio	Obojętne	Obojętne
Rukiew wodna	Obojętna	Obojętna
Rzodkiew japońska (*daikon*)	Obojętna	Obojętna
Rzodkiewka	Obojętna	Obojętna
Sałata (bibb, boston, lodowa, mesclun)	Obojętna	Obojętna
Seler naciowy	Obojętny	Obojętny
Senes	Obojętny	Unikać
Sok z kapusty	Obojętny	Unikać
Szalotka	Obojętna	Obojętna
Szparagi	Obojętne	Obojętne
Trybula ogrodowa	Obojętna	Obojętna
Wodorosty	Obojętne	Obojętne
Ziele angielskie	Obojętne	Obojętne

Owoce i soki owocowe

Owoce obfitują w przeciwutleniacze, a wiele z nich – jak borówki amerykańskie, jagody bzu czarnego, wiśnie i jeżyny – zawierają pigmenty zapobiegające powstawaniu nadwagi. Z powyższych względów dieta bogata w odpowiednie warzywa i owoce pomaga zmniejszyć nadwagę przez ograniczenie skutków działania insuliny. Spożywanie owoców sprzyja również równowadze wodnej organizmu przez zmniejszenie ilości wody pozakomórkowej na korzyść wewnątrzkomórkowej. Wiele owoców, takich jak ananasy, obfituje w enzymy działające przeciwzapalnie i ułatwiające utrzymanie równowagi wodnej. Inne owoce, jak grejpfrut i guawa, dostarczają przeciwutleniającego likopenu, można więc nimi zastąpić pomidory.

Niewydzielacze z grupą krwi A powinni ograniczyć spożycie owoców o wysokiej zawartości glukozy, takich jak winogrona i figi, jeżeli są uwrażliwione na cukier.

GRUPA KRWI A: OWOCE			
Porcja: 1 filiżanka lub 1 kawałek owocu			
	Rasa afrykańska	Rasa kaukaska	Rasa azjatycka
Wydzielacz	2-4	3-4	3-4
Niewydzielacz	2-3	2-3	2-3
Rh-	Zmniejszyć o 1 porcję na tydzień		
MM	Starać się jeść przede wszystkim wskazane w wariancie I		
	razy dziennie		

Wariant I

POKARMY	WYDZIELACZ Z GRUPĄ KRWI A	NIEWYDZIELACZ Z GRUPĄ KRWI A
Ananas, sok ananasowy	Wskazany	Wskazany
Banan	Unikać	Obojętny
Borówka amerykańska	Wskazana	Wskazana
Cytryna, sok cytrynowy	Wskazane	Wskazane
Figi (świeże, suszone)	Wskazane	Wskazane
Grejpfrut, sok grejpfrutowy	Wskazany	Wskazany
Jeżyna, sok jeżynowy	Wskazane	Wskazane
Melon miodunka	Unikać	Unikać
Plantan	Unikać	Obojętny
Pomarańcza, sok pomarańczowy	Unikać	Unikać
Sok wiśniowy	Wskazany	Wskazany
Śliwki (ciemne, zielone czerwone)	Wskazane	Wskazane
Śliwki suszone, sok	Wskazane	Wskazane
Wiśnia i czereśnia (wszystkie odmiany)	Wskazane	Wskazane
Woda z cytryną	Wskazana	Wskazana
Żurawina	Wskazana	Wskazana

Wariant II

POKARMY	WYDZIELACZ Z GRUPĄ KRWI A	NIEWYDZIELACZ Z GRUPĄ KRWI A
Kokos, mleczko kokosowe	Unikać	Obojętny
Limona, sok limonowy	Wskazane	Obojętne
Malinojeżyna	Wskazana	Wskazana
Mandarynka (tangerynka), sok	Unikać	Obojętna
Mango	Unikać	Obojętne
Morela, sok morelowy	Wskazana	Wskazana
Papaja, sok z papai	Unikać	Unikać

Pokarmy obojętne: ogólne uzupełnienie jadłospisu

POKARMY	WYDZIELACZ Z GRUPĄ KRWI A	NIEWYDZIELACZ Z GRUPĄ KRWI A
Agrest	Obojętny	Obojętny
Arbuz	Obojętny	Wskazany
Awokado	Obojętne	Obojętne
Brzoskwinia	Obojętna	Obojętna
Daktyle	Obojętne	Obojętne
Dziki bez (czarny, koralowy)	Obojętny	Wskazany
Granat	Obojętny	Obojętny
Grusza azjatycka	Obojętna	Obojętna
Gruszka, sok z gruszek	Obojętna	Obojętna
Guawa, sok z guawy	Obojętna	Obojętna
Jabłecznik, sok jabłkowy	Obojętny	Obojętny
Jabłko	Obojętne	Obojętne
Jeżyna popielica	Obojętna	Obojętna
Kantalupa (melon)	Obojętna	Unikać
Karambola	Obojętna	Obojętna
Kiwi	Obojętne	Obojętne
Kumkwat	Obojętny	Obojętny
Malina	Obojętna	Obojętna
Melon canang	Obojętny	Obojętny
Melon casaba	Obojętny	Unikać
Melon christmas	Obojętny	Obojętny

Melon crenshaw	Obojętny	Obojętny
Melon hiszpański	Obojętny	Obojętny
Melon musk	Obojętny	Obojętny
Melon perski	Obojętny	Obojętny
Morwa	Obojętna	Obojętna
Nektarynka, sok nektarynkowy	Obojętna	Obojętna
Opuncja	Obojętna	Obojętna
Owoc drzewa chlebowego	Obojętny	Obojętny
Persymona	Obojętna	Obojętna
Pigwa	Obojętna	Obojętna
Porzeczki (czarne, czerwone)	Obojętne	Obojętne
Rodzynki	Obojętne	Obojętne
Sago (owoc sagowca)	Obojętne	Obojętne
Sok z żurawin	Obojętny	Wskazany
Truskawka	Obojętna	Obojętna
Winogrona (wszystkie odmiany)	Obojętne	Obojętne

Oleje i tłuszcze

Generalnie biorąc, dla osób z grupą krwi A najlepsze są tłuszcze jednonienasycone (takie jak oliwa z oliwek) oraz oleje bogate w kwasy tłuszczowe serii omega (np. olej lniany). Niewydzielacze trawią tłuszcze nieco łatwiej niż wydzielający i prawdopodobnie ich organizmy lepiej je wykorzystują.

GRUPA KRWI A: OLEJE			
Porcja: 1 łyżka			
	Rasa afrykańska	**Rasa kaukaska**	**Rasa azjatycka**
Wydzielacz	5-8	5-8	5-8
Niewydzielacz	3-7	3-7	3-6
A_2	Zwiększyć o 1 porcję w tygodniu		
	razy w tygodniu		

Wariant I

POKARMY	WYDZIELACZ Z GRUPĄ KRWI A	NIEWYDZIELACZ Z GRUPĄ KRWI A
Olej lniany	Wskazany	Wskazany
Oliwa z oliwek	Wskazana	Wskazana
Olej z orzechów włoskich	Wskazany	Wskazany

Wariant II

POKARMY	WYDZIELACZ Z GRUPĄ KRWI A	NIEWYDZIELACZ Z GRUPĄ KRWI A
Olej arachidowy	Unikać	Obojętny
Olej kokosowy	Unikać	Unikać
Olej kukurydziany	Unikać	Unikać
Olej rycynowy	Unikać	Unikać
Olej z nasion bawełny	Unikać	Unikać
Olej z nasion czarnej porzeczki	Wskazany	Wskazany

Pokarmy obojętne: ogólne uzupełnienie jadłospisu

POKARMY	WYDZIELACZ Z GRUPĄ KRWI A	NIEWYDZIELACZ Z GRUPĄ KRWI A
Olej krokoszowy	Obojętny	Unikać
Olej migdałowy	Obojętny	Obojętny
Olej rzepakowy (*canola*)	Obojętny	Obojętny
Olej sezamowy	Obojętny	Wskazany
Olej słonecznikowy	Obojętny	Obojętny
Olej sojowy	Obojętny	Obojętny
Olej z kiełków pszenicy	Obojętny	Obojętny
Olej z nasion ogórecznika	Obojętny	Obojętny
Olej z wątróbek dorszowych	Obojętny	Wskazany
Olej z wiesiołka dwuletniego	Obojętny	Obojętny

Zioła i przyprawy

Wiele przypraw ma łagodne lub umiarkowane działanie lecznicze. Często mają one wpływ na poziom bakterii w końcowym odcinku jelita. Wielu popularnych gum – np. z nasion guaru – należy unikać, wzmacniają bowiem działanie lektyn zawartych w innych pokarmach. Dla osób z grupą krwi A dobrym słodzikiem jest melasa, stanowiąca dodatkowe źródło pokarmowego żelaza. Kurkuma, która wchodzi w skład podstawowej przyprawy indyjskiej – curry, zawiera potężnie działający związek zwany kurkuminą, obniżający poziom toksyn w jelitach. Dla niewydzielaczy korzystnym dodatkiem pokarmowym są również drożdże browarniane; ożywiają one metabolizm glukozy oraz pomagają utrzymać zdrową florę bakteryjną w przewodzie pokarmowym.

Wariant I

POKARMY	WYDZIELACZ Z GRUPĄ KRWI A	NIEWYDZIELACZ Z GRUPĄ KRWI A
Aspartam	Unikać	Unikać
Glutaminian sodowy	Unikać	Unikać
Guma z guaru	Unikać	Unikać
Karagena	Unikać	Unikać
Keczup	Unikać	Unikać
Kurkuma	Wskazana	Obojętna
Majonez	Unikać	Unikać
Melasy (końcowe)	Wskazane	Obojętne
Melasy	Wskazane	Obojętne
Ocet (wszystkie odmiany)	Unikać	Unikać
Pietruszka	Wskazana	Obojętna
Słód jęczmienny	Wskazany	Obojętny
Sos sojowy	Wskazany	Obojętny
Sos Worcestershire	Unikać	Unikać
Tamari	Wskazane	Obojętne
Żelatyna	Unikać	Unikać

Wariant II

POKARMY	WYDZIELACZ Z GRUPĄ KRWI A	NIEWYDZIELACZ Z GRUPĄ KRWI A
Chili w proszku	Unikać	Obojętne
Golteria rozesłana (*wintergreen*)	Unikać	Obojętna
Marynowane dodatki	Unikać	Unikać
Musztarda (domowa, bez octu)	Wskazana	Wskazana
Pieprz (czarny, biały)	Unikać	Unikać
Pieprz czarny (ziarna, płatki)	Unikać	Unikać
Sukanat	Unikać	Unikać

Pokarmy obojętne: ogólne uzupełnienie jadłospisu

POKARMY	WYDZIELACZ Z GRUPĄ KRWI A	NIEWYDZIELACZ Z GRUPĄ KRWI A
Anyż	Obojętny	Obojętny
Bazylia	Obojętna	Obojętna
Bergamotka	Obojętna	Obojętna
Chleb świętojański	Obojętny	Obojętny
Cierniopląt (*guarana*)	Obojętny	Obojętny
Cukier (brązowy, biały)	Obojętny	Unikać
Curry	Obojętne	Obojętne
Cynamon	Obojętny	Obojętny
Cząber	Obojętny	Obojętny
Czekolada	Obojętna	Obojętna
Dekstroza (cukier gronowy)	Obojętna	Unikać
Dressingi, dodatki do sałatek (ze wskazanymi składnikami)	Obojętne	Obojętne
Drożdże (browarniane)	Obojętne	Wskazane
Drożdże piekarnicze	Obojętne	Obojętne
Esencja migdałowa	Obojętna	Obojętna
Estragon	Obojętny	Obojętny
Fruktoza	Obojętna	Obojętna
Gałka muszkatałowa	Obojętna	Obojętna
Gorczyca (suszona)	Obojętna	Obojętna
Goździk korzenny	Obojętny	Obojętny

Kardamon	Obojętny	Obojętny
Kmin włoski	Obojętny	Obojętny
Kminek	Obojętny	Obojętny
Kolendra	Obojętna	Obojętna
Koper	Obojętny	Obojętny
Korzeń lukrecji	Obojętny	Obojętny
Kwiat muszkatołowy	Obojętny	Obojętny
Liść laurowy	Obojętny	Obojętny
Mączka z bulw maranty (*arrowroot*)	Obojętna	Obojętna
Majeranek	Obojętny	Obojętny
Maltodekstryna	Obojętna	Unikać
Mięta pieprzowa	Obojętna	Obojętna
Mięta zielona	Obojętna	Obojętny
Miód	Obojętny	Obojętny
Mus jabłkowy	Obojętny	Obojętny
Musztarda (domowa, z octem)	Obojętna	Obojętna
Oregano	Obojętne	Obojętne
Papryka	Obojętna	Obojętna
Rodymenia (wodorost *Rhodymenia palmata*)	Obojętna	Obojętna
Rozmaryn	Obojętny	Obojętny
Skrobia kukurydziana	Obojętna	Unikać
Sól morska	Obojętna	Obojętna
Stewia	Obojętna	Obojętna
Syrop klonowy	Obojętny	Obojętny
Syrop kukurydziany	Obojętny	Unikać
Syrop ryżowy	Obojętny	Unikać
Szafran	Obojętny	Obojętny
Szałwia	Obojętna	Obojętna
Szczypiorek	Obojętny	Obojętny
Tamarynda	Obojętna	Obojętna
Tymianek	Obojętny	Obojętny
Wanilia	Obojętna	Obojętna
Wodorowinian potasu (kamień winny)	Obojętny	Obojętny
Ziele angielskie	Obojętne	Obojętne

Napoje

Niewydzielacze z grupą krwi A mogą sobie pozwolić od czasu do czasu na kieliszek wina do posiłku. Umiarkowana jego konsumpcja wpływa korzystnie na ich układ sercowo-naczyniowy. W diecie tych osób nie powinno też zabraknąć zielonej herbaty. Osoby z grupą A nie uwrażliwione w sposób szczególny na kofeinę mogą sobie pozwolić na jedną filiżankę kawy dziennie.

Wariant I

POKARMY	WYDZIELACZ Z GRUPĄ KRWI A	NIEWYDZIELACZ Z GRUPĄ KRWI A
Alkohol wysokoprocentowy	Unikać	Unikać
Herbata czarna zwykła	Unikać	Obojętna
Herbata zielona	Wskazana	Wskazana
Napoje gazowane (cola i wszystkie inne)	Unikać	Unikać
Wino czerwone	Wskazane	Wskazane
Woda mineralna gazowana	Unikać	Obojętna
Woda sodowa (Seltzera)	Unikać	Obojętna

Wariant II

POKARMY	WYDZIELACZ Z GRUPĄ KRWI A	NIEWYDZIELACZ Z GRUPĄ KRWI A
Kawa (z kofeiną, bez kofeiny)	Wskazana	Wskazana
Piwo	Unikać	Obojętne

Pokarmy obojętne: ogólne uzupełnienie jadłospisu

POKARMY	WYDZIELACZ Z GRUPĄ KRWI A	NIEWYDZIELACZ Z GRUPĄ KRWI A
Wino białe	Obojętne	Wskazane

Zindywidualizowane terapie w chronicznych stanach chorobowych

Profil zagrożeń chorobowych dla grupy A wskazuje, iż jej przedstawiciele są najbardziej ze wszystkich podatni na chroniczne stany chorobowe. Stany te opiszemy teraz szczegółowo, w powiązaniu z grupą krwi A, proponując szeroki wybór terapii wspomagających wariant II diety zgodnej z grupą krwi.

Patrz: Profil ryzyka zdrowotnego dla grupy krwi A, str. 202.

Choroby układu pokarmowego związane z grupą krwi A

Przełyk Barretta
Choroby pęcherzyka żółciowego i wątroby

Przełyk Barretta

Przełyk Barretta jest przedrakowym stanem chorobowym rozwijającym się w warunkach chronicznego refluksu żołądkowo-przełykowego (GERD). Refluks występuje wprawdzie najczęściej u osób z grupą krwi 0, kiedy jednak powstaje w organizmie należącym do grupy A, wiąże się z nim znacznie większe ryzyko zdrowotne. W 20% przypadków chroniczny refluks żołądkowo-przełykowy przechodzi w przełyk Barretta, z czego co dziesiąty przypadek kończy się rakiem przełyku lub żołądka. Oba typy nowotworów są silnie statystycznie związane z grupą krwi A. Ponadto u pacjentów, u których stwierdzono raka przełyku poprzedzonego przełykiem Barretta, rokowanie zwykle bywa złe, ponieważ nowotwór przeważnie ujawnia się w zaawansowanym stadium rozwoju. Spośród przypadków przełyku Barretta zgłoszonych w mojej witrynie internetowej 76% dotyczyło osób z grupą krwi A. Wszyscy ci ludzie twierdzą, że po przejściu na proponowaną dietę zgodną z grupą krwi i zastosowaniu strategii opisanych dalej w tym rozdziale objawy ze strony przełyku i żołądka (bóle i pieczenia przy przełykaniu pokarmów) wyraźnie się zmniejszyły. A oto owe strategie dodatkowe:

- Unikać kawy, czekolady, cukierków miętowych i czarnej herbaty; wszystkie te pokarmy sprzyjają powstawaniu refluksu żołądkowo-przełykowego. Kawa jest generalnie korzystna dla osób z krwią grupy A, ponieważ zwiększa wydzielanie kwasu żołądkowego. Jeżeli jednak pojawiły się objawy refluksu żołądkowo-przełykowego, należy jej unikać.

Wskazówka dla grupy A – zielona herbata

Zielona herbata jest najpopularniejszym napojem na świecie, choć osobom przyzwyczajonym do kawy espresso lub cappuccino jej smak może wydawać się zbyt „wodnisty". Moim ulubionym sposobem jej zaparzania jest japońska recepta zwana *Gen Mai Cha*, w której liście herbaty miesza się z opiekanym brązowym ryżem, nadającym napojowi ciepły i pełny aromat. Należy zwrócić uwagę na jakość herbaty; jej liście powinny pochodzić z pierwszego zbioru, wtedy bowiem zawierają najwięcej polifenoli. Zielona herbata nie powinna być zbyt długo zaparzana. Parzenie herbaty czarnej trwa zwykle kilka minut. Jeżeli zrobimy tak samo z herbatą zieloną, napój będzie bardzo gorzki i cierpki! Kontakt liści z wrzątkiem powinien trwać tylko 35-45 sekund. Takie parzenie pozwala wydobyć subtelności smaku i aromatu bez ryzyka uwalniania do naparu wszystkich tanin (garbników) i substancji ściągających.

- Kultywować upodobanie do zielonej herbaty *(Camellia sinensis)*. Liczne badania wykazały, że napary z liści tej rośliny blokują wywoływane chemicznie zmiany nowotworowe w przełyku, żołądku i wielu innych częściach ciała. Aktywnymi składnikami są w tym przypadku związki, zwane polifenolami zielonej herbaty. Jakkolwiek dokładny mechanizm ich działania nie jest w pełni zrozumiały, to jednak wiele teorii sugeruje, iż hamują one czynność sprzyjającego powstawaniu guzów enzymu zwanego dekarboksylazą ornitynową, a jednocześnie wspomagają przeciwutleniacze, takie jak peroksydaza glutationowa i działają przeciwzapalnie. Powyższe własności polifenoli zawartych w zielonej herbacie czynią z tego napoju skuteczny element profilaktyki nowotworów przełyku i żołądka. W ciągu dnia powinno się wypijać przynajmniej trzy filiżanki naparu.
- Unikać cukru i słodyczy. Pokarmy te mogą być przyczyną problemów u osób z refluksem żołądkowo-przełykowym.
- Rozpuszczać 5-15 kropli goryczki żółtej *(Gentiana lutea)* w szklance wody i pić 30 minut przed posiłkami. Badania wykazują, że przeciętny organizm z grupą krwi A potrzebuje aż 45 minut na osiągnięcie maksymalnego poziomu wydzielania gastryny; dla porównania: osoby z krwią grupy 0 osiągają ten stan już po 15 minutach. Goryczka przyśpiesza wydzielanie gastryny. Spożywanie jej pół godziny przed posiłkiem pozwala lepiej przygotować soki trawienne do przyjęcia pokarmu. Ciekawe, że stosowanie „gorzkich kropli" ma długą tradycję w wielu krajach europejskich. Jest to jedna z tych tradycji, które przedstawiciele grupy A mogą z korzyścią dla zdrowia włączyć do swojego stylu odżywiania i przekształcić w nawyk.

- Imbir. Wiele składników chemicznych imbiru chroni komórki wyściółki żołądka. Stwierdziłem, że przyjmowanie 1 łyżeczki świeżego soku imbirowego kilka razy dziennie znakomicie zapobiega powstawaniu refluksu żołądkowo-przełykowego.
- Kozieradka: pomaga w trawieniu.

Choroby pęcherzyka żółciowego i wątroby

Pęcherzyk żółciowy to niewielki woreczek umiejscowiony tuż pod wątrobą i pełniący funkcję przejściowego magazynu żółci. Jego zadaniem jest gromadzenie żółci i jej uwalnianie w chwili, gdy pokarm przechodzi przez jelito cienkie. Czasami niektóre składniki żółci – w szczególności cholesterol i bilirubina – wytrącają się z roztworu i osadzają w formie kryształków na ściankach pęcherzyka, podobnie jak cukier krystalizuje w cukrzejącym miodzie. Powstające w ten sposób kawałki twardej materii noszą nazwę kamieni żółciowych. Badania wykazują, że występują one szczególnie często u osób z grupą krwi A – podobnie jak inne problemy zdrowotne związane z wątrobą. Ponad 75 lat temu wszystkie typy żółtaczki wiązano z tą grupą krwi. W wyniku wieloletnich badań stwierdzono, że marskość wątroby zdarza się znacznie częściej u przedstawicieli grupy A. Fakt ten miałem możliwość potwierdzić klinicznie[5]. Pewne dowody wskazują, iż marskość dróg żółciowych powstaje w wyniku niszczącego działania wolnych rodników, przypuszczalnie w następstwie odtruwających reakcji wątroby w obecności obcych związków. Jeżeli teoria ta jest słuszna, to byłaby kolejnym uzasadnieniem dla spożywania przez grupę A dużych ilości przeciwutleniaczy zawartych w owocach i warzywach oraz zachętą do picia zielonej herbaty.

Najlepszym sposobem ochrony wątroby i pęcherzyka żółciowego jest kontrolowanie wagi ciała. Oto nasze sugestie:

- Unikać doustnych środków antykoncepcyjnych; stwierdzono ich związek z kamieniami żółciowymi.
- Korzystać z dobrodziejstw mniszka lekarskiego; jest to ziele szczególnie przydatne dla osób z grupą krwi A – bezpiecznie i łagodnie usprawniające funkcje wątroby.
- Silnie działające substancje gorzkie – takie jak ekstrakt z liści karczocha – pobudzają enzymy trawienne i podtrzymują zdrowie wątroby oraz pęcherzyka żółciowego wzmagając przepływ żółci i usprawniając metabolizm cholesterolowy.
- Bupleurum jest tradycyjnym zielem chińskim. Badania potwierdziły jego działanie pobudzające wydzielanie kwasów żółciowych i cholesterolu oraz obniżające poziom tego ostatniego we krwi.

Wskazówka dla rodziców: opanowanie chronicznych infekcji uszu

Infekcje uszu (*otitis media*) są powodem niemal 50% wizyt lekarskich w gabinetach pediatrów. Ocenia się, że problem ten dotyczy około 2/3 dzieci w Stanach Zjednoczonych przed ukończeniem 2 roku życia. Infekcje te (nierzadko powracające) występują u przedstawicieli wszystkich grup krwi, jednak u dzieci z grupą A (lub nawet dzieci, których matki mają tę grupę krwi) zdarzają się o 50% częściej i aż 26-krotnie częściej powracają[4]. Niektóre szczepy bakterii przypuszczalnie wywołujące te infekcje wykazują silną preferencję do antygenu grupy krwi A. Konwencjonalne leczenie antybiotykami jest nieskuteczne i w ostatecznym rachunku bardziej szkodliwe i niszczące niż brak leczenia. Znacznie lepszym rozwiązaniem jest stosowanie następujących strategii działania.

- Kobiety z grupą krwi A spodziewające się dziecka powinny utrzymywać swój stan zdrowia przed porodem na możliwie najwyższym poziomie.
- Matki powinny karmić piersią przez co najmniej 4 miesiące, ponieważ daje to dziecku pełną odporność. Karmienie za pomocą butelki koreluje z wyższą zachorowalnością na infekcje uszu. Podczas karmienia butelką dziecko nie powinno nigdy leżeć na plecach, powoduje to bowiem zarzucanie pokarmu do ucha środkowego.
- Należy unikać pokarmów sprzyjających infekcjom uszu, a mianowicie: mleka krowiego, pszenicy, białka jaj kurzych, orzeszków ziemnych, soi, kukurydzy, pomidorów, kurczaków i jabłek. Wprowadzając do diety dziecka pokarmy, które są łatwo przyswajalne, zacznij od owoców i warzyw z listy gatunków zalecanych. Nie należy zbyt wcześnie wprowadzać ziaren zbóż, roślin strączkowych, orzechów i nasion, dopóki układ pokarmowy dziecka nie wykształci silnych mechanizmów ochronnych (nie wcześniej niż po 3 miesiącach, a jeszcze lepiej w 6-9 miesiącu życia).

• Z REJESTRU PRZYPADKÓW •

Tom M.
Grupa krwi A
Mężczyzna w średnim wieku
Poprawa: przełyk Barretta

„Ścisłe przestrzeganie diety zgodnej z grupą krwi A sprawia mi trudności (stare nawyki trudno wykorzenić). Największą korzyść odniosłem, eliminując z diety niemal całkowicie czerwone mięso. Zauważyłem poprawę ogólnego samopoczucia. Nie mam nadwagi i jestem ogólnie zdrowy, z wyjątkiem przełyku Barretta. Po zmianie diety mogłem zmniejszyć o połowę dawki leku o nazwie Zantac".

Gdy dziecko z grupą krwi A jest autystyczne, należy zwrócić uwagę na jego wątrobę

Zainteresowano się ostatnio możliwościami wykorzystania sekretyny – hormonu pobudzającego wątrobę do wydzielania żółci, a jednocześnie stymulującego czynności trzustki – w terapii autyzmu. Autyzm zaburza normalny rozwój mózgu w zakresie interakcji społecznych i umiejętności porozumiewania się. Dzieci i osoby dorosłe dotknięte tą aberracją mają trudności z porozumiewaniem się werbalnym i niewerbalnym, kontrolowaniem relacji społecznych oraz oddawaniem się rozrywce i zabawie. Autyzm wybitnie utrudnia współżycie z otoczeniem i kształtowanie osobistego stosunku do świata zewnętrznego. W niektórych przypadkach mogą wystąpić zachowania agresywne i/lub autoagresywne. Typowymi objawami są także powtarzane ruchy ciała (np. machanie dłońmi, kołysanie się itp.), dziwaczne odpowiedzi kierowane do innych ludzi, przywiązanie do przedmiotów oraz opór wobec zmiany przyzwyczajeń. Panuje opinia, jakoby autyzm występował wyłącznie u chłopców, nie jest to jednak zgodne z prawdą, ponieważ co piąte dziecko autystyczne jest płci żeńskiej. W jednym z badań poświęconych związkom sekretyny z autyzmem skoncentrowano się na trojgu dzieciach z autyzmem i zaburzeniami trawiennymi. Badanie to pokazało, że po doprowadzeniu sekretyny funkcje trawienne uległy poprawie, a jednocześnie pacjenci stali się bardziej komunikatywni i lepiej społecznie przystosowani. Jakkolwiek nie ma jeszcze oficjalnych publikacji na ten temat, to jednak wiadomo, że autyzm występuje częściej wśród dzieci mających krew grupy A. Istnieją też niedawne doniesienia o poprawie osiągniętej w przypadkach autyzmu po przejściu na dietę zgodną z grupą krwi. Dieta zgodna z grupą A ogranicza udział w pokarmie pewnych lektyn współdziałających z sekretyną, nie jest więc pozbawione sensu przypuszczenie, iż poprawa we wspomnianych przypadkach była następstwem usprawnienia metabolizmu sekretyny. Oto co napisała pewna młoda matka o swojej trzyletniej córce Ani mającej grupę krwi A: „Dzięki pana książce wyleczyliśmy naszą trzyletnią córeczkę z autyzmu i znaleźliśmy sposób na zaparcia, które męczyły ją od urodzenia".

- Kurkumina to chemiczny składnik ajurwedyjskiej przyprawy leczniczej, zwanej kurkumą. Ma łagodny smak i można ją bezpiecznie stosować. Przeciwdziała tworzeniu się kamieni żółciowych.
- Lecytyna jest bogatym źródłem fosfolipidów takich jak cholina, pobudzająca i stabilizująca wydzielanie żółci. Zwiększenie ilości lecytyny w żółci zmniejsza skłonność cholesterolu do krystalizowania, a tym samym zapobiega formowaniu się kamieni żółciowych. Skład lecytyny żółciowej podlega wpływom manipulacji dietetycznych, w związku z czym przyjmowanie lecytyny sojowej w ilości dwóch łyżek dziennie jest doskonałą formą profilaktyki kamicy żółciowej.
- Jedz tuńczyki. Te znane i smaczne ryby są bowiem wspaniałym źródłem fosfatydów.

- Używaj kolendry. Stwierdzono, że nasiona tej rośliny poprawiają syntezę kwasu żółciowego w wątrobie oraz zwiększają zakres rozkładu cholesterolu na kałowe kwasy żółciowe i obojętne sterole, co także obniża poziom cholesterolu. Nasiona kolendry podnoszą równocześnie poziom cholesterolu HDL.
- Włącz do diety pstrok (*Silybum marianum*). Roślina ta zawiera silny przeciwutleniacz mający właściwość koncentrowania się w wątrobie i drogach żółciowych. Ktokolwiek ma problemy z pęcherzykiem żółciowym – lub historię tych chorób w rodzinie – niechaj doda to uzupełnienie do swojej diety. (UWAGA: *Silybum marianum* należy używać wyłącznie w chorobach wątroby).

Profilaktyka osteoporozy – porady dla kobiet z grupą krwi A w wieku pomenopauzalnym

Kobiety w wieku pomenopauzalnym podlegają zwiększonemu ryzyku utraty tkanek kostnych w wyniku niedoboru estrogenu, co prowadzi do osteoporozy. U kobiet z grupą krwi A ryzyko to jest szczególnie wysokie z powodu niskiego poziomu fosfatazy zasadowej w jelitach. Powtarzane wielokrotnie badania wykazały, że enzym ten pozytywnie wpływa na metabolizm wapnia. Ponadto wyższy poziom kwasu żołądkowego sprzyja lepszemu przyswajaniu tego pierwiastka. W środowiskach dietetyków posługujących się wiedzą konwencjonalną panuje przekonanie, jakoby diety wysokobiałkowe przyśpieszały utratę tkanki kostnej; w literaturze naukowej znajdują się jednak dowody czegoś zupełnie przeciwnego. Sytuacja ta jest szczególnym wyzwaniem dla kobiet z krwią grupy A, zwłaszcza tych, które nie stosują żadnych form uzupełniania estrogenu. Aby zachować zdrowie kości, należy:

1. Jeść puszkowane sardynki i łososie z ośćmi.
2. Regularnie spożywać niskotłuszczowe jogurty, mleczko sojowe i mleko kozie.
3. Włączyć do jadłospisu duże ilości brokułów i szpinaku.
4. Przyjmować uzupełniająco cytrynian wapnia w dawkach dziennych 300-600 mg.
5. Uprawiać ćwiczenia fizyczne zgodne z grupą krwi A i jak najwięcej chodzić.
6. W mojej praktyce klinicznej przez ostatni rok podawałem wapń pochodzenia morskiego pacjentkom, u których występowały nadzwyczajne właściwości absorpcyjne. Preparat wapniowy „AquaMin" otrzymywany jest z kilku odmian irlandzkich wodorostów i może być skutecznie przyswajany przez wszystkie grupy krwi.

Zaburzenia metabolizmu szczególnie związane z grupą krwi A

Otyłość, spowolniona przemiana materii
Wysoki poziom cholesterolu
Choroby serca
Nadmierna krzepliwość krwi

Otyłość, spowolniona przemiana materii
U ludzi z grupą krwi A wiele procesów metabolicznych przebiega zupełnie inaczej niż u reprezentantów grupy 0. U tych ostatnich spożywanie białek zwierzęcych przyśpiesza przemianę materii, czyniąc ją skuteczniejszą; w grupie A jest wręcz odwrotnie. Wiele osób z krwią grupy A, których dieta opiera się głównie na mięsie, skarży się na permanentne zmęczenie i brak energii, zwłaszcza gdy angażują się w aktywność sportową, ograniczając jednocześnie spożycie złożonych węglowodanów. Innym ich problemem powstającym na tle nadmiaru mięsa w diecie jest zatrzymywanie płynów z powodu niemożności prawidłowego strawienia białkowych pokarmów. Osoby z grupą 0 spalają mięso jak paliwo, podczas gdy ludzie z krwią grupy A magazynują je w postaci tłuszczu.

Innym poważnym wyzwaniem dla osób grupy A walczących z powolną przemianą materii i nadwagą jest wysoki poziom kortyzolu. Dla nich stres oznacza przybieranie na wadze, ponieważ hormony stresu zwiększają oporność na insulinę i pogłębiają hormonalną nierównowagę, a przy tym katabolizują (spalają) mięśnie zamiast tłuszczu. Otyłość jako taka prowadzi do oporu na kortyzol, powstaje więc niebezpieczne błędne koło. Wysoki poziom kortyzolu związany jest również z leptyną, hormonem pozostającym w relacji z genem otyłości, zwiększającym łaknienie[6].

Niezależnie od kontrolowania stresu, osoby z grupą krwi A, u których powstał problem nadwagi, mogą skorzystać z następujących sugestii:

1. ROZPOZNANIE INDYWIDUALNEGO PROFILU METABOLIZMU. Znajomość masy mięśniowej, procentowego udziału tkanek tłuszczowych i podstawowych cech przemiany materii może być ważniejsza niż waga ciała, są to bowiem wskaźniki równowagi metabolicznej. Celem jest nie tylko zmniejszenie wagi, lecz przede wszystkim budowanie mięśni. Wysoce wskazana jest okresowa analiza oporności bioelektrycznej. Jeżeli nie ma możliwości wykonania takiego badania, wówczas dane o stanie metabolizmu można uzyskać innymi, prostszymi metodami. Nie są one może naukowo ścisłe, dostarczają jednak informacji na temat ogólnej kondycji i ewentualnego nadmiaru wody w organizmie.

Badanie wody pozakomórkowej – obrzęk: Naciskamy mocno palcem wskazującym przednią powierzchnię goleni i przytrzymujemy przez pięć sekund. Po zwolnieniu nacisku na tkankę mięśniową lub tłuszczową skóra natychmiast podnosi się, jeżeli jednak między komórkami znajduje się woda, to zagłębienie będzie wypełniać się powoli, poczynając od brzegów. Im wolniej się to odbywa, tym więcej mamy wody pozakomórkowej, stanowiącej część nadwagi.

Pomiar stosunku obwodów w biodrach i w talii: Nadwaga jest stanem wybitnie niezdrowym, a w sytuacji gdy jest skoncentrowana w okolicach brzucha, a nie bioder i ud, prowadzi do zaburzeń przemiany materii. A oto szybki test rozłożenia nadmiaru tkanki tłuszczowej. Stajemy prosto przed dużym lustrem i za pomocą centymetra krawieckiego mierzymy obwód w najwęższym miejscu talii oraz w najszerszym miejscu na wysokości pośladków. Dzielimy wynik pierwszego pomiaru przez wynik drugiego. Prawidłowy rezultat dla kobiet powinien mieścić się w przedziale 0,70-0,75, a dla mężczyzn w przedziale 0,80-0,90.

• Z REJESTRU PRZYPADKÓW •

Sarah P.
Grupa krwi A
Młoda kobieta
Poprawa: nadwaga

„Stosowałam się ściśle do zasad diety zgodnej z grupą krwi A około czterech miesięcy. Wyniosłam z tego przedsięwzięcia ogromne korzyści zdrowotne. Śluz zniknął (zdumiewające!). Zrzuciłam pięć kilogramów i po raz pierwszy od lat zaczęłam się czuć dobrze w swoim ciele. Po dziewięciu miesiącach pojawiło się uczucie przemęczenia i wówczas, dochodząc do wniosku, że sposób żywienia, który Pan proponuje, jest tylko kolejną zwariowaną modą, przeszłam na dietę wysokobiałkową doktora Atkinsa. Zaczęłam ładować w siebie mięso, sery, tłuste śmietany i takież orzechy, dodając od czasu do czasu odrobinę zielonej sałaty. Po tygodniu przybrałam na wadze około 2,5 kg, poczułam się zatruta nadmiarem mięsa i zdezorientowana. Autorzy tej diety sugerują, że powinnam zeszczupleć, tymczasem było całkiem odwrotnie. Sądzę, że cały ten szał mięsno-białkowy kreują ludzie z krwią grupy 0 (zresztą nie tylko w tej dziedzinie usiłują nam »urządzić świat«!). Po tym doświadczeniu zrozumiałam, że dieta zgodna z grupą A jest dla mnie idealna, a zmęczenie, które odczuwałam, było spowodowane kryzysem w pracy zawodowej (w owym czasie czułam się »wypalona« i brakowało mi wyraźnej perspektywy dalszego rozwoju mojej kariery). Powróciłam z radością do Pańskiej diety. Wznoszę toast za Pana zdrowie szklanką mleczka sojowego".

2. PORY POSIŁKÓW. Rozmieszczenie posiłków w czasie jest często ważniejsze niż ilość spożywanych pokarmów. Ta sama liczba kalorii

przyjmowana w godzinach rannych i późnym wieczorem powoduje całkiem odmienne efekty; jedząc solidne śniadania, tracimy na wadze, objadając się wieczorami i w nocy – tyjemy. Niejedzenie śniadań lub ograniczanie ich do symbolicznego minimum katastrofalnie wpływa na spowolnioną przemianę materii organizmów z krwią grupy A. Wpływ ten dotyczy w szczególności kortyzolu i hormonów tarczycy. To samo można powiedzieć o pomijaniu posiłku południowego (drugiego śniadania lub lunchu). Chcąc naprawdę pozbyć się nadwagi, należy zacząć od zrównoważonych, pełnowartościowych śniadań, posiłków południowych i obiadów. Kolację można bez szkody „oddać wrogowi", zwłaszcza gdy miałaby być zjedzona późnym wieczorem. Tzw. „przekąski nocne" to najlepszy sposób na szybkie utuczenie się.

3. UZUPEŁNIENIA DIETETYCZNE POBUDZAJĄCE PRZEMIANĘ MATERII.

- CQ_{10}: 60 mg dziennie. Koenzym ma decydujące znaczenie dla przemian energetycznych i zdrowia serca. Badania wykazały, że przyjmowanie tego uzupełnienia obniża ciśnienie krwi, poziom cukru we krwi i poziom trójglicerydów, podnosząc jednocześnie poziom cholesterolu HDL. Będąc równocześnie przeciwutleniaczem, CQ_{10} zmniejsza ogólny poziom stresu u ludzi otyłych oraz podnosi poziom przeciwutleniających witamin.
- L-karnityna. Potrzebujemy 1-2 g tej substancji, by skutecznie przenosić tłuszcze do mitochondriów (komórek przetwarzających energię), w których mogą one być użyte jako źródło energii. Dowody naukowe pokazują, że L-karnityna zmniejsza oporność na insulinę.
- Biotyna jest witaminą niezbędną w metabolizmie tłuszczów. Badania wykazały, że odpowiednie jej dawki obniżają poziom cukru we krwi, poprawiają tolerancję cukru i zmniejszają insulinooporność.
- Kwas liponowy. Dzienna dawka 100-600 mg tej substancji poprawia przemiany cukrowe. Jest to również ważny czynnik w przemianach energetycznych oraz potężny przeciwutleniacz.
- Magnez: 200-300 mg dziennie. U osób z nadwagą, zwłaszcza tych, u których przemiany cukrowe są szczególnie upośledzone, często występują braki tego minerału.
- Cynk: 25 mg. Zapotrzebowanie na cynk wiąże się z funkcją hormonu wzrostu, czynnościami tarczycy i zrównoważeniem reakcji na stres.
- L-glutamina: 200-500 mg, dwa razy dziennie.

Podwyższony poziom cholesterolu

Z wielu naukowych badań wynika, że osoby z grupami krwi A i AB zagrożone są chorobami serca i śmiercią z powodu podwyższonego poziomu cholesterolu w większym stopniu niż grup 0 i B. Mając grupę krwi A, należy sobie dokładnie uświadomić ograniczenia własnego organizmu w zakresie zdolności trawienia tłuszczów. U osób należących do tego typu dieta wysokotłuszczowa najczęściej staje się przyczyną wysokiego poziomu cholesterolu. Właściwa dieta jest kluczem do tego problemu, można sobie jednak również pomóc, uwzględniając w jadłospisie następujące uzupełnienia obniżające cholesterol.

PANTETYNA. Jest to aktywna forma witaminy B_5, czyli kwasu pantotenowego. Pantetyny nie należy jednak utożsamiać z kwasem pantotenowym. W sklepach ze zdrową żywnością i aptekach trzeba szukać aktywnej pantetyny, produkowanej przez znane firmy farmaceutyczne. Liczne badania potwierdzają fakt obniżania przez pantetynę poziomu cholesterolu o 18-24 procent. Zmniejsza ona również stężenia cząsteczek lipoprotein odpowiedzialnych za tworzenie się płytek „utwardzających" naczynia krwionośne. Dzienna dawka pantetyny 600 mg przyjmowana w okresie 6-9 miesięcy obniża poziom trójglicerydów o 37,7% u pacjentów z cukrzycą, a więc skuteczniej niż acipimox i bezafibrate – inne testowane leki o podobnym przeznaczeniu. U kobiet w wieku okołomenopauzalnym występuje poważnie zwiększone ryzyko chorób serca. W jednym z badań włoskich opisano szesnastotygodniową terapię pantetynową, w której uzyskano znaczące obniżenie całkowitego cholesterolu, cholesterolu LDL oraz stosunku LDL-C/HDL-C[7]. Pantetyna jest bezpieczna (u zwierząt doświadczalnych, którym podawano duże jej dawki, nie stwierdzono żadnych niekorzystnych efektów) i dobrze tolerowana przez organizmy z krwią grupy A. Ważnym pozytywnym skutkiem ubocznym kuracji pantetynowej u osób z grupą krwi A jest lepsze przystosowanie do sytuacji stresowych bez wyczerpywania zasobów adrenaliny.

SOJA. W wielu badaniach potwierdzono obniżający wpływ spożycia produktów sojowych na poziom cholesterolu. Skuteczność tej metody jest największa u osób z bardzo wysokim poziomem cholesterolu (ponad 355 mg/dl) i pozwala obniżyć go o 20 procent. U pacjentów z poziomem wyjściowym w granicach 260-333 mg/dl uzyskuje się jego obniżenie o niecałe 10 procent. Dla uzyskania maksymalnego efektu konieczne jest spożywanie 50 g białka sojowego dziennie. Dla orientacji Czytelników podajemy, że 1 filiżanka mleczka sojowego zawiera 4-10 g tego białka, 120 g tofu – 8-13 g, a kotlet sojowy o masie 90 g – 18 g.

BŁONNIK. Istnieją dwie jego odmiany – rozpuszczalna i nierozpuszczalna. Uważa się, że błonnik rozpuszczalny obniża poziom cholesterolu, wiążąc się w jelicie z kwasami żółciowymi. Kwasy żółciowe powstają z cholesterolu; ich usuwanie z przewodu pokarmowego wymusza dodatkową ich syntezę, a tym samym obniża poziom cholesterolu we krwi. Niestety, uzyskanie tą metodą znaczących rezultatów wymaga spożywania dużych ilości rozpuszczalnego błonnika – od

60 do 100 g dziennie. Ponadto, wzrost jego zawartości w diecie powoduje obniżanie się poziomu „dobrego" cholesterolu (HDL), co nie jest efektem pożądanym. Mimo tych wad dieta z dużym udziałem błonnika jest wartościową metodą terapii, choć jej skrajne formy proponowane przez niektórych autorów nie wydają mi się rozsądne, przypominają bowiem przysłowiowe wylewanie dziecka z kąpielą. Najlepszym źródłem rozpuszczalnego błonnika jest sproszkowany płesznik *(Plantago psyllium)*. Przyjmowanie go w ilości trzech łyżeczek dziennie obniża cholesterol o 15 procent.

• Z REJESTRU PRZYPADKÓW •

Barry F.
Grupa krwi A
Mężczyzna w średnim wieku
Poprawa: układ sercowo-naczyniowy

„Badania laboratoryjne wykazały dramatyczne obniżenie poziomu cholesterolu i trójglicerydów we krwi. Zrzuciłem ponad 10 kg nadwagi. Poprawiło mi się trawienie, mam więcej energii w ciągu całego dnia i jaśniej myślę. Dieta zmieniła wszystko na lepsze. Praktykuję akupunkturę i ziołolecznictwo. Zacząłem zalecać Pana dietę moim pacjentom".

MAGNEZ. Podwyższony poziom cholesterolu i trójglicerydów bardzo często koreluje z niedoborem magnezu wymagającym uzupełnienia. Typowa dawka dla grupy A to 250-500 mg dziennie. Zielone warzywa liściowe są dobrym źródłem magnezu.

TRAN I SIEMIĘ LNIANE. Istnieją pewne dowody na to, że tran podnosi poziom cholesterolu HDL, obniżając zarazem stężenie homocysteiny uznanej niedawno za czynnik ryzyka kardiologicznego. Olej lniany i olej z orzechów włoskich są także dobrymi źródłami kwasu alfa-linolenowego należącego do serii kwasów omega-3.

ROŚLINNE STEROLE I STEROLINY. Tłuszcze roślinne (takie jak beta-sitosterol) obniżają poziom cholesterolu. Przy okazji usprawniają również funkcje układu odpornościowego i równoważą reakcje na stres.

BAKTERIE PROBIOTYCZNE I POKARMY Z KULTURAMI BAKTERYJNYMI. Przyjazne bakterie w umiarkowanym stopniu obniżają poziom cholesterolu.

WITAMINA B_6. Poprawia metabolizm białek i pomaga w regulowaniu równowagi wodnej.

Choroby serca

Oprócz diety zgodnej z grupą krwi, kontrolowania poziomów stresu i obniżania zawartości cholesterolu we krwi, proponujemy uzupełnienia dietetyczne korzystne dla zdrowia serca:

GŁÓG. Zgodnie z tradycyjną wiedzą naturopatyczną głóg udrożnia tętnice. Stosuje się go obecnie w leczeniu dusznicy bolesnej, nadciśnienia, arytmii i zastoinowej niewydolności serca.

KOENZYM Q_{10}. Korzystnie wpływa na serce oraz zapobiega paradentozie, w której infekcje lokalne mogą wywierać szkodliwy wpływ na stan tętnic. Uzupełnienie diety o CoQ_{10} korzystnie zmienia naturalną historię chorób sercowo-naczyniowych oraz działa profilaktycznie w tej grupie chorób, hamując utlenianie cholesterolu LDL i podtrzymując optymalne funkcje komórkowe w warunkach stresów wewnętrznych i zewnętrznych.

Grupa krwi A i menopauza

Kobiety w wieku okołomenopauzalnym i menopauzalnym powinny przedyskutować z lekarzem użycie estriolu (2-4 mg) w celu złagodzenia objawów, ochrony przed utratą tkanki kostnej i zapobieżenia problemom sercowo-naczyniowym na tle ubytku estrogenu. Estriol jest bezpieczniejszy niż konwencjonalny ERT – Premarin. Dong quai i olej z wiesiołka są również bezpieczne dla kobiet z grupą krwi A. *Cimicifuga racemosa* (*black cohosh*) może pomóc wyeliminować uderzenia gorąca.

PRZECIWUTLENIACZE. Najnowsze badania sugerują, iż jednym z istotnych mechanizmów sprzyjających rozwojowi arteriosklerozy jest utlenianie bogatych w cholesterol cząsteczek lipoproteiny o niskiej gęstości. Procesowi temu można zapobiegać, dostarczając naturalne przeciwutleniacze – takie jak witamina C, witamina E i beta-karoten – zawarte w diecie podstawowej lub jej uzupełnieniach.

OSTROŻNIE Z NADMIAREM ŻELAZA. W przypadkach anemii – której grupa krwi A sprzyja – należy zachować ostrożność w przyjmowaniu uzupełnień żelaza. Badania ponad 1900 Finów w wieku 42-60 lat wykazały czteroprocentowy wzrost liczby zawałów serca na każdy 1% wzrostu zawartości ferrytyny w surowicy krwi. Ferrytyna jest białkiem, w którym organizm magazynuje żelazo. Wysoki poziom tego pierwiastka najwyraźniej katalizuje powstawanie wolnych rodników, niszczących ścianki naczyń krwionośnych.

Leki ziołowe:
Terminalia arjuna: klasyczne zioła nasercowe wywodzące się z tradycyjnej medycyny indyjskiej, szczególnie korzystnie działające u osób z grupą krwi A ze skłonnościami do chorób serca. Ich dodatkowym działaniem jest obniżanie poziomu kortyzolu.
Inula racemosa: inne azjatyckie ziele o działaniu nasercowym i antystresowym bardzo podobnym do działania *Terminalia arjuna.*

Nadmierna krzepliwość krwi
Grupa krwi A koreluje z wyższym poziomem czynnika krzepliwości, a zwłaszcza globuliny antyhemofilowej (czynnik VIII) oraz zapadalnością na chorobę von Willebranda. Obie te okoliczności zwiększają ryzyko zawału serca.

CYTRYNA Z WODĄ. Jakkolwiek nie jest to udokumentowane w literaturze naukowej, to jeden z moich nauczycieli, John Bastyr, twierdził, że sok z 3-4 cytryn ma niemal takie samo działanie przeciwzakrzepowe jak Coumadin. Osoby z grupą krwi A powinny go pić zaraz po obudzeniu, ponieważ zmniejsza wydzielanie śluzu stanowiącego u nich pewien problem.

ZMNIEJSZENIE POZIOMU STRESU. Stwierdzono, że organizmy z krwią grupy A reagują na stres zwiększeniem lepkości krwi. Praktykowanie ćwiczeń relaksacyjnych, jogi lub tai chi może być dla nich bardzo cenne z punktu widzenia zdrowia serca.

MIŁORZĄB JAPOŃSKI *(GINGKO BILOBA)*, ASPIRYNA. Miłorząb hamuje czynnik aktywujący płytki krwi, co może pomóc zminimalizować tendencję do tworzenia się zakrzepów. Aspiryna wydaje się zapobiegać chorobie wieńcowej, po części dzięki hamującemu działaniu na globulinę antyhemofilową (czynnik VIII). Niewielkie dawki aspiryny zmniejszają również ryzyko raka okrężnicy należącego do chorób zagrażających w sposób szczególny osobom mającym grupę krwi A. Nie zalecałbym jednak równoczesnego przyjmowania preparatów z miłorzębu i aspiryny, ponieważ wzajemnie wzmacniają swoje działania.

Inne przyjazne dla grupy A substancje, które mają zdolność hamowania agregacji płytek krwi, zawiera imbir, czosnek i bromelaina.

Szczególne związki grupy krwi A z układem odpornościowym

Choroby nowotworowe
(w szczególności: rak piersi, żołądka, okrężnicy i prostaty)

Chorobz nowotworowe
Nie ma wątpliwości, że najlepszą profilaktyką przeciwnowotworową jest dieta zgodna z grupą krwi i zmniejszenie poziomu stresów. W ciągu wie-

lu lat wypracowałem też pewne strategie uzupełniające, chciałbym jednak podkreślić, że żadna z przedstawionych tu sugestii nie powinna zastępować zaleceń chirurgów i onkologów. Z mojego doświadczenia wynika, że przeciwnika takiego jak rak należy atakować zawczasu za pomocą możliwie wielu wzajemnie wspomagających się strategii. Moi pacjenci wykorzystują rutynowo to, co konwencjonalna medycyna ma im do zaoferowania. Czytelnikom tej książki radzę postępować tak samo. Strategie, które tu omówimy, mogą okazać się pomocne, pozwalają bowiem atakować raka z pozycji aktualnie lekceważonych bądź niedostatecznie branych pod uwagę przez konwencjonalną medycynę. Niektóre z nich są przedmiotem badań i podejrzewam, że zostaną w końcu włączone do głównego ich nurtu. Póki to nie nastąpiło, traktujmy je jako dodatkowe mury, którymi odgradzamy się od podwórka kłopotliwego sąsiada.

Osobom, u których rozpoznano chorobę nowotworową, nie radzę ograniczać się do opisanych tu strategii. Z mojego doświadczenia wynika, że optymalne rezultaty daje połączenie najlepszych metod medycyny konwencjonalnej z tym, co najbardziej wartościowe w medycynie naturalnej.

1. SUBSTANCJE PROBIOTYCZNE. Pokarmy z kulturami bakteryjnymi to prawdziwa skarbnica czynników działających przeciwrakowo. Zob. też s. 219.

2. LEKTYNY W WALCE Z RAKIEM. Lektyny nie zawsze nam szkodzą. Liczne badania wykazały, że niektóre z nich zlepiają komórki nowotworowe. Tak się składa, że lektyny te mają kompozycję podobną do grupy krwi A. Z reguły komórki nowotworowe sklejane są przez niskie stężenia lektyn, podczas gdy sklejanie komórek normalnych wymaga stężeń wielokrotnie wyższych. Skuteczniejsze sklejanie komórek nieprawidłowych wynika z istnienia na ich powierzchni większej ilości receptorów, co z kolei jest następstwem ich niewiarygodnie wysokiego tempa reprodukcji.

Badania wykazały, że lektyny zawarte w orzeszkach ziemnych hamują wzrost niektórych typów komórek raka piersi, a nawet przyczyniają się do ich zniszczenia[8]. Lektyny amarantu i fasoli fava oraz zawarte w pieczarkach są naszymi potencjalnymi sojusznikami w walce z rakiem okrężnicy.

Należy przypuszczać, że obfitość produktów sojowych w diecie makrobiotycznej (i, co za tym idzie, znaczne ilości lektyny z fasoli sojowej w pożywieniu jej zwolenników) jest przyczyną wielu pozytywnych reakcji przypisywanych tej diecie w chorobach nowotworowych. Soję uważa się powszechnie za czynnik antykancerogenny z uwagi na zawarte w niej składniki estrogenopodobne. Lektyny sojowe, stanowiące niekiedy aż 5% suchej masy nasion, potrafią dezorganizować komórki rakowe – zwłaszcza w nowotworach piersi i okrężnicy.

3. POPRAWA NATURALNEJ AKTYWNOŚCI KRWINEK BIAŁYCH O DZIAŁANIU CYTOTOKSYCZNYM (NK). W celu intensyfikacji aktywności krwinek białych o działaniu cytotoksycznym – mającej decydujące znaczenie w walce z rakiem – należy stosować następujące zasady:

- Zwiększyć spożycie zielonych warzyw.
- Zwiększyć spożycie produktów sojowych.
- Zwiększyć spożycie kwasów tłuszczowych serii omega-3.
- Utrzymywać spożycie tłuszczu w granicach 20-25% wartości kalorycznej (idealną wartością byłoby przypuszczalnie 22%).
- Zmniejszyć spożycie nienasyconych tłuszczów roślinnych.
- Utrzymywać prawidłową wagę ciała.
- Uprawiać ćwiczenia fizyczne. Sport poprawia aktywność cytotoksyczną krwinek białych (NK), jednak tylko wtedy, gdy nie ma ona charakteru wyczynowego. Radzimy więc zachować umiar zalecany w tym względzie wszystkim przedstawicielom grupy A.
- Jak najczęściej przebywać na powietrzu i korzystać ze słońca.
- Ograniczyć spożycie alkoholu (dotyczy to szczególnie mężczyzn).
- Nie palić.
- Zmniejszyć poziom stresu, którego każda postać i forma osłabia funkcje cytotoksyczne krwinek białych. Badania wykazały, że u kobiet z rakiem piersi w I i II stadium aktywność NK jest wyższa w przypadkach istnienia pozytywnego wsparcia emocjonalnego ze strony partnera i/lub współczującego, życzliwego lekarza oraz umiejętności znalezienia zewnętrznych punktów psychicznego oparcia. Ogólnie biorąc, poziom stresu u kobiet z rozpoznanym nowotworem piersi silnie koreluje z poziomem aktywności NK. Wielokrotnie stwierdzono, że wysoki poziom stresu pozwala

Helix pomatia: źródło przeciwnowotworowej lektyny

Lektyna zawarta w ślimakach z gatunku *Helix pomatia* została gruntownie przebadana pod kątem właściwości antyrakowych. W szczególności stwierdzono jej zdolność do odsłaniania komórek nowotworowych i przednowotworowych typowych dla grupy krwi A, co umożliwia ich rozpoznawanie przez przeciwciała tej grupy i uruchamianie skierowanych przeciwko nim działań obronnych[9]. Dokonuje się to na zasadzie przywierania do znacznika grupy A występującego w komórkach nowotworowych zwanych LLC i działającego jak wewnętrzna przepustka pozwalająca „bandytom" przekraczać zapory (węzły limfatyczne) i przenikać do obiegu ustrojowego.

Rutynowo zalecam kobietom z rakiem piersi włączenie do diety ślimaków *Helix pomatia* w charakterze leczniczego uzupełnienia. Byłem również świadkiem przypadków szybkiego ustępowania obrzęków limfatycznych u pacjentów z chłoniakami spożywających regularnie ten pokarm (wraz z jego lektyną).

przewidywać niższą zdolność białych krwinek do niszczenia komórek nowotworowych, jak również znacząco słabszą reakcję na interwencje zmierzające do jej zwiększenia[10].

4. MODYFIKACJA CZYNNIKA WZROSTU EPIDERMALNEGO. Czynnik wzrostu epidermalnego (ang.: *epidermal growth factor*, EGF) to polipeptydowy hormon uczestniczący w procesach wzrostu i naprawy ochronnych tkanek nabłonkowych. Występuje on w wielu częściach organizmu, a w szczególnie wysokim stężeniu w ślinie, prostacie i dwunastnicy. Receptor EGF (EGF-R) jest swoisty dla pewnego węglowodanu związanego z antygenem grupy krwi A.

Związek między EGF-R i antygenem grupy A stanie się jasny dla każdego, kto przestudiuje odpowiednie dane[11]. EGF-R odgrywa istotną rolę w różnych chorobach nowotworowych występujących u ludzi z krwią grupy A częściej niż u innych. Ze wszystkich czynników dietetycznych, które możemy kontrolować, największy wpływ na EGF ma rodzaj i ilość tłuszczów, które spożywamy. Ważnym promotorem rozwoju nowotworów jest kwas linolowy należący do grupy podstawowych kwasów tłuszczowych wielonienasyconych. Mamy w związku z tym wiele możliwości:

- Zmniejszyć zawartość tego kwasu w diecie.
- Przyjmować uzupełnienia melatoniny codziennie przed spaniem. Substancja ta hamuje wychwyt kwasu linolowego w plazmie.
- Hamować aktywność 5-lipoksygenazy, substancji związanej ze wzrostem komórek nowotworowych. Tamoxifen jest właśnie jej inhibitorem. Podobne działanie ma oliwa z oliwek oraz inne rośliny lecznicze spełniające tę funkcję:
  - imbir (zawierający co najmniej pięć różnych inhibitorów 5-lipoksygenazy)
  - kurkuma
  - pokrzywa
  - bocznia (palma karłowata)
  - boswellia
  - rozmaryn
- Przeciwutleniacze kwercetyna i luteolina – jak się wydaje – hamują pobudzające działanie EGF; prawdopodobnie polega to na hamowaniu jego oddziaływania na receptory EGF-R.
- Lektyna zarodków pszenicy uaktywnia receptory EGF tak samo skutecznie jak sam czynnik EGF, dlatego zawierające ją pokarmy są wybitnie niewskazane dla pacjentów z nowotworami. Lektyny mannozowe hamują działanie receptorów EGF, są zatem doskonałym pokarmem dla osób z grupą krwi A. Należą do nich:
  - cebula *(Allium cepa)*
  - czosnek *(Allium sativum)*

- kukurydza *(Zea mays)*
- por *(Allium porrum)*
- aloes *(Aloe arborescens)*
- szafran *(Crocus sativus)*

oraz w mniejszym stopniu:

- fasola fava *(Vicia fabia)*
- groch *(Pisum sativum)*
- groszek pachnący *(Lathyrus odoratus)*
- soczewica *(Lens culinaris)*

5. SZCZEPIONKA PRZECIW DUROWI BRZUSZNEMU – TEMAT DO ROZMOWY Z LEKARZEM. Doktor medycyny George F. Springer poświęcił ponad dwadzieścia lat badaniom zdolności układu odpornościowego człowieka do zwalczania zmian nowotworowych. Początkowo zajmował się pionierską pracą w dziedzinie antygenów grup krwi. Po śmierci żony, która zmarła na raka piersi, poświęcił resztę swojego życia badaniu tej choroby. Prace te doprowadziły go w końcu do czegoś, co znane jest obecnie jako „szczepionka Springera". Według opublikowanych danych klinicznych ta nowa terapia oparta na antygenach T (Thomson-Friedenreich) i Tn pozwala przedłużyć życie o 5-10 lat w stadiach II, III i IV raka piersi, co należy uznać za zdumiewające osiągnięcie w porównaniu z wynikami terapii standardowych.

W swojej koncepcji Springer wykorzystał różnice między komórkami zdrowymi i nowotworowymi do opracowania szczepionki wybiórczo pobudzającej układ odpornościowy do zwalczania komórek z antygenami T i Tn.

Szczepionka Springera składa się z trzech części:

- chemicznie zdegradowanych komórek krwi grupy 0 (dostarczających antygenów T i Tn),
- szczepionki przeciw durowi brzusznemu *Salmonella typhii* (zawierającej antygeny T i Tn),
- fosforanu wapnia (Springer uważał, że antygeny T i Tn mogą się do niego przyklejać).

Szczepionka Springera była podawana podskórnie pacjentkom z nowotworami piersi, początkowo co sześć tygodni, a później co dwanaście tygodni. U pacjentek poddawanych chemioterapii szczepionkę podawano nie wcześniej niż 3-4 tygodnie po jej zakończeniu, a w przypadku radioterapii – 1-3 miesięcy po ostatnim naświetlaniu. Springer ordynował tę szczepionkę „ad infinitum".

Wiosną 1998 roku doktor Springer zmarł, a jego szczepionka, którą stosował z tak znakomitymi rezultatami, jest – o ile nam wiadomo – obecnie niedostępna. Łatwo dostępna jest jednak szczepionka przeciw *Salmonella typhii* stanowiąca jeden z jej składników. Na rynku znajdują się aktualnie trzy jej odmiany; chcąc się nią posłużyć dla uaktywnienia antygenów T i Tn, należy wybrać jedną z form przeznaczonych do podawania w zastrzykach (najlepiej, gdyby była to szczepionka produkowana przez firmę Wyeth-Ayerst). Nie należy stosować w tym kontekście szczepionek doustnych.

Szczepionka, o której mowa, jest łatwo dostępna, ma bowiem ważne znaczenie dla zdrowia publicznego. Zwykle podaje się ją w dwóch iniekcjach w odstępie miesiąca. Przeważnie zaleca się powtórzenie szczepienia po trzech latach. Nie powinna być podawana kobietom w ciąży i podczas aktywnej infekcji. Nie należy jej również stosować wcześniej niż miesiąc po zakończeniu chemioterapii i 1-3 miesięcy po ostatniej dawce naświetlania w radioterapii.

Szczepionka jest zwykle bardzo dobrze tolerowana; czasami zdarzają się objawy typu grypowego utrzymujące się przez 1-2 dni po szczepieniu. W miejscu wstrzyknięcia mogą pojawić się zaczerwienienia, obrzęki i ogólny dyskomfort, zwłaszcza u pacjentek z aktywnym nowotworem. Stan ten może się utrzymywać przez 1-2 dni.

Nie należy oczekiwać, że sama szczepionka przeciw durowi brzusznemu przyniesie efekty, które udało się osiągnąć Springerowi, jest to jednak jedyna znana mi metoda zwiększająca ilości przeciwciał T i Tn i, jako taka, daje możliwość działania w obszarze całkowicie ignorowanym przez większość stosowanych obecnie onkologicznych procedur. W najgorszym przypadku jej wpływ może się ograniczyć do zwiększenia odporności na dur brzuszny. Jest bezpieczna dla wszystkich grup krwi. Szczepienia należy powtarzać co sześć lat.

Dzieło Springera wyprzedziło epokę. Być może kiedyś będzie docenione i kontynuowane. Do tego dnia pozostaje nam tylko szczepionka przeciw durowi oraz spuścizna badawcza wielkiego uczonego, dająca wgląd w problematykę raka piersi i architekturę jego komórek.

Aby dowiedzieć się więcej na temat zachowania zdrowia i równowagi, zapoznaj się z witryną internetową: www.dadamo.com.

11

Życie zgodne z grupą krwi B

ZAWARTOŚĆ ROZDZIAŁU

Profil grupy B

U ludzi mających krew grupy B potencjał genetyczny rozwija się w kierunku zdolności przystosowawczych w zmieniających się warunkach. Grupy 0 i A to dwie skrajności – przeciwne bieguny usytuowane na krańcach spektrum; grupa B jest naturalną próbą kompromisu między nimi dającą możliwość poruszania się w każdym z dwóch przeciwnych kierunków w obrębie wyznaczonego przez nie continuum. Nietrudno zrozumieć, jak owa elastyczność służyła interesom najstarszych generacji wyposażonych w krew grupy B. Jej reprezentanci instynktownie poszukiwali punktów równowagi pomiędzy dwoma królestwami – zwierzęcym i roślinnym. Jej utrzymanie jest jednocześnie zadaniem niezwykle trudnym, dlatego ludzie mający grupę krwi B są bardzo wrażliwi na utratę stabilności.

Główne wyzwania stojące na drodze do optymalnego zdrowia osób z grupą krwi B to: skłonność do podwyższonego poziomu kortyzolu w sytuacjach stresowych, szczególna wrażliwość na lektyny zawarte w niektórych pokarmach oraz wynikająca z niej insulinooporność, zwiększone ryzyko rozwoju syndromu X, podatność na rozwijające się powoli, utajone infekcje wirusowe – takie jak w stwardnieniu rozsianym i toczniu – oraz choroby autoimmunologiczne. Ponadto idiosynkratyczne zmienności etniczne i rasowe wymagają stosowania strategii mieszanych.

Chcąc pokusić się o jakieś uogólnienie, powiedziałbym, że człowiek mający grupę krwi B i żyjący zgodnie z jej specyfiką ma szansę być fizycznie sprawniejszym, psychicznie bardziej zrównoważonym i mniej zagrożonym chorobami, niż osoby należące do innych grup. Przedstawiciele tej grupy mają lepszą zdolność przystosowawczą do życia na dużych wysokościach i statystycznie należą do najroślejszych reprezentantów naszego gatunku. Wskazania dla osób z grupą krwi B obejmują dietę, zasady trybu życia oraz terapie środowiskowe, pomagające w utrzymaniu harmonii z własnym programem genetycznym.

Wskazania dla grupy B

Wskazania dla ludzi z grupą krwi B obejmują dietę, elementy behawioralne oraz terapie środowiskowe pomagające im żyć zgodnie z własnymi predyspozycjami. Omówione zostaną kolejno:

- TRYB ŻYCIA sprzyjający zdrowiu i długowieczności,
- STRATEGIE SPECJALNE dla dzieci, osób starszych i osób niewydzielających antygenów grupy krwi,
- CZYNNIKI ZRÓWNOWAŻENIA EMOCJONALNEGO i sposoby uwalniania się od stresu,
- DIETA PODSTAWOWA: wariant I – maksymalizacja zdrowia,
- DIETA UKIERUNKOWANA: wariant II – przezwyciężanie chorób,
- TERAPIE ZINDYWIDUALIZOWANE w chronicznych stanach chorobowych,
- TERAPEUTYCZNY PROGRAM UZUPEŁNIAJĄCY dla dodatkowego wsparcia.

Profil ryzyka zdrowotnego grupy B

DZIEDZINY	ZJAWISKA
Umysł i Ciało Naturalnie wysoki podstawowy poziom kortyzolu oraz tendencja do jego nadprodukcji w warunkach reakcji na stres	• Nadmierna reakcja na stres • Trudności z przezwyciężaniem (odreagowywaniem) stresu • Zakłócenia wzorców snu • Zamglenia świadomości w porze dziennej • Niszczący wpływ na przyjazne bakterie GI • Tłumienie funkcji odpornościowych
Skłonność do szybkiego usuwania tlenku azotu w związku z wpływem allelu grupy B na enzymatyczny proces jego wytwarzania	*W warunkach zachwiania równowagi:* • Zbyt emocjonalne reakcje w sytuacjach stresowych • Letarg, brak motywacji
Trawienie Wysoki i średni poziom jelitowego enzymu fosfatazy zasadowej	• Łatwe trawienie tłuszczów • Dodatkowa ochrona przed chorobą naczyń wieńcowych • Wzmocnienie kości
Metabolizm Silny wpływ lektyn na równowagę przemiany materii	• Lektyny spowalniają przemianę materii • Lektyny powodują insulinooporność
Układ odpornościowy Wiele bakterii ma antygeny podobne do typu B	• Antygeny B nie inicjują działań obronnych przeciw infekcjom form przypominających ich własne struktury
Podatność na infekcje powoli rozwijających się wirusów	• Dysfunkcjonalne reakcje immunologiczne

ZWIĘKSZONE RYZYKO	WARIANTY
• Depresja • Insulinooporność • Niedoczynność tarczycy • Wysoki poziom stresu może stworzyć zagrożenie praktycznie wszystkimi chorobami	OSOBY STARSZE: • Wysoki poziom cholesterolu jest powiązany z chorobą Alzheimera i demencją starczą • Zaburzenia funkcji hormonów stresu mogą prowadzić do starczej dystrofii mięśni DZIECI • Wysoki poziom kortyzolu może być istotnym czynnikiem w autyzmie
W warunkach zachwiania równowagi: • Chroniczne infekcje wirusowe • Syndrom chronicznego zmęczenia, stwardnienie rozsiane, choroba Lou Gehriga • Nadmiernie wysokie lub niskie ciśnienie	
W warunkach zrównoważonego metabolizmu niewielkie ryzyko cukrzycy i chorób serca	WYDZIELACZE: • Silniejsze oddziaływanie lektyn
• Hipoglikemia • Otyłość	OSOBY STARSZE: • Słabe libido
• Grypa (o ostrym przebiegu) • Infekcje *E. coli* (o ostrym przebiegu) • Stany zapalne żołądka i jelit • Infekcje dróg moczowych • Infekcje gronkowcowe • Infekcje zatok	DZIECI: Ryzyko infekcji paciorkowców u noworodków, zwłaszcza gdy matka ma grupę krwi B POCHODZENIE: Szczególne ryzyko gruźlicy dotyczące Azjatów NIEWYDZIELACZE: • Najwyższa stopa VTI
• Choroby autoimmunologiczne • Cukrzyca typu I	POCHODZENIE: Szczególne ryzyko cukrzycy typu I i chorób autoimmunologicznych dotyczące Afroamerykanów

Zalecany tryb życia

Kluczowe wskazania dla grupy B

- Wizualizacja to potężna technika dla grupy B. Jeśli potrafisz sobie coś zwizualizować, możesz to osiągnąć.
- Znaleźć zdrowe sposoby wyrażania nonkonformistycznych skłonności.
- Poświęcać przynajmniej 20 minut dziennie realizacji jakiegoś twórczego zadania, wymagającego pełnego skupienia uwagi.
- Udawać się na spoczynek nie później niż o godz. 23:00 i spać co najmniej osiem godzin na dobę.
- Stosować wizualizację w celu relaksacyjnym podczas przerw w pracy.
- Angażować się społecznie w miejscu zamieszkania lub włączyć w działalność zbiorową, podtrzymującą więź z grupą społeczną. Osoby z grupą B to urodzeni organizatorzy.
- Bądź spontaniczny.

Przedstawimy teraz szczegółowe wytyczne dotyczące trybu życia przeznaczone dla osób z grupą krwi B, pozwalające im zachować maksimum zdrowia i długowieczności.

1. Właściwy sposób odżywiania się zapewniający siłę i równowagę

Wspólną cechą organizmów, których krew należy do grup A i B, jest skłonność do podwyższonego poziomu kortyzolu. Z tego względu osoby mające grupę krwi B, niezależnie od stosowania odpowiedniej dla nich diety, powinny szczególnie starannie przestrzegać następujących zasad postępowania:

- Ograniczyć niezdrowy pociąg do węglowodanów, planując sześć niezbyt obfitych posiłków w ciągu dnia, zamiast trzech dużych.
- W chwilach przemęczenia spożywać pokarmy białkowe.
- Jeść regularnie, nie opuszczając posiłków, zwłaszcza wtedy gdy wydatkowana jest duża ilość energii podczas treningów sportowych. Głód jest potężnym źródłem stresu.
- W razie potrzeby zabierać ze sobą suchy prowiant, szczególnie gdy przewiduje się podróże w ciągu dnia. W przypadkowych miejscach zwykle trudno znaleźć pokarmy nie zawierające cukru, kukurydzy i pszenicy.

2. Życie zgodne z rytmem dobowym

Dla osób z grupą krwi B najlepszym sposobem opanowania stresu jest dobra organizacja działań życiowych. Jest to zagadnienie ogromnie ważne, ponieważ rytm dwudziestoczterogodzinny jest podstawą prawidłowego uregulowania poziomu kortyzolu. Wyznacznikiem zdrowego rytmu snu i aktywności powinno być pojawianie się światła wschodzącego Słońca między godziną 6:00 i 8:00 rano i jego ustępowanie w godzinach wieczornych. W razie potrzeby należy odpowiednio unormować ilość światła w miejscu, w którym udajemy się na spoczynek. Przestawienie nieprawidłowych rytmów mogą ułatwić dwa uzupełnienia pokarmowe – dobrze znana melatonina i nieco mniej znana forma witaminy B_{12} o nazwie metylkobalamina.

Najłagodniejszym i najbardziej skutecznym sposobem przestawienia nieprawidłowego rytmu dobowego jest połączenie jasnego światła dziennego z metylkobalaminą, która intensyfikuje jego działanie. Metylkobalamina poprawia także jakość snu, zapewniając uczucie świeżości po obudzeniu. Nie wpływa wprawdzie na ogólny poziom kortyzolu, może jednak przesunąć w czasie moment jego maksymalnego wydzielania, pozwalając przestawić „kortyzolowy zegar" w normalne położenie.

Metylkobalamina: 1-3 mg dziennie, rano.

Melatonina: Melatonina jest hormonem, może więc być przyjmowana wyłącznie pod nadzorem lekarza.

3. Formy ćwiczeń fizycznych angażujące w równym stopniu umysł i ciało

Osoby mające krew grupy B powinny starać się znaleźć optymalny punkt równowagi pomiędzy praktyką medytacyjną i intensywnym treningiem sportowym. Forsowne ćwiczenia aerobowe nie wydają się dla nich najbardziej odpowiednie, właściwym rozwiązaniem są natomiast formy angażujące umysł i ciało, realizowane w samotności lub wspólnie z innymi osobami. Doskonałymi formami ćwiczeń dla osób z grupą krwi B jest tenis, sztuki walki, kolarstwo, golf i piesze wycieczki. Oto schemat najbardziej godny polecenia dla grupy B:

ĆWICZENIA RUCHOWE	ĆWICZENIA SIŁOWE	ĆWICZENIA ROZCIĄGAJĄCE
25 minut 4-5 razy tygodniowo	20 minut 2-3 razy tygodniowo	30 minut 2-3 razy tygodniowo

STRATEGIE SPECJALNE	DZIECI Z GRUPĄ B

Wychowując dziecko z krwią grupy B powinno się uwzględniać następujące wskazania, zwiększając w ten sposób jego szanse na zachowanie zdrowia i ograniczając ryzyko chorób.

Dzieci młodsze

- Stworzyć dziecku jak najmniej restrykcyjne środowisko życia. Na przykład: pozwolić mu wybierać własną odzież, nawet gdy kolory do siebie nie pasują, a styl nie będzie nam się podobał.
- W miarę możliwości podchodzić elastycznie do reguł życia codziennego, na przykład do pór posiłków i udawania się na spoczynek.
- Szukać sposobów uwzględniania skłonności nonkonformistycznych dziecka, na przykład podając mu kanapki na śniadanie, a jajka na obiad.
- Wzmacniać wrodzone skłonności do organizowania i porządkowania, tworząc wspólnie listy spraw do załatwienia, porządkując z nim brudną bieliznę do prania itp.
- Od drugiego lub trzeciego roku życia włączyć dziecko w tok własnych ćwiczeń oddechowych i rozciągających.
- Zachęcać do zabaw twórczych pobudzających wyobraźnię.
- Ograniczyć spożycie cukrów i sztucznych słodyczy uważanych za jedną z przyczyn zaburzeń koncentracji i deficytu uwagi.

Dzieci starsze

- Wykazywać tolerancję wobec przejawów mody – takich jak fryzury, ubiory, przekłuwanie uszu itp. – a jednocześnie starać się pozytywnie ukierunkować aktywność społeczną dziecka.
- Zachęcać codziennie do ćwiczeń wizualizacyjnych.
- Zachęcać dziecko do uczestnictwa w zajęciach ruchowych angażujących w równej mierze umysł i ciało bądź starać się równoważyć intensywny trening sportowy równie intensywną aktywnością umysłową – taką jak np. szachy.
- Uczyć rozwiązywania problemów jako sposobu radzenia sobie ze stresem. Pomóc dziecku zrozumieć, że stres może być „dobry" i „zły".

STRATEGIE SPECJALNE	**OSOBY STARSZE Z GRUPĄ B**

- U osób starszych mających krew grupy B występuje skłonność do zaników i obniżania się ostrości myślenia wraz z wiekiem. Należy temu przeciwdziałać, „ćwicząc" umysł za pomocą zadań wymagających koncentracji – takich jak rozwiązywanie krzyżówek.
- Codzienna gimnastyka połączona z ćwiczeniami jogi oraz medytacją obniża poziom kortyzolu i usprawnia procesy myślenia. Badania wykazały, że wysokie stężenie kortyzolu ma związek z chorobą Alzheimera i demencją starczą.
- Należy skrupulatnie przestrzegać zasad higieny i starannego przygotowywania posiłków, pamiętając, że przedstawiciele gru-

py B są szczególnie podatni na infekcje bakteryjne. W przypadku upośledzenia zmysłu powonienia w stopniu utrudniającym ocenę świeżości produktów spożywczych, trzeba sobie zapewnić pomoc młodszej osoby – spośród znajomych lub członków rodziny – podczas dokonywania zakupów.

- Utrzymanie prawidłowego dobowego rytmu aktywności może w starszym wieku nastręczać trudności. Ogólnie biorąc, zjawiska bezsenności i przerw w spaniu nasilają się w zaawansowanym wieku. Pomocna może być witamina B_{12} lub preparaty z melatoniną.
- Pamiętać o zarezerwowaniu sobie czasu na relaks, medytację lub wizualizację.

Czynniki zrównoważenia emocjonalnego

Złożoność życia umysłowego osób z krwią grupy B niezmiennie mnie zdumiewa. Ludzie ci, będąc w „równowadze" – co wydaje się być ich naturalnym przeznaczeniem – potrafią blokować stres, niepokój i depresje, wykorzystując swój potężny dar relaksacji i wizualizacji. Od dawna obserwowałem te właściwości u pacjentów reprezentujących tę grupę. Badania genetyczne i biologiczne – a zwłaszcza najnowsze odkrycia dotyczące znaczenia tlenku azotu – zaczynają nareszcie przynosić pewne wskazówki pozwalające zrozumieć unikalny sposób posługiwania się hormonami stresu przez te organizmy. W warunkach optymalnych tlenek azotu jest szybko usuwany, co oznacza, że wymiana informacji między układami ciała jest skuteczniejsza.

Kolektywne badania cech osobowości grupy B wydają się potwierdzać te cechy neurochemiczne ich organizmów. Stan równowagi sprzyja postawom elastycznym i twórczym, wrażliwości i umysłowej giętkości oraz silnie rozwiniętej intuicji. W warunkach jej zachwiania pojawiają się objawy podwyższonego poziomu kortyzolu, podatność na infekcje wirusowe, chroniczne uczucie zmęczenia, zamglenie świadomości i choroby autoimmunologiczne. Z tych względów zachowanie psychofizycznej funkcjonalnej spójności wymaga skupienia na obniżeniu poziomu kortyzolu i podniesieniu sprawności myślenia.

1. Identyfikacja i uświadamianie sobie własnych skłonności

Badania potwierdzają wysoką korelację grupy krwi B z tak zwanym wzorcem „*zachowania typu B*". Ludzie, u których wzorzec ten funkcjonuje, tworzą bardzo harmonijne relacje i związki. Zachowują dystans do własnych priorytetów, nie popadają w rozpacz w chwilach niepowodzeń, a przede wszystkim dobrze sobie uświadamiają, rozumieją i akceptują własne ograniczenia. Nie pragną nikim rządzić, a jednocześnie nie dają sobą łatwo manipulować. Zawsze znajdują czas na odpoczynek i relaks.

Osoby mające grupę krwi B posiadają wybitną zdolność redukowania stresu za pomocą praktyki wizualizacji i technik relaksacyjnych. W swojej praktyce lekarskiej przedstawicielom tej grupy, u których stwierdziłem nadciśnienie, nigdy nie proponuję leków, zanim nie wypróbuję, wspólnie z pacjentem, relaksacji i wizualizacji. Proste techniki wizualizacyjne często działają równie skutecznie jak farmakoterapia i inne interwencje fizyczne. Być może naturalna zdolność ludzi z krwią grupy B do posługiwania się tymi narzędziami w sposób znacznie bardziej efektywny niż u przedstawicieli innych grup ma jakiś związek z modulacją działania tlenku azotu w sferze wymiany informacji między fizjologicznymi układami ciała. Na przykład: człowiek z krwią grupy B, pragnący kontrolować swoje ciśnienie tętnicze, może posłużyć się wizualizacją dla uzyskania równowagi nerwowej, z którą wiąże się wysyłanie za pomocą tlenku azotu komunikatów do naczyń krwionośnych zmniejszających ich skurczliwość.

Kiedy organizm z krwią grupy B traci podstawową chemiczną równowagę, pojawiają się w nim natychmiast objawy podwyższonego poziomu kortyzolu. W warunkach nieprzystosowania ludzie ci odczuwają ogromne zmęczenie, mają stany depresyjne i tracą motywację do życia. Być może z tych względów japońska psychologia popularna przypisuje im niekiedy cechę „lenistwa". Wielu moich pacjentów cierpiących z powodu syndromu chronicznego przemęczenia ma grupę krwi B.

Są to również ludzie emocjonalnie bardziej skomplikowani w porównaniu z innymi grupami, co może odzwierciedlać środkowe miejsce, jakie grupa B zajmuje pomiędzy skrajnościami reprezentowanymi przez grupy 0 i A. Ich sposób myślenia zwykle bywa mocno niekonwencjonalny; nie czują się też dobrze w granicach zakreślonych przez sztywne reguły.

Osoby mające grupę krwi B powinny ocenić, czy występują u nich cechy osobowości uważane przez badaczy za typowe dla tej grupy, a w szczególności: skłonność do niekonwencjonalnego myślenia, niechęć do sztywnych zasad, niecierpliwość wobec przejawów myślenia linearnego, łatwość popadania w stan frustracji oraz tendencja do reagowania letargiem i utratą motywacji na piętrzące się trudności, których skala przekracza oczekiwania. Nie jest naszą intencją „szufladkowanie ludzi". Każda osobowość jest niepowtarzalna, a predyspozycje genetyczne to tylko niewielki fragment jej obrazu. Czytelnik mający krew grupy B powinien jednak zastanowić się nad tym, co znaczą dla niego te dane. Z mojego doświadczenia wynika, że opisane powyżej prototypowe zachowania przejawiają się najintensywniej wówczas, gdy opór jest niewielki, a poziom stresu wysoki.

2. Medytacja i wizualizacja

Osoby z grupą krwi B posiadają szczególną zdolność redukowania stresu za pomocą medytacji i wizualizacji. Spośród wielu technik medytacyjnych, najdokładniej przebadano pod kątem działania antystresowego medytację transcendentalną (TM). Badania wykazują, iż podczas sesji medytacyjnej poziom kortyzolu obniża się – zwłaszcza u osób praktykujących systematycznie w dłuższym okresie – i pozostaje po jej zakończeniu na niższym poziomie przez pewien czas.

Istotnym elementem medytacji jest oddech. Nie należy się dziwić, że technika oddychania naprzemiennego – kolejno przez prawe i lewe nozdrze – jest potężnym narzędziem kontrolowania własnej fizjologii. Oddychanie przez lewe nozdrze działa odprężająco, pobudzając sympatyczny układ nerwowy; oddychanie przez nozdrze prawe zwiększa aktywność układu parasympatycznego. Technika oddychania naprzemiennego wytwarza stan względnej równowagi między tymi układami, stanowiąc tym samym potężny środek antystresowy.

PRAKTYKA TAI-CHI. Tai chi nadaje się świetnie dla osób mających grupę krwi B, wymaga bowiem skupienia i koncentracji. Także i tę formę medytacji w ruchu badano pod kątem działania antystresowego. Jednoznacznie stwierdzono obniżanie się podczas ćwiczeń zawartości kortyzolu w ślinie, spadek ciśnienia tętniczego oraz poprawę nastroju po wydarzeniach wywołujących stres.

ŁĄCZENIE KONTROLOWANEJ WIZUALIZACJI Z MUZYKĄ. Wpływ kontrolowanej wizualizacji połączonej z muzyką badano u zdrowych osób dorosłych pod kątem poziomu stresu i nastroju. Osoby z grupą krwi B odnoszą duże korzyści z tego typu praktyk, jest to więc technika najbardziej dla nich odpowiednia. W literaturze naukowej znaleźć można potwierdzenia antystresowego działania walców Jana Straussa, kompozycji współczesnych H.W. Henzego czy albumu „Discreet Music" Briana Eno.

3. Użycie adaptogenów w celu poprawy reakcji na stres

Terminu „adaptogen" używa się na określenie roślin poprawiających niespecyficzne reakcje na stres. Wiele z nich ma dwukierunkowe, a co za tym idzie – normalizujące działanie na ludzką fizjologię: zwiększają to, czego jest za mało, i obniżają to, czego mamy za dużo. Poniżej podaję adaptogeny szczególnie cenne dla osób z grupą krwi B.

ŻEŃ-SZEŃ KOREAŃSKI (*PANAX GINSENG*).Wyniki badań wskazują, iż pod wpływem żeń-szenia oś HPA (funkcje wydzielnicze podwzgórza, przysadki mózgowej i nadnerczy w ramach reakcji na stres) staje się bardziej wrażliwa i czuła, dzięki czemu w razie potrzeby wydzielamy więcej kortyzolu, a po usunięciu źródeł stresu jego poziom szybciej powraca do normy. Tego rodzaju procesy charakteryzują wszystkie adaptogeny, czyli substancje o działaniu dwukierunkowym normalizującym określoną funkcję fizjologiczną. *Panax ginseng* może być bezpiecznie stosowany bez względu na grupę krwi, a zgodnie ze wschodnią tradycją zarezerwowany był wyłącznie dla mężczyzn. Z mojego doświadczenia wynika, że niektóre kobiety lepiej reagują na żeń-szeń syberyjski.

ŻEŃ-SZEŃ SYBERYJSKI (*ELEUTHEROCOCCUS SENTICOSUS*). Gatunek ten występuje czasem w sklepach ze zdrową żywnością i paramedykamentami pod chińską nazwą *Ci wu jia*. Wbrew potocznej nazwie nie ma nic wspólnego z prawdziwym żeń-szeniem z rodzaju *Panax*. W latach czterdziestych i pięćdziesiątych uczeni rosyjscy przeprowadzili wiele badań nad adaptogenami, w których *Eleutherococcus* przynosił niezmiennie najlepsze rezultaty. Stwierdzono między innymi, że przyjmowanie drogą doustną ekstraktów z tej rośliny wybitnie zwiększa zdolność przystosowania do ciężkich warunków fizycznych, poprawia funkcje umysłowe oraz podnosi jakość pracy wykonywanej w warunkach stresu. Żeń-szeń syberyjski należy również do tych ziół, które działają najskuteczniej w przypadkach obniżonego ciśnienia krwi.

ASHWAGANDHA (*WITHANIA SOMNIFERA*). Roślina ta, nazywana „indyjskim żeń-szeniem", uchodzi za jeden z najpotężniejszych adaptogenów w medycynie ajurwedyjskiej. Ma działanie antystresowe i anaboliczne podobne do żeń-szenia koreańskiego i chińskiego. *Withania* przeciwdziała wielu biologicznym zmianom powodowanym przez intensywne stresy – takim jak: podwyższony poziom cukru, przeciążenie nadnerczy i wysokie stężenia kortyzolu. Pomaga również w leczeniu zaburzeń funkcji tarczycy wywołanych stresem.

WYCIĄG Z LIŚCI *BACOPA MONNIERA* (25% *bacosides*). Roślina ta dostarcza wsparcia przeciwutleniającego dla mózgu i układu nerwowego, stabilizuje nastrój i zapewnia jasność myślenia u osób z grupą krwi B.

WYCIĄG Z LIŚCI *OCINUM SANCTUM*. Preparat ten obniża poziom kortyzolu, zmniejsza ryzyko zaburzeń fizjologicznych wywoływanych przez stres, zwiększa fizyczną i emocjonalną wytrzymałość, obniża poziom cukru we krwi, gdy jest on podwyższony, oraz poprawia metabolizm glukozy.

KORZEŃ LUKRECJI. Preparaty z korzenia lukrecji o potwierdzonej autentyczności wzmacniają nadnercza i równoważą układ hormonalny u osób z krwią grupy B, zwiększając jednocześnie odporność na infekcje wirusowe. Należy używać ich ostrożnie, ponieważ podwyższają także ciśnienie krwi.

TRIBULUS TERRESTRIS. Jest to ziele adaptogeniczne równoważące reakcje na stres.

4. Zwalczanie stresu za pomocą odpowiednich uzupełnień dietetycznych

Dieta zgodna z grupą krwi B zawiera wielką obfitość niezbędnych witamin i minerałów. W warunkach szczególnie silnego stresu fizjologicznego lub mentalno-emocjonalnego mogą okazać się jednak potrzebne pewne jej uzupełnienia.

WITAMINA C. Istnieją dowody, że witamina C w ilościach większych od rekomendowanej dawki dziennej zapobiega niepożądanemu wzrostowi stężenia kortyzolu w warunkach silnego oddziaływania czynników stresogennych. Zwiększone dawki tej witaminy wspierają także funkcje nadnerczy.

WITAMINY Z GRUPY B. Witaminy B_1 i B_6 usprawniają funkcje nadnerczy związane z wydzielaniem kortyzolu i bardzo szybko normalizują rytm pracy tych gruczołów. Niedobór witaminy B_5 poważnie zaburza funkcję kory nadnerczy (odpowiedzialnej za wydzielanie kortyzolu). Każdy rodzaj stresu zwiększa zapotrzebowanie na witaminę B_5. Witamina ta pozwala korze nadnerczy reagować adekwatnie na warunki stresowe bez ryzyka wyczerpania oraz zapobiega wydzielaniu nadmiernych ilości kortyzolu.

CYNK. Około 15-25 mg dodatkowego cynku może obniżyć poziom kortyzolu.

TYROZYNA. Tyrozyna jest aminokwasem niezwykle pomocnym w warunkach silnego stresu. Wyniki badań dowodzą niezbicie, że przyjęcie 3-7 g tyrozyny przed zaistnieniem sytuacji stresowej znacząco zmniejsza ostre objawy stresu i zmęczenia. Odnosi się to w szczególności do występów publicznych.

FOSFATYDYLOSERYNA. Związek ten, którego śladowe ilości znajdują się w lecytynie, wpływa regulująco na wywołane stresem pobudzenie osi HPA. (Uwaga: dla uzyskania efektu konieczna jest dawka 400-800 mg, a jest to substancja bardzo kosztowna).

STEROLE I STEROLINY POCHODZENIA ROŚLINNEGO. Roślinne sterole i steroliny należą do związków chemicznych opisywanych zwykle jako roślinne „tłuszcze", bardzo podobne chemicznie do cholesterolu, mające jednak adaptogeniczne działanie. Przeciwdziałają one stanom nierównowagi układu odpornościowego powstającym w warunkach stresu i sprzyjają normalizacji poziomu kortyzolu i DHEA.

ARGININA. Aminokwas ten przyczynia się do syntezy tlenku azotu.

CYTRULINA. Aminokwas biorący udział w syntezie tlenku azotu. Występuje w arbuzach.

STRATEGIE SPECJALNE	DZIECI Z GRUPĄ KRWI B I DEFICYTEM UWAGI

Nie przeprowadzono wprawdzie jednoznacznych badań korelacji grup krwi z zaburzeniami skupienia uwagi, obserwuję jednak od wielu lat dzieci z krwią grupy B mające duże trudności z koncentracją i zapamiętywaniem, przy czym zaburzenia te często zbiegają się z historią chronicznych infekcji wirusowych górnych dróg oddechowych, uszu itp. Prawidłowość tę łatwo zrozumieć, biorąc pod uwagę fakt, że u osoby chorej (lub niezrównoważonej) z grupą krwi B występuje znaczne obniżenie sprawności myślenia. Mam duże osiągnięcia w leczeniu deficytu uwagi u dzieci z tą właśnie grupą krwi. Techniki, które zalecam, wymagają od rodziców sporej ilości czasu i cierpliwości, efekty są jednak warte tego wysiłku. Proponowana przeze mnie terapia jest na pewno bardziej skuteczna i przyczynowa niż stosowanie leków w rodzaju Ritalinu.

1. Podstawą strategii jest dieta zgodna z grupą krwi. Jej przestrzeganie zapobiega chronicznym infekcjom, którym często towarzyszą problemy z koncentracją. Szczególnie starannie należy unikać pokarmów, których lektyny są wybitnie aktywne w organizmach z krwią grupy B. Wykluczamy więc całkowicie kurczaki, kukurydzę i orzeszki ziemne oraz staramy się zastąpić pszenicę orkiszem lub innymi gatunkami zbóż. Przez pewien czas obserwujemy efekty zmian dietetycznych.
2. Przestrzegamy regularnych pór snu, aby pomóc organizmowi dziecka w normalizacji rytmu dobowego. Dziecko powinno spać co najmniej 8-10 godzin na dobę.
3. Zachęcamy do zajęć wymagających skupienia i spokoju. Staramy się znaleźć choćby 20 minut dziennie na spokojną zabawę z dzieckiem – układankę, budowanie modeli z klocków, rysowanie lub grę w szachy.
4. Rezygnujemy z zajęć sportowych zawierających elementy intensywnego wysiłku i rywalizacji, zastępując je dyscyplinami spokojniejszymi – kolarstwem, turystyką pieszą, pływaniem i sztukami walki, takimi jak taekwondo.
5. Ograniczamy udział cukru w diecie, ponieważ jego nadmiar zwiększa oporność na insulinę. Wyniki niektórych badań potwierdzają związek cukru pokarmowego z syndromem deficytu uwagi.

Dieta dwuwariantowa dla grupy B

Dieta dwuwariantowa jest programem bardziej zindywidualizowanym w stosunku do diety podstawowej opisanej we wcześniejszych książkach. Z mojego doświadczenia wynika, że dieta podstawowa, w której pewne pokarmy są zalecane, inne unikane, a jeszcze inne – określane mianem obojętnych – traktowane jako ogólne uzupełnienie pokarmowe, służy dobrze pewnej liczbie ludzi, którzy ją stosują. Są jednak jednostki wymagające ściślejszego planu dietetycznego; należą do nich zwłaszcza osoby cierpiące z powodu chronicznych stanów chorobowych. Z myślą o nich opracowaliśmy wariant II poszczególnych diet, których celem jest pomoc w przezwyciężaniu chorób i przywracaniu stanu homeostazy.

WYDZIELACZ czy NIEWYDZIELACZ?
Przed wprowadzeniem diety należy sprawdzić prostym domowym sposobem, czy mamy organizm wydzielający, czy niewydzielający antygeny grupy krwi. *Patrz strona 392.*

POKARMY ZALECANE: Pokarmy zawierające składniki wpływające korzystnie na metabolizm, układ odpornościowy lub zdrowie strukturalne organizmu z daną grupą krwi.

POKARMY OBOJĘTNE: Pokarmy zazwyczaj nie wpływające szczególnie korzystnie bądź niekorzystnie na zdrowie organizmu z daną grupą krwi, zawierające jednak składniki, które powinny się znajdować w zrównoważonej diecie.

POKARMY, KTÓRYCH NALEŻY UNIKAĆ: Pokarmy zawierające elementy szkodliwe dla organizmów z daną grupą krwi.

Status wydzielania/niewydzielania ma wpływ na zdolność trawienia i przemiany pewnych pokarmów. Z tego powodu każdy wykaz pokarmów zawiera oddzielne kolumny z informacjami dla wydzielaczy i niewydzielaczy. Większość ludzi należy do pierwszej kategorii, co oznacza, że mogą oni bezpiecznie stosować zalecenia znajdujące się w kolumnie dla wydzielaczy. Około 20% populacji to osobnicy niewydzielający antygenów i dla nich wprowadziliśmy istotne, ważne dla zdrowia modyfikacje.

W bardzo rzadkich przypadkach czynnik Rh i status MN wpływają na rekomendacje dietetyczne. Szczegóły na ten temat znajdują się pod odpowiednimi zestawieniami.

Dwuwariantowy system diet zgodnych z grupami krwi

Wariant I: maksymalizacja zdrowia
Zalecenia wymienione w tym wariancie należy zastosować jak najszybciej dla uzyskania maksymalnych korzyści zdrowotnych.

U większości ludzi zdrowych przestrzeganie wariantu I diety w połączeniu z pokarmami obojętnymi stanowiącymi niezbędne uzupełnienie ogólne wystarcza do utrzymania optymalnego stanu zdrowia.

Wariant II: przezwyciężanie chorób
Zalecenia wymienione w tym wariancie przeznaczone są dla osób przewlekle chorych oraz pragnących stosować dietę zgodną z własną grupą krwi na wyższym poziomie tej zgodności. Stosując dietę w wariancie II, należy zachować ostrożność w doborze pokarmów zaliczonych do kategorii obojętnych, stanowiących ogólne uzupełnienie pokarmowe.

Zindywidualizowane zalecenia dietetyczne

Osobom zdrowym mającym grupę krwi B wariant I naszej diety dostarcza zestawu pokarmów niezbędnych dla utrzymania zdrowia na optymalnym poziomie. Aby wykorzystać tę dietę w maksymalnym stopniu, należy przestrzegać następujących zaleceń:

Zalecenia kluczowe
- Spożywaj umiarkowane porcje chudego mięsa wysokiej jakości kilka razy w tygodniu. Uzyskasz z niego siłę, energię i skuteczność przemiany materii. Najlepsze efekty zdrowotne osiągniesz jedząc mięso półsurowe lub lekko opiekane. Z mięsem z rusztu i gotowanym używaj marynat zawierających wartościowe składniki, takie jak sok z wiśni lub cytryny, przyprawy i zioła.
- Uwzględniaj w jadłospisie tłuste ryby zimnowodne. Tłuszcze rybie przyśpieszają przemianę materii.

Strategie dietetyczne dla grupy krwi B

Opisane dalej strategie żywieniowe, stosowane przez zdrową osobę z grupą krwi B, mogą jej pomóc uniknąć problemów wynikających ze specyficznej konstytucji neurologicznej, gastrologicznej, metabolicznej i immunologicznej. Ogólnie biorąc, przedstawiciele grupy B mają wytrzymałe i elastyczne układy pokarmowe, mogące z powodzeniem trawić zarówno białka zwierzęce, jak i węglowodany. Osób tych nie prześladują dziedziczne problemy, z którymi mają do czynienia reprezentanci grup 0 (wysoki poziom kwasu żołądkowego) i A (niski poziom kwasu), napotykający trudności w trawieniu tych lub innych pokarmów. Organizmy z krwią grupy B – podobnie jak z grupą 0 – dysponują znacznymi ilościami fosfatazy zasadowej w jelitach, co chroni je przed niepożądanymi skutkami diet wysokobiałkowej i wysokotłuszczowej.

Kluczem do zdrowego trawienia u grupy B jest unikanie toksyczności jelitowej i wysokiego stężenia indykanów. Podatność na infekcje i wrażliwość na lektyny zawarte w pewnych „niedozwolonych" pokarmach stanowią wyraźny sygnał: „Trzymaj się swojej diety, a twój układ pokarmowy będzie pozytywnie reagował".

Ochrona przed szkodliwym działaniem lektyn

UNIKAĆ POKARMÓW SZCZEGÓLNIE NIEBEZPIECZNYCH DLA OSÓB Z KRWIĄ GRUPY B. Najgroźniejsze z nich to:

kurczaki
kukurydza
gryka
soczewica
orzeszki ziemne
nasiona sezamu
pomidory

Zalecenia specjalne dla osób z grupą krwi B przechodzących na właściwe żywienie z diety wegetariańskiej

Wiele osób przechodzących na dietę zgodną z grupą krwi B żywiło się w dłuższym czasie według zasad wegetarianizmu. Przeważająca większość populacji krajów azjatyckich (Japonii, Chin, Mongolii i Indii) to ludzie mający krew grupy B. W ich kulturach spożywano tradycyjnie mniej mięsa, a więcej ryb i produktów zbożowych oraz preferowano soję i jej pochodne bardziej niż nabiał z mleka krowiego. Owe preferencje kulturowe nie mają charakteru klasycznych nietolerancji pokarmowych. Proces adaptacji do diety zgodnej z grupą B powinien jednak przebiegać powoli, należy go więc realizować w dłuższym przedziale czasu z zastosowaniem następujących wskazań:

1. Osoby nieprzyzwyczajone do spożywania produktów mlecznych powinny je wprowadzać do swojej diety stopniowo, po kilku tygodniach jej stosowania. W pierwszej kolejności należy uwzględnić pokarmy z kulturami bakteryjnymi – takie jak jogurty i kefiry – są bowiem lepiej tolerowane niż wyroby z mleka świeżego.
2. Głównymi źródłami białka powinny być ryby i owoce morza i produkty mleczne, z dodatkiem bardzo niewielkich ilości wartościowych gatunków mięsa. Do czasu pełnego przystosowania do diety należy unikać mięs zaliczonych do grupy obojętnych – wołowiny, cielęciny, wątróbek i mięsa bażanciego.
3. Do głównego posiłku należy dodawać enzym trawienny – do czasu pełnej adaptacji do mięsa i nabiału. Bromelaina – enzym zawarty w ananasach – dostępna jest w formie uzupełnienia dietetycznego. Korzystne byłoby również używanie imbiru, mięty pieprzowej lub pietruszki, wpływających dobrze na funkcje żołądka.

WSKAZÓWKA: Pomidory można zastąpić czymś bardziej przyjaznym i równie bogatym w likopen – koktajlem owocowym, który często zalecam osobom z grupą krwi B. Przyrządzamy go na bazie soku z guawy, grejpfruta lub arbuza, do którego dodajemy 1/2 łyżki stołowej wysokiej jakości oleju z siemienia lnianego i jedną łyżkę równie wysokiej jakości lecytyny. Mieszaninę silnie wstrząsamy. Lecytyna tworzy emulsję z olejem, a całość ma niezaprzeczalne walory smakowe. Koktajl dostarcza likopenu w ilości nie mniejszej niż pasta pomidorowa, wolny jest jednak od zawartej w pomidorach lektyny. Dobrym pomysłem są również suszone morele w charakterze przekąski.

Grupa B może dodatkowo blokować działanie lektyn pokarmowych za pomocą polisacharydowych cząsteczek ofiarnych zawartych w następujących źródłach:

NAG (*N-acetyloglukozamina*)
Morszczyn (*Fucus vesiculosis*)
Listownica (*Laminaria*)
Arobinogalaktan modrzewiowy (*Larch arabinogalactan*)

STRATEGIE SPECJALNE	AFROAMERYKANIE Z GRUPĄ KRWI B TRUDNO TOLERUJĄCY PRODUKTY MLECZNE

Z mojego doświadczenia wynika jednoznacznie, że osoby pochodzenia afrykańskiego mające grupę krwi B napotykają trudności w stosowaniu odpowiedniej dla nich diety. W szczególności, wielu Afroamerykanów nie toleruje laktozy. U Amerykanów należących do tej rasy, mających krew grupy B, chroniczne stany chorobowe występują częściej niż u innych przedstawicieli tego typu; ich organizmy wydzielają też więcej przeciwciał antagonicznych wobec komórek krwi. Podejrzewam, że przyczyny tego faktu mają charakter antropologiczny, jako że gen grupy krwi B nie istniał w afrykańskiej ojczyźnie ich przodków. Afrykanie zetknęli się z nim znacznie później, w następstwie migracji i kontaktów międzyrasowych. Nie można wykluczyć, iż w obrębie tej rasy procesy adaptacyjne związane z grupą B nigdy się w pełni nie rozwinęły, w związku z czym ma ona do dziś organiczną do niej idiosynkrazję.

Pokarmy mleczne wybitnie dobroczynnie wpływają na organizmy grupy B, a całkowity ich brak w typowej diecie Afroamerykanów może być przyczyną dodatkowych problemów zdrowotnych pewnej ich części. Osoby pochodzenia afrykańskiego mające grupę krwi B, nie tolerujące laktozy, powinny bardzo powoli przyzwyczajać organizm do tych produktów. Wprowadzenie nabiału do codziennego jadłospisu należy poprzedzić uzupełnieniem enzymu laktazy; w pierwszej kolejności powinny być wprowadzane pokarmy z kulturami bakteryjnymi (np. jogurty), a dopiero potem świeże mleko i jego pochodne. Jednocześnie wskazane byłyby także inne korekty jadłospisu, uwzględniające możliwie wiele rodzajów pokarmów zalecanych i eliminujące żywność ciężkostrawną dla ludzi z grupą krwi B. Zauważyłem, że nietolerujący laktozy przedstawiciele tej grupy łatwiej przystosowują się do nabiału po uprzednim wprowadzeniu innych zmian dietetycznych zgodnych z ich grupą krwi.

Mięso i drób

Osoby z grupą krwi B mogą skutecznie trawić białka zwierzęce, spożywając je, powinny jednak starannie przestrzegać pewnych ograniczeń. Pierwszą pozycją do skreślenia są kurczaki, gdyż w ich tkankach mięśniowych i narządowych znajduje się nietolerowana przez grupę B lektyna. Mięso indycze jej nie zawiera, może więc być spożywane jako doskonały substytut kurczaków. Chuda jagnięcina i baranina powinny być włączone do jadłospisu grupy B. Mięsa te pomagają jej przedstawicielom budować mięśnie i inne aktywne tkanki, przyśpieszając zarazem przemianę materii. Ludzie z grupą krwi B niewydzielający antygenów do płynów ustrojowych mają zapotrzebowanie na białko podobne jak osobnicy z grupą 0, powinni zatem zwiększyć tygodniowe porcje mięsa i drobiu.

GRUPA KRWI B: MIĘSO I DRÓB			
Porcje: 120-180 g (mężczyźni); 60-150 g (kobiety i dzieci)			
	Rasa afrykańska	Rasa kaukaska	Rasa azjatycka
Wydzielacz	3-6	2-6	2-5
Niewydzielacz	4-7	4-7	4-7
Rh-	Zwiększyć o 1 porcję w tygodniu		
	razy w tygodniu		

Wariant I

POKARMY	WYDZIELACZ Z GRUPĄ KRWI B	NIEWYDZIELACZ Z GRUPĄ KRWI B
Baranina	Wskazana	Wskazana
Kaczka	Unikać	Unikać
Kura kornwalijska (*cornish*)	Unikać	Unikać
Kurczak	Unikać	Unikać
Kuropatwa	Unikać	Unikać
Mięso jagnięce	Wskazane	Wskazane
Mięso kozie	Wskazane	Wskazane
Mięso wiewiórcze	Unikać	Unikać
Przepiórka	Unikać	Unikać

Wariant II

POKARMY	WYDZIELACZ Z GRUPĄ KRWI B	NIEWYDZIELACZ Z GRUPĄ KRWI B
Bekon, szynka, wieprzowina	Unikać	Unikać
Dziczyzna	Wskazana	Wskazana
Gęś	Unikać	Unikać
Konina	Unikać	Obojętna
Kuropatwy, jarząbki, pardwy	Unikać	Unikać
Mięso królicze	Wskazane	Wskazane
Mięso żółwia morskiego	Unikać	Unikać
Młody gołąb	Unikać	Obojętny
Perliczka	Unikać	Unikać
Serca	Unikać	Obojętne

Pokarmy obojętne: ogólne uzupełnienie jadłospisu

POKARMY	WYDZIELACZ Z GRUPĄ KRWI B	NIEWYDZIELACZ Z GRUPĄ KRWI B
Bażant	Obojętny	Obojętny
Cielęcina	Obojętna	Obojętna
Indyk	Obojętny	Obojętny
Mięso bawole	Obojętne	Obojętne
Mięso strusie	Obojętne	Obojętne
Wątroba (cielęca)	Obojętna	Wskazana
Wołowina	Obojętna	Obojętna

Ryby i owoce morza

Ryby i owoce morza są doskonałym źródłem białka dla osób z grupą krwi B. W rybach znajduje się wiele cennych składników odżywczych pomagających budować tkanki aktywne. Dotyczy to szczególnie niewydzielaczy. Wiele ryb obfituje w kwasy tłuszczowe z grupy omega przyczyniające się do wzmocnienia układu odpornościowego i pomagające kontrolować wytwarzanie czynników wzrostu komórkowego. Ta grupa żywnościowa może też być dobrym źródłem kwasu dokozaheksaenowego (DHA) niezbędnego dla prawidłowego funkcjonowania nerwów i wzrostu tkanek. Wiele gatunków nie zalecanych zawiera lektyny i poliaminy niezdrowe dla organizmów grupy B. Odradzam też jedzenie ryb mrożonych, w których występują stężenia poliamin wyższe niż w rybach świeżych.

GRUPA KRWI B: RYBY I OWOCE MORZA			
Porcje: 120-180 g (mężczyźni); 60-150 g (kobiety i dzieci)			
	Rasa afrykańska	Rasa kaukaska	Rasa azjatycka
Wydzielacz	4-5	3-5	3-5
Niewydzielacz	4-5	4-5	4-5
	razy w tygodniu		

Wariant I

POKARMY	WYDZIELACZ Z GRUPĄ KRWI B	NIEWYDZIELACZ Z GRUPĄ KRWI B
Anioł morski	Wskazany	Wskazany
Bass błękitnoskrzeli	Unikać	Unikać
Bass morski	Unikać	Unikać
Bieługa	Unikać	Unikać
Czarniak	Unikać	Unikać
Homar	Unikać	Unikać
Kraby	Unikać	Unikać
Krewetki	Unikać	Unikać
Małże	Unikać	Unikać
Mięczaki	Unikać	Unikać
Okoń oceaniczny	Wskazany	Wskazany

Omułki jadalne	Unikać	Unikać
Ośmiornica	Unikać	Unikać
Ostrygi	Unikać	Unikać
Pikerel (r. szczupaka)	Wskazany	Wskazany
Rokus (skalnik)	Unikać	Unikać
Ryby kulbinowate	Wskazane	Wskazane
Sardela	Unikać	Unikać
Sardynka	Wskazana	Wskazana
Skrzydelnik (*conch*)	Unikać	Unikać
Węgorz, węgorz japoński	Unikać	Unikać
Żaby	Unikać	Unikać

Wariant II

POKARMY	WYDZIELACZ Z GRUPĄ KRWI B	NIEWYDZIELACZ Z GRUPĄ KRWI B
Aloza (złotośledz)	Wskazana	Wskazana
Barakuda	Unikać	Obojętna
Błyszczak	Wskazany	Wskazany
Dorsz	Wskazany	Wskazany
Flądra	Wskazana	Obojętna
Graniki	Wskazane	Wskazane
Halibut	Wskazany	Obojętny
Jesiotr	Wskazany	Wskazany
Kawior	Wskazany	Obojętny
Koryfena	Wskazana	Wskazana
Łosoś	Wskazany	Obojętny
Makrela	Wskazana	Wskazana
Morszczuk	Wskazany	Wskazany
Plamiak (łupacz)	Wskazany	Wskazany
Prażmowate (np. morlesz, dorada, sargus, sparus)	Wskazane	Wskazane
Seriola	Unikać	Obojętna
Ślimaki (*Helix pomatia*, escargot)	Unikać	Obojętne
Sola	Wskazana	Obojętna
Szczupak	Wskazany	Obojętny
Żuwakowate	Unikać	Obojętne

Pokarmy obojętne: ogólne uzupełnienie jadłospisu

POKARMY	WYDZIELACZ Z GRUPĄ KRWI B	NIEWYDZIELACZ Z GRUPĄ KRWI B
Bass słoneczny	Obojętny	Obojętny
Brosma	Obojętna	Obojętna
Cefal (mugil)	Obojętny	Obojętny
Czukuczan	Obojętny	Obojętny
Kałamarnica	Obojętna	Obojętna
Karmazyn	Obojętny	Obojętny
Karp	Obojętny	Wskazany
Kleri	Obojętny	Obojętny
Kulbiniec szary	Obojętny	Obojętny
Łosoś wędzony	Obojętny	Obojętny
Maskelung (r. szczupaka)	Obojętny	Obojętny
Młody dorsz	Obojętny	Obojętny
Okoń biały	Obojętny	Obojętny
Okoń srebrny	Obojętny	Obojętny
Okoń żółty	Obojętny	Obojętny
Płytecznik	Obojętny	Obojętny
Przegrzebek (małż)	Obojętny	Unikać
Rekin	Obojętny	Obojętny
Ryby lucjanowate (np. *red snapper*)	Obojętne	Obojętne
Siejowate (np. sieja, sielawa, czyr)	Obojętne	Obojętne
Sierpiki	Obojętne	Obojętne
Skap	Obojętny	Obojętny
Skubacz	Obojętny	Obojętny
Śledź (świeży i wędzony)	Obojętny	Obojętny
Śledź marynowany	Obojętny	Obojętny
Stynka	Obojętna	Obojętna
Sumik karłowaty	Obojętny	Obojętny
Szara sola	Obojętna	Obojętna
Tasergal	Obojętny	Obojętny
Tilapia	Obojętna	Obojętna
Tuńczyk	Obojętny	Obojętny
Uchowiec (*abalone*)	Obojętny	Obojętny
Witlinek	Obojętny	Obojętny

Włócznik	Obojętny	Obojętny
Zębacz	Obojętny	Obojętny
Żaglica	Obojętna	Obojętna

Produkty mleczne i jaja

Produkty mleczne mogą spożywać niemal wszyscy wydzielający przedstawiciele grupy B, a w nieco mniejszych ilościach także niewydzielacze. W odróżnieniu od reprezentantów grup 0 i A, organizmy osób z grupą krwi B mogą wykorzystywać nabiał do budowania tkanek aktywnych; pokarmy tej grupy usprawniają także ich metabolizm. Należy jednak pamiętać, że niektórym jednostkom brakuje ważnego enzymu, jakim jest laktaza, co staje się przyczyną problemów z trawieniem nabiału. Osoby mające krew grupy B i niewydzielające antygenów nie powinny spożywać zbyt dużych ilości serów, są bowiem bardziej wrażliwe immunologicznie na działanie wielu gatunków mikroorganizmów obecnych w serach poddawanych procesom dojrzewania. Zjawisko to występuje częściej u osób pochodzenia afrykańskiego, choć spotyka się je także u przedstawicieli ras kaukaskiej i azjatyckiej. Ograniczenie spożycia serów wskazane jest szczególnie w przypadkach powracających infekcji zatok i częstych przeziębień, produkty mleczne sprzyjają bowiem wydzielaniu śluzu. Dla osób z grupą krwi B jaja są dobrym źródłem dwuhydroksyacetonu (DHA) i mogą stanowić ważne źródło wartościowego białka uczestniczącego w budowie tkanek aktywnych. Fosfatydy seryna i cholina działają bardzo korzystnie na ich układy nerwowy i odpornościowy. Należy szukać na rynku produktów organicznych nie zawierających hormonów.

GRUPA KRWI B: JAJA			
Porcja: 1 jajko			
	Rasa afrykańska	Rasa kaukaska	Rasa azjatycka
Wydzielacz	3-4	3-4	3-4
Niewydzielacz	5-6	5-6	5-6
	razy w tygodniu		

GRUPA KRWI B: MLEKO I JOGURT			
Porcje: 120-180 g (mężczyźni); 60-150 g (kobiety i dzieci)			
	Rasa afrykańska	**Rasa kaukaska**	**Rasa azjatycka**
Wydzielacz	3-5	3-4	3-4
Niewydzielacz	1-3	2-4	1-3
	razy w tygodniu		

GRUPA KRWI B: SERY			
Porcje: 90 g (mężczyźni); 60 g (kobiety i dzieci)			
	Rasa afrykańska	**Rasa kaukaska**	**Rasa azjatycka**
Wydzielacz	3-4	3-5	3-4
Niewydzielacz	1-4	1-4	1-4
MM	Zmniejszyć podawanie mleka, sera i jogurtu o 2 porcje na tydzień		
	razy w tygodniu		

Wariant I

POKARMY	WYDZIELACZ Z GRUPĄ KRWI B	NIEWYDZIELACZ Z GRUPĄ KRWI B
Jaja gęsie	Unikać	Unikać
Jaja kacze	Unikać	Unikać
Jaja przepiórcze	Unikać	Unikać
Kefir	Wskazany	Wskazany
Lody	Unikać	Unikać
Mleko kozie	Wskazane	Wskazane
Mozzarella	Wskazana	Wskazana
Ricotta	Wskazana	Wskazana
Ser farmer	Wskazany	Wskazany
Ser kozi	Wskazany	Wskazany

Wariant II

POKARMY	WYDZIELACZ Z GRUPĄ KRWI B	NIEWYDZIELACZ Z GRUPĄ KRWI B
Jogurt	Wskazany	Wskazany
Mleko chude lub 2%	Wskazane	Obojętne
Mleko pełne	Wskazane	Obojętne
Ser amerykański	Unikać	Unikać
Ser feta	Wskazany	Wskazany
Ser string	Unikać	Unikać
Ser wiejski	Wskazany	Obojętny
Sery pleśniowe „błękitne"	Unikać	Unikać

Pokarmy obojętne: ogólne uzupełnienie jadłospisu

POKARMY	WYDZIELACZ Z GRUPĄ KRWI B	NIEWYDZIELACZ Z GRUPĄ KRWI B
Białka jaj kurzych	Obojętne	Obojętne
Brie	Obojętny	Obojętny
Camembert	Obojętny	Unikać
Cheddar	Obojętny	Unikać
Edamer	Obojętny	Obojętny
Ementaler	Obojętny	Unikać
Gouda	Obojętna	Obojętna
Gruyère	Obojętne	Obojętne
Jaja kurze	Obojętne	Obojętne
Kwaśna śmietana (nisko- lub beztłuszczowa)	Obojętna	Obojętna
Maślanka	Obojętna	Obojętna
Masło klarowane (*ghee*)	Obojętne	Wskazane
Masło	Obojętne	Obojętne
Mleko ze śmietaną (half & half)	Obojętne	Obojętne
Parmezan	Obojętny	Unikać
Ser biały	Obojętny	Obojętny
Ser colby	Obojętny	Obojętny
Ser jarlsberg	Obojętny	Unikać
Ser Monterey Jack	Obojętny	Unikać
Ser muenster	Obojętny	Unikać

Ser neufchatel	Obojętny	Obojętny
Ser provolone	Obojętny	Unikać
Ser quark	Obojętny	Obojętny
Ser śmietankowy	Obojętny	Obojętny
Ser szwajcarski	Obojętny	Unikać
Serwatka	Obojętna	Wskazana
Szerbet	Obojętny	Obojętny
Żółtka jaj kurzych	Obojętne	Obojętne

Fasole i inne rośliny strączkowe

Osobom mającym grupę krwi B doskonale służą białka roślinne zawarte w wielu gatunkach fasoli i innych roślin strączkowych, z niektórymi z nich wiąże się jednak problem lektyn. Ogólnie biorąc, ta kategoria pokarmów, wraz z odpowiednim doborem ryb i owoców morza, najzupełniej wystarcza organizmom grupy B do budowania aktywnej masy tkankowej. Fasoli sojowej nie należy im jednak polecać, ponieważ zawiera enzymy reagujące niekorzystnie z antygenem grupy B. W wielu gatunkach fasoli – np. mung – znajdują się lektyny zlepiające te antygeny, należy ich zatem unikać. Osoby niewydzielające z grupą krwi B powinny się starać wydobyć jak najwięcej białka z ryb i produktów mlecznych.

GRUPA KRWI B: FASOLE I INNE ROŚLINY STRĄCZKOWE			
Porcja: 1 filiżanka suchych nasion			
	Rasa afrykańska	**Rasa kaukaska**	**Rasa azjatycka**
Wydzielacz	5-7	5-7	5-7
Niewydzielacz	3-5	3-5	3-5
	razy w tygodniu		

Wariant I

POKARMY	WYDZIELACZ Z GRUPĄ KRWI B	NIEWYDZIELACZ Z GRUPĄ KRWI B
Ciecierzyca (*garbanzo*)	Unikać	Unikać
Fasola adzuki	Unikać	Unikać
Fasola czarna	Unikać	Unikać
Fasola mung (kiełki)	Unikać	Unikać
Fasola nerkowata (*kidney*)	Wskazana	Obojętna
Fasola perłowa (*navy*)	Wskazana	Obojętna
Fasola pinto	Unikać	Unikać
Granulki sojowe	Unikać	Unikać
Groch „czarne oczko"	Unikać	Unikać
Płatki sojowe	Unikać	Unikać
Soczewica amerykańska	Unikać	Unikać
Soczewica czerwona	Unikać	Unikać
Soczewica zielona	Unikać	Unikać
Soja, tempeh	Unikać	Unikać
Tofu	Unikać	Unikać

Wariant II

POKARMY	WYDZIELACZ Z GRUPĄ KRWI B	NIEWYDZIELACZ Z GRUPĄ KRWI B
Fasola limeńska (*lima*)	Wskazana	Obojętna
Miso	Unikać	Unikać
Mleczko sojowe	Unikać	Obojętne
Serek sojowy	Unikać	Unikać

Pokarmy obojętne: ogólne uzupełnienie jadłospisu

POKARMY	WYDZIELACZ Z GRUPĄ KRWI B	NIEWYDZIELACZ Z GRUPĄ KRWI B
Bób	Obojętny	Obojętny
Fasola biała	Obojętna	Obojętna
Fasola cannellini	Obojętna	Obojętna
Fasola copper	Obojętna	Obojętna

Fasola czerwona	Obojętna	Obojętna
Fasola fava	Obojętna	Obojętna
Fasola northern	Obojętna	Obojętna
Fasola sojowa (soja)	Obojętna	Unikać
Fasola szparagowa	Obojętna	Obojętna
Fasola tamaryndowa	Obojętna	Obojętna
Fasola zielona	Obojętna	Obojętna
Jicama	Obojętna	Obojętna

Orzechy i pestki

Orzechy i pestki są ważnym uzupełniającym źródłem białka dla osób z grupą krwi B. Ponadto wiele gatunków orzechów – np. orzechy czarne – przyczyniają się do obniżenia stężeń poliamin, hamując aktywność enzymu dekarboksylazy. W diecie zgodnej z grupą krwi B są także pewne przeciwwskazania dotyczące niektórych orzechów i nasion zawierających niekorzystnie działające lektyny. Należą do nich nasiona słonecznika i sezamu.

GRUPA KRWI B: ORZECHY I PESTKI			
Porcje: nasiona – garść, masła orzechowe – 1-2 łyżki			
	Rasa afrykańska	**Rasa kaukaska**	**Rasa azjatycka**
Wydzielacz	4-7	4-7	4-7
Niewydzielacz	5-7	5-7	5-7
	razy w tygodniu		

Wariant I

POKARMY	WYDZIELACZ Z GRUPĄ KRWI B	NIEWYDZIELACZ Z GRUPĄ KRWI B
Mak	Unikać	Unikać
Masło sezamowe, tahini	Unikać	Unikać
Masło słonecznikowe	Unikać	Unikać
Masło z orzeszków ziemnych	Unikać	Unikać

Nasiona krokosza (safloru)	Unikać	Unikać
Orzechy czarne	Wskazane	Wskazane
Orzechy i masło z nerkowca (*cashew*)	Unikać	Unikać
Orzeszki pinii (piniole)	Unikać	Unikać
Orzeszki pistacjowe	Unikać	Unikać
Orzeszki ziemne	Unikać	Unikać
Pestki dyni	Unikać	Obojętne
Pestki słonecznika	Unikać	Unikać
Siemię sezamu	Unikać	Unikać

Wariant II

POKARMY	WYDZIELACZ Z GRUPĄ KRWI B	NIEWYDZIELACZ Z GRUPĄ KRWI B
Orzechy laskowe	Unikać	Unikać

Pokarmy obojętne: ogólne uzupełnienie jadłospisu

POKARMY	WYDZIELACZ Z GRUPĄ KRWI B	NIEWYDZIELACZ Z GRUPĄ KRWI B
Buczyna (nasiona buka zwyczajnego)	Obojętna	Obojętna
Kasztany jadalne	Obojętne	Obojętne
Liczi	Obojętne	Obojętne
Makadamia	Obojętna	Obojętna
Masło migdałowe	Obojętne	Obojętne
Migdały	Obojętne	Obojętne
Orzech brazylijski	Obojętny	Obojętny
Orzech szary (*Juglans cinerea*)	Obojętny	Obojętny
Orzechy hikorii	Obojętne	Obojętne
Orzechy pekan, masło pekanowe	Obojętne	Obojętne
Orzechy włoskie	Obojętne	Wskazane
Serek migdałowy	Obojętny	Obojętny
Siemię lniane	Obojętne	Obojętne

Ziarna zbóż i skrobie

Pokarmy zbożowe są przyczyną wielu problemów u ludzi z grupą krwi B. Szczególną ostrożność powinni zachowywać osobnicy niewydzielający, zwłaszcza w odniesieniu do węglowodanów złożonych, wynika to bowiem z ich wrażliwości insulinowej. Osoby z krwią grupy B powinny także unikać żyta i gryki, zawierają one bowiem lektyny działające w ich organizmach podobnie jak insulina, a więc zmniejszające masę tkanek aktywnych i powiększające zapasy tłuszczu. Wydzielacze muszą też unikać produktów z pełnego ziarna pszenicznego, ponieważ zawarta w nim aglutynina sprzyja rozwojowi stanów zapalnych i obniża masę tkanek aktywnych. Lektyna, o której mowa, zwykle może być odwirowana z ziaren lub zniszczona przez ich wykiełkowanie.

GRUPA KRWI B: ZIARNA ZBÓŻ I SKROBIE			
Porcja: 1/2 filiżanki suchego pokarmu (ziarna lub makaronu)			
	Rasa afrykańska	**Rasa kaukaska**	**Rasa azjatycka**
Wydzielacz	5-7	5-9	5-9
Niewydzielacz	3-5	3-5	3-5
Rh-	O 1 porcję mniej w tygodniu		
	razy w tygodniu		

Wariant I

POKARMY	WYDZIELACZ Z GRUPĄ KRWI B	NIEWYDZIELACZ Z GRUPĄ KRWI B
Chleb esseński	Wskazany	Wskazany
Gryka, kasza gryczana	Unikać	Unikać
Kamut	Unikać	Unikać
Kukurydza (biała, żółta, błękitna)	Unikać	Unikać
Kukurydza prażona	Unikać	Unikać
Mąka ryżowe, wypieki z mąki ryżowej	Wskazana	Wskazana
Mąka żytnia	Unikać	Unikać
Makaron soba (100% gryki)	Unikać	Unikać
Mleczko ryżowe	Wskazane	Wskazane
Pieczywo z czystej mąki żytniej	Unikać	Unikać

Płatki kukurydziane	Unikać	Unikać
Proso	Wskazane	Wskazane
Ryż (dmuchany), otręby ryżowe	Wskazany	Wskazany
Sorgo (proso afrykańskie)	Unikać	Obojętne

Wariant II

POKARMY	WYDZIELACZ Z GRUPĄ KRWI A	NIEWYDZIELACZ Z GRUPĄ KRWI A
Amarant	Unikać	Obojętny
Dziki ryż	Unikać	Obojętny
Kuskus	Unikać	Unikać
Mąka glutenowa	Unikać	Unikać
Mąka owsiana	Wskazana	Obojętna
Orkisz	Wskazany	Obojętny
Owies, otręby, płatki	Wskazane	Obojętne
Pszenica (otręby)	Unikać	Unikać
Pszenica (wyroby z mąki glutenowej)	Unikać	Unikać
Pszenica (wyroby z pełnego ziarna)	Unikać	Unikać
Pszenica (zarodki)	Unikać	Unikać
Tapioka	Unikać	Obojętna
Teff	Unikać	Unikać

Pokarmy obojętne: ogólne uzupełnienie jadłospisu

POKARMY	WYDZIELACZ Z GRUPĄ KRWI B	NIEWYDZIELACZ Z GRUPĄ KRWI B
Chleb Ezekiela (komercyjny)	Obojętny	Obojętny
Jęczmień	Obojętny	Obojętny
Mąka orkiszowa, wyroby	Obojętna	Obojętna
Mleczko ryżowe	Obojętne	Obojętne
Pieczywo bezglutenowe	Obojętne	Obojętne
Pieczywo pszenne (kiełkowane, komercyjne)	Obojętne	Obojętne

Pieczywo ryżowe (ryż biały, brązowy, basmati)	Obojętne	Obojętne
Pieczywo z mąki sojowej	Obojętne	Unikać
Pszenica (manna, grysik)	Obojętna	Unikać
Pszenica (wyroby z białej mąki)	Obojętna	Unikać
Pszenica (wyroby z mąki rafinowanej niewybielanej)	Obojętna	Unikać
Quinoa	Obojętna	Obojętna
Słód	Obojętny	Obojętny

Warzywa

Warzywa są bogatym źródłem przeciwutleniaczy i błonnika, a jednocześnie obniżają wydzielanie poliamin w przewodzie pokarmowym. Warzywem szczególnie dobroczynnym dla grupy B jest cebula zawierająca znaczące ilości przeciwutleniacza i potężnego antymutagenu, jakim jest kwercetyna. Wszystkie warzywa określone w tabelkach jako obojętne lub zalecane dla grupy B mogą mieć szczególne znaczenie dla osób pragnących pozbyć się nadwagi. Karczoch doskonale wpływa na wątrobę i pęcherzyk żółciowy, organy należące u osób z krwią grupy B do najsłabszych części organizmu. Pasternak zawiera polisacharydy silnie pobudzające układ odpornościowy. W pomidorach znajduje się lektyna reagująca ze śliną i sokami trawiennymi wydzielaczy z krwią grupy B. Reakcje te nie zachodzą u osób niewydzielających.

GRUPA KRWI B: WARZYWA			
Porcja: 1 filiżanka pokarmu surowego lub gotowanego			
	Rasa afrykańska	**Rasa kaukaska**	**Rasa azjatycka**
Wskazane dla wydzielaczy	Bez ograniczeń	Bez ograniczeń	Bez ograniczeń
Obojętne dla wydzielaczy	2-5	2-5	2-5
Obojętne dla niewydzielaczy	2-3	2-3	2-3
Wskazane dla niewydzielaczy	Bez ograniczeń	Bez ograniczeń	Bez ograniczeń
MM	Starać się jeść głównie wskazane w wariancie I		
	razy dziennie		

Wariant I

POKARMY	WYDZIELACZ Z GRUPĄ KRWI B	NIEWYDZIELACZ Z GRUPĄ KRWI B
Akacja (guma arabska)	Unikać	Unikać
Aloes, herbatka, sok	Unikać	Unikać
Brokuł	Wskazany	Wskazany
Brukselka	Wskazana	Wskazana
Burak ćwikłowy	Wskazany	Wskazany
*Collard greens**	Wskazana	Wskazana
Gorczyca	Wskazana	Wskazana
Grzyby shiitake	Wskazane	Wskazane
Imbir	Wskazany	Wskazany
*Kale**	Wskazana	Wskazana
Kiełki rzodkiewki	Unikać	Unikać
Marchew	Wskazana	Wskazana
Nać buraczana, sok	Wskazana	Wskazana
Oliwki (czarne)	Unikać	Unikać
Oliwki (greckie, hiszpańskie)	Unikać	Unikać
Pasternak	Wskazany	Wskazany
Pomidor, sok pomidorowy	Unikać	Obojętny
Rabarbar	Unikać	Unikać
Rzodkiewka	Unikać	Unikać
Ziemniak (słodki)	Wskazany	Wskazany

Wariant II

POKARMY	WYDZIELACZ Z GRUPĄ KRWI B	NIEWYDZIELACZ Z GRUPĄ KRWI B
Dynia	Unikać	Obojętna
Ignam (jam)	Wskazany	Wskazany
Jałowiec	Unikać	Unikać
Kalafior	Wskazany	Wskazany
Kapusta (chińska, czerwona, biała)	Wskazana	Obojętna
Karczoch (amerykański, jerozolimski)	Unikać	Obojętny
Oberżyna (bakłażan)	Wskazany	Obojętny

* Zob. przypis na s. 174.

Oliwki (zielone)	Unikać	Unikać
Papryka (czerwona, cayenne)	Wskazana	Obojętna
Papryka (zielona, żółta, jalapeño)	Wskazana	Obojętna
Sok z kapusty	Wskazany	Obojętny

Pokarmy obojętne: ogólne uzupełnienie jadłospisu

POKARMY	WYDZIELACZ Z GRUPĄ KRWI B	NIEWYDZIELACZ Z GRUPĄ KRWI B
Agar	Obojętny	Unikać
Arugula	Obojętna	Obojętna
Boćwina (burak liściowy)	Obojętna	Obojętna
Brukiew	Obojętna	Obojętna
Cebula (czerwona, hiszpańska, żółta)	Obojętna	Wskazana
Cebula (zielona)	Obojętna	Wskazana
Cebula dymka	Obojętna	Obojętna
Chrzan	Obojętny	Obojętny
Cukinia	Obojętna	Obojętna
Cykoria	Obojętna	Obojętna
Czosnek	Obojętny	Wskazany
Dyniowate	Obojętne	Obojętne
Endywia	Obojętna	Obojętna
Groch (zielony, cukrowy)	Obojętny	Obojętny
Groch szparagowy	Obojętny	Obojętny
Grzyby (*abalone*)	Obojętne	Obojętne
Grzyby (*maitake*)	Obojętne	Obojętne
Grzyby (*oyster, enoki, portobello*)	Obojętne	Obojętne
Grzyby (*straw*)	Obojętne	Obojętne
Jukka	Obojętna	Obojętna
Kalarepa	Obojętna	Obojętna
Kapary	Obojętne	Obojętne
Kapusta pekińska	Obojętna	Obojętna
Kelp	Obojętny	Obojętny
Ketmia jadalna (*okra*)	Obojętna	Wskazana

Kiełki lucerny (*alfalfa*)	Obojętne	Obojętne
Kolendra	Obojętna	Obojętna
Kolokazja (taro)	Obojętna	Obojętna
Koper włoski (fenkuł)	Obojętny	Obojętny
Kotewka pospolita	Obojętna	Obojętna
Kozibród	Obojętny	Obojętny
Kwaszona kapusta	Obojętna	Obojętna
Mniszek lekarski (mlecz)	Obojętny	Obojętny
Ogórek, sok ogórkowy	Obojętny	Obojętny
Ostra papryka (chili)	Obojętna	Obojętna
Paproć jadalna	Obojętna	Obojętna
Pędy bambusa	Obojętne	Obojętne
Pikle (w zalewie solnej i w occie)	Obojętne	Obojętne
Poi	Obojętne	Obojętne
Por	Obojętny	Obojętny
Radicchio	Obojętne	Obojętne
Rappini	Obojętne	Obojętne
Rukiew wodna	Obojętna	Obojętna
Rzepa	Obojętna	Obojętna
Rzodkiew japońska (*daikon*)	Obojętna	Obojętna
Sałata (bibb, boston, lodowa, mesclun)	Obojętna	Obojętna
Sałata rzymska	Obojętna	Obojętna
Seler naciowy	Obojętny	Obojętny
Seler, sok z selera	Obojętny	Obojętny
Senes	Obojętny	Obojętny
Sok z marchwi	Obojętny	Obojętny
Szalotka	Obojętna	Obojętna
Szparagi	Obojętne	Obojętne
Szpinak i sok ze szpinaku	Obojętny	Obojętny
Trybula ogrodowa	Obojętna	Obojętna
Wodorosty morskie	Obojętne	Obojętne
Ziele angielskie	Obojętne	Obojętne
Ziemniak (biały, czerwony, błękitny, żółty)	Obojętny	Unikać

Owoce i soki owocowe

Dieta bogata w odpowiednie warzywa i owoce pomaga zmniejszyć nadwagę przez ograniczenie skutków działania insuliny. Spożywanie owoców sprzyja również zmniejszeniu ilości wody pozakomórkowej na korzyść wewnątrzkomórkowej. Wiele owoców, takich jak ananasy, obfituje w enzymy działające przeciwzapalnie i ułatwiające utrzymanie równowagi wodnej. Inne owoce, jak czerwony grejpfrut i arbuzy, dostarczają przeciwutleniającego likopenu, można więc nimi zastąpić pomidory. Należy pamiętać, że antygen grupy B może wchodzić w nietypowe interakcje. Owoce awokado, podobnie jak persymona i granaty, zawierają lektyny sklejające komórki typu B. Niewydzielacze z krwią tej grupy mogą korzystać z większej rozmaitości owoców niż wydzielający. Ci pierwsi powinni jednak ograniczyć spożycie owoców o dużej zawartości glukozy – winogron, fig i daktyli – jeżeli są szczególnie uwrażliwieni na cukier.

GRUPA KRWI B: OWOCE			
Porcja: 1 filiżanka lub 1 kawałek owocu			
	Rasa afrykańska	**Rasa kaukaska**	**Rasa azjatycka**
Wydzielacz	2-4	3-5	3-5
Niewydzielacz	2-3	2-3	2-3
	razy dziennie		

Wariant I

POKARMY	WYDZIELACZ Z GRUPĄ KRWI B	NIEWYDZIELACZ Z GRUPĄ KRWI B
Ananas, sok ananasowy	Wskazany	Wskazany
Arbuz	Wskazany	Wskazany
Awokado	Unikać	Unikać
Granat	Unikać	Unikać
Persymona	Unikać	Unikać
Śliwki (ciemne, zielone, czerwone)	Wskazane	Wskazane
Żurawina, sok z żurawin	Wskazana	Wskazana

Wariant II

POKARMY	WYDZIELACZ Z GRUPĄ KRWI B	NIEWYDZIELACZ Z GRUPĄ KRWI B
Banan	Wskazany	Obojętny
Karambola	Unikać	Unikać
Mleczko kokosowe	Unikać	Unikać
Opuncja	Unikać	Unikać
Papaja, sok z papai	Wskazana	Wskazana
Winogrona (wszystkie rodzaje)	Wskazane	Wskazane

Pokarmy obojętne: ogólne uzupełnienie jadłospisu

POKARMY	WYDZIELACZ Z GRUPĄ KRWI B	NIEWYDZIELACZ Z GRUPĄ KRWI B
Agrest	Obojętny	Obojętny
Bez (czarny, koralowy)	Obojętny	Wskazany
Borówka amerykańska	Obojętna	Wskazana
Brzoskwinia	Obojętna	Obojętna
Cytryna, sok cytrynowy	Obojętna	Obojętna
Daktyle	Obojętne	Obojętne
Figi (świeże, suszone)	Obojętne	Wskazane
Grejpfrut, sok grejpfrutowy	Obojętny	Obojętny
Gruszka azjatycka	Obojętna	Obojętna
Gruszka i sok gruszkowy	Obojętna	Obojętna
Guawa, sok z guawy	Obojętna	Wskazana
Jabłecznik, sok jabłkowy	Obojętny	Obojętny
Jabłko	Obojętne	Obojętne
Jeżyna popielica	Obojętna	Obojętna
Jeżyna, sok jeżynowy	Obojętna	Wskazana
Kantalupa (melon)	Obojętna	Unikać
Kiwi	Obojętne	Obojętne
Kumkwat	Obojętny	Obojętny
Limona, sok limonowy	Obojętna	Obojętna
Malina	Obojętna	Wskazana
Malinojeżyna	Obojętna	Wskazana

Mandarynka i sok mandarynkowy	Obojętne	Obojętne
Mango i sok z owoców mango	Obojętne	Obojętne
Melon canang	Obojętny	Obojetny
Melon casaba	Obojętny	Obojętny
Melon christmas	Obojętny	Obojętny
Melon crenshaw	Obojętny	Obojętny
Melon hiszpański	Obojętny	Obojętny
Melon miodunka	Obojętny	Unikać
Melon musk	Obojętny	Obojętny
Melon perski	Obojętny	Obojętny
Morela, sok z moreli	Obojętna	Obojętna
Morwa	Obojętna	Obojętna
Nektarynka i sok nektarynkowy	Obojętna	Obojętna
Owoc drzewa chlebowego	Obojętny	Obojętny
Pigwa	Obojętna	Obojętna
Plantan	Obojętny	Obojętny
Pomarańcza i sok pomarańczowy	Obojętna	Obojętna
Porzeczki (czarne, czerwone)	Obojętne	Wskazane
Rodzynki	Obojętne	Obojętne
Sago (owoc sagowca)	Obojętne	Obojętne
Śliwki suszone, sok	Obojętne	Obojętne
Truskawka	Obojętna	Obojętna
Wiśnie, czereśnie (wszystkie odmiany)	Obojętne	Wskazane
Woda z cytryną	Obojętna	Obojętna

Oleje i tłuszcze

Generalnie biorąc, osobom z grupą krwi B najlepiej służą tłuszcze jednonienasycone (takie jak oliwa z oliwek) oraz oleje bogate w kwasy tłuszczowe serii omega (np. olej lniany). Oleje z orzechów włoskich i nasion czarnej porzeczki korzystne są szczególnie dla niewydzielaczy, u których procesy trawienia tłuszczów przebiegają sprawniej niż u wydzielających. Przedstawiciele obydwu podgrup powinni unikać olejów sezamowego, słonecznikowego i kukurydzianego, zawierają bowiem lektyny utrudniające im trawienie.

GRUPA KRWI B: OLEJE			
Porcja: 1 łyżka			
	Rasa afrykańska	**Rasa kaukaska**	**Rasa azjatycka**
Wydzielacz	5-8	5-8	5-8
Niewydzielacz	3-5	3-7	3-6
	razy w tygodniu		

Wariant I

POKARMY	WYDZIELACZ Z GRUPĄ KRWI B	NIEWYDZIELACZ Z GRUPĄ KRWI B
Olej arachidowy	Unikać	Unikać
Olej kokosowy	Unikać	Unikać
Olej krokoszowy	Unikać	Unikać
Olej kukurydziany	Unikać	Unikać
Olej rycynowy	Unikać	Unikać
Olej sezamowy	Unikać	Unikać
Olej słonecznikowy	Unikać	Unikać
Olej sojowy	Unikać	Unikać
Olej z nasion bawełny	Unikać	Unikać
Olej z nasion ogórecznika	Unikać	Unikać
Oliwa z oliwek	Wskazana	Wskazana

Wariant II

POKARMY	WYDZIELACZ Z GRUPĄ KRWI B	NIEWYDZIELACZ Z GRUPĄ KRWI B
Olej rzepakowy (*canola*)	Unikać	Unikać

Pokarmy obojętne: ogólne uzupełnienie jadłospisu

POKARMY	WYDZIELACZ Z GRUPĄ KRWI B	NIEWYDZIELACZ Z GRUPĄ KRWI B
Olej lniany	Obojętny	Wskazany
Olej migdałowy	Obojętny	Obojętny
Olej z nasion czarnej porzeczki	Obojętny	Wskazany
Olej z orzechów włoskich	Obojętny	Wskazany
Olej z wątróbek dorszowych	Obojętny	Obojętny
Olej z wiesiołka dwuletniego	Obojętny	Obojętny
Olej z zarodków pszennych	Obojętny	Obojętny

Zioła i przyprawy

Wiele przypraw ma łagodne lub umiarkowane działanie lecznicze. Często mają one wpływ na poziomy bakterii w końcowym odcinku jelita. Wielu popularnych gum – np. z nasion guaru – należy unikać, wzmacniają bowiem działanie lektyn zawartych w innych pokarmach. Dla osób z grupą krwi B dobrym słodzikiem jest melasa stanowiąca dodatkowe źródło pokarmowego żelaza. Kurkuma (jedna z przypraw wchodzących w skład curry) zawiera potężnie działający związek zwany kurkuminą, obniżający poziom toksyn w jelitach. Dla niewydzielających przedstawicieli grupy B korzystnym pokarmem są również drożdże browarniane; ożywiają one metabolizm glukozy oraz pomagają utrzymać zdrową florę bakteryjną w przewodzie pokarmowym. Organizmy z krwią grupy B reagują dobrze na rozgrzewające przyprawy, takie jak imbir, chrzan i cayenne (b. ostra czerwona papryka).

Wariant I

POKARMY	WYDZIELACZ Z GRUPĄ KRWI B	NIEWYDZIELACZ Z GRUPĄ KRWI B
Aspartam	Unikać	Unikać
Curry	Wskazana	Wskazana
Esencja migdałowa	Unikać	Unikać
Glutaminian sodowy	Unikać	Unikać
Guma z guaru	Unikać	Unikać

Karagena	Unikać	Unikać
Keczup	Unikać	Unikać
Korzeń lukrecji	Wskazany	Wskazany
Melasy (końcowe)	Wskazane	Wskazane
Pieprz (czarny, biały)	Unikać	Unikać
Pietruszka	Wskazana	Wskazana
Skrobia kukurydziana	Unikać	Unikać
Syrop kukurydziany	Unikać	Unikać

Wariant II

POKARMY	WYDZIELACZ Z GRUPĄ KRWI B	NIEWYDZIELACZ Z GRUPĄ KRWI B
Cierniopląt (*guarana*)	Unikać	Unikać
Cynamon	Unikać	Unikać
Dekstroza (cukier gronowy)	Unikać	Unikać
Maltodekstryna	Unikać	Unikać
Słód jęczmienny	Unikać	Unikać
Sos sojowy	Unikać	Unikać
Stewia	Unikać	Obojętna
Sukanat	Unikać	Unikać
Żelatyna	Unikać	Unikać
Ziele angielskie	Unikać	Unikać

Pokarmy obojętne: ogólne uzupełnienie jadłospisu

POKARMY	WYDZIELACZ Z GRUPĄ KRWI B	NIEWYDZIELACZ Z GRUPĄ KRWI B
Anyż	Obojętny	Obojętny
Bazylia	Obojętna	Obojętna
Bergamotka	Obojętna	Obojętna
Chili w proszku	Obojętne	Obojętne
Chleb świętojański	Obojętny	Obojętny
Cukier (brązowy, biały)	Obojętny	Unikać
Cząber	Obojętny	Obojętny
Czekolada	Obojętna	Obojętna
Dressingi, dodatki do sałatek (ze wskazanymi składnikami)	Obojętne	Obojętne

Estragon	Obojętny	Obojętny
Fruktoza	Obojętna	Unikać
Gałka muszkatołowa	Obojętna	Obojętna
Gorczyca (suszona)	Obojętna	Obojętna
Goździk korzenny	Obojętny	Obojętny
Kardamon	Obojętny	Obojętny
Kmin włoski	Obojętny	Obojętny
Kminek (*Carum carvi*)	Obojętny	Obojętny
Kolendra	Obojętna	Obojętna
Koper	Obojętny	Obojętny
Kurkuma	Obojętna	Obojętna
Kwiat muszkatołowy	Obojętny	Obojętny
Liść laurowy (wawrzyn)	Obojętny	Obojętny
Majeranek	Obojętny	Obojętny
Majonez	Obojętny	Obojętny
Marynowane dodatki	Obojętne	Unikać
Mączka z bulw maranty	Obojętna	Obojętna
Melasy	Obojętne	Obojętne
Mięta	Obojętna	Obojętna
Mięta pieprzowa	Obojętna	Obojętna
Mięta zielona	Obojętna	Obojętna
Miód	Obojętny	Obojętny
Mus jabłkowy	Obojętny	Obojętny
Musztarda (domowa, bez octu)	Obojętna	Obojętna
Musztarda (domowa, z octem)	Obojętna	Obojętna
Ocet jabłkowy	Obojętny	Obojętny
Oregano	Obojętne	Wskazane
Papryka	Obojętna	Obojętna
Pieprz (ziarna, płatki)	Obojętny	Obojętny
Rodymenia (wodorost *Rhodymenie palmata*)	Obojętna	Obojętna
Rozmaryn	Obojętny	Obojętny
Sól morska	Obojętna	Obojętna
Syrop klonowy	Obojętny	Obojętny
Syrop ryżowy	Obojętny	Obojętny
Szafran	Obojętny	Obojętny
Szałwia	Obojętna	Obojętna

Szczypiorek	Obojętny	Obojętny
Tamari	Obojętna	Obojętna
Tamarynda	Obojętna	Obojętna
Tymianek	Obojętny	Obojętny
Wanilia	Obojętna	Obojętna
Wodorowinian potasu (kamień winny)	Obojętny	Obojętny

Napoje

Osobnicy z grupą krwi B niewydzielający antygenów mogą sobie pozwolić od czasu do czasu na kieliszek wina do posiłku. Umiarkowana jego konsumpcja wpływa korzystnie na ich układ sercowo-naczyniowy. W diecie tych osób nie powinno też zabraknąć zielonej herbaty, zawiera ona bowiem polifenole blokujące wydzielanie szkodliwych poliamin.

Wariant I

POKARMY	WYDZIELACZ Z GRUPĄ KRWI B	NIEWYDZIELACZ Z GRUPĄ KRWI B
Zielona herbata	Wskazana	Wskazana

Wariant II

POKARMY	WYDZIELACZ Z GRUPĄ KRWI B	NIEWYDZIELACZ Z GRUPĄ KRWI B
Alkohol wysokoprocentowy	Unikać	Obojętny
Napoje gazowane	Unikać	Unikać
Woda mineralna gazowana	Unikać	Obojętna
Woda sodowa (Seltzera)	Unikać	Obojętna

Pokarmy obojętne: ogólne uzupełnienie jadłospisu

POKARMY	WYDZIELACZ Z GRUPĄ KRWI B	NIEWYDZIELACZ Z GRUPĄ KRWI B
Herbata (czarna zwykła, bez kofeiny)	Obojętna	Unikać
Kawa (z kofeiną, bez kofeiny)	Obojętna	Unikać
Piwo	Obojętne	Obojętne
Wino białe	Obojętne	Wskazane
Wino czerwone	Obojętne	Wskazane

Zindywidualizowane terapie w chronicznych stanach chorobowych

Profil zagrożeń chorobowych dla grupy B wskazuje, iż przedstawiciele tej grupy są bardziej niż inni podatni na chroniczne stany chorobowe. Stany te opiszemy teraz szczegółowo w powiązaniu z grupą krwi A, proponując szeroki wybór terapii wspomagających wariant II diety zgodnej z grupą krwi.

Patrz: Profil ryzyka zdrowotnego grupy krwi B, str. 268.

Zaburzenia metabolizmu związane z grupą krwi B

Syndrom X

Syndrom X
Równowaga metaboliczna organizmów z grupą krwi B znajduje się pod przemożnym wpływem uczulającego oddziaływania lektyn zawartych w niektórych pokarmach. Lektyny znajdujące się w kurczakach, kukurydzy, gryce, soczewicy, orzeszkach ziemnych i nasionach sezamu wzmagają oporność na insulinę, czego następstwem jest wzrost wagi ciała, zatrzymanie płynów i hipoglikemia.

Osoby z grupą krwi B, pragnące schudnąć, powinny stanowczo unikać kukurydzy oraz pszenicy.

Reakcja tych organizmów na pszenicę jest podobna jak w grupie 0. Lektyna zawarta w jej ziarnach powiększa sumę problemów wywoływanych przez inne pokarmy spowalniające przemianę materii. Pokarm, którego organizm skutecznie nie trawi i nie spala jak paliwo, magazynowany jest w postaci tłuszczu. Lektyna pochodząca z pszenicy nie atakuje grupy B tak gwałtownie jak grupy 0. Kiedy jednak występuje w diecie obok kukurydzy, soczewicy, gryki i orzeszków ziemnych, rezultat może być wysoce niepożądany. Osoby z grupą krwi B pragnące pozbyć się nadwagi powinny zdecydowanie unikać pszenicy. Wiele produktów żytnich może na nie działać równie niekorzystnie, należy je więc także wyeliminować.

Z mojego doświadczenia wynika, że osoby z krwią grupy B, po wyeliminowaniu z diety pokarmów zawierających lektyny, bez większych trudności kontrolują wagę ciała, nie przejawiając tendencji do tycia. Nie ma u nich żadnych naturalnych fizjologicznych barier utrudniających walkę z nadwagą – takich jak np. problemy z tarczycą u ludzi z grupą krwi 0. Może natomiast wystąpić podwyższony poziom kortyzolu, jeżeli nie znajdzie się czas na relaks i wizualizacje. Układ pokarmowy tych osób jest ogólnie zrównoważony. Aby pozbyć się nadwagi, wystarczy przestrzegać diety zgodnej z grupą krwi.

Niektórzy się dziwią, że przedstawiciele grupy B nie mają problemów z nadwagą, mimo znacznego udziału nabiału w ich diecie. Każdy, kto się objada wysokokalorycznymi pokarmami, będzie oczywiście przybierał na wadze. Natomiast umiarkowany udział produktów mlecznych w diecie, zwłaszcza zawierających kultury bakteryjne (kefiry, jogurty), pomaga w trawieniu, wzbogaca i uzdrawia florę bakteryjną jelit, zwiększając jednocześnie masę aktywnych tkanek. Wyroby mleczarskie są dla grupy B zdecydowanie korzystne.

Odstępowanie od wskazań dietetycznych właściwych dla grupy B prowadzi do zwiększenia podatności na zaburzenia związane z syndromem X, na który składają się: otyłość, insulinooporność i podwyższony poziom trójglicerydów. U osobników niewydzielających ryzyko to jest odpowiednio większe.

Klasycznym objawem oporności na insulinę u osób z grupą krwi B jest „beczkowata" figura związana z szerokim pasem tkanek tłuszczowych powstającym w połowie długości ciała. Komórki tłuszczowe umiejscowione na brzuchu uwalniają tłuszcz do krwiobiegu łatwiej niż znajdujące się w innych miejscach. Osoby o figurze „gruszkowatej", u których nadmiar tłuszczu gromadzi się na biodrach i udach, są znacznie mniej zagrożone pod względem zdrowotnym. Uwalnianie tłuszczu z tkanek usytuowanych na brzuchu rozpoczyna się 3-4 godziny po spożyciu posiłku. Komórki znajdujące się w innych okolicach uwalniają go o wiele godzin później. Owo łatwe uwalnianie tłuszczu przejawia się w wysokich poziomach trójglicerydów i wolnych kwasów tłuszczowych. Te ostatnie powodują insulinooporność, a podwyższone trójglicerydy zwykle korelują z niskim poziomem HDL, czyli tzw. „dobrego" cholesterolu. Badania wykazały, że nadprodukcja insuliny, będąca następstwem syndromu insulinooporności, podwyższa poziom „bardzo złego" cholesterolu – VLDL.

Osoby o „beczkowatej" figurze, mające na brzuchu zbyt dużo tkanek tłuszczowych, powinny się odchudzić, by zapobiec rozwojowi poważniejszych stanów chorobowych.

Mając krew grupy B można z powodzeniem pozbyć się nadwagi stosując pewne korekty dietetyczne. Stwierdziłem również, że reprezentantom tej grupy pomaga prowadzenie dziennika żywieniowego.

Do odchudzania należy podchodzić z długofalową strategią, ponieważ jest to proces dokonujący się powoli. Poniżej opiszę szczegółowo najważniejsze elementy skutecznego programu pozbywania się nadwagi. Każdy z nich odgrywa istotną rolę. Osoby z dużą nadwyżką wagi oraz medycznym rozpoznaniem poważnych chorób powinny skonsultować z lekarzem wdrażanie każdego przedsięwzięcia dietetycznego.

1. ROZPOZNANIE INDYWIDUALNEGO PROFILU METABOLIZMU. Znajomość masy mięśniowej, procentowego udziału tkanek tłuszczowych i podstawowych cech przemiany materii może być ważniejsza niż waga ciała, są to bowiem wskaźniki równowagi metabolicznej. Celem jest nie tylko zmniejszenie wagi, lecz przede wszystkim budowanie mięśni. Wysoce wskazana jest okresowa analiza oporności bioelektrycznej. Jeżeli nie ma możliwości wykonania takiego badania, wówczas dane o stanie metabolizmu można uzyskać innymi, prostszymi metodami. Nie są one może naukowo ścisłe, dostarczają jednak ważnych informacji.

Badanie wody pozakomórkowej – obrzęk:
Naciskamy mocno palcem wskazującym przednią powierzchnię goleni i przytrzymujemy przez pięć sekund. Po zwolnieniu nacisku na tkankę mięśniową lub tłuszczową skóra natychmiast podnosi się, jeżeli jednak między komórkami znajduje się woda, to zagłębienie będzie wypełniać się powoli, poczynając od brzegów. Im wolniej się to odbywa, tym więcej mamy wody pozakomórkowej, stanowiącej część nadwagi.

Pomiar stosunku obwodu bioder i talii:
Nadwaga jest stanem wybitnie niezdrowym, a w sytuacji gdy jest skoncentrowana w okolicach brzucha, a nie bioder i ud, prowadzi do zaburzeń przemiany materii. A oto szybki test rozłożenia nadmiaru tkanki tłuszczowej. Stajemy prosto przed dużym lustrem i za pomocą centymetra krawieckiego mierzymy obwód w najwęższym miejscu talii oraz w najszerszym miejscu na wysokości pośladków. Dzielimy wynik pierwszego pomiaru przez wynik drugiego. Zdrowy rezultat dla kobiet powinien mieścić się w przedziale 0,70-0,75, a dla mężczyzn w przedziale 0,80-0,90.

• Z REJESTRU PRZYPADKÓW •

Michelle W.
Kobieta w średnim wieku
Grupa krwi B
Poprawa: pozbycie się nadwagi

„Dietę zgodną z grupą krwi B zaczęłam stosować 1 stycznia 1998 roku i nadal ściśle jej przestrzegam. Przez pierwsze 3-4 miesiące spożywałam więcej kalorii niż przedtem. Chciałam w ten sposób wypróbować tę dietę. Wiedziałam, że zmniejszając kalorie, będę tracić na wadze, interesowało mnie jednak, czy dieta zgodna z grupą krwi naprawdę jest inna. Nie chciałam eliminować niektórych pokarmów w celu zmniejszenia ilości kalorii. Jadłam cukier oraz wszystko, co jest na mojej liście. Ważyłam 135 kg, a jedynymi problemami zdrowotnymi były: 1) usunięcie połowy tarczycy w związku z rakiem ponad dwadzieścia lat temu oraz 2) gwałtowny wzrost zatrzymania wody. W przeszłości kontrolowałam ten drugi problem, pijąc wodę i sok z cytryn oraz jedząc ogórki. Niestety, dwa miesiące przed przejściem na dietę nic już nie działało z rzeczy, których próbowałam. Dieta, którą Pan proponuje, natychmiast zmniejszyła zatrzymanie wody o 80%. W tym czasie znacznie straciłam na wadze. W dniu dzisiejszym mogę powiedzieć, że pozbyłam się czterdziestu kilogramów nadwagi i powinnam zrzucić jeszcze pięć. Dwukrotnie próbowałam odejść od diety zgodnej z grupą krwi – raz jedząc wieprzowinę, a drugi raz kurczaka. W pierwszym przypadku miałam trudności z trawieniem, w drugim – przybrałam 2,5 kilograma po jednym posiłku".

2. USUNIĘCIE Z DIETY ELEMENTÓW NAJGROŹNIEJSZYCH. Osobom pragnącym przyśpieszyć redukcję nadwagi proponujemy następujące korekty diety zgodnej z grupą B:

- Wyeliminować kukurydzę i jej pochodne.
- Wyeliminować pszenicę. Jakkolwiek przedstawiciele grupy B nie mają tak wielkich kłopotów z glutenem pszenicznym jak osoby z krwią grupy 0, to jednak pozbycie się nadwagi wymaga zdecydowanego unikania tego ziarna i jego pochodnych. Inne osoby mogą spożywać te pokarmy sporadycznie.
- U osób z grupą krwi B lektyny zawarte w niektórych pokarmach upośledzają wchłanianie i obniżają skuteczność przemiany materii. Obserwowałem wiele przypadków, w których po wykluczeniu z diety kurczaków, kukurydzy, soczewicy, orzeszków ziemnych, nasion sezamu i gryki nie było już żadnych problemów z redukcją nadwagi.
- Wybierać produkty mleczne beztłuszczowe lub o niskiej zawartości tłuszczu oraz sery miękkie zamiast twardych. Miękkie sery są mniej tłuste i mniej kaloryczne.
- Spożywać ryby kilka razy w tygodniu.

3. ŚLEDZENIE OBJAWÓW SPOWOLNIONEJ PRZEMIANY MATERII. Do oznak nieprawidłowego metabolizmu należą:

uczucie zmęczenia
suchość skóry
chłodne dłonie i stopy
utrata zainteresowania aktywnością seksualną
zaparcia i zatrzymanie wody
zawroty głowy w pozycji stojącej

4. OGRANICZENIE STRESÓW. Stres może poważnie zaburzyć proces normalizacji wagi ciała. Hormony stresu zwiększają oporność na insulinę i zakłócają równowagę hormonalną, powodując spalanie tkanek mięśniowych zamiast tłuszczu. Stosowne zalecenia znajdują się wcześniej w tym rozdziale (patrz: *Zalecany tryb życia* oraz *Czynniki zrównoważenia emocjonalnego*).

5. UZUPEŁNIENIA DIETETYCZNE POPRAWIAJĄCE PRZEMIANĘ MATERII.

- Magnez: 200-300 mg dziennie; 300-500 mg w warunkach silnego stresu lub zmęczenia. W organizmach z grupą krwi B występuje zwiększone ryzyko niedoborów magnezu częściowo związane z szybkim i skutecznym przyswajaniem wapnia. Osobom z nadwagą – zwłaszcza tym, u których szwankuje metabolizm cukrów – często brakuje tego minerału.
- CoQ_{10}: 60 mg dziennie. Koenzym Q_{10} ma decydujące znaczenie dla przemian energetycznych i zdrowia serca. Badania wykazały, że przyjmowanie tego uzupełnienia obniża ciśnienie krwi, poziom cukru we krwi i poziom trójglicerydów, podnosząc jednocześnie poziom cholesterolu HDL. Będąc równocześnie przeciwutleniaczem, CoQ_{10} zmniejsza ogólny poziom stresu u ludzi otyłych oraz podnosi poziom przeciwutleniających witamin, takich jak witaminy A, C, E i beta-karoten.
- L-karnityna: 500 mg. Potrzebujemy tej substancji, by skutecznie przenosić tłuszcze do mitochondriów (komórek przetwarzających energię), w których mogą one być użyte jako źródło energii. Dowody naukowe pokazują, że L-karnityna zmniejsza oporność na insulinę.
- Biotyna: 2-8 mg. Biotyna jest witaminą niezbędną w przemianach tłuszczowych. Badania wykazały, że odpowiednie jej dawki obniżają poziom cukru we krwi, poprawiają tolerancję cukru i zmniejszają oporność na insulinę.
- Chrom lub bogate w chrom drożdże. Jest to kolejny pierwiastek śladowy związany z regulacją poziomów cukru. Odpowiednia jego ilość jest niezbędna do regulacji poziomu cukru we krwi mierzonego na czczo; podnosi też wrażliwość receptorów na insulinę.

- Cynk: 25 mg. Jego obecność warunkuje prawidłowe funkcje hormonów wzrostu i tarczycy oraz równoważy reakcje na stres.
- Kwas liponowy: Dzienna dawka 100-600 mg tej substancji poprawia przemiany cukrowe. Jest to również ważny czynnik w przemianach energetycznych oraz potężny przeciwutleniacz.
- Witamina B_6 przyśpiesza metabolizm białek i pomaga budować aktywną tkankę mięśniową.

• Z REJESTRU PRZYPADKÓW •

Richard S.
Grupa krwi B
Mężczyzna w średnim wieku
Poprawa: redukcja nadwagi

„W wieku 53 lat, nie bez trudności, udało mi się powstrzymać proces systematycznego przybierania na wadze, który zaczyna się zwykle po 35 roku życia. Regularnie uprawiam ćwiczenia fizyczne, starając się pozbyć 5 kg nadwagi. Mój nastrój radykalnie się poprawił, co może mieć związek z odstawieniem napojów alkoholowych wytwarzanych z ziaren zbóż. Pozbyłem się 4-4,5 kg nadwagi w ciągu miesiąca z bardzo niewielkimi wyrzeczeniami dietetycznymi. Jakkolwiek dieta Atkinsa była w moim przypadku skuteczna, to jednak nie dawała mi energii potrzebnej do uprawiania ćwiczeń sportowych. Moja żona uważa Pana dietę za wariactwo, wspiera jednak moje wysiłki, ponieważ zauważyła u mnie pozytywną zmianę nastroju i zmniejszenie nadwagi".

6. KONTROLOWANIE NAŁOGÓW. Picie alkoholu może wzmóc oporność na insulinę przyczyniając się metabolicznie do hiperglikemii. Piwo zaliczyliśmy wprawdzie do napojów obojętnych dla osób z grupą krwi B, należy go jednak unikać, jeśli walczy się z nadwagą. Czerwone wino może być korzystne dla zdrowia, zawiera bowiem wiele cennych związków pochodzenia roślinnego, należy jednak pamiętać, że jest w nim także cukier i dodatkowe kalorie. Kieliszek czerwonego wina najlepiej wypić do obiadu; zapobiegamy w ten sposób wahaniom poziomu cukru we krwi.

Palenie należy porzucić. Osoby kontynuujące palenie z obawy przed nadwagą powinny sobie uświadomić, że palacze, w porównaniu z niepalącymi, mają zwiększoną oporność na insulinę i skłonność do cukrzycy.

Choroby układu odpornościowego związane z grupą krwi B

Infekcje bakteryjne
Wirusowe choroby układu nerwowego
Choroby autoimmunologiczne

Układ odpornościowy jest piętą Achillesową niezrównoważonych przedstawicieli grupy krwi B. Typ ten charakteryzuje się dość dużą odpornością na nowotwory, jego reprezentanci są jednak bardzo podatni na infekcje bakteryjne, powoli rozwijające się choroby wirusowe układu nerwowego oraz pewne kategorie chorób autoimmunologicznych.

Infekcje bakteryjne

Wiele infekcji bakteryjnych atakuje ze szczególną siłą organizmy z krwią grupy B. Ma to swoją przyczynę. Większość groźnych bakterii wykazuje podobieństwo strukturalne do grupy B, w związku z czym organizmy te nie wytwarzają odpowiednich przeciwciał.

Infekcje nerek i dróg moczowych. Podobnie jak w innych chorobach zakaźnych, grupa krwi ma wpływ na podatność i reakcje obronne wobec popularnych bakterii wywołujących infekcje dróg moczowych. Przewlekłe i chroniczne infekcje tego rodzaju są niemal regułą u osób z grupą krwi B. Pewną rolę odgrywa również status wydzielania/niewydzielania. Osobnicy niewydzielający antygenów są bardziej narażeni na ostre i powtarzające się zakażenia. U niewydzielających przedstawicieli tej grupy jest to przykład prawdziwej synergii.[1] Osoby te muszą się liczyć z większym ryzykiem zachorowania.

Zwiększona podatność niewydzielaczy wynika z wielu czynników: niezdolności zapobiegania adhezji niepożądanych bakterii, obecności większej liczby punktów, w których może ona zachodzić, oraz słabej zdolności eliminowania kolonii bakteryjnych. Badania wykazały, że kobiety i dzieci z bliznowaceniem nerek w następstwie powracających infekcji dróg moczowych najczęściej należą do kategorii osobników niewydzielających. U 55-60% niewydzielaczy stwierdzono zbliznowacenia nerek, także w przypadkach stosowania regularnych kuracji antybiotykowych w leczeniu infekcji dróg moczowych. Tendencja ta nie wynika z większej agresywności infekujących drobnoustrojów, lecz z intensywniejszych reakcji zapalnych, którymi osobnicy niewydzielający reagują na inwazje bakteryjne.

Infekcje dróg moczowych mogą być wywoływane przez różne gatunki bakterii, z których grupę B atakują najczęściej:

Klebsiella pneumoniae
Proteus sp.
Pseudomonas sp.

Zapobiegają ich powstawaniu:

- Żurawiny i czarne jagody, których antyadhezyjne działanie uniemożliwia bakteriom przyklejanie się do komórek pęcherza moczowego i dróg moczowych.
- *Uva ursi* – ziele bardzo skuteczne w leczeniu infekcji dróg moczowych.
- *Buchu* – inne znakomite ziele korzystnie działające na pęcherz moczowy.
- Produkty mleczne zawierające kultury bakteryjne. Spożywanie tych pokarmów w dużych ilościach wpływa równoważąco na drogi moczowe.

GRYPA. Osoby z krwią grupy B mają najniższą odporność na popularne wirusy grypowe (*A* H_1N_1 i *A* H_3N_2). Gorąco zalecam im regularne przyjmowanie ekstraktu z owoców bzu czarnego w ilości 1 łyżeczka 3-4 razy dziennie w okresie częstych zachorowań na grypę. Czarny bez *(Sambucus nigra)* stosowany był przez zielarzy od stuleci. Badania potwierdziły jego hamujące działanie na wszystkie znane wirusy grypowe. Działanie to polega na wzmacnianiu reakcji odpornościowej i hamowaniu neuroaminidazy – enzymu, którego aktywność *powinna* być ograniczana, ponieważ zwiększa inwazyjność mikroorganizmów i ich zdolność do niszczenia tkanek. Neuroaminidaza wzmaga także niszczące działanie lektyn.

UWAGA: Znaczne przekroczenie zalecanych dawek może wywołać nudności.

E. COLI. Wiele spośród najbardziej patogennych form *E. coli* wywołujących biegunki ma struktury immunologicznie pokrewne z grupą krwi B[2]. Okoliczność ta czyni organizm bezbronnym w warunkach infekcji. Najlepszą formą obrony jest zatem profilaktyka.

- Omijać z daleka surowe i półsurowe mielone mięso wołowe (np. hamburgery). Wnętrze kotleta mielonego nie powinno być różowe, lecz brązowe, a jego wewnętrzna temperatura powinna wynosić nie mniej niż 70°C.
- Nie jeść surowych kiełków.
- Myć ręce, sztućce, narzędzia kuchenne i wszystkie powierzchnie mające kontakt z pożywieniem ciepłą wodą z mydłem pomiędzy chwilą kontaktu z surowym mięsem i kontaktem z pokarmami, które zostały już ugotowane lub które będą podawane w stanie surowym.
- Przestrzeganie zasad higieny zapobiega przenoszeniu się chorób od osób zainfekowanych. Po każdym skorzystaniu z toalety oraz po zmianie podpaski należy myć ręce ciepłą wodą z mydłem. Osoby mające biegunkę nie powinny przygotowywać i podawać posił-

ków przeznaczonych dla innych. Przybory toaletowe należy przechowywać w łazience w zamkniętej szafce.

W razie wystąpienia infekcji *E. coli* odwadniające działanie biegunki kompensujemy piciem dużej ilości płynów. Badania wykazały, że obecność soli i cukrów w płynach podawanych ofiarom odwodnienia podtrzymuje je przy życiu. Płynami tymi powinny zatem być świeże soki warzywne (np. z marchwi lub selera) oraz soki owocowe (np. z jagód). Buliony, rosoły i łagodne herbatki ziołowe (np. z rumianku) również działają korzystnie. Probiotyczne uzupełnienia diety i pokarmy z kulturami bakteryjnymi mają działanie antagonistyczne w stosunku do *E. coli* i większości innych patogennych bakterii rozwijających się w układzie pokarmowym.

INFEKCJE PACIORKOWCOWE. Ten rodzaj infekcji występuje u osób z grupą krwi B częściej niż u innych. Ich efektem są zakażenia gardła oraz poważniejsze stany chorobowe, jak syndrom wstrząsu toksycznego, bakteremia (obecność bakterii we krwi) i zapalenie płuc. Ostre formy infekcji paciorkowcowych zdarzają się głównie u noworodków. Następstwem może być posocznica, zapalenie płuc i zapalenie opon mózgowych. Zdarzają się również powikłania neurologiczne z utratą wzroku i słuchu lub niedorozwojem umysłowym. U 6% niemowląt i 16% dorosłych komplikacje takie mają skutek śmiertelny[3].

Istnieje korelacja między grupą krwi B i infekcjami paciorkowcowymi u noworodków. Jest ona tak silna, że na stopień ryzyka wpływa nawet grupa krwi matki. Dzieci z grupą krwi B urodzone przez matki mające krew tej samej grupy zagrożone są podwójnie.

Choroby układu nerwowego

Znam wiele przypadków fibromialgii, w których nastąpiła dramatyczna poprawa – a nawet całkowite wyleczenie – po przejściu na dietę zgodną z grupą krwi. Na szczycie listy pokarmów wywołujących zapalenia stawów znajdują się z całą pewnością ziarna zbóż. Jeden z badaczy tak pisze o lektynach: „Rezygnacja z nich jest zwykle jedynym niezbędnym posunięciem dietetycznym, zwłaszcza we wczesnych stadiach choroby"[4]. Jak już wielokrotnie wspominałem, nasze najpopularniejsze zboża zawierają lektyny, z których wiele jest w sposób szczególny przyciąganych do cukrów, a zwłaszcza do N-acetyloglukozaminy (NAG) znajdującej się w dużych ilościach w tkance łącznej. Lektyna kiełków pszenicy charakteryzuje się szczególnym powinowactwem z tą substancją. Podejrzewam, że poprawa wynika w znacznej mierze z unikania pszenicy, zwłaszcza u osób z krwią grupy B.

• Z REJESTRU PRZYPADKÓW •

John W.
Grupa krwi B
Mężczyzna w średnim wieku
Poprawa: syndrom chronicznego zmęczenia

„Od wielu lat cierpiałem z powodu syndromu chronicznego zmęczenia. Od czasu do czasu poprawiało mi się, objawy jednak powracały. Z początkiem marca 1999 roku przeszedłem na dietę zgodną z grupą krwi. Zauważyłem niemal natychmiastową poprawę (po trzech dniach). W ciągu minionych dwóch miesięcy wróciłem do biegania i, co najważniejsze, moje możliwości umysłowe także wróciły do normy. Jestem przekonany, że dr D. odkrył coś bardzo ważnego. Mogę mieć tylko nadzieję, że jego koncepcje zostaną zaakceptowane przez lekarzy i resztę społeczeństwa".

ŚRODKI ZAPOBIEGAWCZE:

- Dieta zgodna z grupą krwi B.
- Owoce czarnego bzu (*Sambucus nigra*). Badania potwierdziły hamujące działanie owoców dzikiego bzu na autoreprodukcję wszystkich testowanych szczepów wirusów wywołujących grypę u ludzi. W jednym z badań, z zastosowaniem podwójnej ślepej próby i efektu placebo, stwierdzono skuteczne działanie lecznicze owocu bzu czarnego w grupie B. Pacjenci używający wyciągu z tych owoców znacznie szybciej powracali do zdrowia. U ponad 70% pacjentów z tej grupy stwierdzono poprawę po dwóch dniach, a u 90% – całkowite przezwyciężenie infekcji po trzech dniach. Pacjenci z grupy kontrolnej otrzymujący placebo wracali do zdrowia dopiero po sześciu dniach. Naukowcy stwierdzili, że układy odpornościowe osób przyjmujących bez czarny potrafiły skuteczniej rozpoznawać wirusy grypy i identyfikować je jako niebezpieczne i wrogie. W mojej klinice pacjenci przyjmujący skoncentrowaną mieszaninę złożoną z owoców bzu czarnego, jagód, wiśni i jabłek przechodzą bez większych kłopotów przez okres zwiększonych zachorowań na grypę. W odniesieniu do bzu czarnego należy jednak podkreślić, że zwiększanie dawek nie zawsze daje dobre efekty. Przedawkowanie tego środka powoduje nudności. Pragnąc uniknąć zachorowania na grypę, należy przyjmować go codziennie w umiarkowanych ilościach. Zalecam bez czarny szczególnie osobom z grupami krwi B i AB, ze względu na ich zwiększoną podatność na działanie wirusów. W celach leczni-

• Z REJESTRU PRZYPADKÓW •

Nora A.
Grupa krwi B
Kobieta w średnim wieku
Poprawa: artretyzm

„Zwracałam się o pomoc do reumatologa w związku z bardzo bolesnym artretyzmem bioder i kolan. Bóle występowały także w innych stawach, te jednak były najbardziej dokuczliwe. Po upływie trzydziestu dni od odstawienia pokarmów, które uznaje Pan za niepożądane i wprowadzeniu zalecanych w diecie zgodnej z grupą krwi, zaczęłam odczuwać wyraźną poprawę. W chwili obecnej nie mam już żadnych bólów. Jednocześnie pozbyłam się nadwagi. W przeszłości zdarzało mi się to także, artretyzm jednak nie ustępował. Nie czuję bólów i jest to dla mnie źródłem wielkiej radości!"

czych używamy u osób dorosłych 2 łyżek stołowych ekstraktu 3-4 razy dziennie i odpowiednio mniejszych dawek u dzieci, w zależności od wagi ich ciała.

- Grzyby egzotyczne shitake, maitake i reishi bardzo skutecznie wzmacniają odporność na infekcje wirusowe w dłuższych przedziałach czasu.
- Witaminy z grupy B – zwłaszcza ryboflawina i tiamina – wpływają korzystnie na stan zdrowia nerwów.
- Arginina (250 mg) może pomóc zwiększyć poziom tlenku azotu i poprawić skuteczność obrony przeciwwirusowej.
- *Astragalus membranaceus.* Ekstrakt z korzenia tej rośliny (0,8-1,0 % izoflawonów) nadzwyczajnie stabilizuje układ odpornościowy. W badaniach potwierdzono jego właściwości zwiększania aktywności komórek NK i równoważenia funkcji odpornościowych oraz działania antystresowego i przeciwwirusowego.
- Korzeń lukrecji usprawnia antywirusowe funkcje układu odpornościowego.
- Uzupełnienia probiotyczne pobudzają szereg konkretnych funkcji antywirusowych układu odpornościowego.
- Pektyna – zwykle pochodząca z jabłek – obfituje w polisacharydy mogące zmniejszyć przywieranie wirusów i bakterii.

Choroby autoimmunologiczne

Większość chorób tej kategorii występuje rzadko, ogółem jednak cierpią na nie miliony Amerykanów. Są to schorzenia częściej atakujące kobiety niż mężczyzn, a zwłaszcza kobiety w wieku aktywności zawodowej i prokreacyjnej. Okoliczności te wydają się wyraźnie wskazywać na możliwość istnienia podłoża hormonalnego. Niektóre jednostki występują częściej w pewnych grupach społecznych. Toczeń, na przykład, spotykany jest znacznie częściej u kobiet o rodowodzie afrykańskim lub hiszpańskim niż u przedstawicielek czystej rasy kaukaskiej wywodzących się etnicznie z Europy. Reumatoidalne zapalenie stawów (gościec przewlekły postępujący) i twardzina skóry występują procentowo znacznie częściej wśród rdzennych Amerykanów niż w całej populacji Stanów Zjednoczonych[5].

Osoby mające grupę krwi B są szczególnie podatne na choroby autoimmunologiczne takie jak: reumatoidalne zapalenie stawów, toczeń i twardzina skóry. Ogólnie biorąc, niewydzielacze są bardziej nimi zagrożeni niż wydzielający, zwłaszcza gdy proces chorobowy został sprowokowany przez infekcję. Mają oni także uwarunkowane genetycznie trudności w usuwaniu kompleksów immunologicznych z tkanek, co zwiększa ryzyko atakowania tkanek, które je zawierają. Tak więc osoby niewydzielające z krwią grupy B podlegają szczególnie wysokiemu ryzyku.

Aby dowiedzieć się więcej na temat zachowania zdrowia i równowagi, zapoznaj się z witryną internetową: www.dadamo.com

Niezależnie od diety zgodnej z grupą krwi B, następujące uzupełnienia wzmacniają układ odpornościowy reprezentantów tej grupy:

- Magnez (300-500 mg dziennie).
- Korzeń lukrecji – działa przeciwwirusowo i zapobiega chronicznemu zmęczeniu.
- Lecytyna – stymuluje układ odpornościowy.
- Arabinogalaktan modrzewiowy – bezpieczny, łagodny modulator odpornościowy.

Syndrom chronicznego zmęczenia (Chronic Fatigue Syndrome, CFS)

Syndrom chronicznego zmęczenia można zwalczać za pomocą wielu strategii żywieniowych. Metoda ta jest coraz szerzej stosowana, nawet w ramach medycyny konwencjonalnej. W ponad 50% przypadków CFS stwierdzono niedobory magnezu i stres oksydacyjny, a także niedostatek różnych witamin z grupy B, witaminy C, magnezu, sodu, cynku, L-tryptofanu, L-karnityny, koenzymu Q_{10} oraz podstawowych kwasów tłuszczowych. U pacjentów z CFS może występować marginalny niedobór każdego z tych czynników odżywczych, co wydaje się być raczej następstwem postępującego procesu chorobowego, a nie błędów dietetycznych[6]. Oto prosty i skuteczny plan leczenia dla przedstawicielu grupy krwi B:

- Metylokobalamina, 500 mcg, 2 razy dziennie. Proszę zwrócić uwagę, że nie jest to standardowa witamina B_{12}, a raczej jej forma „aktywna".
- Magnez, 500 mg, 2 razy dziennie. Dawka ta może działać przeczyszczająco. Jeżeli tak się dzieje, należy dawkę zmniejszyć i stopniowo ją zwiększać w miarę przyzwyczajenia organizmu.
- Dobry preparat wielowitaminowy.
- Podstawowe kwasy tłuszczowe. Napój uelastyczniający błony zawiera prawdopodobnie wystarczającą ich ilość. Jeżeli zdarzy nam się nie wypić tego codziennego koktajlu, to kilka kapsułek olejku z owoców czarnej porzeczki z powodzeniem go zastąpi.
- Lukrecja. U niewielu osób lukrecja wywołuje jednak efekty uboczne w postaci zatrzymania wody. Powinno się jej więc używać pod kontrolą doświadczonego zielarza lub lekarza przeszkolonego w dziedzinie ziołolecznictwa. Formy łatwo dostępne na rynku (tzw. lukrecja DGL) prawdopodobnie nie będą miały pożądanego działania.

12

Życie zgodne z grupą krwi AB

ZAWARTOŚĆ ROZDZIAŁU

Profil grupy AB

Uważa się, że grupa krwi AB powstała zaledwie tysiąc lat temu. Występuje ona u 2-5 % ludzkiej populacji, jest więc z obecnego punktu widzenia zjawiskiem przejściowym, rozpoczętym dopiero i niedokończonym dziełem przyrody. Ponieważ jest jedyną grupą krwi, która powstała raczej w wyniku krzyżowania się niż zmian środowiskowych, grupa ma swój unikalny związek z odpornością.

Grupa AB zachowuje się jak kameleon. Zależnie od okoliczności może przejawiać cechy każdej z grup pozostałych. Właściwy dla niej profil hormonów stresu najbardziej przypomina grupę 0, występują w nim jednak również pewne reakcje chemiczne związane z tlenkiem azotu charakterystyczne dla grupy B. Grupa AB ma profil trawienny grupy A, a jednocześnie łączy ją z grupą B duża tolerancja mięsa. Jakkolwiek organizm z krwią grupy AB potrzebuje więcej białka zwierzęcego niż osobnik grupy A, to jednak brakuje mu wystarczającej ilości kwasu żołądkowego do jego skutecznego trawienia. Ludzie mający grupę krwi AB z trudem przyswajają białka pochodzenia zwierzęcego, ponieważ poziom fosfatazy zasadowej w ich jelitach jest niski. Ich układ odpornościowy także przypomina grupę A, z czym wiąże się wysokie ryzyko chorób nowotworowych.

Osoby z krwią grupy AB skuteczniej rozkładają kortyzol i są często fizycznie silniejsze w porównaniu z mniej aktywnymi reprezentantami grupy A; większa jest też ich wytrzymałość na forsowny wysiłek sportowy. Owa dodatkowa porcja siły może mieć związek z niezwykłym dziedzictwem genetycznym grupy AB. Co dokładnie oznacza szczególna kompozycja materiału genetycznego tej grupy, pokażą zapewne dalsze badania. Dotychczasowe studia jej aspektów genetycznych i osobowościowych wskazują, iż osoby obdarzone tą grupą krwi, żyjące w najkorzystniejszych warunkach, charakteryzuje intuicja, uduchowienie oraz zdolność postrzegania wykraczającego poza sztywne ramy stereotypów społecznych. Pragnienia niezależności i społecznej harmonii mogą być u nich źródłem potężnego konfliktu, mają one jednak również wiele cech bardzo cennych we współczesnym, mniej patriarchalnym niż ongiś, środowisku.

Wskazania dla grupy AB

Wskazania dla ludzi z grupą krwi AB obejmują dietę, elementy behawioralne oraz terapie środowiskowe pomagające im żyć zgodnie z własnymi predyspozycjami. Omówione zostaną kolejno:

- TRYB ŻYCIA sprzyjający zdrowiu i długowieczności,
- STRATEGIE SPECJALNE dla dzieci, ludzi starszych i osób niewydzielających antygenów grupy krwi,
- CZYNNIKI ZRÓWNOWAŻENIA EMOCJONALNEGO i sposoby uwalniania się od stresu,
- DIETA PODSTAWOWA: wariant I – maksymalizacja zdrowia.

Profil ryzyka zdrowotnego grupy AB

DZIEDZINY	ZJAWISKA
Umysł i Ciało Tendencja do podwyższonego poziomu katecholamin (noradrenaliny i adrenaliny) w warunkach stresu, w związku z niskim poziomem enzymu oksydazy monoaminowej (MAO)	• Skłonność do uczuć złości i wyobcowania społecznego • Niestabilność równowagi neurochemicznej, dotycząca zwłaszcza dopaminy • Skrajna introwersja
Zdolność szybkiego usuwania tlenku azotu, dzięki wpływowi antygenu grupy B na enzymatyczną produkcję NO	*W warunkach zachwiania równowagi:* • Zbyt emocjonalne reakcje w sytuacjach stresowych
Trawienie Niski poziom kwasu żołądkowego	• Trudności z trawieniem białek • Blokowanie działania enzymów trawiennych • Skłonność do nadmiernego rozwoju bakterii w żołądku i górnym odcinku jelita • Słabe wchłanianie witamin i minerałów
Brak enzymu jelitowego fosfatazy zasadowej	• Wysoki poziom cholesterolu w surowicy krwi, zwłaszcza LDL • Trudności z rozkładem tłuszczów
Metabolizm Wysokie stężenie czynników krzepliwości krwi	• Łatwe tworzenie się zakrzepów
Układ odpornościowy Niski poziom przeciwciał IgA	• Podatność na infekcje uszu i dróg oddechowych • Podatność na infekcje żołądka i jelit
Niski poziom przeciwciał IgE	• Skłonność do astmy i uczuleń
Brak zdolności anty-A i anty-B	• Zmniejszona zdolność układu odpornościowego do rozróżniania struktur przyjaznych i wrogich • Konieczność utrzymywania zwiększonej aktywności krwinek białych o działaniu cytotoksycznym (NK)

ZWIĘKSZONE RYZYKO	WARIANTY
• Choroba dwubiegunowa (maniakalno-depresyjna) • Depresje • Choroby serca (zwłaszcza u osób z osobowością „typu A") • Choroba Parkinsona • Schizofrenia • Intoksykacje	
• Nadciśnienie	
• Rak żołądka • Kamienie żółciowe • Żółtaczka • Toksyczność jelitowa	NIEWYDZIELACZE Nieco wyższy poziom kwasu żołądkowego czyni białko zwierzęce bardziej strawnym
• Choroba naczyń wieńcowych • Osteoporoza • Rak okrężnicy • Hipercholesterolemia	NIEWYDZIELACZE Skrajnie niski poziom jelitowej fosfatazy zasadowej
• Choroba naczyń wieńcowych • Zakrzepica naczyń mózgowych • Trudne rokowania w przypadku raka	OSOBY STARSZE • Zwiększone ryzyko udarów powodowanych przez zatory • Zwiększone ryzyko okluzyjnych chorób serca
• Celiakia • Gośćcowa choroba serca • Choroby nerek	NIEWYDZIELACZE Zwiększone ryzyko, zwłaszcza u dzieci
• Słaba obrona przed pasożytami	
• Większość nowotworów • Chroniczne infekcje wirusowe • Ryzyko infekcji niskiego stopnia	WYDZIELACZE • Większe ryzyko infekcji niskiego stopnia • Obniżony poziom komórek krwi o działaniu cytotoksycznym NK OSOBY STARSZE • Zmniejszająca się z wiekiem aktywność komórek o działaniu cytotoksycznym NK

- DIETA UKIERUNKOWANA: wariant II – przezwyciężanie chorób,
- TERAPIE ZINDYWIDUALIZOWANE w chronicznych stanach chorobowych,
- TERAPEUTYCZNY PROGRAM UZUPEŁNIAJĄCY dla dodatkowego wsparcia.

Zalecany tryb życia

Kluczowe wskazania dla grupy AB

- Realizować potrzeby społeczne w przyjaznym środowisku. Unikać sytuacji, w których dominuje element silnej konkurencji.
- Unikać w myśleniu sztywnych schematów i koncentrowania się na sprawach, na które nie ma się wpływu.
- Tworzyć jednoznaczne plany złożone z konkretnych celów i zadań – roczne, miesięczne, tygodniowe i dzienne; jest to sposób unikania impulsywnych i nieprzemyślanych działań.
- Zmiany w trybie życia wprowadzać stopniowo; nie starać się rozwiązywać wszystkich problemów na raz.
- Przynajmniej dwa razy w tygodniu uprawiać intensywne ćwiczenia aerobowe, a codziennie – ćwiczenia rozciągające, medytacyjne lub jogę.
- Angażować się społecznie w miejscu zamieszkania lub włączyć w działalność zbiorową, podtrzymującą więź z grupą społeczną.
- Codziennie uprawiać ćwiczenia wizualizacyjne.
- Mieć czas dla siebie. Uprawiać całkiem niezależnie od innych osób przynajmniej jeden sport, hobby lub inną formę działalności.

1. Prawidłowe odżywianie fundamentem zdrowia

Osobom mającym grupę krwi AB proponujemy przestrzeganie prostej zasady: unikać większości pokarmów niekorzystnych dla grup A i B. Powstaje w ten sposób mieszana formuła dietetyczna, której kluczowe reguły przedstawiają się następująco:

- Unikać kofeiny i alkoholu, zwłaszcza w sytuacjach stresowych. Szczególnie szkodliwa może być kofeina, podnosi bowiem poziom adrenaliny i noradrenaliny – z natury dość wysoki u osób z krwią grupy AB.
- Czerpać białko głównie ze źródeł innych niż czerwone mięso – najlepiej z ryb i owoców morza.
- Unikać niedojadania i opuszczania posiłków. Spożywać przekąski między posiłkami, gdy pojawia się wyraźne uczucie głodu. Unikać diet niskokalorycznych. Pamiętać o tym, że głód jest potężnym źródłem stresu podwyższającym poziom kortyzolu, spo-

walniającym metabolizm, sprzyjającym odkładaniu się tłuszczu i zmniejszającym zdrową masę mięśniową.

- Jeść zrównoważone śniadania z większą niż w innych posiłkach ilością pokarmów białkowych. Osoby z krwią grupy AB powinny traktować śniadanie jak posiłek królewski, zwłaszcza gdy pragną pozbyć się nadwagi. Śniadanie jest najważniejszym posiłkiem dnia równoważącym potrzeby metaboliczne i reakcje stresowe.
- Posiłki mniejsze, ale częstsze, zapobiegają powstawaniu zaburzeń trawiennych powodowanych przez niski poziom kwasu żołądkowego. Żołądek rozpoczyna proces trawienia, wydzielając odpowiednie soki i kurcząc się rytmicznie w celu wymieszania ich z pokarmem. Niski poziom kwasów żołądkowych sprzyja dłuższemu pozostawaniu pokarmu w żołądku. Należy również zwracać uwagę na właściwe komponowanie posiłków. Trawienie jest łatwiejsze i skuteczniejsze, kiedy unikamy łączenia pokarmów skrobiowych z białkami. Zioła pobudzające trawienie przyjmowane pół godziny przed posiłkiem znakomicie usprawniają funkcje żołądka.

2. Łączenie intensywnych treningów fizycznych z ćwiczeniami uspokajającymi

Ludzie mający grupę krwi AB potrzebują zarówno praktyk uspokajających, jak i intensywnego treningu sportowego. Ich program tygodniowy powinien zawierać obydwa elementy w proporcjach: 2 dni relaksu – 3 dni treningu.

ĆWICZENIA USPOKAJAJĄCE. Hatha joga. Hatha joga jest w świecie zachodnim coraz bardziej popularną metodą walki ze stresem. Z mojego doświadczenia wynika, że jest to znakomita forma ćwiczeń fizycznych bardzo odpowiednia dla osób z grupą krwi AB.

Osoby zdrowe z grupą krwi AB powinny organizować swoje ćwiczenia fizyczne w sposób następujący:

ĆWICZENIA RUCHOWE	ĆWICZENIA SIŁOWE	ĆWICZENIA ROZCIĄGAJĄCE
25 minut 2-3 razy w tygodniu	20 minut 3-4 razy w tygodniu	30 minut 2-3 razy w tygodniu

STRATEGIE SPECJALNE	DZIECI Z GRUPĄ AB

Wychowując dziecko z krwią grupy AB powinno się uwzględniać następujące wskazania, zwiększając w ten sposób jego szanse na zachowanie zdrowia i ograniczając ryzyko chorób.

Dzieci młodsze

- Stworzyć dziecku jak najmniej restrykcyjne środowisko życia. Na przykład: pozwolić mu wybierać własną odzież, nawet gdy nie będą do siebie pasowały kolory, a styl nie będzie nam się podobał.
- Podchodzić elastycznie do reguł życia codziennego, na przykład do pór posiłków i udawania się na spoczynek.
- Od drugiego lub trzeciego roku życia włączyć dziecko w tok własnych ćwiczeń oddechowych i rozciągających oraz medytacyjnych.
- Dbać o to, by dziecko spędzało dużo czasu na powietrzu. Świeże powietrze i słońce pomagają utrzymać wysoki poziom NK.
- Dbać o to, by relacje społeczne dziecka rozwijały się w środowiskach, w których nie występuje element konkurencji. Dzieci z grupą krwi AB są zwykle bardzo uspołecznione, jednak w warunkach silnych presji środowiskowych czują się wyobcowane.
- Z grupą krwi AB wiąże się tendencja do uwewnętrzniania emocji. Należy zatem zwrócić szczególną uwagę na występujące u dziecka oznaki smutku i zakłopotania.

Dzieci starsze

- Uświadamiać niebezpieczeństwa związane z alkoholem, paleniem tytoniu i narkotykami, dając w tym względzie przykład pozytywnego zachowania. Pamiętajmy, że osobnicy z grupą krwi AB – podobnie jak z grupą 0 – są szczególnie podatni na rozwój zachowań nałogowych, a te z kolei upośledzają aktywność komórkową NK.
- Zachęcać do uprawiania sportów i zajęć ruchowych nie zawierających elementu rywalizacji, lecz pozwalających na ekspresję artystyczną, jak np. taniec.
- Umożliwić dziecku zaspokojenie potrzeby niezależności i samodzielności, pozwalając mu na podejmowanie w czasie wolnym pracy poza domem lub pozalekcyjnych studiów.

STRATEGIE SPECJALNE	OSOBY STARSZE Z GRUPĄ AB

- Wydzielanie kwasu żołądkowego, z natury dość słabe u osób z grupą krwi AB, zmniejsza się w starszym wieku jeszcze bardziej – o około 20%. Szczególnego znaczenia nabiera przestrzeganie diety właściwej dla grupy AB, warunkującej utrzymanie poziomu kwasu żołądkowego w granicach niezbędnych dla prawidłowego trawienia. Zaleca się przyjmowanie dwa razy dziennie preparatu o nazwie L-histidine, picie niezbyt mocnej herbaty z gorzkich ziół przed posiłkami oraz unikanie napojów gazowanych.

- Po ukończeniu sześćdziesiątego roku życia zmysł powonienia słabnie, czasami dość dramatycznie. Węch, podobnie jak smak, pobudza wydzielanie soków trawiennych, wysyłając sygnał: „Nadeszła pora jedzenia". Osoby o upośledzonym węchu i smaku mają często tendencję do niedojadania. Niezdolność wyczuwania silnych woni może być także niebezpieczna, odbiera bowiem możliwość rozpoznania pokarmów nieświeżych lub zepsutych. Podstawowym problemem starszych osób z grupą krwi AB jest spożywanie zbyt małych ilości pokarmów. Ich delikatny układ odpornościowy uwrażliwia też bardziej ich organizmy na infekcje bakteryjne. Jeżeli zmysł powonienia słabnie, warto wziąć pod uwagę uzupełnienia w postaci pierwiastków śladowych.

Czynniki zrównoważenia emocjonalnego

Wskazania podstawowe

- Planować wszystkie działania w skali dni i tygodni, starając się zmniejszyć do minimum zdarzenia niespodziewane; unikać pośpiechu.
- Praktykować przerwy w pracy wypełnione aktywnością fizyczną, zwłaszcza przy zajęciach siedzących. Przyniesie to uczucie przypływu energii.
- Ustanawiać na własny użytek niewielkie „nagrody" w chwilach pomyślnego wykonania zadań.
- Rzucić palenie i unikać substancji pobudzających.
- Poświęcać trochę czasu na „oddawanie". Osoby z grupą krwi AB to urodzeni filantropi, obdarzeni empatią. Zajmować się udzielaniem wsparcia pieniężnego lub pomocy w innej postaci.

1. Identyfikacja i uświadamianie sobie własnych skłonności

Osoby należące do typu AB doznają często sprzecznych odczuć w swoim życiu emocjonalnym. Są towarzyskie, przyjaźnie i ufnie nastawione do konkretnych osób, a jednocześnie w większych społecznościach czują się wyobcowane. Dysponują intuicją, są uwrażliwione na sferę duchowości, potrafią wykraczać w swoim postrzeganiu poza sztywne ramy stereotypowego myślenia, namiętnie broniąc swoich poglądów, a jednocześnie zależy im na sympatii otoczenia. Wszystko to może być podłożem wewnętrznych konfliktów.

Jeżeli chodzi o hormony stresu, reakcje przedstawicieli grupy AB charakteryzują się tendencją do nadprodukcji katecholamin – jak

• Z REJESTRU PRZYPADKÓW •

Gwen S.
Grupa krwi AB
Kobieta w średnim wieku
Poprawa: rzucenie palenia

„Myślę, że najbardziej znaczącą zmianą była utrata zainteresowania papierosami zaledwie w tydzień po przejściu na dietę zgodną z grupą AB. Odebrałam to jak cud, ponieważ będąc zawodową artystką rozkoszowałam się narkotycznym wpływem nikotyny na moją twórczą pracę. Uspokajający wpływ obfitującego w tryptofan ciemnego mięsa indyczego i bogatych w wapń pokarmów zawartych w diecie pozwolił mi rzucić palenie. Od czterech miesięcy nie palę i rzadko zdarza mi się myśleć o tym. Nieźle, jak na osiemnaście lat nałogu! Mam nadzieję, że to nie za późno, jak na mój wrażliwy układ odpornościowy z grupy AB. Kocham tę dietę i jej przestrzeganie nie sprawia mi trudności. Moje serce jest silniejsze i zdrowsze, ponieważ nie palę i lepiej się odżywiam".

w grupie 0. Dochodzi tu jednak właściwa dla grupy B zdolność szybkiego usuwania tlenku azotu, mogącego wyzwalać silne emocje. Największym niebezpieczeństwem jest skłonność do uwewnętrzniania emocji – zwłaszcza gniewu i wrogości – co znacznie bardziej niszczy zdrowie niż wyładowująca się na zewnątrz agresja osób z krwią grupy 0. Osoby mające grupę krwi AB powinny ocenić, czy występują u nich opisane cechy osobowości. Nie jest naszą intencją „szufladkowanie ludzi". Każda osobowość jest niepowtarzalna, a predyspozycje genetyczne to tylko niewielki fragment jej obrazu. Czytelnik mający krew grupy AB powinien jednak zastanowić się nad tym, co znaczą dla niego te dane. Z mojego doświadczenia wynika, że opisane powyżej prototypowe zachowania przejawiają się najintensywniej wówczas, gdy opór jest niewielki, a poziom stresu wysoki.

2. Adaptogeny korygujące reakcje na stres

Terminu „adaptogen" używa się na określenie roślin poprawiających niespecyficzne reakcje na stres. Wiele z nich ma dwukierunkowe, a co za tym idzie – normalizujące działanie na ludzką fizjologię: zwiększają to, czego jest za mało, i obniżają to, czego mamy za dużo. Poniżej podaję adaptogeny szczególnie cenne dla osób z grupą krwi AB.

RHODIOLA ROSEA I RHODIOLA SP. Oprócz działania antystresowego *Rhodiola* posiada znaczącą zdolność hamowania wywoływanej przez stres aktywności katecholamin w obrębie mięśnia sercowego oraz sprzyja stabilizacji jego kurczliwości. *Rhodiola* zapobiega również zaburzeniom funkcji sercowo-płucnym na dużych wysokościach.

WITAMINY GRUPY B. Osoby z grupą krwi AB potrzebują dużych ilości witamin grupy B dla podtrzymania zrównoważonych reakcji na stres. Szczególne znaczenie ma dla nich witamina B_1, aktywna witamina B_5 *(kwas pantotenowy)* i witamina B_6. W warunkach stresu witaminy te należy przyjmować w ilościach wielokrotnie przekraczających średnie dawki rekomendowane.

KWAS LIPONOWY. Kwas liponowy pełni ważną rolę w metabolizmie katecholamin, a jego działanie wpływa korzystnie na reakcję stresową osób mających krew grupy AB.

3. Uzupełnienia dietetyczne zapewniające równowagę neurochemiczną

L-TYROZYNA. Wzrost poziomu tego aminokwasu może zwiększyć stężenie dopaminy w mózgu. W jednym z badań kadeci szkoły oficerskiej spożywali napój o dużej zawartości tyrozyny podczas trudnych treningów bojowych. U żołnierzy należących do grupy doświadczalnej stwierdzono lepszą pamięć i zdolność śledzenia obiektów w porównaniu z grupą kontrolną, której podawano napoje bez tyrozyny, lecz o wysokiej zawartości węglowodanów. Wyniki te sugerują, że w warunkach stresu fizycznego i psychospołecznego tyrozyna zmniejsza następstwa stresu i zmęczenia mające wpływ na wykonywanie zadań związanych z myśleniem poznawczym.

CYTRULINA. Ten aminokwas uczestniczy w cyklu energetycznym i syntezie tlenku azotu. Dobrym jego źródłem są arbuzy.

KORZEŃ DAŃ-SZEŃ. 50 mg. To tradycyjne zioło chińskie pomaga w regulacji stężenia tlenku azotu, podobnie jak dwa inne chińskie zioła – *Cordyceps sinensis* (100 mg) i *Gynostemma pentaphyllum* (50 mg).

SANGRE DE GRADO. 50 mg. Jest to zioło amazońskie regulujące stężenia tlenku azotu.

GLUTAMINA. Glutamina jest aminokwasem przekształcającym się w neurotransmitery klasy GABA, szczególnie pomocnym dla osób z grupą AB mających słabość do słodyczy. W chwilach tego rodzaju pokus proponuję 1 g glutaminy rozpuszczonej w szklance wody.

KWAS FOLIOWY. Większość ludzi z niedoborem tej witaminy nie reaguje dobrze na leki antydepresyjne (Prozac, Zoloft). Osoby z grupą AB doświadczające zmienności i wahań nastroju powinny przyjmować dodatkowe dawki kwasu foliowego, wraz z innymi witaminami z grupy B. Kwas foliowy obniża również poziom homocysteiny wpływającej na podatność w grupie AB na choroby sercowo-naczyniowe.

Dieta dwuwariantowa dla grupy AB

Dieta dwuwariantowa jest programem bardziej zindywidualizowanym w stosunku do diety podstawowej opisanej we wcześniejszych publikacjach. Z mojego doświadczenia wynika, że dieta podstawowa, w której pewne pokarmy są zalecane, inne unikane, a jeszcze inne – określane mianem obojętnych – traktowane jako ogólne uzupełnienie pokarmowe, służy dobrze pewnej liczbie ludzi. Są jednak osoby, które cierpią z powodu chronicznych stanów chorobowych i dlatego wymagają ściślejszego planu dietetycznego. Z myślą o nich opracowaliśmy wariant II poszczególnych diet, których celem jest pomoc w przezwyciężaniu chorób i przywracaniu stanu homeostazy.

Status wydzielania/niewydzielania ma wpływ na zdolność trawienia i przemiany pewnych pokarmów. Z tego powodu każdy wykaz pokarmów zawiera oddzielne kolumny z informacjami dla wydzielaczy i niewydzielaczy. Większość ludzi należy do pierwszej kategorii, co oznacza, że mogą oni bezpiecznie stosować zalecenia znajdujące się w kolumnie dla wydzielających. Około 20% populacji to osobnicy niewydzielający antygenów i dla nich wprowadziliśmy istotne, ważne dla zdrowia modyfikacje.

WYDZIELACZ czy NIEWYDZIELACZ?
Przed wprowadzeniem diety należy sprawdzić prostym domowym sposobem, czy mamy organizm wydzielający, czy nie wydzielający antygeny grupy krwi.
Patrz: strona 392

W bardzo rzadkich przypadkach czynnik A_1, A_2, Rh i status MN wpływają na rekomendacje dietetyczne. Szczegóły na ten temat znajdują się pod odpowiednimi zestawieniami.

Dwuwariantowy system diet zgodnych z grupami krwi

Wariant I: maksymalizacja zdrowia

Zalecenia wymienione w tym wariancie należy zastosować jak najszybciej dla uzyskania maksymalnych korzyści zdrowotnych. U większości ludzi zdrowych przestrzeganie wariantu I diety w połączeniu z pokarmami obojętnymi stanowiącymi niezbędne uzupełnienie ogólne wystarcza do utrzymania optymalnego stanu zdrowia.

Wariant II: przezwyciężanie chorób

Zalecenia wymienione w tym wariancie przeznaczone są dla osób przewlekle chorych oraz tych, które pragną stosować dietę zgodną z własną grupą krwi na wyższym poziomie tej zgodności. Stosując dietę w wariancie II, należy zachować ostrożność w doborze pokarmów zaliczonych do kategorii obojętnych, stanowiących ogólne uzupełnienie pokarmowe.

POKARMY ZALECANE: Pokarmy zawierające składniki wpływające korzystnie na metabolizm, układ odpornościowy lub zdrowie strukturalne organizmu z daną grupą krwi.

POKARMY OBOJĘTNE: Pokarmy zazwyczaj nie wpływające szczególnie korzystnie bądź niekorzystnie na zdrowie organizmu z daną grupą krwi, zawierające jednak składniki, które powinny się znajdować w zrównoważonej diecie.

POKARMY, KTÓRYCH NALEY UNIKAĆ: Pokarmy zawierające elementy szkodliwe dla organizmów z daną grupą krwi.

Zindywidualizowane zalecenia dietetyczne

Osobom zdrowym mającym grupę krwi AB wariant I naszej diety dostarcza zestawu pokarmów niezbędnych do utrzymania zdrowia na optymalnym poziomie. Aby wykorzystać tę dietę w maksymalnym stopniu, należy przestrzegać następujących zaleceń:

Zalecenia kluczowe

- Unikaj czerwonego mięsa i kurczaków. Niski poziom kwasu solnego i jelitowej fosfatazy zasadowej czynią je trudnym do strawienia dla ludzi z grupą krwi AB i mogą być przyczyną wielu metabolicznych problemów.
- Traktuj produkty sojowe i świeże ryby oraz owoce morza jako główne źródła białka.
- Uwzględniaj w diecie umiarkowane ilości produktów mlecznych wytwarzanych z udziałem kultur bakteryjnych (kefiry, jogurty, maślanki, sery itp.), unikaj natomiast produktów ze świeżego mleka zwiększających wydzielanie śluzu. Produkty mleczarskie pierwszej z tych kategorii mają działanie probiotyczne; pobudzają rozwój zdrowej flory bakteryjnej w jelitach, tworząc korzystniejsze środowisko dla układu odpornościowego.
- Uwzględniaj w jadłospisie tłuste ryby zimnowodne. Tłuszcze rybie przyśpieszają przemianę materii.
- Jedz bogate w witaminę A warzywa: marchew, szpinak, brokuły, żeby podnieść poziom jelitowej fosfatazy zasadowej.

Strategie dietetyczne dla grupy krwi AB

Opisane dalej strategie żywieniowe, stosowane przez zdrową osobę z grupą krwi AB, mogą jej pomóc uniknąć problemów wynikających ze specyficznej konstytucji neurologicznej, gastrologicznej, metabolicznej i immunologicznej.

Zwiększanie poziomu kwasu żołądkowego
Opisane dalej działania pozwalają korygować niski poziom kwasu żołądkowego.

L-HISTIDYNA. Jest to uzupełnienie dietetyczne z grupy aminokwasów. Przyjmowanie dawki 500 mg dwa razy dziennie poprawia wydzielanie kwasu żołądkowego, szczególnie u osób z objawami alergicznymi.

ZIOŁA GORZKIE. Zioła takie jak goryczka żółta *(Gentiana lutea)* są od dawna stosowane przez naturopatów w celu pobudzania czynności wydzielniczej żołądka. Należy je przyjmować w postaci niezbyt mocnego naparu pół godziny przed posiłkiem.

UNIKAĆ NAPOJÓW GAZOWANYCH – takich jak gazowana woda mineralna, woda sodowa, oranżady, cole itp. Dwutlenek węgla zmniejsza wydzielanie gastryny, co z kolei obniża kwasowość soku żołądkowego.

BETAINA. W formie chlorowodorku betainowego związek ten podwyższa kwasowość żołądka. Ma także inne korzystne oddziaływanie. Stosuje się go w celu obniżenia zawartości we krwi substancji zwanej homocysteiną (związanej z chorobą serca). Organizm wykorzystuje betainę w procesie syntezy S-adenozylometioniny – substancji budzącej ostatnio zainteresowanie mediów w związku z jej naturalnym działaniem antydepresyjnym i uzdrawiającym wpływem na wątrobę. W tradycyjnej medycynie chińskiej niepokój i depresja kojarzone są z nierównowagą energii *chi* mającej szczególny związek z wątrobą. Orzeszki koli zawierają duże ilości betainy, jak również kilku innych substancji chroniących wątrobę, takich jak: d-katechina, l-epikatechina, kolatyna i kolonina. Znajduje się w nich także kofeina, należy więc spożywać je sporadycznie lub nie jeść ich wcale, jeżeli mamy jakieś problemy trawienne.

DENDROBIUM. Wzmaga wydzielanie kwasu żołądkowego i zwiększa stężenie gastryny w sokach trawiennych.

Zapobieganie szkodliwemu działaniu lektyn

UNIKAĆ LEKTYN SZCZEGÓLNIE NIEBEZPIECZNYCH DLA OSÓB Z KRWIĄ GRUPY AB. Najgroźniejsze z nich zawarte są w:

kurczakach
kukurydzy
niektórych rybach z rodziny siejowatych
fasoli limeńskiej
gryce
fasoli nerkowatej (*kidney*)

Przedstawiciele grupy AB mogą dodatkowo blokować działanie lektyn pokarmowych za pomocą polisacharydowych cząsteczek ofiarnych zawartych w następujących źródłach:

- NAG (*N-acetyloglukozamina*)
- Morszczyn (*Fucus vesiculosus*)
- Listownica (*Laminoria*)
- Arabinogalakton modrzewiowy (*larch arabinogalactan*)

Mięso i drób

Osoby mające grupę krwi AB są nieco lepiej przystosowane do trawienia białek zwierzęcych niż grupy A (głównie dzięki wpływowi genu B na proces wchłaniania tłuszczów). Powinny się jednak wystrzegać podwyższonego poziomu cholesterolu, który to problem występuje w formie nieco łagodniejszej u niewydzielaczy. Należy oczywiście wybierać mięso nie skażone pestycydami i innymi chemikaliami.

GRUPA KRWI AB: MIĘSO I DRÓB			
Porcje: 120-180 g (mężczyźni); 60-150 g (kobiety i dzieci)			
	Rasa afrykańska	Rasa kaukaska	Rasa azjatycka
Wydzielacz	2-5	1-5	1-5
Niewydzielacz	3-5	2-5	2-5
A_2B	Zwiększyć o 1 porcję w tygodniu		
MM	Zmniejszyć o 2 porcje w tygodniu		
	razy w tygodniu		

Warianty: A_2B: kuropatwy, jarząbki, pardwy, młode gołąbki oraz dziczyzna są obojętne; MM: jagnięciny, baraniny i wątroby unikać.

Wariant I

POKARMY	WYDZIELACZ Z GRUPĄ KRWI AB	NIEWYDZIELACZ Z GRUPĄ KRWI AB
Bekon, szynka, wieprzowina	Unikać	Unikać
Indyk	Wskazany	Wskazany
Kaczka	Unikać	Unikać
Konina	Unikać	Unikać
Kura kornwalijska (*cornish*)	Unikać	Unikać
Kurczak	Unikać	Unikać

Kuropatwa	Unikać	Unikać
Kuropatwy, jarząbki i pardwy	Unikać	Unikać
Mięso wiewiórcze	Unikać	Unikać
Mięso żółwia morskiego	Unikać	Unikać
Młody gołąb	Unikać	Unikać
Perliczka	Unikać	Unikać
Przepiórka	Unikać	Obojętna

Wariant II

POKARMY	WYDZIELACZ Z GRUPĄ KRWI AB	NIEWYDZIELACZ Z GRUPĄ KRWI AB
Baranina	Obojętna	Wskazana
Cielęcina	Unikać	Unikać
Dziczyzna	Unikać	Obojętna
Gęś	Unikać	Unikać
Mięso bawole	Unikać	Unikać
Mięso jagnięce	Obojętne	Wskazane
Mięso królicze	Obojętne	Wskazane
Serca, nerkówka	Unikać	Unikać
Wołowina	Unikać	Unikać

Pokarmy obojętne: ogólne uzupełnienie jadłospisu

POKARMY	WYDZIELACZ Z GRUPĄ KRWI AB	NIEWYDZIELACZ Z GRUPĄ KRWI AB
Bażant	Obojętny	Obojętny
Mięso strusie	Obojętne	Obojętne
Wątroba (cielęca)	Obojętna	Obojętna

Ryby i owoce morza

Ryby i owoce morza stanowią pierwszorzędne źródło białka dla większości osób z grupą AB, u których zwiększają masę tkanek aktywnych, dostarczając jednocześnie białka niezbędne do optymalnego działania cytotoksycznych krwinek białych (komórek NK). Do grupy pokarmów, których należy unikać, zaliczone zostały głównie te, w których znajdują się lektyny o specyfice A lub B oraz poliaminy. Osoby z krwią grupy AB powinny również wykluczyć z diety ryby mrożone, z uwagi na wyższą zawartość lektyn niż w rybach świeżych. Zwiększone ryzyko nowotworów uzasadnia regularne spożywanie ślimaków *Helix pomatia* (escargot).

GRUPA KRWI AB: RYBY I OWOCE MORZA			
Porcje: 120-180 g (mężczyźni); 60-150 g (kobiety i dzieci)			
	Rasa afrykańska	**Rasa kaukaska**	**Rasa azjatycka**
Wydzielacz	4-6	3-5	3-5
Niewydzielacz	4-7	4-6	4-6
A_2B	Zwiększyć o 2 porcje w tygodniu		
	razy w tygodniu		

Warianty: Dla A_2B flądra, halibut i witlinek są obojętne. Wskazane są kulbiniec szary, karp, okoń, siejowate i młody dorsz.

Wariant I

POKARMY	WYDZIELACZ Z GRUPĄ KRWI AB	NIEWYDZIELACZ Z GRUPĄ KRWI AB
Aloza (złotośledź)	Wskazana	Wskazana
Barakuda	Unikać	Unikać
Bass (wszystkie gatunki)	Unikać	Unikać
Bieługa	Unikać	Unikać
Flądra	Unikać	Unikać
Halibut	Unikać	Unikać
Koryfena	Wskazana	Wskazana
Kraby	Unikać	Unikać
Łosoś	Wskazany	Wskazany
Makrela	Wskazana	Wskazana
Małże	Unikać	Unikać
Morszczuk	Unikać	Unikać
Ośmiornica	Unikać	Unikać
Ostrygi	Unikać	Unikać
Plamiak (łupacz)	Unikać	Unikać
Pstrąg morski (troć)	Unikać	Obojętny

Pstrąg tęczowy	Unikać	Obojętny
Pstrąg źródlany	Unikać	Obojętny
Ryby lucjanowate (np. *red snapper*)	Wskazane	Wskazane
Sardela	Unikać	Unikać
Sardynki	Wskazane	Wskazane
Seriola	Unikać	Unikać
Skrzydelnik (*conch*)	Unikać	Unikać
Ślimaki (*Helix pomatia*, escargot)	Wskazane	Wskazane
Sola	Unikać	Unikać
Tuńczyk	Wskazany	Wskazany
Węgorz	Unikać	Unikać
Witlinek	Unikać	Unikać
Żaby	Unikać	Unikać

Wariant II

POKARMY	WYDZIELACZ Z GRUPĄ KRWI AB	NIEWYDZIELACZ Z GRUPĄ KRWI AB
Anioł morski	Wskazany	Wskazany
Dorsz	Wskazany	Wskazany
Graniki	Wskazane	Wskazane
Homar	Unikać	Unikać
Jesiotr	Wskazany	Wskazany
Krewetki	Unikać	Unikać
Pikerel	Wskazany	Wskazany
Ryby prażmowate (np. morlesz, dorada, sargus, sparus)	Wskazane	Wskazane
Szczupak	Wskazany	Wskazany
Żaglica	Wskazana	Wskazana

Pokarmy obojętne: ogólne uzupełnienie jadłospisu

POKARMY	WYDZIELACZ Z GRUPĄ KRWI AB	NIEWYDZIELACZ Z GRUPĄ KRWI AB
Bass słoneczny	Obojętny	Obojętny
Błyszczak	Obojętny	Obojętny
Brosma	Obojętna	Obojętna
Cefal (mugil)	Obojętny	Obojętny
Czarniak	Obojętny	Obojętny
Czukuczan	Obojętny	Obojętny
Kałamarnica	Obojętna	Obojętna
Karmazyn	Obojętny	Obojętny
Karp	Obojętny	Obojętny
Kawior	Obojętny	Obojętny
Kleń	Obojętny	Obojętny
Kulbiniec szary	Obojętny	Obojętny
Maskelung (r. szczupaka)	Obojętny	Obojętne
Medialuna	Obojętna	Obojętna
Młody dorsz	Obojętny	Obojętny
Okoń (wszystkie odmiany)	Obojętny	Obojętny
Omułki jadalne	Obojętne	Obojętne
Papugoryba	Obojętna	Obojętna
Płytecznik	Obojętny	Obojętny
Przegrzebek (małż)	Obojętny	Obojętny
Rekin	Obojętny	Obojętny
Ryby kulbinowate	Obojętne	Obojętne
Ryby żuwakowate	Obojętne	Obojętne
Siejowate (np. sieja, sielawa, czyr)	Obojętne	Obojętne
Sierpiki	Obojętne	Obojętne
Skap	Obojętny	Obojętny
Skubacz	Obojętny	Obojętny
Śledź	Obojętny	Wskazany
Stynka	Obojętna	Obojętna
Sumik karłowaty	Obojętny	Obojętny
Tasergal	Obojętny	Obojętny
Tilapia	Obojętna	Obojętna
Uchowiec (*abalone*)	Obojętny	Obojętny
Włócznik	Obojętny	Obojętny
Zębacz	Obojętny	Obojętny

Produkty mleczne i jaja

Osoby mające grupę krwi AB mogą spożywać produkty mleczne z zachowaniem umiaru, dotyczącego zwłaszcza wydzielaczy. Jaja, będące wartościowym źródłem dwuhydroksyacetonu (DHA) są dobrym uzupełnieniem profilu białkowego grupy AB, sprzyjającym budowaniu przez organizm tkanek aktywnych. U przedstawicieli grupy AB o etnicznym pochodzeniu afrykańskim może okazać się konieczne zmniejszenie do minimum spożycia pokarmów nie zawierających kultur bakteryjnych, takich jak świeże mleko.

GRUPA KRWI AB: JAJA			
Porcja: 1 jajko			
	Rasa afrykańska	**Rasa kaukaska**	**Rasa azjatycka**
Wydzielacz	2-5	3-4	3-4
Niewydzielacz	3-6	3-6	3-6
	razy w tygodniu		

GRUPA KRWI AB: MLEKO I JOGURT			
Porcje: 120-180 g (mężczyźni); 60-150 g (kobiety i dzieci)			
	Rasa afrykańska	**Rasa kaukaska**	**Rasa azjatycka**
Wydzielacz	2-6	3-6	1-6
Niewydzielacz	0-3	0-4	0-3
	razy w tygodniu		

GRUPA KRWI AB: SERY			
Porcje: 90 g (mężczyźni); 60 g (kobiety i dzieci)			
	Rasa afrykańska	**Rasa kaukaska**	**Rasa azjatycka**
Wydzielacz	2-3	3-4	3-4
Niewydzielacz	0	0-1	0
A_2B	O 2 jajka w tygodniu więcej. Zmniejszyć o 2 porcje na tydzień spożycie mleka, sera i jogurtu		
MM	Zmniejszyć o 2 porcje mleka i jogurtu w tygodniu		
	razy w tygodniu		

Warianty: dla A_2B kacze jaja są obojętne. Należy unikać cheddaru, sera szwajcarskiego, jarlsberg i gruyère.

Wariant I

POKARMY	WYDZIELACZ Z GRUPĄ KRWI AB	NIEWYDZIELACZ Z GRUPĄ KRWI AB
Białka jaj kurzych	Wskazane	Wskazane
Brie	Unikać	Unikać
Jaja kacze	Unikać	Unikać
Jogurt	Wskazany	Obojętny
Kefir	Wskazany	Wskazany
Mozzarella	Wskazana	Wskazana
Ricotta	Wskazany	Wskazany
Ser kozi	Wskazany	Obojętny

Wariant II

POKARMY	WYDZIELACZ Z GRUPĄ KRWI AB	NIEWYDZIELACZ Z GRUPĄ KRWI AB
Camembert	Unikać	Unikać
Kwaśna śmietana (beztłuszczowa, niskotłuszczowa)	Wskazana	Wskazana
Lody	Unikać	Unikać
Maślanka	Unikać	Unikać
Masło	Unikać	Unikać
Mleko kozie	Wskazane	Wskazane
Mleko pełne	Unikać	Unikać
Mleko ze śmietaną (half & half)	Unikać	Unikać
Parmezan	Unikać	Unikać
Ser amerykański	Unikać	Unikać
Ser farmer	Wskazany	Wskazany
Ser feta	Wskazany	Wskazany
Ser provolone	Unikać	Unikać
Ser wiejski	Wskazany	Wskazany
Sery pleśniowe „błękitne”	Unikać	Unikać

Pokarmy obojętne: ogólne uzupełnienie jadłospisu

POKARMY	WYDZIELACZ Z GRUPĄ KRWI AB	NIEWYDZIELACZ Z GRUPĄ KRWI AB
Cheddar	Obojętny	Obojętny
Edamer	Obojętny	Obojętny
Ementaler	Obojętny	Unikać
Gouda	Obojętny	Obojętny
Gruyère	Obojętny	Obojętny
Jaja gęsie	Obojętne	Obojętne
Jaja przepiórcze	Obojętne	Obojętne
Masło klarowane (*ghee*)	Obojętne	Wskazane
Mleko chude lub 2%	Obojętne	Obojętne
Ser biały	Obojętny	Obojętny
Ser colby	Obojętny	Obojętny
Ser jarlsberg	Obojętny	Obojętny
Ser Monterey Jack	Obojętny	Obojętny
Ser muenster	Obojętny	Obojętny
Ser neufchatel	Obojętny	Obojętny
Ser quark	Obojętny	Obojętny
Ser śmietankowy	Obojętny	Obojętny
Ser string	Obojętny	Obojętny
Ser szwajcarski	Obojętny	Unikać
Serwatka	Obojętna	Obojętna
Żółtka jaj kurzych	Obojętne	Wskazane

Fasole i inne rośliny strączkowe

Osobom mającym grupę krwi AB doskonale służą białka roślinne zawarte w wielu gatunkach fasoli i innych roślin strączkowych, z niektórymi z nich wiąże się jednak problem lektyn. Ogólnie biorąc, ta kategoria pokarmów jest jednak tylko pomocniczym źródłem białka użytecznego w budowie tkanek aktywnych. Dotyczy to szczególnie niewydzielaczy z grupą krwi AB.

GRUPA KRWI AB: FASOLE I INNE ROŚLINY STRĄCZKOWE			
Porcja: 1 filiżanka suchego pokarmu			
	Rasa afrykańska	**Rasa kaukaska**	**Rasa azjatycka**
Wydzielacz	3-6	3-6	4-6
Niewydzielacz	2-5	2-5	3-6
MM	Zwiększyć o 3 porcje w tygodniu		
	razy w tygodniu		

Warianty: dla MM wskazany jest bób, tamarynda, tofu i wszystkie produkty sojowe.

Wariant I

POKARMY	WYDZIELACZ Z GRUPĄ KRWI AB	NIEWYDZIELACZ Z GRUPĄ KRWI AB
Fasola adzuki	Unikać	Unikać
Fasola czarna	Unikać	Unikać
Fasola fava	Unikać	Obojętna
Fasola garbanzo (ciecierzyca)	Unikać	Unikać
Fasola limeńska (*lima*)	Unikać	Unikać
Fasola mung (kiełki)	Unikać	Unikać
Fasola nerkowata (*kidney*)	Unikać	Unikać
Fasola pinto	Wskazana	Wskazana
Groch „czarne oczko"	Unikać	Unikać
Miso sojowe	Wskazane	Obojętne
Soczewica zielona	Wskazana	Wskazana
Tempeh	Wskazany	Obojętny

Wariant II

POKARMY	WYDZIELACZ Z GRUPĄ KRWI AB	NIEWYDZIELACZ Z GRUPĄ KRWI AB
Fasola perłowa (navy)	Wskazana	Obojętna
Fasola sojowa (soja)	Wskazana	Obojętna
Tofu	Wskazane	Obojętne

Pokarmy obojętne: ogólne uzupełnienie jadłospisu

POKARMY	WYDZIELACZ Z GRUPĄ KRWI AB	NIEWYDZIELACZ Z GRUPĄ KRWI AB
Bób	Obojętny	Obojętny
Fasola biała	Obojętna	Obojętna
Fasola cannellini	Obojętna	Obojętna
Fasola copper	Obojętna	Obojętna
Fasola northern	Obojętna	Obojętna
Fasola szparagowa	Obojętna	Obojętna
Fasola tamaryndowa	Obojętna	Obojętna
Fasola zielona	Obojętna	Obojętna
Granulki sojowe	Obojętne	Obojętne
Mleczko sojowe	Obojętne	Unikać
Płatki sojowe	Obojętne	Obojętne
Serek sojowy	Obojętny	Unikać
Soczewica amerykańska	Obojętna	Obojętna
Soczewica czerwona	Obojętna	Obojętna

Orzechy i pestki

Orzechy i pestki są ważnym uzupełniającym źródłem białka dla osób z grupą krwi AB. Ponadto wiele gatunków orzechów, np. włoskie, przyczyniają się do obniżenia stężeń poliamin, hamując aktywność enzymu dekarboksylazy. Siemię lniane szczególnie obfituje w ligniny, których działanie zmniejsza liczbę receptorów czynnika wzrostu epidermalnego stanowiącego element niezbędny w rozwoju wielu nowotworów, który może być stymulowany przez antygen grupy A.

GRUPA KRWI AB: ORZECHY I PESTKI			
Porcje: nasiona – garść, masło orzechowe – 1-2 łyżki			
	Rasa afrykańska	**Rasa kaukaska**	**Rasa azjatycka**
Wydzielacz	5-10	5-10	5-9
Niewydzielacz	4-8	4-9	5-9
MM	Zwiększyć o 2 porcje w tygodniu		
	razy w tygodniu		

Warianty: Dla MM wskazane są migdały.

Wariant I

POKARMY	WYDZIELACZ Z GRUPĄ KRWI AB	NIEWYDZIELACZ Z GRUPĄ KRWI AB
Mak	Unikać	Unikać
Masło sezamowe, tahini	Unikać	Unikać
Masło słonecznikowe	Unikać	Unikać
Masło z orzeszków ziemnych	Wskazane	Obojętne
Nasiona sezamu	Unikać	Unikać
Orzech czarny	Wskazany	Wskazany
Orzech włoski	Wskazany	Wskazany
Orzechy laskowe	Unikać	Unikać
Orzeszki ziemne (arachidowe)	Wskazane	Obojętne
Pestki dyni	Unikać	Unikać
Pestki słonecznika	Unikać	Unikać

Wariant II

POKARMY	WYDZIELACZ Z GRUPĄ KRWI AB	NIEWYDZIELACZ Z GRUPĄ KRWI AB
Kasztany jadalne	Wskazane	Wskazane

Pokarmy obojętne: ogólne uzupełnienie jadłospisu

POKARMY	WYDZIELACZ Z GRUPĄ KRWI AB	NIEWYDZIELACZ Z GRUPĄ KRWI AB
Buczyna (nasiona buka zwyczajnego)	Obojętna	Obojętne
Liczi	Obojętne	Obojętne
Makadamia	Obojętna	Obojętna
Masło migdałowe	Obojętne	Obojętne
Migdały	Obojętne	Obojętne
Mleczko migdałowe	Obojętne	Obojętne
Nasiona safronu (krokosz)	Obojętne	Obojętne
Orzech brazylijski	Obojętny	Unikać
Orzech szary	Obojętny	Obojętny
Orzechy hikorii	Obojętne	Obojętne
Orzechy i masło pekanowe	Obojętne	Obojętne

Orzechy nerkowa (*cashew*), masło, pasta	Obojętne	Unikać
Orzeszki pinii (piniole)	Obojętne	Obojętne
Orzeszki pistacjowe	Obojętne	Unikać
Serek migdałowy	Obojętny	Obojętny
Siemię lniane	Obojętne	Obojętne

Ziarna zbóż i skrobie

Osoby z grupą krwi AB niewydzielające antygenów do płynów ustrojowych mogą, jak wiemy, spożywać białka zwierzęce w umiarkowanych ilościach, z racji swoich szczególnych wrażliwości insulinowych. Osoby te powinny jednak – w przeciwieństwie do wydzielaczy – zachować daleko idącą ostrożność wobec złożonych węglowodanów. Osobnicy niewydzielający powinni ograniczyć szczególnie spożycie pszenicy i kukurydzy oraz ich pochodnych, ponieważ zawarte w nich lektyny, podobne strukturalnie do insuliny, mogą sprzyjać obniżeniu masy tkanek aktywnych i rozrostowi tkanek tłuszczowych. W podstawowym jadłospisie dla grupy krwi AB powinno się znaleźć znane od starożytności ziarno zwane amarantem; zawiera ono korzystną dla zdrowia lektynę przeciwdziałającą powstawaniu nowotworów okrężnicy.

GRUPA KRWI AB: ZIARNA ZBÓŻ I SKROBIE			
Porcja: 1/2 filiżanki suchego pokarmu (ziarna lub makaronu); 1 bułka, 2 kromki chleba			
	Rasa afrykańska	**Rasa kaukaska**	**Rasa azjatycka**
Wydzielacz	6-8	6-9	6-10
Niewydzielacz	5-7	4-6	6-8
A_2B	Zmniejszyć o 1 porcję w tygodniu		
	razy w tygodniu		

Warianty: Osoby z grupą krwi A_2B powinny unikać produktów z pszenicy. Dla MM wskazana jest quinoa.

Wariant I

POKARMY	WYDZIELACZ Z GRUPĄ KRWI AB	NIEWYDZIELACZ Z GRUPĄ KRWI AB
Amarant	Wskazany	Wskazany
Chleb esseński	Wskazany	Wskazany
Chleb Ezekiela (komercyjny)	Wskazany	Obojętny
Dziki ryż	Wskazany	Wskazany
Gryka, kasza gryczana	Unikać	Unikać
Kukurydza (biała, żółta, błękitna)	Unikać	Unikać
Kukurydza prażona	Unikać	Unikać
Mąka owsiana	Wskazana	Wskazana
Makaron soba (100% gryki)	Unikać	Unikać
Mleczko ryżowe	Wskazane	Wskazane
Owies, otręby, płatki	Wskazane	Wskazane
Płatki kukurydziane	Unikać	Unikać
Proso	Wskazane	Wskazane
Ryż (dmuchany), otręby ryżowe	Wskazane	Wskazane
Ryż biały, brązowy, basmati, pieczywo	Wskazane	Wskazane
Sorgo (proso afrykańskie)	Unikać	Unikać
Tapioka	Unikać	Unikać
Teff	Unikać	Unikać
Wypieki z mąki ryżowej	Wskazane	Wskazane

Wariant II

POKARMY	WYDZIELACZ Z GRUPĄ KRWI AB	NIEWYDZIELACZ Z GRUPĄ KRWI AB
Kamut	Unikać	Unikać
Mąka żytnia	Wskazana	Wskazana
Orkisz	Wskazany	Obojętny
Pieczywo pszenne (kiełkowane komercyjnie, z wyj. Ezekiela)	Wskazane	Wskazane
Pieczywo z czystej mąki żytniej	Wskazane	Wskazane
Pieczywo z mąki sojowej	Wskazane	Unikać
Pszenica (wyroby z mąki rafinowanej niewybielanej)	Unikać	Unikać

Pokarmy obojętne: ogólne uzupełnienie jadłospisu

POKARMY	WYDZIELACZ Z GRUPĄ KRWI AB	NIEWYDZIELACZ Z GRUPĄ KRWI AB
Jęczmień	Obojętny	Obojętny
Kuskus	Obojętny	Obojętny
Mąka glutenowa	Obojętna	Obojętna
Orkisz (mąka i wypieki)	Obojętny	Obojętny
Pieczywo bezglutenowe	Obojętne	Obojętne
Pszenica (manna, grysik)	Obojętna	Unikać
Pszenica (wyroby z mąki glutenowej)	Obojętne	Unikać
Pszenica (zarodki)	Obojętna	Unikać
Quinoa	Obojętna	Obojętna

Warzywa

Warzywa są bogatym źródłem przeciwutleniaczy i błonnika, a jednocześnie obniżają wydzielanie poliamin w przewodzie pokarmowym. Pokarmem szczególnie dobroczynnym dla grupy AB jest cebula zawierająca znaczące ilości przeciwutleniacza i potężnego antymutagenu, jakim jest kwercetyna. Osoby mające grupę krwi AB niewydzielające antygenów i należące do podtypu MM mogą traktować regularne spożywanie pokarmów uznanych w wariancie I za wskazane jako program profilaktyki antynowotworowej. Pieczarki, choć nie należą formalnie do grupy warzyw, zawierają także lektyny o działaniu przeciwrakowym. Karczoch doskonale wpływa na wątrobę i pęcherzyk żółciowy, organy należące u osób z krwią grupy AB do najsłabszych części organizmu. Pasternak zawiera polisacharydy silnie pobudzające układ odpornościowy.

GRUPA KRWI AB: WARZYWA			
Porcja: 1 filiżanka pokarmu surowego lub gotowanego			
	Rasa afrykańska	**Rasa kaukaska**	**Rasa azjatycka**
Wydzielacz	Bez ograniczeń	Bez ograniczeń	Bez ograniczeń
Niewydzielacz	Bez ograniczeń	Bez ograniczeń	Bez ograniczeń
MM	Starać się spożywać głównie „wskazane" w wariancie I		

Warianty: Dla A_2B obojętna jest czerwona papryka. Dla MM wskazana jest cebula, kapusta pekińska, cykoria i pomidory.

Wariant I

POKARMY	WYDZIELACZ Z GRUPĄ KRWI AB	NIEWYDZIELACZ Z GRUPĄ KRWI AB
Akacja (guma arabska)	Unikać	Unikać
Aloes, herbata, sok	Unikać	Unikać
Brokuł	Wskazany	Wskazany
Burak czerwony	Wskazany	Obojętny
*Collard greens**	Wskazana	Wskazana
Czosnek	Wskazany	Wskazany
Grzyby maitake	Wskazane	Wskazane
Kalafior	Wskazany	Wskazany
*Kale**	Wskazana	Wskazana
Karczoch (amerykański, jerozolimski)	Unikać	Unikać
Kiełki rzodkiewki	Unikać	Unikać
Mniszek lekarski (mlecz)	Wskazany	Wskazany
Nać buraczana	Wskazana	Wskazana
Ogórek	Wskazany	Wskazany
Oliwki (czarne)	Unikać	Unikać
Papryka (zielona, żółta, jalepeño	Unikać	Unikać
Rabarbar	Unikać	Unikać
Rzodkiewka	Unikać	Unikać
Ziemniak (słodki)	Wskazany	Wskazany

* Zob. przypis na s. 174.

Wariant II

POKARMY	WYDZIELACZ Z GRUPĄ KRWI AB	NIEWYDZIELACZ Z GRUPĄ KRWI AB
Chili	Unikać	Unikać
Gorczyca	Wskazana	Wskazana
Grzyby abalone	Unikać	Unikać
Grzyby shiitake	Unikać	Unikać
Kapary	Unikać	Unikać
Kiełki lucerny (alfalfa)	Wskazane	Wskazane
Oberżyna (bakłażan)	Wskazana	Wskazana
Papryka (czerwona, cayenne)	Unikać	Unikać
Pasternek	Wskazany	Wskazany
Pikle w occie	Unikać	Unikać
Pikle w zalewie	Unikać	Unikać
Seler, sok z selera	Wskazany	Wskazany
Sok z kapusty	Wskazany	Wskazany
Sok z marchwi	Wskazany	Wskazany
Ignam (jam)	Wskazany	Wskazany

Pokarmy obojętne: ogólne uzupełnienie jadłospisu

POKARMY	WYDZIELACZ Z GRUPĄ KRWI AB	NIEWYDZIELACZ Z GRUPĄ KRWI AB
Agar	Obojętny	Unikać
Arugula	Obojętna	Obojętna
Boćwina (burak liściowy)	Obojętna	Obojętna
Brukiew	Obojętna	Obojętna
Brukselka	Obojętna	Obojętna
Cebula (wszystkie odmiany)	Obojętna	Obojętna
Cebula dymka	Obojętna	Obojętna
Chrzan	Obojętny	Obojętny
Cukinia	Obojętna	Obojętna
Cykoria	Obojętna	Obojętna
Dynia	Obojętna	Obojętna
Dyniowate	Obojętne	Obojętne
Endywia	Obojętna	Obojętna
Eskarola	Obojętna	Obojętna
Fenkuł (koper włoski)	Obojętny	Obojętny

Groch (zielony, cukrowy)	Obojętny	Obojętny
Grzyby enoki	Obojętne	Obojętne
Grzyby straw	Obojętne	Obojętne
Imbir	Obojętny	Wskazany
Jałowiec	Obojętny	Unikać
Jukka	Obojętna	Obojętna
Kalarepa	Obojętna	Obojętna
Kapusta (chińska, czerwona, biała)	Obojętna	Obojętna
Kapusta pekińska	Obojętna	Obojętna
Kelp	Obojętny	Obojętny
Kolokazja (taro)	Obojętna	Unikać
Kolendra	Obojętna	Obojętna
Kotewka pospolita (orzech wodny)	Obojętna	Obojętna
Kwaszona kapusta	Obojętna	Obojętna
Marchew	Obojętna	Obojętna
Okra (ketmia jadalna)	Obojętna	Obojętna
Oliwki (greckie, hiszpańskie)	Obojętne	Obojętne
Oliwki (zielone)	Obojętne	Obojętne
Paproć jadalna	Obojętna	Obojętna
Pędy bambusa	Obojętne	Obojętne
Pieczarki	Obojętne	Obojętne
Poi	Obojętne	Unikać
Pomidor i sok pomidorowy	Obojętny	Wskazany
Por	Obojętny	Obojętny
Radicchio	Obojętne	Obojętne
Rappini	Obojętne	Obojętne
Rukiew wodna	Obojętna	Obojętna
Rzepa	Obojętna	Obojętna
Rzodkiew japońska (*daikon*)	Obojętna	Obojętna
Sałata (bibb, boston, lodowa, mesclun)	Obojętna	Obojętna
Sałata rzymska	Obojętna	Obojętna
Seler naciowy	Obojętny	Obojętny
Senes	Obojętny	Obojętny
Sok ogórkowy	Obojętny	Obojętny
Szalotka	Obojętna	Obojętna
Szparagi	Obojętne	Obojętne

Szpinak i sok ze szpinaku	Obojętny	Obojętny
Trybula ogrodowa	Obojętna	Obojętna
Wodorosty	Obojętne	Obojętne
Ziele angielskie	Obojętne	Obojętne
Ziemniak (biały, czerwony, błękitny, żółty)	Obojętny	Obojętny

Owoce i soki owocowe

Owoce obfitują w przeciwutleniacze, a wiele z nich – jak borówki amerykańskie, jagody bzu czarnego, wiśnie i jeżyny – zawierają pigmenty blokujące enzym wątrobowy dekarboksylazę ornitynową, co z kolei obniża wydzielanie poliamin działających, w połączeniu z insuliną, w kierunku sprzyjającym powstawaniu nadwagi i zwiększającym potencjalną zdolność komórek do mutacji. Osoby mające grupę krwi AB i wydzielające antygeny mogą traktować regularne spożywanie pokarmów uznanych w wariancie I za wskazane jako program profilaktyki antynowotworowej. Dieta bogata w odpowiednie warzywa i owoce pomaga zmniejszyć nadwagę przez ograniczenie skutków działania insuliny. Spożywanie owoców sprzyja również zmniejszeniu ilości wody pozakomórkowej na korzyść wewnątrzkomórkowej. Wiele owoców, takich jak ananasy, obfituje w enzymy działające przeciwzapalnie i ułatwiające utrzymanie równowagi wodnej. Osobnicy niewydzielający powinni jednak ograniczyć spożycie owoców o dużej zawartości glukozy, zwłaszcza gdy są szczególnie uwrażliwieni na cukier.

GRUPA KRWI AB: OWOCE			
Porcja: 1 filiżanka lub 1 owoc			
	Rasa afrykańska	Rasa kaukaska	Rasa azjatycka
Wydzielacz	3-4	3-6	3-5
Niewydzielacz	1-3	2-3	3-4
A_2B	O jedną porcję dziennie mniej		
MM	Starać się korzystać głównie ze wskazanych w wariancie I		
	razy dziennie		

Warianty: A_2B powinni unikać melona miodunki i mandarynek; kokos jest dla nich obojętny. Dla MM wskazane są porzeczki, borówki amerykańskie, czarny bez.

Wariant I

POKARMY	WYDZIELACZ Z GRUPĄ KRWI AB	NIEWYDZIELACZ Z GRUPĄ KRWI AB
Ananas	Wskazany	Wskazany
Arbuz	Wskazany	Wskazany
Awokado	Unikać	Unikać
Banan	Unikać	Unikać
Figi (świeże, suszone)	Wskazane	Wskazane
Gorzki melon	Unikać	Unikać
Granat	Unikać	Unikać
Grejpfrut	Wskazany	Wskazany
Guawa i sok z guawy	Unikać	Unikać
Jeżyna popielica	Unikać	Unikać
Jeżynomalina	Wskazana	Wskazana
Kiwi	Wskazane	Wskazane
Opuncja	Unikać	Unikać
Persymona	Unikać	Unikać
Pigwa	Unikać	Unikać
Sago (owoc sagowca)	Unikać	Unikać
Śliwki (ciemne, zielone, czerwone)	Wskazane	Wskazane
Sok wiśniowy	Wskazany	Wskazany
Winogrona (wszystkie odmiany)	Wskazane	Wskazane
Wiśnie i czereśnie (wszystkie odmiany)	Wskazane	Wskazane

Wariant II

POKARMY	WYDZIELACZ Z GRUPĄ KRWI AB	NIEWYDZIELACZ Z GRUPĄ KRWI AB
Agrest	Wskazany	Wskazany
Cytryna i sok z cytryny	Wskazana	Wskazana
Karambola	Unikać	Unikać
Mango i sok z owoców mango	Unikać	Unikać
Orzechy kokosowe	Unikać	Unikać
Pomarańcza i sok pomarańczowy	Unikać	Unikać
Żurawina i sok z żurawin	Wskazane	Wskazane

Pokarmy obojętne: ogólne uzupełnienie jadłospisu

POKARMY	WYDZIELACZ Z GRUPĄ KRWI AB	NIEWYDZIELACZ Z GRUPĄ KRWI AB
Borówka amerykańska	Obojętna	Wskazana
Brzoskwinia	Obojętna	Obojętna
Daktyle (wszystkie odmiany)	Obojętne	Obojętne
Gruszka azjatycka	Obojętna	Obojętna
Gruszka, sok z gruszek	Obojętna	Obojętna
Jabłecznik i sok jabłkowy	Obojętny	Obojętny
Jabłko	Obojętne	Obojętne
Jeżyna i sok jeżynowy	Wskazana	Obojętna
Kantalupa (melon)	Obojętna	Unikać
Kumkwat	Obojętny	Obojętny
Limona, sok limonowy	Obojętna	Wskazana
Malinojeżyna	Obojętna	Obojętna
Maliny	Obojętne	Obojętne
Mandarynka (tangerynka) i sok	Obojętna	Unikać
Melon canang	Obojętny	Obojętny
Melon casaba	Obojętny	Obojętny
Melon christmas	Obojętny	Obojętny
Melon crenshaw	Obojętny	Obojętny
Melon hiszpański	Obojętny	Obojętny
Melon miodunka	Obojętny	Unikać
Melon musk	Obojętny	Obojętny
Morela i sok morelowy	Obojętna	Obojętna
Morwa	Obojętna	Obojętna
Nektarynka, sok nektarynkowy	Obojętna	Obojętna
Owoc drzewa chlebowego	Obojętny	Obojętny
Owoce bzu (czarnego, koralowego)	Obojętne	Wskazane
Papaja	Obojętna	Obojętna
Plantan	Obojętny	Obojętny
Porzeczki (czarne, czerwone)	Obojętne	Obojętne
Rodzynki	Obojętne	Obojętne
Śliwki suszone, sok	Obojętne	Unikać
Sok ananasowy	Obojętny	Obojętny
Sok grejpfrutowy	Obojętny	Obojętny
Truskawki	Obojętne	Obojętne
Woda z cytryną	Obojętna	Obojętna

Oleje i tłuszcze

Grupa AB powinna zwrócić szczególną uwagę na świeżość spożywanych tłuszczów i olejów. Generalnie biorąc najlepiej służą jej tłuszcze jednonienasycone (takie jak oliwa z oliwek) oraz oleje bogate w kwasy tłuszczowe serii omega (np. olej lniany). Osobnicy niewydzielający antygenów trawią tłuszcze nieco łatwiej niż wydzielający i prawdopodobnie ich organizmy lepiej je wykorzystują, co wiąże się z lepszym wchłanianiem wapnia w jelicie cienkim.

GRUPA KRWI AB: OLEJE			
Porcja: 1 łyżka			
	Rasa afrykańska	Rasa kaukaska	Rasa azjatycka
Wydzielacz	4-7	5-8	5-7
Niewydzielacz	3-6	3-6	3-4
A_2B	Zwiększyć o 2 porcje w tygodniu		
	razy w tygodniu		

Warianty: Osoby z czynnikiem Rh powinny unikać oleju z ogóreczników. Dla A_2B obojętny jest olej kokosowy.

Wariant I

POKARMY	WYDZIELACZ Z GRUPĄ KRWI AB	NIEWYDZIELACZ Z GRUPĄ KRWI AB
Olej kukurydziany	Unikać	Unikać
Olej sezamowy	Unikać	Unikać
Olej słonecznikowy	Unikać	Unikać
Olej z orzechów włoskich	Wskazany	Wskazany
Olej z nasion bawełny	Unikać	Unikać
Oliwa z oliwek	Wskazana	Wskazana

Wariant II

POKARMY	WYDZIELACZ Z GRUPĄ KRWI AB	NIEWYDZIELACZ Z GRUPĄ KRWI AB
Olej kokosowy	Unikać	Unikać
Olej krokoszowy	Unikać	Unikać

Pokarmy obojętne: ogólne uzupełnienie jadłospisu

POKARMY	WYDZIELACZ Z GRUPĄ KRWI AB	NIEWYDZIELACZ Z GRUPĄ KRWI AB
Olej migdałowy	Obojętny	Obojętny
Olej rycynowy	Obojętny	Obojętny
Olej rzepakowy (canola)	Obojętny	Obojętny
Olej sojowy	Obojętny	Obojętny
Olej z nasion czarnej porzeczki	Obojętny	Obojętny
Olej z nasion ogórecznika	Obojętny	Obojętny
Olej z orzeszków ziemnych	Obojętny	Obojętny
Olej z siemienia lnianego	Obojętny	Obojętny
Olej z wątróbek dorszowych	Obojętny	Obojętny
Olej z wiesiołka dwuletniego	Obojętny	Obojętny
Olej z zarodków pszenicy	Obojętny	Obojętny

Zioła i przyprawy

Wiele przypraw ma łagodne lub umiarkowane działanie lecznicze. Często mają one wpływ na poziom bakterii w końcowym odcinku jelita. Wielu popularnych gum – np. z nasion guaru – należy unikać, wzmacniają bowiem działanie lektyn zawartych w innych pokarmach. Dla osób z grupą krwi AB dobrym słodzikiem jest melasa stanowiąca dodatkowe źródło pokarmowego żelaza. Kurkuma (jedna z przypraw wchodzących w skład curry) zawiera potężnie działający związek zwany kurkuminą, obniżający poziom toksyn w jelitach. Dla niewydzielających przedstawicieli grupy AB korzystnym pokarmem są również drożdże browarniane; ożywiają one metabolizm glukozy oraz pomagają utrzymać zdrową florę bakteryjną w przewodzie pokarmowym.

Warianty: A_2B powinni unikać stewii i drożdży browarnianych, natomiast czerwona papryka jest obojętna. Dla MM wskazana jest kurkuma.

Wariant I

POKARMY	WYDZIELACZ Z GRUPĄ KRWI AB	NIEWYDZIELACZ Z GRUPĄ KRWI AB
Anyż	Unikać	Unikać
Aspartam	Unikać	Unikać
Cierniopląt (*guarana*)	Unikać	Unikać
Curry	Wskazane	Wskazane
Dekstroza (cukier gronowy)	Unikać	Unikać
Esencja migdałowa	Unikać	Unikać
Fruktoza	Unikać	Unikać
Guma z guaru	Unikać	Unikać
Karagena	Unikać	Unikać
Keczup	Unikać	Unikać
Maltodekstryna	Unikać	Unikać
Marynowane dodatki	Unikać	Unikać
Ocet (balsamiczny, winny, ryżowy)	Unikać	Unikać
Pieprz (czarny, biały)	Unikać	Unikać
Pieprz (ziarna, płatki)	Unikać	Unikać
Pietruszka	Wskazana	Wskazana
Skrobia kukurydziana	Unikać	Unikać
Słód jęczmienny	Unikać	Unikać
Sos Worcestershire	Unikać	Unikać
Sukanat	Unikać	Unikać
Syrop kukurydziany	Unikać	Unikać
Żelatyna	Unikać	Unikać

Wariant II

POKARMY	WYDZIELACZ Z GRUPĄ KRWI AB	NIEWYDZIELACZ Z GRUPĄ KRWI AB
Glutaminian sodowy	Unikać	Unikać
Ziele angielskie	Unikać	Unikać

Pokarmy obojętne: ogólne uzupełnienie jadłospisu

POKARMY	WYDZIELACZ Z GRUPĄ KRWI AB	NIEWYDZIELACZ Z GRUPĄ KRWI AB
Bazylia	Obojętna	Obojętna
Bergamotka	Obojętna	Obojętna
Chili	Obojętne	Obojętne
Chleb świętojański	Obojętny	Obojętny
Cukier (brązowy, biały)	Obojętny	Unikać
Cynamon	Obojętny	Obojętny
Cząber	Obojętny	Obojętny
Czekolada	Obojętna	Obojętna
Drożdże browarniane	Obojętne	Obojętne
Estragon	Obojętny	Obojętny
Gałka muszkatołowa	Obojętna	Obojętna
Golteria rozesłana (*wintergreen*)	Obojętna	Obojętna
Gorczyca suszona	Obojętna	Obojętna
Goździk korzenny	Obojętny	Obojętny
Kardamon	Obojętny	Obojętny
Kmin włoski	Obojętny	Obojętny
Kminek	Obojętny	Obojętny
Kolendra	Obojętna	Obojętna
Koperek	Obojętny	Obojętny
Korzeń lukrecji	Obojętny	Obojętny
Kurkuma	Obojętna	Wskazana
Kwiat muszkatołowy	Obojętny	Obojętny
Liść laurowy	Obojętny	Wskazany
Mączka z bulw maranty	Obojętna	Obojętna
Majeranek	Obojętny	Obojętny
Majonez	Obojętny	Obojętny
Melasa	Obojętna	Obojętna
Mięta pieprzowa	Obojętna	Obojętna
Mięta zielona	Obojętna	Obojętna
Miód	Obojętny	Unikać
Mus jabłkowy	Obojętny	Obojętny
Musztarda (domowa, bez octu)	Obojętna	Obojętna
Papryka	Obojętna	Obojętna

Rodymenia (wodorost *Rhodymenia palmata*	Obojętny	Obojętny
Rozmaryn	Obojętny	Obojętny
Sól morska	Obojętna	Obojętna
Sos sojowy	Obojętny	Obojętny
Stewia	Obojętna	Obojętna
Syrop klonowy	Obojętny	Unikać
Syrop ryżowy	Obojętny	Unikać
Szafran	Obojętny	Obojętny
Szałwia	Obojętna	Obojętna
Szczypiorek	Obojętny	Obojętny
Tamari (bez pszenicy)	Obojętne	Obojętne
Tamarynda	Obojętna	Obojętna
Tymianek	Obojętny	Obojętny
Wanilia	Obojętna	Obojętna
Wodorowinian potasu kamień winny	Obojętny	Obojętny

Napoje

Osoby z grupą krwi AB niewydzielające antygenów mogą sobie pozwolić od czasu do czasu na kieliszek wina do posiłku. Umiarkowana jego konsumpcja wpływa korzystnie na ich układ sercowo-naczyniowy. W diecie tych osób nie powinno też zabraknąć zielonej herbaty, zawiera ona bowiem polifenole, blokujące wydzielanie szkodliwych poliamin.

Wariant I

POKARMY	WYDZIELACZ Z GRUPĄ KRWI AB	NIEWYDZIELACZ Z GRUPĄ KRWI AB
Zielona herbata	Wskazaną	Wskazana

Wariant II

POKARMY	WYDZIELACZ Z GRUPĄ KRWI AB	NIEWYDZIELACZ Z GRUPĄ KRWI AB
Alkohol wysokoprocentowy	Unikać	Obojętny
Herbata (czarna zwykła, bez kofeiny)	Unikać	Unikać
Kawa (z kofeiną, bez kofeiny)	Unikać	Unikać
Napoje gazowane	Unikać	Unikać

Pokarmy obojętne: ogólne uzupełnienie jadłospisu

POKARMY	WYDZIELACZ Z GRUPĄ KRWI AB	NIEWYDZIELACZ Z GRUPĄ KRWI AB
Piwo	Obojętne	Unikać
Wino białe	Obojętne	Obojętne
Wino czerwone	Obojętne	Wskazane
Woda mineralna gazowana	Obojętna	Obojętna
Woda sodowa (Seltzera)	Obojętna	Obojętna

Zindywidualizowane terapie w chronicznych stanach chorobowych

Profil zagrożeń chorobowych wskazuje, iż osoby z tą grupą są bardziej niż inne podatne na chroniczne stany chorobowe. Sytuacja jest tutaj jednak bardziej skomplikowana z uwagi na obecność zarówno antygenów grupy A, jak i B. To tak, jakby nieprzyjaciel pełnił rolę strażnika przy bramie. Osoby z tą grupą krwi są szczególnie podatne na zaburzenia funkcji układu odpornościowego, powinny więc starannie przestrzegać właściwej diety.

Patrz: Profil ryzyka zdrowotnego dla grupy krwi AB, str. 324.

Z mojego doświadczenia wynika, że zagrożenie większością chorób chronicznych u osób z krwią grupy AB wykazuje więcej analogii z grupą A niż z grupą B. I tak być powinno, ponieważ antygen A jest szczególnie wrażliwy na ataki wszelkiego rodzaju chorób trawiennych, sercowo-naczyniowych i immunologicznych. Wydaje się, że osoby z grupą krwi AB w niewielkim stopniu dziedziczą po grupie B podatność na wolno rozwijające się infekcje bakteryjne i wirusowe. Z drugiej strony przedstawiciele tej grupy bywają niekiedy bardziej zagrożeni nowotworami niż grupa A.

Ogólnie biorąc, osoby z krwią grupy AB mogą ustrzec się wielu nieszczęść, przestrzegając diety i zaleceń zawartych w tym rozdziale, a jednocześnie stosując się do wskazówek terapeutycznych przeznaczonych dla grupy A. (Patrz: s. 248. Terapie zindywidualizowane w chronicznych stanach chorobowych).

> *Aby dowiedzieć się więcej na temat zachowania i równowagi, zapoznaj się z witryną internetową: www.dadomo.com.*

Istnieje jednak pewien zakres funkcji immunologicznych, na który w grupie AB powinno się zwracać szczególną uwagę. Stwierdzono mianowicie, że osoby z krwią tej grupy mają szczególną skłonność do obniżonej aktywności cytotoksycznej komórek typu NK (*natural killer*). Szczególną ochronę w tym względzie daje przestrzeganie podanych niżej wskazówek.

Z aktywnością komórek NK wiąże się wiele czynników dietetycznych. Niejedzenie śniadań, spożywanie posiłków w nieregularnych porach, niski udział warzyw w diecie, nieodpowiednie rodzaje białek, nadmierne spożycie pszenicy, diety wysokotłuszczowe (zwłaszcza te, w których występują znaczne ilości kwasów tłuszczowych wielonienasyconych) – to czynniki obniżające tę ważną aktywność.

- Ogólnie biorąc, ekspozycja na działanie toksycznych chemikaliów i metali ciężkich obniża aktywność komórek NK. Po wielu tygodniach lub miesiącach powraca ona do normy u niektórych jednostek, u innych jednak zaburzenie utrzymuje się znacznie dłużej po ustaniu działania przyczyn zewnętrznych. Niezwykle ważne jest więc unikanie takich ekspozycji.
- Obniżenie aktywności cytotoksycznej komórek NK może być także następstwem niedoborów składników odżywczych w pokarmach, zwłaszcza selenu, cynku, witaminy C, koenzymu Q_{10}, beta-karotenu, witaminy A, witaminy E oraz witaminy D. Należy zatem uzupełniać te braki.
- Tamoxifen wydaje się mieć pośredni pozytywny wpływ na aktywność komórek NK. W badaniach kobiet w wieku postmenopauzalnym z rakiem piersi w stadium I przyjmowanie Tamoxifenu w okresie jednego miesiąca powodowało znaczący statystycznie wzrost tej aktywności.
- Pomocne może być okresowe stosowanie L-argininy przez 3-7 dni (od 3 g do 30 g dziennie). Tego rodzaju uzupełnienia L-argininy w dużych dawkach zaleca się szczególnie kobietom, które mają być poddawane chemioterapii. Wiele badań potwierdziło, iż jest

to całkiem skuteczna strategia utrzymywania prawidłowego poziomu leukocytów w okresie chemioterapii.

- Pobudzanie aktywności komórek NK. Rutynowo stosuję arabinogalaktan modrzewiowy; jednak wiele polisacharydów działa modyfikująco na niektóre komórki typu NK. Korzystne działanie może mieć wiele popularnych ziół uodparniających – np. żeń-szeń, astragalus, lukrecja i echinacea. Wykazano również, że większość rozpuszczalnych w wodzie wyciągów z grzybów leczniczych – takich jak cordyceps, reishi, maitake i coriolis – wpływa korzystnie na funkcje tych komórek.

I jeszcze kilka słów o ziołach. Wpływają one najlepiej na funkcje komórek NK, kiedy nie są one jeszcze skrajnie upośledzone. W warunkach chronicznego stanu chorobowego niewielkie dawki nie wywołują raczej dramatycznych efektów. Ziół należy używać przede wszystkim profilaktycznie. Takie ich stosowanie poprawia reakcje na stres i utrzymuje w zdrowiu układ odpornościowy.

Zasady stosowania ziół i grzybów leczniczych

- Im dłużej je przyjmujemy, tym lepiej.
- Działanie zależy od dawek. Im większa dawka, tym lepsze rezultaty. Chińczycy stosują zawsze dawki gramowe (co najmniej 3 g, a często nawet do 15 g dwa razy dziennie). Większość specjalistów uważa, że 1,5-3 g składników polisacharydowych to minimum niezbędne do uzyskania jakichkolwiek korzyści.
- Działanie pobudzające w stosunku do komórek NK mają preparaty rozpuszczalne w wodzie (a nie wyciągi alkoholowe). Spotkałem w swojej praktyce ogromną liczbę ludzi, którzy przyjmowali wyciągi alkoholowe z takich ziół jak astragalus i żeń-szeń; tymczasem tradycyjna medycyna chińska nigdy nie stosowała takich wyciągów i prawdopodobnie mają one bardzo nikłe działanie uodparniające.

Dodatki

Posłowie

Jeffrey Bland, Ph.D.
Założyciel Instytutu Medycyny Funkcjonalnej
Autor książki Genetic Nutritioneering

Przed ukazaniem się w roku 1996 książki doktora Petera D'Adamo *Jedz zgodnie ze swoją grupą krwi* koncepcja związku grup krwi i statusu wydzielania z reakcjami organizmu ludzkiego na określone pokarmy i czynniki środowiskowe znana była bardzo niewielu osobom, a w środowiskach naukowych, zajmujących się badaniem genetycznych zaburzeń metabolizmu, była całkowitą nowością – mimo iż literatura medyczna od ponad sześćdziesięciu lat wskazywała na sposób podporządkowania grup AB0 kontroli naszych genów. Obec-nie wpływ grup krwi na poziom ryzyka wielu chorób – w tym chorób serca, pewnych form nowotworów i zaburzeń alergicznych – należy uznać za fakt naukowy.

W książce *Żyj zgodnie ze swoją grupą krwi* badanie tej zależności zostało wzniesione na kolejny wyższy poziom w aspektach teoretycznym i praktycznym. Po roku 1996, za sprawą doktora D'Adamo oraz innych klinicystów i badaczy, nastąpił znaczący rozwój wiedzy, obejmujący w szczególności przełomowe dokonania w ramach programu identyfikacji genomu ludzkiego (*Human Genome Project*). Jeden z ważnych aspektów tych badań dotyczy powiązań naszego genetycznego dziedzictwa – a w szczególności grup krwi AB0 – z czynnikami mającymi wpływ na osobowość i stany psychiczne oraz zdrowie ogólne człowieka. Prawdziwie fascynujący jest proces przemiany medycyny ubiegłego stulecia, traktującej predyspozycje chorobowe jako elementy trwale zapisane w genach, w medycynę następnego wieku uznającą możliwość aktywnego wzmacniania genetycznego dziedzictwa przez świadome działania w życiu codziennym.

Należałoby zapytać: dlaczego teoria wpływu grup krwi opisana w pracy doktora D'Adamo nie jest powszechnie akceptowana przez wszystkich przedstawicieli profesji medycznych? Odpowiedź wiąże się częściowo z charakterem wiedzy i wglądu, jakie są potrzebne, by móc dostrzegać związki pomiędzy grupami krwi, statusem wydzielania, dietą, trybem życia i stanem zdrowia. Doktor D'Adamo należy do drugiego pokolenia lekarzy naturopatów, co oznacza, że jego umysł, dzięki przygotowaniu przez określone wychowanie i wykształcenie, miał szansę dostrzec zależności, o których mowa. Jest on także uczonym, który zawsze zadawał trudne pytania i konsekwentnie szukał w literaturze medycznej dowodów potwierdzających własne założenia. Nie należy również zapominać o tym, że dr D'Adamo jest klinicystą, który w pracy z przewlekle chorymi widzi, co im pomaga, a co nie. Jest to zbiór doświadczeń, jakim większość lekarzy nie dysponuje.

Doktor D'Adamo wykonał mistrzowską pracę, opisując w tej książce wpływ genetycznego dziedzictwa związanego z grupami krwi AB0 na konkretne czynniki determinujące osobowość i stany psychiczne oraz ogólne zdrowie człowieka.

Książka *Żyj zgodnie ze swoją grupą krwi* jest nadzwyczaj praktycznym przewodnikiem pozwalającym modyfikować sposób manifestowania się indywidualnego przekazu genetycznego. Wybierając dietę i tryb życia odpowiadające własnemu genotypowi – związanemu częściowo z grupą krwi – możemy unieczynnić pewne genetyczne komunikaty wyzwalające procesy chorobowe i uaktywnić takie, które sprzyjają zachowaniu zdrowia. Jest to potężny przekaz naukowy, dzięki któremu możemy dodawać życia do swoich lat i lat do swojego życia.

A

Przypisy

Istnieje bogata dokumentacja potwierdzająca centralną rolę grup krwi w fizjologii wszystkich układów organizmu ludzkiego. W tekście książki zostały umieszczone odnośniki do najważniejszych prac naukowych z tego zakresu, których lista znajduje się poniżej. Wykaz źródeł uzupełnia bibliografia ogólna, mogąca pomóc Czytelnikowi w studiowaniu tematu. Osoby zainteresowane dostępem do pełnej listy zawierającej ponad 1500 pozycji zapraszam do mojej witryny internetowej: *www.dadamo.com.*

1.

NIEPOWTARZALNA INDYWIDUALNOŚĆ

Gen grupy krwi

1. The Human Genome Project, Research archives; Washington DC: http://www/ornl.gov
2. Skolnick, M. H., A. Thompson, D. T. Bishop, and L. A. Cannon. „Possible linkage of a breast cancer-susceptibility locus to the ABO locus: sensitivity of LOD scores to a single new recombinant observation." *Genet Epiddemiol,* 1984; (4): pp. 363-73.
3. Craig, S. P., V. J. Buckle, A. Lamouroux, et al. „Localization of the human dopamine beta hydroxylase (DBH) gene to chromosome 9q34.." *Cytogenet Cell Genet,* 1988; 48(1): pp. 48-50.
   Goldin, L. R., E. S. Gershon, C. R. Lake, et al. „Segregation and linkage studies of plasma dopamine beta hydroxylase (DBH), erythrocyte catechol-O-methyltransferase (COMT), and platelet mono-

amine oxidase (MAO): possible linkage between the ABO locus and a gene controlling DBH activity". *Am J Hum Genet,* March 1982; 34(2): pp. 250-62.
Sherrington, R., D. Curtis, J. Brynjolfsson, et al. „A linkage study of affective disorder with DNA markers for the ABO-AKI-ORM linkage group near the dopamine beta hydroxylase gene". *Biol Psychiatry,* October I, 1994; 36(7): pp. 434-42.
Wilson, A. F., R. C. Elston, R. M. Siervogel, and L. D. Tran. „Linkage of a gene regulating dopamine beta hydroxylase activity and the ABO blood group locus". *Am J Hum Genet,* January 1988; 42(1): pp. 160-66.
4. Mohn, J. F., N. A. Owens, and R. W. Plunkett. „The inhibitory properties of group A and B non-secretor saliva". *Immunol Commun,* 1981; 10(2): pp. 101-26.
Kapadia, A., T. Feizi, D. Jewell, et al. „Inmunocytochemical studies of blood group A, H, I, and i antigens in gastric mucosae of infants with normal gastric histology and of patients with gastric carcinoma and chronic benign peptic ulceration". *J Clin Pathol,* March 1981; 34(3): pp. 320-37.
5. Cruz-Coke, R. „Genetics and alcoholism". *Neurobehav Toxicol Teratol,* March-April 1983; 5(2): pp. 179-80.
Kojic, T., A. Dojcinova, D. Dojcinova, et al. „Possible genetic predisposition for alcohol addiction". *Adv Exp Med Biol,* 1977; 85A: pp. 7-24.
6. Wahlberg T. B., Blomback, and D. Magnusson. „Influence of sex, blood group, secretor character, smoking habits, acetylsalicylic acid, oral contraceptives, fasting and general health state on blood coagulation variables in randomly selected young adults". *Haemostasis,* 1984; 14(4): pp. 312-19 and vWf.
Orstavik, K. H. „Genetics of plasma concentration of von Willebrand factor". *Folia Haematol Int Mag Klin Morphol Blutforsch,* 1990; 117(4): pp. 527-31.
Orstavik, K. H., L. Kornstad, H. Reisner, and K. Berg. „Possible effect of secretor locus on plasma concentration of factor VIII and von Willebrand factor". *Blood,* March 1989; 73 (4): pp. 990-3.
Green D., O. Jarrett, K. J. Ruth, A. R. Folsom, and K. Lui. „Relationship among Lewis phenotype, clotting factors, and other cardiovascular risk factors in young adults". *J Lab Clin Med,* March 1995; 125 (3): pp. 334-339.

2.
W POSZUKIWANIU TOŻSAMOŚCI:
Czy istnieje osobowość zgodna z grupą krwi

1. Neumann, J. K. et al. „Effects of stress and blood type on cortisol and VLDL toxicity preventing activity". *Psychosom Med,* September-October 1992; 54(5): pp. 612-19.

2. Sato, T. Blood-typing: As a lay personality theory. *Japanese Journal of Social Psychology*, 1993; 8; pp. 197-208 (po japońsku).
Sato, T. and Y. Watanabe. „Psychological Studies on Blood-typing in Japan". *Japanese Psychological Review*, 1993; 35; pp. 234-268 (po japońsku).
3. Sato, T. and Y. Watanabe. „The Furukawa theory of blood-type and temperament: The origins of a temperament theory during the 1920s". *The Japanese Journal of Personality*, 1995; 3; pp. 51-65 (Po japońsku).
Takuma, T. and Matsui. „Ketsueki gata sureroetaipu ni tsuite [About blood type stereotype]," *Jinbungakuho* (Tokyo Metropolitan University), 1985; 44: pp. 15-30.
4. Nomi, T. and A. Besher. *You Are Your Blood Type*. New York: St. Martin's Press, 1983.
5. Constantine, P. *What's Your Type?* New York: Plume Books, 1997.
6. Cattell, R. B. „The relation of blood types to primary and secondary personality traits". *The Mankind Quarterly* 1980; 21: pp. 35-51.
Cattell, R. B., H. B. Young, and J. D. Houndelby. „Blood groups and personality traits". *American Journal of Human Genetics*, 1964; 16-4: pp. 397-402.
7. Eysenk, H. J. „National differences in personality as related to ABO blood group polymorphism". *Psychological Reports*, 1977; 41: pp. 1257-58.
8. Eysenk, H. J., „The biological basis of cross-cultural differences in personality: Blood group antigens". *Psychological Reports*, 1982. 51: pp. 531-40.
9. Jung, C. G. *Psychological Types*. Princeton, NJ: Princeton University Press, 1971.
10. Myers, I., and P. Myers. *Gifts Differing: Understanding Personality Type*. Consulting Psychologists Press, 1995.
11. Keirsey, D. *Please Understand Me II*. Del Mar CA: Prometheus Nemesis Book Company.

3.

STRES I STABILNOŚĆ EMOCJONALNA:

Grupa krwi jako wskaźnik zdrowia psychicznego

1. Rubello, D., N. Sonino, D. Casara, et al. „Acute and chronic effects of high glucocorticoid levels on hypothalamic-pituitary-thyroid axis in man". *J Endocrinol Invest*, June 15, 1992; 15(6): pp. 437-41.
Pike J. L., T. L., Smith, R. L. Hauger, et al. „Chronic life stress alters sympathetic, neuroendocrine, and immune responsivity to an acute psychological stressor in humans". *Psychosom Med*, Jul-August 1997; 59(4): 447-57.

2. Masugi, F., T. Ogihara, K. Sakaguchi, et al. „High plasma levels of cortisol in patients with senile dementia of the Alzheimer's type". *Find Exp Clin Pharmacol,* November 1989; 11(11): pp. 707-10.
Leproult R, O. Van Reeth, M. M. Byrne, et al. „Sleepiness, performance, and neuroendocrine function during sleep deprivation: effects of exposure to bright light or exercise". *J Biol Rhythms,* 1997 Jun; 12(3): 245-58.
Opstad, K. „Circadian rhythm of hormones is extinguished during prolonged physical stress, sleep and energy, deficiency in young men". *Eur J Endocrinol,* 1994 Jul; 131(1): 56-66.
3. Neumann, J. K., B. W. Arbogast, D. S. Chi, and L. Y. Arbogast. „Effects of stress and blood type on cortisol and VLDL toxicity preventing activity". *Psychosom Med,* September 1992; 54(5): 612-19.
4. Locong, A. H. and A. G. Roberge. „Cortisol and catecholamines response to venisection by humans with different blood groups". *Clin Biochem,* February 1985; 18(1): 67-69.
5. Mao, X. et al. „Study on relationship between human ABO blood groups and type A behavior pattern". *Hua Hsi I Ko Ta Hsueh Hsueh Pao,* March 1991; 22(1): pp. 93-96. [art. w jęz. chińskim].
Neumann, J. K. et al. „Relationship between blood groups and behavior patterns in men who have had myocardial infarction". *South Med J.,* February 1991; 84(2): pp. 214-18.
6. Pu, S. et al. „Evidence showing that beta-endorphin regulates cyclic guanosine 3', 5'–monophosphate (cGMP) efflux: anatomical and functional support for an interaction between opiates and nitric oxide". *Brain Res,* January 30, 1999; 817(1-2): pp. 220-25.
7. Locong, A. H., A. G. Roberge. „Cortisol and catecholamines response to venisection by humans with different blood groups". *Clin Biochem,* February 1985; 18(1): pp. 67-69.
8. Bosco, C., J. Tihanyl, L. Rivalta, et al. „Hormonal responses in strenuous jumping effort". *Jpn J Physiol,* February 1996; 46(1): pp. 93-98.
Frey, H. „The endocrine response to physical activity". *Scand J Soc Med Suppl,* 1982; 29: pp. 71-75.
Gallois, P., G. Forzy, J. L. Dhont. „Hormonal changes during relaxation". *Encephale,* 1984; 10(2): 79-82 [art. w jęz. francuskim].
Jin, P. „Efficacy of Tai Chi, brisk walking, meditation, and reading in reducing mental and emotional stress". *J Psychosom Res,* May 1992; 36(4): pp. 361-70.
Jin, P. „Changes in heart rate, noradrenaline, cortisol and mood during Tai Chi". *J Psychosom Res,* 1989; 33(2): pp. 197-206.
Keller, S. and P. Seraganian. „Physical fitness level and autono-

mic reactivity to psychosocial stress". *J Psychosom Res,* 1984; 28: pp. 279-87.
Lehmann, M., U. Gastmann, K. G. Petersen, at al. „Training-overtraining: performance, and hormone levels, after a defined increase in training volume versus intensity in experienced middle and long-distance runners". *Br J Sports Med,* December 1992; 26(4): pp. 233-42.
Platania-Solazzo, A., T. M. Field, J. Blank, et al. „Relaxation therapy reduces anxiety in child and adolescent psychiatric patients". *Acta Paedopsychiatr,* 1992; 55(2): pp. 115-20.
Schell, F. J., B. Allolio, O. W. Schonecke. „Physiological and psychological effects of hatha-yoga exercise in healthy women". *Int J Psychosom,* 1994; 41(1-4): pp. 46-52.
Schmidt, T., A. Wijga, A. Von Zur Muhlen, et al. „Changes in cardiovascular risk factors and hormones during a comprehensive residential three month kriya yoga training and vegetarian nutrition". *Acta Physiol Scand Suppl,* 1997; 640: pp. 158-62.
Schurmeyer, T., K. Jung, and E. Nieschlag. „The effect of an 1,100 km run on testicular, adrenal and thyroid hormones". *Int J Androl,* August 1984; 8(4): pp. 276-82.
Semple C., G., J. A. Thomson, and G. H. Beastall. „Endocrine responses to marathon running". *Br J Sports Med,* September 1985; 19(3): pp. 148-51.

9. MEDLINE: The online database at Medscape (http://www.medscape.com).
10. Sherrington, T., D. Curtis, J. Brynjolfsson, E. Moloney, L. Rifkin, H. Petursson, and H. Gurling. „A linkage study of affective disorder with DNA markers for the ABO-AK_I-ORM linkage group near the dopamine beta hydroxylase gene". *Biol Psychiatry,* October 1994 I; 36(7): pp. 434-42.
Goldin, L. R., et al. „Segregation and linkage studies of plasma dopamine beta hydroxylase (DBH), erythrocyte catechol-O-methyl-transferase (COMT), and platelet monoamine oxidase (MAO): Posible linkage botween the ABO locus and a gene controlling DBH activity". *Am J Hum Genet,* March 1982; 34(2): pp. 250-62.
Kleber, E., T. Obry, S. Hippeli, W. Schneider, E. F. Elstner. „Biochemical activities of extracts from *Hypericum perforatum* L. 1st Communication: inhibition of dopamine beta hydroxylase". *Arzneimittelforschung,* February 1999; 49(2): pp. 106-9.
Retezeanu, A., et al. „The ABO blood groups in affective and in schizophrenic psychosis". *Neurol Psychiatr (Bucur),* October-December 1978; 16(4): pp. 271-75.
Rihmer, Z., and M. Arato. „ABO blood groups in manic-depressive patients". *J Affect Disord,* March 1981; 3(1): pp. 1-7.
Rinieris, P. M., C. N. Stefanis, E. P. Lykouras, and E. K. Varsou.

„Affective disorders and ABO blood types". *Acta Psychiatr Scand,* September 1979; 60(3): pp. 272-78.

11. Arato., M., G. Bagdy, Z. Rihmer, Z. Kulcsar. „Reduced platelet MAO activity in healthy male students with blood group O". *Acta Psychiatr Scand,* February 1983; 67(2): pp. 130-34.
12. Sozmen, E. S. et al. „Platelet-rich plasma monoamine oxidase activities: A novel marker of criminality for young Turkish Delinquents?" *J. Medical Sciences,* 1996; 26(5): pp. 475-77.
13. Blanco, C., L. Orensanz-Munoz, C. Blanco-Jerez, and J. Saiz-Ruiz. „Pathological gambling and platelet MAO activity: A psychobiological study". *Am J Psychiatry,* January 1996; 153(1): pp. 119-21.
    Sofuoglu, S., P. Dogan, K. Kose, E. Esel, M. Basturk, H. Oguz, and A. S. Gonul. „Changes in platelet monoamine oxidase and plasma dopamine beta hydroxylase activities in lithium-treated bipolar patients". *Psychiatry Res,* November 29, 1995; 59(1-2): pp. 165-70.
14. Susman, E. J., K. H. Schmeelk, B. K. Worrall, D. A. Granger, A. Ponirakis, and G. P. Chrousos. „Corticotropin-releasing hormone and cortisol: Longitudinal associations with depression and antisocial behavior in pregnant adolescents". *J Am Acad Child Adolesc Psychiatry,* April 1999; 38(4): pp. 460-67.
    Blood, G. W., I. M. Blood, S. B. Frederick, H. A. Wertz, and K. C. Simpson. „Cortisol responses in adults who stutter: Coping preferences and apprehension about communication". *Percept Mot Skills,* June 1997; 84(3 Pt 1): pp. 883-89.
    Prüßber, J. et al. *Increasing Correlations between Personality Traits and Cortisol Stress Responses Obtained by Data Aggregation.* Seattle: Hogrefe & Huber Publishers, 1998.
    Ritter. M. „[The Associated Press] Study links hormone, memory loss". *The Seattle Times Company.* Wednesday, April 15, 1998.
    Scerbo, A. S. and D. J. Kolko. „Salivary testosterone and cortisol in disruptive children: Relationship to aggressive, hyperactive, and internalizing behaviors". *J Am Acad Child Adolesc Psychiatry,* October 1994; 22(8): pp. 1174-84.
15. Sapse, A. T. „Stress, cortisol, interferon and stress diseases. I. Cortisol as the cause of stress diseases". *Med Hypotheses,* January 1984; 13(I): pp. 31-44.
16. Glaser, R., J. K. Kiecolt-Glaser, W. B. Malarkey, and J. F. Sheridan. „The influence of psychological stress on the immune response to vaccines". *Ann NY Acad Sci,* May I, 1998; 840: pp. 649-55.
17. Benkelfat, C., I. N. Mefford, C. F. Masters, T. E. Nordahl, A. C. King, R. M. Cohen, and D. L. Murphy. „Plasma catecholamines and their metabolites in obsessive-compulsive disorder". *Psychiatry Res,* June 1991; 37(3): pp. 321-31.

Gehris, T. L., R. G. Kathol, D. W. Black, and R. Noyes Jr. „Urinary free cortisol levels in obsessive-compulsive disorder". *Psychiatry Res*, May 1990; 32(2): pp. 151-58.
Monteleone, P., F. Catapano, A. Tortorella, and M. Maj. „Cortisol response to d-fenfluramine in patient with obsessive compulsive disorder and in healthy subjects: evidence for a gender-related effect". *Neuropsychobiology*, 1997; (36(1): pp. 8-12.
18. Catapano, F., Monteleone, A. Fuschino, M. Maj, and Kemali. „Melatonin and cortisol secretion in patients with primary obsessive-compulsive disorder". *Psychiatry Res*, December 1992; 44(3): pp. 217-25.
19. Rinieris, P. M., C. N. Stefanis, A. D. Rabavilas, and N. M. Vaidakis. „Obsessive-compulsive neurosis, anancastic symptomatology and ABO blood types". *Acta Psychiatr Scand*, May 1978; 57(5): pp. 377-81.
20. Rinieris, P., C. Stefanis, and A. Rabavilas. „Obsessional personality traits and ABO blood types". *Neuropsychobiology*, 1980; 6(3): pp. 128-31.
21. Boyer, W. F. „Influence of ABO blood type on symptomatology among outpatients: Study and replication". *Neuropsychobiology*, 1986; 16(I); pp. 43-46.
22. Pu, S., et al. „Evidence showing that beta-endorphin regulates cyclic guanosine 3', 5' –monophosphate (cGMP) efflux: anatomical and functional support for an interaction between opiates and nitric oxide". *Brain Res*, 1999 Jan 30; 817(1-2): 220-5.
23. Występowanie glikodeterminanty antygenowej związanej z grupą krwi B w ludzkich komórkach zwoju korzenia grzbietowego (korzenia czuciowego nerwu rdzeniowego). Yamada M, N. Yuki Kamata T, Y. Itoh, T Miyatake Department of Neurology, Faculty of Medicine, Tokyo Medical and Dental University, Japan [Wydział Neurologii Akademii Medycznej w Tokio]. „Węglowodanowe determinanty antygenowe glikosprzężnych występują na neuronach czuciowych zwoju korzenia grzbietowego (ang.: *dorsal root ganglion*, DRG). U niektórych pacjentów z neuropatią czuciową sugeruje się możliwą rolę przeciwciał skierowanych na determinanty węglowodanowe tych glikosprzężnych. Przebadaliśmy immunohistochemicznie występowanie determinant antygenowych związanych z grupą krwi przy użyciu monoklonalnych przeciwciał do antygenów A, B i H. Wykazano obecność determinanty antygenowej grupy B związanej z [Gal alpha 1-3(Fuc alpha 1-2)Gal Beta-] w neuronach i komórkach towarzyszących DRG, u pacjentów ze wszystkimi fenotypami grup krwi AB0. Zastosowanie trypsyny lub chloroformu/metanolu przed immunobarwieniem sugeruje, że glikosprzężna zawierająca determinantę antygenową związaną z grupą B składa się głównie z glikoprotei-

ny i glikolipidu. Glikosprzężne zawierające determinantę antygenową związaną z grupą B mogą odgrywać pewną rolę w fizjologii i patofizjologii ludzkich neuronów DRG".

4.
SPÓJNOŚĆ PROCESÓW TRAWIENIA:
Wpływ grupy krwi na układ pokarmowy

1. Toft, A.D., D. C. Blackwell, A. T. Saadi, et al. „Secretor status and infection in patients with Graves' disease". *Autoimmunity*, 1990; 7(4): pp. 279-89.
2. Arneberg, P., L. Kornstad, H. Nordbo, and P. Gjermo. „Less dental caries among secretors than among non-secretors of blood group substance". *Scand J Dent Res*, November 1976; 84(6): pp. 362-66.
   Holbrook, W. P., and C. C. Blackwell. „Secretor status and dental caries in Iceland". *FEMS Microbiol Immunol*, June 1989; 1(6-7): pp. 397-99.
   Kaslick, R. S., T. L. West, and A. I. Chasens. „Association between ABO blood group HL-A antigens and periodontal diseases in young adults: A follow-up study". *J Periodontol*, June 1980; 51(6): pp. 339-42.
   Nikawa, H., H. Kotani, S. Sadamori, and T. Hamada. „Denture stomatitis and ABO blood types". *J Prosthet Dent*, September 1991; 66(3): pp. 391-94.
3. Macartney, J. C. „Lectin histochemistry of galactose and N-acetyl-galactosamine glycoconjugates in normal gastric mucosa and gastric cancer and the relationship with ABO and secretor status". *J Pathol*, October 1986; 150(2): pp. 135-44.
4. Pals, G., J. Defize, J. C. Pronk, at al. „Relations between serum pepsinogen levels, pepsinogen phenotypes, ABO blood groups, age and sex in blood donors". *Ann Hum Biol*, September 1985; 12(5): pp. 403-11.
5. Melissinos, K., G. Alegakis, A. J. Archimandritis, and G. Theodoropoulos. „Serum gastrin concentrations in healthy people of the various ABO blood groups". *Acta Hepatogastroenterol* (Stuttg), December 1978; 25(6): pp. 482-86.
6. Springer, G. F. „Importance of blood-group substances in interactions between man and microbes". *Ann NY Acad Sci.*, February 1970 13; 169(1): pp. 134-52.
7. Acarin, L., J. M. Vela, B. Gonzalez, and B. Castellano. „Demonstration of poly-N-acetyl lactosamine residues in ameboid and ramified microglial cells in rat brain by tomato lectin binding". *J Histochem Cytochem*. August 1994; 42(8): pp. 1033-41.
   Gibbons, R. J. and I. Dankers. „Immunosorbent assay of interactions between human parotid immunoglobulin A and dietary

lectins". *Arch Oral Biol,* 1986; 31(7): pp. 477-81.
Irache, J. M., C. Durrer, D. Duchene, Ponchel. „Bioadhesion of lectin-latex conjugates to rat intestinal mucosa". *Pharm Res,* November 1996; 13(11): pp. 1716-19.

8. Boyd, W. C. *Genetics and the Races of Man: An Introduction to Modern Physical Anthropology,* Boston: Little Brown, 1950.
9. Freed, D. J. *Dietary Lectins in Food Allergy and Intolerance.* Brostoff and Callacombe Editors; London: Bailliere Tindall Publishers.
10. Pusztai, A. „Dietary lectins are metabolic signals for the gut and modulate immune and hormone functions". *Eur J Chin Nutr,* October 1993; 47(10): pp. 691-99.
11. Falth-Magnusson, K., et al. „Elevated levels of serum antibodies to the lectin wheat germ agglutinin in celiac children lend support to the gluten-lectin theory of celiac disease". *Pediatr Allergy Immunol,* May 1995; 6(2): pp. 98-102.
12. Freed, D. L. J. Rheumatic Patches, http://www.elfstrom.com/arthritis/articles/r-patch.html.
13. Brady, P. G., A. M. Vannier, and J. G. Banwell. „Identification on the dietary lectin, wheat germ agglutinin, in human intestinal contents". *Gastroenterology,* August 1978; 75(2): pp. 236-39.
14. Hollander, D., C. M. Vadheim, E. Brettholz, G. M. Petersen. T. Delahunty, and J. I. Rotter. „Increased intestinal permeability in patients with Crohn's disease and their relatives. A possible etiologic factor". *Ann Intern Med,* December 1986; 105(6): pp. 883-85.
15. Jordinson, M., R. J. Playford Calam. „Effects of a panel of dietary lectins on cholecystokinin release in rats". *Am J Physiol,* October 1997; 273(4 Pt 1): pp. G946-50.
16. Jordinson, M., et al. „Soybean lectin stimulates pancreatic exocrine secretion via CCK-A receptors in rats". *Am J Physiol,* April 1996; 270(4 Pt 1): pp. G653-59.
17. Weinman, M. D., C. H. Allan, J. S. Trier, and S. J. Hagen. „Repair of microvilli in the rat small intestine after damage with lectins contained in the red kidney bean". *Gastroenterology,* 1989 Nov; 97(5): 1193-204.
18. Erickson, R. H., J. Kim J., M. H. Sleisenger, and Y. S. Kim. „Effect of lectins on the activity of brush border membrane-bound enzymes of rat small intestine". *J Pediatr Gastroenterol Nutr,* December 1985; 4(6): pp. 984-91.
19. Ponzio, G., A. Debant, J. O. Contreres, and B. Rossi. „Wheat-germ agglutinin mimics metabolic effects of insulin without increasing receptor autophosphorylation". *Cell Signal,* 1990; 2(4): pp. 377-86.
20. Hussain, N., P. U. Jani, and A. T. Florence. „Enhanced oral uptake of tomato lectin-conjugated nanoparticles in the rat". *Pharm Res,* May 1997; 14(5): pp. 613-18.

21. J. S. Chuang, J. M. Callaghan, P. A. Gleeson, and B. H. Toh. „Diagnostic ELISA for parietal cell autoantibody using tomato lectin-purified gastric H+/K(+)-ATPase (proton pump)". *Autoimmunity,* 1992; 12(1): pp. 1-7.
22. A. W. Burks, et al. „Identification of peanut agglutinin and soybean trypsin inhibitor as minor legume allergens". *Int Arch Allergy Immunol,* October 1994; 105(2): pp. 143-49.
S. M. Tariq, M. Stevens, S. Matthews, S. Ridout, R. Twiselton, and D. W. Hide. „Cohort study of peanut and tree nut sensitisation by age of 4 years". *BMJ,* August 31, 1996; 313(7056): pp. 514-17. http://www.foodallergy.org/research.html
23. Gan, R. L. „[Peanut lectin-binding sites in gastric carcinoma and the adjacent mucosa]". *Chung-hua Ping Li Hsueh Tsa Chih,* June 1990; 19(2): pp. 109-11.
Lin, M. et al. „Peanut lectin-binding sites and mucins in benign and malignant colorectal tissues associated with schistomatosis". *Histol Histopathol,* October 1998; 13(4): pp. 961-66.
Melato, M. et. al. „The lectin-binding sites for peanut agglutinin in invasive breast ductal carcinomas and their metastasis". *Pathol Res Pract,* 1998; 194(9): pp. 603-8.
24. Agbedana, E. O. and M. H. Yeldu. „Serum total heat and urea stable alkaline phosphatase activities in relation to ABO blood groups and secretor phenotypes". *Afr J Med Sci,* December 1996; 25(4): pp. 327-29.
Domar, U., K. Hirano, and T. Stigbrand. „Serum levels of human alkaline phosphatase isozymes in relation to blood groups". *Clin Chim Acta,* December 16, 1991; 203(2-3): pp. 305-13.
Mehta, N. J.D. V. Rege, and M. B. Kulkarni. „Total serum alkaline phosphatase (SAP) and serum cholesterol in relation to secretor status and blood groups in myocardial infarction patients. *Indian Heart,* March 1989; 41(2): pp. 82-85.

5.
HARMONIJNA PRZEMIANA MATERII:
Biochemiczny wpływ grupy krwi

1. Ponzio, G., A. Debant, J. O. Contreres, and B. Rossi. „Wheatgerm agglutinin mimics metabolic effects of insulin without increasing receptor autophosphorylation". *Cell Signal,* 1990; 2(4): pp. 377-86.
Shechter, Y. „Bound lectins that mimic insulin produce persistent insulinlike activities". *Endocrinology,* December 1983; 113(6): pp. 1921-26.
2. Clausen, J. O., H. O. Hein, P. Suadicani, et al. „Lewis phenotypes and the insulin resistance syndrome in young healthy white men and women". *Am J Hypertens,* November 8, 1995; (11): pp. 1060-66.

Melis, C., P. Mercier, P. Vague, and B. Vialettes. „Lewis antigen and diabetes". *Rev Fr Transfus Immunohematol,* September 1978; 21(4): pp. 965-7. (art. w jęz. francuskim).
Patrick, A. W. and A. Collier. „An infectious aetiology of insulin-dependent diabetes mellitus? Role of the secretor status". *FEMS Microbiol Immunol,* June 1989; 1(6-7): pp. 411-416.
Peters, W. H. and W. Gohler. „ABH-secretion and Lewis red cell groups in diabetic and normal subjects from Ethiopia". *Exp Clin Endocrinol,* November 1986; 88(1): pp. 64-70.

3. Rosskamp. R. „Hormonal findings in obese children: A review". *Klin Padiatr* 1987 Jul-Aug; 199(4): 253-9. (art. w jęz. niemieckim).
4. Blfiore, F, and S. Iannello. „Insulin resistance in obesity: Metabolic mechanisms and measurement methods". *Mol Genet Metab,* 1998; 65: 121-8.
5. Grundy, S. M. „Hypertriglyceridemia, insulin resistance, and the metabolic syndrome". *Am J Cardiol,* May 13, 1999; 83(9B): pp. 25F-29F.
   Kotake, H. and S. Oikawa. „Syndrome X". *Nippon Rinsho,* March 1999; 57(3): pp. 622-26 [w jęz. japońskim].
6. Wong, F. L., K. Kodama, H. Sasaki, M. Yamada, and H. B. Hamilton. „Longitudinal study of the association between ABO phenotype and total serum cholesterol level in a Japanese cohort". *Genet Epidemiol,* 1992; 9(6): pp. 405-18.
7. George, V. T., R. C. Elston, C. I. Amos, L. J. Ward, and G. S. Berenson. „Association between polymorphic blood markers and risk factors for cardiovascular disease in a large pedigree". *Genet Epidemiol,* 1987' 4(4): pp. 267-275.
8. Tarjan, Z., M. Tonelli, J. Duba, and A. Zorandi. „Correlation between ABO and Rh blood groups, serum cholesterol and ischemic heart disease in patients undergoing coronarography". *Orv Hetil,* 1995 Apr 9; 136(15): 767-9.
9. Lamarche, B. et al. „Atherosclerosis prevention for the next decade: Risk assessment beyond low density lipoprotein cholesterol". *Can J Cardiol,* 1998 Jun; 14(6): 841-51.
10. Terrier, E., M. Baillet, and B. Jaulmes. „Detection of lipid abnormalities in blood donors". *Rev Fr Transfus Immunohematol,* 1979 Mar; 22(2): 147-58.
11. Bayer, P. M., H. Hotschek, and E. Knoth. „Intestinal alkaline phosphatase and the ABO blood group system – a new aspect". *Clin Chim Acta,* November 20, 1980; 108(1): pp. 81-87.

6.
IMMUNOLOGICZNE POLE BITWY
Grupa krwi jako broń w walce o przetrwanie

1. [Breanndon Moore, The Mayo Clinic, Rochester, MN].

2. Oriol, R., J. Le Pendu, R. Mollicone. „Genetics of ABO, H, Lewis, X and related antigens". *Vox Sang,* 1986; 51(3): pp. 161-71.
Sarafian, V., P. Dimova, I. Georgiev, and H. Taskov. „ABH blood group antigen significance as markers of endothelial differentiation of mesenchymal cells". *Folia Med,* (Plovdiv) 1997; 39(2): pp. 5-9.
Szulman, A. E. „Evolution of ABH blood group antigens during embryogenesis". *Ann Inst Pasteur Immunol,* November-December 1987; 138(6): pp. 845-47.
3. Pamm, A. O. „Effects of antibiotics on intestinal microflora and production of metabolics". *Journal of Antibiotics,* 1989 June; 34: 409-414.
4. Nayak, S. K. „ABO blood groups in different diseases". *J. Ind Med,* 1971; 87: 449-52.
Rybałka, A. N., P. V. Andriejew, L. F. Tichonienko, and N. A. Kowalczuk. „ABO system blood groups and the rhesus factor in tumors and tumorlike processes of the ovaries". *Vopr Onkol,* 1979; 25(3): 28-30 [art. w jęz. rosyjskim].
5. Ichikawa, D., K. Handa, and S. Hakomori. „Histo-blood group A/B antigen deletion/reduction vs. continuous expression in human tumor cells as correlated with their malignancy". *Int J Cancer,* April 1998 13; 76(2): pp. 284-89.
Sarafian, W., A. Popow, and H. Taskow. „Expression of A, B and H blood-groups antigens and carcinoembryonic antigen in human tumours". *Zentralbl Pathol,* November 1993; 139(4-5): pp. 351-54.
6. Kurtenkow, O., K. Klaamas, and L. Miljuchina. „The lower level of natural anti- Thomsen-Friedenreich antigen (TFA) agglutinins in sera of patients with gastric cancer related to ABO(H) blood-group phenotype". *Int J Cancer,* March 16, 1995; 60(6): 781-85.
Yoshida, A., et al. „Different expression of Tn and sialyl- Tn antigens between normal and diseased human gastric epithelial cells". *Acta Med Okayama,* August 1998; 52(4): pp. 197-204.
7. Orstavik, K. H., L. Kornstad, H. Reisner, and K. Berg. „Possible effect of secretor locus on plasma concentration of factor VIII and von Willebrand factor". *Blood,* 1989 Mar; 73(4): 990-3.
Koster, T., A. D. Blann, E. Briet, J. P. Vandenbroucke, and F. R. Rosendaal. „Role of clotting factor VIII in effect of von Willebrand factor on occurrence of deep-vein thrombosis". *Lancet,* 1995 Jan 21; 345(8943): 152-5.
8. Oleksowicz, L., N. Bhagwati, and M. DeLeon-Fernandez. „Deficient activity of von Willebrand's factor-cleaving protease in patients with disseminated malignancies". *Cancer Res,* 1999 May 1; 59(9): 2244-50.
9. Ciardiello, F. and G. Tortora. „Interactions between the epidermal growth factor receptor and type I protein kinase A: Biologi-

cal significance and therapeutic implications". *Clin Cancer Res,* April 1998; 4(4): pp. 821-28.

10. Anderson, D. E., and C. Haas, „Blood type A familial breast cancer". *Cancer,* November 1, 1984; 54(9): pp. 1845-49.
Costantini, M., T. Fassio, L. Canobbio et al. „Role of blood groups as prognostic factors in primary breast cancer". *Oncology,* 1990; 47(4): pp. 308-12.
Skolnick, M. H., E. A. Thompson, D. T. Bishop, and L. A. Cannon. „Possible linkage of a breast cancer-susceptibility locus to the ABO locus: Sensitivity of LOD scores to a single new recombinant observation". *Genet Epidemiol,* 1984; 1(4): pp. 363-73.
Tryggvadottir, L., H. Tulinius, and J. M. Robertson. „Familial and sporadic breast cancer cases in Iceland: a comparison related to ABO blood groups and risk of bilateral breast cancer". *Int J Cancer,* October 15, 1988; 42(4): pp. 499-501.

11. Kaur, I., I.P. Singh, and M. K. Bhasin. „Blood groups in relation to carcinoma of cervix uteri". *Hum Hered,* 1992; 42(5): pp. 324-26.
Llopis, B., J. L. Ruiz, G. Server et al. „ABO blood groups and bladder carcinoma". *Eur Urol,* 1990; 17(4): 289-92.
Marinaccio, M., A. Traversa, E. Carioggia et al. „Blood groups of the ABO system and survival rate in gynecologic tumors". *Minerva Ginecol,* March 1995; 47(3): pp. 69-76.
Metoki, R., Kakudo, Y. Tsuji, et al. „Deletion of histo-blood group A and B antigens and expression of incompatible A antigen in ovarian cancer". *J Natl Cancer Inst,* 1989 Aug 2; 81(15): 1151-7.
Nayak, S. K. „ABO blook groups in different discases". *J. Ind Med,* 1997; 1; 87: pp. 449-52.
Rybałka, A. N., P. W. Andriejewa, L. F. Tichonienko, N. A. Kowalczuk. „ABO system blood groups and the rhesus factor in tumors and tumorlike processes of the ovaries". *Vopr Onkol,* 1979; 25(3): pp. 28-30 [art. w jęz. rosyjskim].
Tsukazaki, K., M. Sakayori, H. Arai, et al. „Abnormal expression of blood group-related antigens in uterine endometrial cancers". *Jpn J Cancer Res,* 1991 Aug; 82(8): 934-41.

12. Orlow, L., L. Lacombe, I. Pellicer et al. „Genotypic and phenotypic characterization of the histoblood group ABO(H) in primary bladder tumors". *Int J Cancer,* March 16, 1998; 75(6): pp. 819-24.
Orihuela. E. and R. S. Shahon. „Influence of blood groups type on the natural history of superficial bladder cancer". *J Urol,* October 1987; 138(4): pp. 758-59.
Raitanen, M. P. and T. L. Tammela. „Relationship between blood groups and tumour grade, number, size, stage, recurrence and survival in patients with transitional cell carcinoma of the bladder". *Scand J Urol Nephrol,* 1993; 27(3): pp. 343-47.
Srinivas, V., A. Khan, S. Hoisington, A. Varma, and M. J. Gonder.

„Relationship of blood groups and bladder cancer". *J Urol,* January 1986; 135(1): pp. 50-52.

13. Annese, V., M. Minervini, A. Gabbrielli, G. Gambassi, and R. Manna. „ABO blood groups and cancer of the pancreas". *Int J Pancreatol,* March 1990; 6(2): pp. 81-88.
Uchida, E., M. A. Tempero, D. A. Burnett, Z. Steplewski, and P. M. Pour. „Correlative studies on antigenicity of pancreatic cancer and blood group types". *Cancer Detect Prev Suppl,* 1987; 1: pp. 145-48.
14. Slater, G. et al. „Clinicopathologic correlations of ABO and Rhesus blood type in colorectal cancer". *Dis Colon Rectum,* January 1993; 36(1): pp. 5-7.
15. Itzkowitz, S. H. „Blood group-related carbohydrate antigen expression in malignant and premalignant colonic neoplasm". *J Cell Biochem Suppl,* 1992; 16G: pp. 97-101.
Jordinson, M. et al. „Vicia faba agglutinin, the lectin present in broad beans, stimulates differentiation of undifferentiated colon cancer cells". *Gut,* May 1999; 44)5): pp. 709-14.
16. David, L., D. Leitao, M. Sobrinho-Simoes, E. P. Bennett, T. White, U. Mandel. E. Dabelsteen, and H. Clausen. „Biosynthetic basis of incompatible histo-blood group A antigen expression: Anti-A transferase antibodies reactive with gastric cancer tissue of type O individuals". *Cancer Res,* 1993 Nov 15; 53(22): 5494-500.
Torrado, J., B. Ruiz, J. Garay et al. „Blood group phenotypes, sulfomucins, and *Helicobacter pylori* in Barrett's esophagus". *Am J Surg Pathol,* September 1997; 21(9): pp. 1023-29.
17. Pyd, M., Rzewnicki, and U. Suwayach. „ABO blood groups in patients with laryngeal and hypopharyngeal cancer". *Otolaryngol Pol,* 1995; 49 Suppl 20: pp. 396-98.
Xie. H., M. Boysen, O. P. Clausen, and M. A. Bryne. „Prognostic value of Le(y) and H antigens in oral tongue carcinomas". *Laryngoscope,* 1999.
18. Gnedkova, I. A., N. I. Lisianyi, Ala Glavatskii. „Efficacy of chemotherapy and immunochemotherapy in neuro-oncologic patients of various blood groups". *Zh Vopr Neirokhir,* January-February 1989; (1): pp. 17-20 [art. w jęz. rosyjskim].
19. Gonzalez-Campora, G., J. A. Garcia-Sanatana et al. „Blood group antigens in differentiated thyroid neoplasm". *Arch Pathol Lab Med,* November 1998; 122(11): pp. 957-65.
Klechova, L. and T. S. Gosheva-Antonova. „ABO and Rh blood group factors in thyroid gland diseases". *Vutr Boles,* 1980; 19: pp. 75-79.
Larena A., M. Vierbuchen, S. Schroder, A. Larena-Avellaneda, I. Hadshiew, and R. Fischer. „Blood group antigen expression in papillary carcinoma of the thyroid gland. An immunohistochemi-

cal and clinical study of expression of Lewis, ABO and related antigens". *Langenbecks Arch Chir*, 1996; 381(2): pp. 102-13.
20. Dintenfass, L. „Some aspects of haemorrheology of metastasis in malignant melanoma". *Haematologia* (Budap), 1977; 11(3-4): pp. 301-7.
21. Manthorpe. R., L. Staub Nielsen at al. „Lewis blood type frequency in patients with primary Sjogren's syndrome: A prospective study including analyses for A_1A_2BO, Secretor, MNSs, P. Duffy, Kell, Lutheran and rhesus blood groups". *Scand J Rheumatol*, 1985; 14(2): pp. 159-62. Wśród osobników ze sklerozą multiplex również występuje podobny trend do nadreprezentacji negatywnego fenotypu Lewisa (Le(a-b)).
22. Hafner, V., M. Coatmelec, and R. Niculescu. „Temporary changes and permanent changes in the erythrocyte blood group antigens in malignant hemopathies". *Rom J Intern Med*, July-December 1996; 34(3-4): pp. 183-88.
Uchikawa, M. „Alterations of ABH antigens in leukemic patients". *Nippon Rinsho*, September 1997; 55(9): pp. 2369-73.

7.

PRZYWRACANIE RÓWNOWAGI

Biologiczna harmonia i detoksyfikacja

1. Anderson, R. L., J. K. Maurer, W. R. Francis, and S. L. Buring. „Trypsin inhibitor ingestion-induced urinary indican excretion and pancreatic acinar cell hypertrophy". *Nutr Cancer*, 1986; 8(2): pp. 133-39.
Mayer, P. J. and W. L. Beeken. „The role of urinary indican as a predictor of bacterial colonization in the human jejunum". *Am J Dig Dis*, November 1975; 20(11): pp. 1003-9.
2. Pusztai, A. and S. Bardocz. „Biological effects plant lectins on the gastrointestinal tract: Metabolic consequences and applications". *Trends In Glucoscience and Glycotechnology*, Volume 8, Number 41 May 1996.
3. Mikkat, U., I. Damm, G. Schroder, K. Schmidt, C. Wirth, H. Weber, and L. Jonas. „Effect of the lectins wheat germ agglutinin (WGA) and Ulex europaeus agglutinin (UEA-1) on the alpha-amylase secretion of rat pancreas *in vitro* and *in vivo*". *Pancreas*, May 1998; 16(4): pp. 529-38.
4. Wu, G., W. G. Pond, S. P. Flynn, T. L. Ott, and F. W. Bazer. „Maternal dietary protein deficiency decreases nitric oxide synthase and ornithine decarboxylase activities in placenta and endometrium of pigs during early gestation". *J Nutr*, December 1998; 128(12): pp. 2395-402.
Wu, G., and S. M. Morris Jr. „Arginine metabolism: nitric oxide and beyond". *Biochem J*, November 15, 1998; 336 (Pt 1): pp. 1-17.

5. Naidu, A. S., W. R. Bidlack, and R. A. Clemens. „Probiotic spectra of lactic acid bacteria (LAB)". *Crit Rev Food Sci Nutr,* January 1999; 39(1): pp. 13-126.
Schaafsma, G., W. J. Meuling, W. van Dokkum, and C. Bouley. Effects of a milk product, fermented by Lactobacillus acidophilus and with fructo-oligosaccharides added, on blood lipids in male volunteers". *Eur J Clin Nutr,* June 1998p; 52(6): pp. 436-40.

9.
ŻYCIE ZGODNE Z GRUPĄ KRWI 0
1. Smith, D. F. „Type A personalities tend to have low platelet monoamine oxidase activity". *Acta Psychiatr Scand,* February 1994; 89(2): pp. 88-91.
2. Ota, H. et al. „Intestinal metaplasia with adherent *Helicobacter pylori:* A hybrid epithelium with both gastric and intestinal features". *Hum Pathol,* August 1998; 29(8): pp. 846-50.
3. Hein, H. O. et al. „[Genetic markers for stomach ulcer. A study of 3387 men aged 54-74 years from The Copenhagen Male study]". *Ugeskr Larger,* August 24, 1998; 160(35): 5045-49.
Heneghan, M. A. et al. „Effect of host Lewis and ABO blood group antigen expression on *Helicobacter pylori* colonisation density and the consequent inflammatory response". *FEMS Immunol Med Microbiol,* April 1998; 20(4): pp. 257-66.
McNamara, D. et al. „*Helicobacter pylori* and gastric cancer". *Ital J Gastroenterol Hepatol,* October 30, 1998; 30 Suppl 3: pp. S294-98.
4. Springer, G. F. „Relation of blood group active plant substances to human blood groups". *Acta Haem,* 1958, 20: pp. 147-55.
5. „Observations on abnormal thyroid-stimulating hormone levels and on a possible association of blood group 0 with hyperthyroidism". *Arch Intern Med,* August 1982; 142(8): pp. 1465-69.
6. Robbins, J. „Factors altering thyroid hormone metabolism". *Inviron Health Perspect,* April 1981; 38: pp. 65-70.

10.
ŻYCIE ZGODNE Z GRUPĄ KRWI A
1. Beale, N. and S. Nethercott. „Job-loss and family morbidity: a study of a factory closure". *J R Coll Gen Pract,* 1985 Nov; 35(280): 510-4.
Cohen, B. G., M. J. Colligan, W. Wester, 2d, M. J. Smith. „An investigation of job satisfaction factors in an icident of mass psychogenic illness at the workplace". *Occup Health Nurs,* 1978 Jan; 26(1): 10-6.
Eysenck, H. J. „Personality, stress and cancer: prediction and prophylaxis". *Br J Med Psychol,* 1988 Mar; 61 (Pt 1): 57-75.
Kiecolt-Glaser, J. K., R. Glaser, et al. „Marital stress: Immunolo-

gic, neuroendocrine, and autonomic correlates". *Ann NY Acad Sci,* 1998 May 1: 840: 656-63.
Martin, R. A. and J. P. Dobbin. „Sense of humor, hassles, and immunoglobulin A: Evidence for a stress-moderating effect of humor". *Int J Psychiatry Med,* 1988; 18(2): 93-105.
Rein, G., M. Atkinson, and R. McCraty. „The physiological and psychological effects of compassion and anger". *J Advanc Med,* 1995; 8:87-105.
2. Mockel, M., T. Stork, J. Vollert et al. „Stress reduction through listening to music: Effects on stress hormones, hemodynamics and mental state in patients with arterial hypertension and in healthy persons". *Dtsch Med Wochenschr,* 1995 May 26; 120(21): 745-52 [art. w jęz. niemieckim].
VanderArk, S. D. and D. Ely. „Cortisol, biochemical, and galvanic skin responses to music stimuli of different preference values by college students in biology and music". *Percept Mot Skills,* 1993 Aug; 77(1): 227-34.
3. Wan X. S., Lu L. J., Anderson K. E., Kennedy A. R. „Urinary excretion of Bowman-Birk inhibitor in humans after soy consumption as determined by a monoclonal antibody-based immunoassay". *Cancer Epidemiol Biomarkers Prev.,* Jul 2000; 9(7): 741-7.
Clawson, G. A. „Protease inhibitors and carcinogenesis: A review". *Cancer Invest,* 1996; 14(6): 597-608.
4. Steuer M. K., Hofstadter F., Probster L. at al. „Are ABH antigenic determinants on human outer ear canal epitelium responsible for Pseudomonas aeruginosa infections?" *ORL J Otorhinolaryngol Relat Spec,* 1995;57: 148-152.
Mortensen E. H. Lildholdt T., Gammelgard N. P., Christensen P. H. „Distribution of ABO blood groups in secretary otitis media and cholesteatoma". *Clin Otolaryngol,* 1983;8:263-265.
Gannon, M. M. Jagger C., Haggard M. P. „Material blood group in otitis media with effusion". *Clin Otolaryngol,* 1994;19:327-331.
5. Billington, B. P. „A note on the distribution of ABO blood groups in bronchiectasis and portal cirrhosis". *Aust Annal Med,* 1956; 5: pp. 20-22.
6. Samuels, M. H. and P. A. McDaniel. „Thyrotropin levels during hydrocortisone infusions that mimic fasting-induced cortisol elevations: A clinical research center study". *J Clin Endocrinol Metab,* November 1997; 82(11): pp. 3700-4.
7. Bertolini, S., C. Donati, N. Elicio, et al. „Lipoprotein changes induced by pantethine inn hyperlipoproteinemic patients: adults and children". *Int J Clin Pharmacol Ther Toxicol,* 1986; 24: pp. 630-37.
8. Melato, M. et al. „The lectin-binding sites for peanut agglutinin in invasive breast ductal carcinomas and their metastasis". *Pathol Res Pract,* 1998; 194(9): pp. 603-8.

9. Schumacher, U., D. Higgs, M. Loizidou, R. Pickering, A. Leathem, and I. Taylor. „Helix pomatia agglutinin binding is a useful prognostic indicator in colorectal carcinoma". *Cancer,* 1994 Dec 15; 74(12): 3104-3107.
10. Andersen, B. L., W. B. Farrar, D. Golden-Kreutz, et al. „Stress and immune responses after surgical treatment for regional breast cancer". *J Natl Cancer Inst,* January 7 1998;90(1): pp. 30-36.
Irwin, M., T. Patterson, T. L. Smith, et al. „Reduction of immune function in life stress and depression". *Biol Psychiatry,* January 1, 1990; 27(1): pp. 22-30.
Sieber, W. J., J. Rodin, L. Larson, et al. „Modulation of human natural killer cell activity by exposure to uncontrollable stress". *Brain Behav Immun,* June 1992; 6(2): pp. 141-56.
11. Defize, L. H., D. J. Arndt-Jovin, T. M. Jovin, J. Boonstra, J. Meisenhelder, T. Hunter, H. T. de Hey, and S. W. de Laat. „A431 cell variants lacking the blood group A antigen display increased high affinity epidermal growth factor-receptor number, protein-tyrosine kinase activity, and receptor turnover". *J Cell Biol,* September 1988; 107(3): pp. 939-49.

11.

ŻYCIE ZGODNE Z GRUPĄ KRWI A

1. Kinane, D. F., C. C. Blackwell, R. P. Brettle, et al. „ABO blood group, secretor state, and susceptibility to recurrent urinary tract infection in women". *Br Med J* (Clin Res Ed), July 3, 1982; 285(6334): pp. 7-9.
2. Blackwell, C. C. „The role of ABO blood groups and secretor status in host defences". *FEMS Microbiol Immunol,* June 1989; 1(6-7): pp. 341-49.
Gabr, N. S. and A. M. Mandour. „Melation of parasitic infection to blood group in El Minia Governorate, Egypt". *J Egypt Soc Parasitol,* December 1991; 21(3): pp. 679-83.
3. Haverkorn, M. J. and W. R. Goslings. „Streptococci, ABO blood groups, and secretor status". *Am J Hum Genet,* July 1969; 21(4): pp. 360-75.
4. Freed, D. J. Rheumatic Patches. http://www.elfstrom.com/arthritis/articles/r-patch.html
5. Tang, W., A. Matsumoto, K. Shikata, F. Takeuchi, T. Konishi, M. Nakata, T. Mizuochi. „Detection of disease-specific augmentation of abnormal immunoglobulin G in sera of patients with rheumatoid arthritis".
6. Manuel Y., Keenoy, B., Moorkens, G., Vertommen, J. Noe, M. Neve, J. J. De Leeuw, I. „Magnesium status and parameters of the oxidant-antioxidant balance in patients with chronic fatigue: ef-

fects of supplementation with magnesium". *J Am Coll Nutr,* Jun 2000; 19(3):374-82.

OGÓLNA BIBLIOGRAFIA DOTYCZĄCA GRUP KRWI

Brues, A. M. „Tests of Blood Group Selection". *Amer. J. Forensic Medicine* (1929), 287-9.

Childe, V.G. *Man Makes Himself.* London: Watts and Co. 1936.

Coon, C.S. *The Races of Europe.* New York: MacMillan Co 1939.

D'Adamo, J. *The D'Adamo Diet.* Montreal: McGraw Hill Ryerson (Canada). 1989.

—. *One Man's Food,* New York: Richard Marek, 1980.

D'Adamo, Peter. *Cook Right 4 Your Type: The Practical Kitchen Companion to Eat Right 4 Your Type.* New York: G.P. Putnam's Sons, 1998.

—. *Eat Right 4 Your Type: The Individualized Diet Solution to Staying Healthy, Living Longer and Achieving Your Ideal Weight.* New York: G.P. Putnam's Sons 1996.

—. „Gut ecosystems III: The ABO and other polymorphic systems". *Townsend Ltr. for Doctors,* August 1990.

Gates, R. R. *Human Ancestry.* Cambridge, MA: Harvard Univ Press, 1948.

Livingstone, F. R. *Natural selection disease and ongoing human evolution as illustrated by the ABO groups. Miejsce i rok wydania nieznany. Egzemplarz w posiadaniu autora.*

Marcus, D. M. „The ABO and Lewis Blood-Group System". *New England J. Med.* 280: 994-1005 1969.

Mourant, A. E. *Blood Relations; Blood Groups and Anthropology.* Oxford Science Publications, Oxford University Press, 1983.

Mourant, A. E., A. C. Kopec, and K. Domaniewska-Sobczak, *Blood Groups and Disease.* New York: Oxford Press, 4th edition, 1984.

Muschel, L. „Blood groups, disease and selection". *Bacteriological Rev.* 30(2) 1966; 427-41.

Nomi, T. and A. Besher, *You are Your Blood Type.* Pocket Books USA, 1983.

Race, R. R., and R. Sanger. *Blood Groups in Man.* Oxford: Blackwell Scientific Publications, 1975.

Sheppard. P. M. „Blood groups and natural selection". *Brit. Med. Bull,* 15; 132-9: 1959.

Snyder, L. H. *Blood Grouping in Relation to Clinical and Legal Medicine.* Williams and Wikin Publishers, 1929.

Wyman, L. C. and W. C. Boyd, „Blood group determinations of prehistoric American Indians". *Amer: Anthropol,* 39; 583-592: 1937.

Wyman, L. C. and W. C. Boyd, „Human blood groups and anthropology". *Amer. Anthropol,* 37; 181: 1935.

B

Genetyczna typografia

Grupa krwi jest w ludzkim organizmie głównym architektem struktur komórkowych. Ich budowanie odbywa się przy udziale antygenów pełniących w komórkach funkcję chemicznych znaczników pomagających odróżnić elementy przyjazne od wrogich. Antygeny grup krwi są niezwykle potężne; w warunkach optymalnego zdrowia potrafią skutecznie blokować obce substancje – takie jak niebezpieczne bakterie – nie dopuszczając ich do wnętrza organizmu. Istnieją ponadto liczne dowody na to, że antygeny grupy krwi pełnią rolę „znaczników różnicowania", wytyczając szlaki wzrostowe nerwom i naczyniom krwionośnym rozwijającego się zarodka, podobnie jak geodeci planujący przebieg przyszłej drogi, wybierający najlepszy teren pod jej budowę.

Każdej grupie krwi odpowiada odmienny antygen o właściwej tylko dla niego strukturze chemicznej. O grupie krwi decyduje typ antygenu występującego w krwinkach czerwonych (erytrocytach). Fakt użycia liter oraz liczby 0 do oznaczenia grup krwi oznacza po prostu to, że antygenowi grupy krwi 0 przyporządkowano literę 0, żeby wyznaczyć w ten sposób „zero".

Układ odpornościowy tworzy przeciwciała, których zadaniem jest odrzucanie obcych antygenów, w tym także antygenów obcych grup krwi. Antygen własnej grupy uniemożliwia wytwarzanie przeciwciał do antygenów zgodnych z własną grupą. Ludzie z grupą krwi A mają w plazmie krwi przeciwciała wymierzone w grupę B. Pomagają one niszczyć komórki krwi grupy B, gdyby wtargnęły one do organizmu.

Podobnie, osoby z krwią grupy B wytwarzają przeciwciała do antygenów grupy A pomagające niszczyć komórki krwi tej grupy pojawiające się w ustroju. W organizmach z grupą krwi 0 powstają obydwa rodzaje przeciwciał, a organizmy z grupą krwi AB nie wytwarzają żadnego z nich.

Zakres wiedzy o grupach krwi przekazywanej na studiach medycznych nie wykracza poza te informacje i omówienie znaczenia grup krwi w transfuzjach. Przeciętny lekarz wie, że nie wolno mieszać krwi grup A i B, że osoba z krwią grupy AB może otrzymać w transfuzji krew dowolnej grupy, a osoba z grupą 0 może być dawcą krwi dla wszystkich, sama może jednak przyjąć wyłącznie krew własnej grupy. To wszystko. Na tym kończy się edukacja większości lekarzy w tym przedmiocie. Matka Natura kiwa pewnie głową z niedowierzaniem, widząc jak niewiele potrafimy zdziałać, mając do dyspozycji tak wspaniałe narzędzie genetyczne. Grupa krwi jest obecna w każdej czerwonej krwince. Przy pomocy grup krwi możemy śledzić funkcje układu odpornościowego, przemianę materii, procesy trawienne i sygnały neurochemiczne. Grupa krwi jest niezwykle potężnym prorokiem funkcji życiowych, a mimo to w rutynowej praktyce medycznej ograniczamy się niemal wyłącznie do jej uwzględniania podczas przygotowania transfuzji. Na szczęście medyczne środowisko naukowe zaczyna powoli dostrzegać jej uniwersalną rolę, czego świadectwem jest między innymi ta książka.

Zasady dziedziczenia grup krwi

Co decyduje o tym, jaką mamy grupę krwi? Oczywiście grupy krwi naszych przodków. Obowiązują w tym względzie dość proste zasady. Każdy z nas jest fizycznie ukształtowany przez swoje geny; nazywamy to fenotypem. Geny otrzymujemy od rodziców, a właściwą dla nas kombinację ich genów nazywamy genotypem. Jeden z dwóch genów zawsze dominuje, będąc kluczem do indywidualnych różnic. Na przykład: gen grupy krwi A dominuje nad genem grupy 0, jeżeli więc ktoś otrzymał gen A od matki i gen 0 od ojca, to będzie miał genotyp Ao, a jego fenotypem będzie grupa A. Każdy jednak nosi w sobie latentny wzorzec grupy 0, który może być przekazywany potomstwu. Dokładne zrozumienie różnicy między fenotypem i genotypem pozwala uniknąć dość częstych nieporozumień odnoszących się do genetyki grup krwi. Pozwala też wyjaśnić, dlaczego matka z grupą krwi A i ojciec z grupą 0 mogą mieć dziecko z grupą 0, choć grupę 0 mamy wówczas, gdy jej geny otrzymujemy od obojga rodziców.

		MATKA	
		0	o
OJCIEC	A	Ao = Grupa A	Ao = Grupa A
	o	Oo = Grupa 0	Oo = Grupa 0

		OJCIEC	
		A	B
MATKA	o	Ao = Grupa A	Bo = Grupa B
	o	Ao = Grupa A	Bo = Grupa B

Oto prosta ilustracja. Powyższe diagramy, zwane „kwadratami Punnetta", służą genetykom do określania możliwych kombinacji fenotypu i genotypu. Na pierwszym diagramie matka ma fenotyp 0 (grupa krwi 0) i genotyp 0*o*, ojciec natomiast – fenotyp A (grupa krwi A) i genotyp A*o*. Jak widzimy, każde dziecko tych rodziców ma 50% szansy na grupę krwi A (*Ao*) i tyleż na 0 *(Oo)*. Ponieważ żadne z rodziców nie ma allelu B, jest więc niemożliwe, by dziecko tych dwojga miało grupę krwi B bądź AB. Z tego powodu grupy krwi mogą być pomocne przy ustalaniu ojcostwa. Nie można wprawdzie udowodnić, że dany mężczyzna *jest* ojcem dziecka, jednak w pewnych okolicznościach można z całą pewnością stwierdzić, że nim *nie jest.* A oto inna ciekawa kombinacja: matka ma grupę krwi 0, a ojciec – grupę AB. W takiej sytuacji potomstwo będzie miało grupę A lub B, ponieważ oba allele A i B dominują nad 0. Dzieci tej pary nie mogą mieć grupy krwi matki, będą jednak posiadały recesywne allele, które przekażą swojemu potomstwu, u którego będzie mogła pojawić się grupa O. Zemsta babci! Powstaje zatem następne pytanie: dlaczego

		OJCIEC	
		B	0
MATKA	A	AB = Grupa AB	Ao = Grupa A
	o	Bo = Grupa B	Oo = Grupa 0

grupa 0 nie zanika z biegiem czasu, skoro grupy A i B są w stosunku do niej dominujące? Otóż w ludzkiej puli genetycznej jest wystarczająco dużo alleli 0, by grupa ta mogła się kontynuować w dającej się przewidzieć przyszłości.

W trzecim przykładowym scenariuszu widzimy, że dzieci ojca z krwią grupy B i matki z grupą A mogą mieć krew każdej z czterech grup. A zatem teoretycznie w rodzinie tej może wystąpić każda grupa krwi, choć równoczesna reprezentacja wszystkich czterech jest raczej mało prawdopodobna.

Z przykładów tych wynika, że dwie osoby mające ten sam fenotyp grup krwi mogą mieć różne genotypy. Na przykład: moi rodzice mają oboje krew grupy A. Zakładam więc, że otrzymałem allel A od każdego z nich (co oznacza, że mam genotyp A*a*), tym bardziej że obie moje córki mają krew grupy A. Moja żona Marta ma grupę krwi 0 i może mieć tylko dwa allele 0, jest więc pewne, że nasze córki mają genotypy *Ao*.

Genotyp i fenotyp grupy krwi to dwie warstwy naszej genetycznej indywidualności. Aby nadać jej dodatkowy wymiar i znaczenie, musimy zbadać subtypografię dziedzictwa grup krwi.

Systemy drugorzędowe

Pełny profil grup krwi obejmuje aż 300 podtypów stanowiących jak gdyby genealogiczne mikroudoskonalenia. Dla naszych potrzeb istotne znaczenie mają jednak tylko trzy podsystemy. Fenotyp determinuje ponad 90% wszystkich czynników, a status wydzielania/niewydzielania – około 5%. Dwie inne klasyfikacje mogą być użyteczne w pewnych szczególnych okolicznościach. Są to: czynnik Rh i system grup krwi MN.

Czynnik Rh

Przy oznaczaniu grupy krwi otrzymujemy zwykle dodatkową specyfikację „+" lub „-". Większość z nas nie zdaje sobie sprawy, iż jest to odrębna klasyfikacja zwana „rezusem" (ang.: *rhesus*) lub systemem Rh, nie mająca nic wspólnego z grupami AB0. Nazwa pochodzi od rezusa – gatunku małpy powszechnie używanego do celów laboratoryjno-doświadczalnych – w którego krwi po raz pierwszy odkryto ten czynnik. Przez wiele lat lekarze nie mogli zrozumieć, dlaczego kobiety, u których pierwsza ciąża przebiegała prawidłowo, miały komplikacje przy następnych, kończących się często poronieniami, a nawet śmiercią rodzącej. W roku 1940 dr Karl Landsteiner (który wcześniej odkrył cały system antygenów i przeciwciał ABO) ustalił, że kobiety, o których mowa, mają inne grupy krwi niż ich dzieci, dziedziczące grupę krwi po ojcach. Dzieci te miały czynnik Rh+, co oznaczało obecność antygenu Rh na komórkach krwi. Ich matki miały czynnik Rh-, a zatem antygenu tego w ich krwi brakowało.

W odróżnieniu od systemu ABO, w którym przeciwciała do obcych grup krwi powstają od chwili narodzin, organizmy z czynnikiem Rh- nie tworzą przeciwciał do antygenu Rh, dopóki nie zostaną nań „uwrażliwione". Uwrażliwienie to następuje zwykle podczas porodu, gdy dochodzi do wymiany krwi między matką i dzieckiem. W takiej sytuacji układ odpornościowy matki nie ma dość czasu, by zareagować przy pierwszym porodzie. Jeżeli jednak dojdzie do kolejnego zapłodnienia i powstanie płód z czynnikiem Rh+, wówczas organizm matki – już uwrażliwiony – będzie wytwarzał przeciwciała antagonistyczne wobec grupy krwi dziecka. Reakcje na czynnik Rh występują tylko u kobiet z czynnikiem Rh- mających dzieci z mężczyznami, których krew ma czynnik Rh+. Kobiety z czynnikiem Rh+, stanowiące 85% populacji, nie muszą się o to martwić. Jakkolwiek system Rh nie wpływa znacząco na dietę i ogólny stan zdrowia, to jednak powinien być brany pod uwagę przez kobiety spodziewające się potomstwa oraz ich partnerów.

System grup krwi MN

System ten jest prawie zupełnie nieznany, ponieważ nie odgrywa żadnej roli przy transfuzjach i transplantacjach. Istnieją jednak dowody na to, że status MN może mieć znaczenie w pewnych aspektach chorób sercowo-naczyniowych i nowotworowych. W systemie tym wyróżnia się trzy grupy, w zależności od tego, czy w komórkach znajduje się tylko antygen „M" (grupa MM), tylko antygen „N" (grupa NN) bądź oba antygeny (grupa MN). Do grupy MM należy około 28% populacji, do grupy NN – 22%, a pozostałe 50% – do grupy MN. Większość problemów zdrowotnych dotyczy osób z grupami „czystymi" (NN lub MM), nie posiadających antygenów mieszanych (MN). Zjawisko to znane jest w genetyce jako tzw. „wigor mieszany".

Wiele wskazuje na to, że system MN może odgrywać pewną rolę w nowotworach piersi. Do chwili swojej niedawnej śmierci dr George Springer – naukowiec z Bligh Cancer Center przy University of Chicago School of Medicine – pracował nad szczepionką opartą na cząsteczce zwanej antygenem T. Antygen ten jest popularnym markerem znajdowanym w wielu rodzajach nowotworów, w szczególności w nowotworach piersi. Jest on bezpośrednim prekursorem antygenów wytwarzających antygen M grupy krwi MN. Antygen T, chociaż powstaje z antygenu grupy krwi M, jest bardziej podobny do antygenu grupy A. W zdrowej tkance antygeny te są normalnie ukryte przez końcowe procesy przekształcające je w antygeny grupy krwi MN. Ludzie zdrowi, u których nie występują tkanki nowotworowe, mają przeciwciała antagonistyczne wobec antygenu T, w związku z czym nie znajduje się go w ich organizmach. Ogólnie biorąc, pacjentom mającym grupę krwi A/MM oraz historię chorób nowotworowych w rodzinie zalecam bardzo intensywną i wszechstronną profilaktykę przeciwrakową.

System MN może mieć także pewne znaczenie w chorobach układu krążenia. W roku 1983 w czasopiśmie *Clinical Genetics* opublikowano studium, z którego wynika, że ludzie z grupą krwi NN mają znacząco wyższy poziom cholesterolu i trójglicerydów we krwi natychmiast po spożyciu standardowego próbnego posiłku. Autorzy doszli do wniosku, że osoby posiadające co najmniej jeden gen M (grupy krwi MM i MN) wydają się być lepiej chronieni przed gwałtownym wzrostem trójglicerydów i cholesterolu.

Subtypografia krwi jest bardzo obszerną dziedziną, w której wiele jest jeszcze znaków zapytania. Czytelnicy nie będą zapewne zbyt często do niej zaglądać, warto jednak być i na to przygotowanym. Najlepszym sposobem przygotowania jest wiedza i zrozumienie.

A_1 czy A_2?

Istnieje jeszcze jedno zróżnicowanie pomiędzy grupami A i AB mające pewne implikacje zdrowotne i dietetyczne. Ustalenie przynależności do kategorii A_1 lub A_2 (i w konsekwencji A_1B lub A_2B) wymaga wykonania badania krwi za pomocą roztworu zawierającego lektynę pochodzącą z rośliny z gatunku *Dolichos biflorus*. Lektyna ta reaguje silniej z erytrocytami A_1 niż z erytrocytami A_2. Jest dostępna w wielu składnicach odczynników chemicznych, a odpowiedni test potrafi wykonać wiele laboratoriów diagnostyki medycznej.

Podstawowa genealogia grup krwi

GENOTYP: grupa krwi odziedziczona po rodzicach
FENOTYP: własna grupa krwi – 0, A, B, AB
STATUS WYDZIELANIA/NIEWYDZIELANIA: Lewis a-b+ (wydzielacz) Lewis a+b- (niewydzielacz) Lewis a-b- (wydzielacz lub niewydzielacz)
CZYNNIK RH: Rh+ lub Rh-
GRUPY KRWI MN: MM, NN, MN

C

Badanie statusu wydzielania

Mam nadzieję, że moi czytelnicy nie mają już wątpliwości, iż jednym z najważniejszych działań pozwalających osiągnąć maksymalne korzyści ze wskazań odnoszących się do grup krwi jest ustalenie własnego statusu wydzielania antygenów. Osoby należące do 15-20% populacji niewydzielających zechcą z pewnością wprowadzić odpowiednie poprawki do swojej diety i innych przedsięwzięć zdrowotnych, by zrównoważyć w ten sposób czynniki dodatkowego ryzyka.

Jest już dostępny prosty test oparty na badaniu śliny, pozwalający określić samodzielnie status wydzielania. Cena zestawu wraz z instrukcją wynosi $ 32,95 plus $ 5,25 na pokrycie kosztów przesyłki. Wyniki otrzymuje się po upływie około 2 tygodni.
Zamówienia można składać za pośrednictwem naszej witryny internetowej pod adresem *www.dadamo.com* bądź tradycyjnie – drogą pocztową, telefoniczną lub faksową:

North American Pharmacal, Inc.
5 Brook Street
Norwalk, CT 06851
Tel.: (0-01) 203-866-7664
Fax: (0-01) 203-838-4066
Bez opłat: 877-ABO TYPE (877-226-8973)

D

Grupy krwi i choroby zakaźne

W każdym organizmie toczy się odwieczna walka o życie. Choroby zakaźne – dżuma, ospa, cholera, grypa, gruźlica – w ciągu całej ewolucji człowieka zbierały swoje żniwo, stymulując mechanizm „przetrwania najsilniejszych". Największą podatność na zachorowania miały zawsze jednostki najsłabsze: starcy i niemowlęta. Uzupełniają ten dramatyczny obraz zmienne genetyczne, ogólna zdrowotność układów odpornościowych oraz poziom higieny i warunki sanitarne. Czynniki te, za cenę życia ludzkiego, stopniowo zwiększały odporność gatunku zmniejszając prawdopodobieństwo zachorowań.

W skali świata choroby zakaźne nadal odbierają życie około 13 milionom ludzi rocznie. Nawet w Stanach Zjednoczonych w roku 1998 zmarło na nie 180 000 obywateli. Sześć chorób zakaźnych było powodem około 90% zgonów przed 44 rokiem życia; są to: AIDS, gruźlica, malaria, odra, biegunka i zapalenie płuc. Stwierdzono istnienie powiązań grup krwi z gruźlicą, malarią, odrą i chorobami biegunkowymi.

Większość antropologów uważa choroby zakaźne za formę selekcji naturalnej. Jeżeli to prawda, to czynnikiem dokonującym tej selekcji w przeważającej mierze jest grupa krwi, należąca do podstawowego wyposażenia biologicznego organizmu i określająca formę wielorakich zależności między jego układami i środowiskiem zewnętrznym.

W infekcji występują dwa czynniki: podatność i przeżywalność. Można być podatnym na określoną chorobę, a jednocześnie mieć dużą szansę przeżycia w przypadku zachorowania. Zdarzają się też sytuacje odwrotne – dużej naturalnej odporności na zachorowanie połączonej z nikłą zdolnością pokonania rozwijającej się już choroby.

Grupa krwi ma wpływ na ostrość przebiegu infekcji. Związane z nią mechanizmy uczestniczą również w procesach uodparniania, budując systemy obronne nie pozwalające w przyszłości na ponowny atak choroby. Grupa krwi umożliwia organizmowi skuteczną obronę przed niektórymi chorobami, a równocześnie osłabia jego reakcje obronne wobec innych zakażeń.

Historia zmagań człowieka z zakaźnymi chorobami to główny nurt ludzkiej sagi przetrwania, a zarazem klucz do zrozumienia grup krwi – pierwszej linii obrony przed niewidocznymi zabójcami. Wiele spośród niebezpiecznych chorób zakaźnych przeszłości i doby obecnej zagraża przedstawicielom pewnych grup krwi bardziej niż innym, korzystającym ze skuteczniejszej ochrony. Wielu specjalistów wysuwa silne argumenty na poparcie tezy, zgodnie z którą presja chorób zakaźnych na poszczególne ciągi genetyczne grup krwi jest niezwykle ważnym – o ile nie decydującym – czynnikiem selekcji naturalnej i dystrybucji grup. W tym rozdziale zajmiemy się niektórymi dobrze udokumentowanymi związkami grup krwi z chorobami zakaźnymi.

Dlaczego ludzie z grupą krwi 0 nie wymarli?

W genetyce często obserwuje się zjawisko zanikania pewnych form życia i pojawiania się na ich miejsce form późniejszych. Widzimy jednak, że grupa krwi 0 jest do dziś najczęściej spotykana u ludzi. Istnieje wiele prób wyjaśnienia tego stanu rzeczy, z których najprostsza i najbardziej oczywista odwołuje się do liczebności genu zerowego w ogólnej puli genetycznej oraz do faktu, iż ma on, do pewnego stopnia, charakter samopowielający.

Niedawno ukazał się artykuł naukowy wyjaśniający z bardziej praktycznego punktu widzenia fakt utrzymywania się grupy 0 w ludzkiej populacji. Wydaje się, że pewne jednostki dotknięte rzadkim zaburzeniem, zwanym niewydolnością adhezyjną leukocytów typu II (objawiającym się powracającymi infekcjami, uporczywym utrzymywaniem się wysokiego poziomu leukocytów we krwi oraz silnym upośledzeniem umysłowym i spowolnieniem wzrostu) nie są w stanie mobilizować leukocytów do działania w rejonach stanów zapalnych. U pacjentów cierpiących na to schorzenie występuje niedorozwój struktur powierzchniowych komórek zawierających antygeny grupy krwi 0 (a w istocie rzeczy antygeny typu H). Nie można wykluczyć, iż wytwarzanie antygenu H (jedynego antygenu wytwarzanego przez organizmy z grupą krwi 0, lecz także wytwarzanego w różnych ilościach przez przedstawicieli innych grup) pomaga komórkom układu odpornościowego w docieraniu do miejsc, w których konieczna jest naprawa tkanek. Gdyby rzeczywiście tak było, to utrzymanie genów niezbędnych do wytwarzania antygenu H byłoby mechanizmem niezwykle ważnym dla pomyślnego przeżycia, co mogłoby tłumaczyć, dlaczego mleko kobiece jest tak bogate w fukozę (antygen H) i tak skutecznie pomaga noworodkom w zwalczaniu infekcji, dopóki ich układy odpornościowe nie są wystarczająco dojrzałe, by radzić sobie z nimi samodzielnie.

Bitwa tytanów grup krwi

Podczas moich wystąpień publicznych niezmiennie powraca – w tej lub innej formie – proste pytanie: „Która grupa krwi jest najlepsza?" Moi słuchacze niejednokrotnie zazdroszczą sobie wzajemnie, uważając, że otrzymali gorsze wyposażenie genetyczne niż inni. Dotyczy to szczególnie osób z grupami A i AB z uwagi na ich zwiększoną podatność na choroby serca i nowotwory. Antropologiczna prawda jest jednak znacznie bardziej złożona. Żadna z grup nie jest „lepsza" czy też „gorsza" od innych. Każda ma swoje silne i słabe strony – wady i zalety.

Dziś przedstawiciele grup A i AB czują się bardziej od innych zagrożeni, podczas gdy 100-200 lat temu znajdowali się w sytuacji korzystniejszej niż grupa 0. Gdybym mógł podróżować w czasie i przemawiać do ludzi żyjących w przeszłości w różnych rejonach świata, zapewne reprezentanci tej grupy chcieliby zamienić się swoimi predyspozycjami z innymi. Jestem pewien, że wszyscy chętnie zaakceptowaliby zagrożenie chorobami serca i rakiem w zamian za większą odporność na dziesiątkującą ich gruźlicę. Nawet dziś, w wielu regionach geograficznych znalazłbym chętnych do zamiany na grupę A. W różnych okresach historii różne grupy krwi dawały ludziom rozmaite korzyści będące bezpośrednim następstwem względnego bezpieczeństwa wobec ostrych form chorób zakaźnych stanowiących bez wątpienia najpoważniejsze zagrożenie zdrowotne w dziejach naszego gatunku.

Średniowieczne epidemie dżumy zabiły jedną trzecią ludności Europy. Uciekinierzy zawlekli tę chorobę do Afryki i Azji, gdzie umierały na nią niezliczone miliony ludzi. Owa „czarna śmierć" była chorobą zakaźną wywoływaną przez pałeczkę dżumy *Yersinia pestis* wytwarzającą antygen podobny do antygenu grupy krwi 0. Organizmy z tą grupą krwi traktowały tego patogennego kłamcę jak przyjaciela. Większość ofiar epidemii szalejących w wiekach średnich miała tę właśnie grupę krwi. W tych monstrualnych czystkach szala przetrwania przechylała się zdecydowanie na stronę grupy A, w związku z czym populacja jej przedstawicieli zwiększała się. Zastanówmy się nad tym, że największe zagrożenie dla przetrwania gatunku ludzkiego mogło być zarazem największą siłą sprawczą różnorodności i zmian, prowadząc w końcu do wzrostu liczebności pozostałych grup.

Sto lat temu na pierwszym miejscu listy przyczyn zgonów znajdowała się cholera – zakaźna choroba przewodu pokarmowego powodująca skrajne odwodnienie organizmu prowadzące do śmierci. Wielokrotnie powtarzane badania wykazały wybitną predylekcję do tej choroby u osób z grupą krwi 0. A więc zaledwie sto lat temu najpopularniejsza choroba śmiertelna była silnie statystycznie powiązana z grupą krwi.

W pewnym czasie największym postrachem Europejczyków była ospa. Rzadko o niej dziś słyszymy, ponieważ została praktycznie całkowicie wyeliminowana. Grupy 0 i B były na nią bardziej odporne, w porównaniu z A i AB, które choroba ta atakowała ze szczególną siłą i u których miała znacznie ostrzejszy przebieg. Niektórzy badacze sugerowali nawet, że selektywna presja eliminująca jednostki z krwią grup A i AB spowodowała w pewnych rejonach – takich jak np. stosunkowo izolowana i narażona na wielokrotne epidemie Islandia – zachwianie proporcji między grupami krwi na korzyść grupy 0 i na niekorzyść grupy A. Jest to kolejny przykład oddziaływania grup krwi z chorobami zakaźnymi w procesie naturalnej selekcji.

Przykładów takich jest wiele i nie są bynajmniej odosobnione. Choroby infekcyjne nadal działają selektywnie, wywierając presję w kierunku adaptacji zgodnej z typologią grup krwi. Chociaż niedawne badania sugerują, że we współczesnych społecznościach cywilizowanych grupa 0 wydaje się być w korzystnym położeniu, to jednak czynnik chorób zakaźnych może w którymś momencie znowu przechylić szalę w sposób korzystny dla innych grup.

Silnym dowodem na poparcie teorii decydującego wpływu grup krwi na przetrwanie gatunku ludzkiego we wczesnym etapie jego rozwoju jest fakt, iż każda ze znanych chorób zakaźnych mających wpływ na demografię (malaria, cholera, tyfus, grypa i gruźlica) ma swoją „ulubioną" grupę krwi. W obecnym wieku wielkich postępów medycyny szczególnie interesującym faktem jest, iż jeszcze sto lat temu grupy krwi decydowały o przeżyciu wielkich populacji ludzkich, a pewne choroby zakaźne związane z grupami krwi – takie jak gruźlica – stają się coraz bardziej odporne na leki.

Korzyści związane z grupą krwi

Z każdą chorobą zakaźną wiąże się szczególna podatność na nią wśród przedstawicieli którejś z grup krwi, co jest potencjalnym czynnikiem zakłócenia równowagi. Znajomość własnej podatności na choroby pozwala bronić się przed nimi. Pragnę jednak podkreślić z całą mocą, że nikt nie jest całkiem wolny od ryzyka zakażenia. Osłabienie układu odpornościowego, w połączeniu z ekspozycją na czynnik chorobotwórczy, może prowadzić do zachorowania. Najlepszą formą profilaktyki jest dieta zgodna z własną grupą krwi, a więc spożywanie najkorzystniejszych pokarmów, przyjmowanie uzupełnień wzmacniających odporność i probiotyków, zmniejszenie stresu oraz przestrzeganie wszystkich innych indywidualnych zaleceń.

Przyjrzyjmy się chorobom zakaźnym, które obecnie gnębią świat, pod kątem czynników ryzyka genetycznie związanych z grupami krwi.

Wirusy grypowe

Grypa jest notorycznym mordercą powracającym każdej zimy z nieubłaganą konsekwencją. W XX wieku zdarzały się groźne jej epidemie. Grypa szalejąca w latach 1918-19, tzw. „hiszpanka", pozbawiła życia 500 tys. osób w Stanach Zjednoczonych i 20 milionów na całym świecie. Azjatycka grypa z lat 1957-58 w samej tylko Ameryce spowodowała śmierć 70 tys. ludzi. Grypa Hongkong była przyczyną 34 000 zgonów w latach 1968-69. Nawet w XXI stuleciu choroba ta jest nadal śmiertelnym zagrożeniem dla tysięcy mieszkańców Ziemi. Każdego roku umiera na nią aż 20 tys. Amerykanów. Są to głównie ludzie w podeszłym wieku, o słabych układach odpornościowych, dotknięci innymi poważnymi chorobami – cukrzycą, astmą lub chorobami serca.

Słowa „grypa" używa się często w odniesieniu do szerokiej gamy objawów zaziębieniowych, takich jak katar lub podwyższona temperatura. Tymczasem prawdziwą grypę wywołują konkretne wirusy, a typowy zestaw jej objawów wydaje się być „z piekła rodem": wysoka gorączka, kaszel, ból gardła, wysięk z nosa, ból głowy, bóle mięśniowe i ogólne uczucie zmęczenia. Wyróżnia się zwykle dwa typy grypy – A i B. Klasyfikacja ta nie ma nic wspólnego z grupami krwi, odnosi się natomiast do szczepów wirusowych. Dla odróżnienia od grup krwi A i B podkreślam litery A i B oznaczające wirusy grypy.

Związek grypy z grupami krwi

Wielu badaczy interesuje się związkiem grypy z grupami krwi. W badaniach różnych reakcji immunologicznych otrzymano następujące wyniki:

GRUPA KRWI 0. Organizmy z krwią tej grupy mają stosunkowo dobrą zdolność wytwarzania przeciwciał do dwóch popularnych wirusów typu A – A(H_1N_1) i A(H_3N_2). Łatwiej ulegają infekcjom wirusami A(H_1N_1) niż A(H_3N_2). Nieco słabsza jest ich reakcja na wirusy grypy B. Osoby z grupą krwi 0 są bardzo podatni na większość groźnych szczepów wirusów grypowych. W latach ich podwyższonej aktywności i wzrostu *poważnych* zachorowań przedstawiciele grupy 0 należą do najbardziej poszkodowanych.

GRUPA KRWI A. Organizmy z krwią tej grupy są zdolne do szybkiej i energicznej reakcji obronnej na grypę typu A(H_1N_1) i jeszcze skuteczniejszej reakcji na wirusy A(H_3N_2). Reakcje na grypę typu B są u nich nieco słabsze. Ogólnie biorąc, osoby z grupą krwi A chorują tylko na mniej groźne postacie grypy. Przebieg choroby jest lżejszy niż w innych grupach.

GRUPA KRWI B. W organizmach z krwią tej grupy występuje najsłabsza obrona przeciw wirusom A(H_3N_2) i nieco silniejsza przeciw szczepom A(H_1N_1). Antygen A(H_3N_2) można znaleźć w zdrowej krwi grupy B po upływie pięciu miesiący od chwili ustąpienia objawów choroby. Objawy mogą nie występować, obecność wirusów utrzymuje się jednak przez długi czas. Przedstawiciele grupy B znajdują się w szczególnie korzystnym położeniu, jeżeli chodzi o grypę typu B; są na nią bardziej odporni w porównaniu z innymi grupami.

GRUPA KRWI AB. Organizmy z krwią grupy AB mają słabą zdolność wytwarzania przeciwciał antagonistycznych wobec wirusów grypy. Zachorowania na grypę u tych osób stają się co roku przyczyną poważnych problemów, ponieważ ich organizmy są niemal zupełnie bezbronne wobec tej choroby.

Wielu pacjentów pyta mnie każdego roku, czy powinni zaszczepić się przeciwko grypie. Oczekują oczywiście, że szczepionka całkowicie ich uodporni. W normalnych warunkach tak rzeczywiście jest, ponieważ szczepionki wytwarza się co roku z najpopularniejszych szczepów wirusów grypowych aktualnie krążących po świecie. Jeżeli wirus grypy z roku poprzedniego nie uległ dużym zmianom, wówczas szczepionka będzie bardzo skuteczna.

Konieczne jest jednak ostrzeżenie. Przyczyną zagrożenia ze strony wirusów grypy jest ich zmienność. Zachowują się jak kameleony, a modyfikacje, którym podlegają, mogą całkiem pozbawić szczepionkę skuteczności. Wśród szczepów typu A pojawiały się już takie mutacje, na które żaden ludzki układ odpornościowy nie jest przygotowany. W latach, w których tak się działo, zachorowania na grypę przybierały postać pandemii czyli epidemii o zasięgu światowym, pozbawiających życia miliony ludzi.

Ostatnio pewną ekscytację wywołała nowa klasa leków opracowanych przez firmy biotechnologiczne i farmaceutyczne. Selektywne inhibitory wirusowej neuroaminidazy (np. Zanamivir) blokujące komórkową ścieżkę rozwoju wirusa mają jakoby łagodzić objawy grypy oraz potencjalnie zapobiegać infekcjom. Lek będzie jednak z pewnością bardzo drogi, a ponieważ nie działa dobrze w formie doustnej, będzie przypuszczalnie wymagał użycia inhalatora.

W mojej praktyce lekarskiej potwierdziła się bardzo duża skuteczność czarnego bzu używanego od stuleci przez zielarzy. Doświadczenia te znalazły ostatnio potwierdzenie w badaniach naukowych, w których stwierdzono, że dziki bez hamuje proces autoreprodukcji wszystkich znanych wirusów grypy. W badaniach z podwójną ślepą próbą, z użyciem wirusów typu B, osoby przyjmujące preparaty z tej rośliny pokonywały infekcje grypowe znacznie szybciej niż pacjenci, którym podawano placebo. U 70% chorych stwierdzono poprawę po 48 godzinach, a u 90% – po 72 godzinach.

Oferujemy naszym pacjentom skoncentrowaną mieszankę ziołową z czarnego bzu z dodatkiem borówki amerykańskiej, wiśni i jabłek. Pomaga ona wielu osobom przetrwać bezpiecznie okresy zagrożenia grypowego. Pomaga nawet grupie AB nie dysponującej skutecznymi mechanizmami naturalnej obrony.

Choroby biegunkowe

Choroby tej kategorii znajdują się obecnie na pierwszym miejscu listy przyczyn zgonów w grupie chorób zakaźnych. Cholera jest nadal jednostką epidemiczną w biedniejszych rejonach świata, choć w Stanach Zjednoczonych rzadko się o niej słyszy. Inne infekcje wywołujące biegunki to: zakażenie bakterią *E. coli*, czerwonka (dyzenteria), lamblioza i zakażenie pałeczkami *Shigella*. Każdy wie z własnego doświadczenia, czym jest biegunka, a większość z nas ma na jej temat

• Z REJESTRU PRZYPADKÓW •

Janet R.
Grupa krwi A
Kobieta w średnim wieku
Poprawa: infekcja jelitowa

„Po wycieczce w rejon Morza Śródziemnego przez dwa lata miałam poważne problemy z jelitami. Po każdym posiłku musiałam biec do toalety. Wykonano wszystkie możliwe badania medyczne, bez jakichkolwiek konkretnych rezultatów. Lekarze nie potrafili znaleźć przyczyny moich niedomagań, w związku z czym zaczęli mnie traktować jak symulantkę. Schudłam i zaczęłam się przedwcześnie starzeć, ponieważ mój organizm nie przyswajał niezbędnych składników odżywczych. W mojej okolicy otwarto w tym czasie nowy ośrodek sportowy, w którym odbywała się promocja Pana książki. Traktowano ją tam jak Biblię. Zaczęłam stosować dietę zgodną z grupą A; po dwóch dniach trawienie i wydalanie wróciły do normy. Mój mąż natychmiast przeszedł na dietę zalecaną dla grupy B. Pięć lat wcześniej rozpoznano u niego rzadką chorobę autoimmunologiczną. Teraz czuje się świetnie, a zalecane przez Pana potrawy należą do jego ulubionych. Stosujemy te diety dopiero od kilku tygodni, jesteśmy jednak całkowicie do nich przekonani!

własne teorie. W świecie zachodnim ilość wody wydalanej codziennie ze stolcem nie przekracza zwykle objętości jednej filiżanki. Stolce bardziej wodniste uważamy za rozwolnione.

Pojawienie się biegunki u osoby zdrowej jest najczęściej objawem rozpoczynającej się choroby. Może to być jednak objaw jednej z ponad stu różnych chorób. W tym rozdziale zajmiemy się tylko kilkoma najpoważniejszymi przypadkami.

Cholera

Choroba ta zbiera nadal śmiertelne żniwo na całym świecie, a zaledwie sto lat temu szerzyła się nagminnie w slumsach wielu nowoczesnych miast, takich jak Londyn i Nowy Jork. W starożytności epidemie cholery regularnie dziesiątkowały wielkie miasta. Wiele tragicznych w skutkach epidemii znanych z historii Imperium Rzymskiego uważa się obecnie za efekt rozprzestrzeniania się tej choroby.

Cholera upodobała sobie szczególnie ludzi z grupą krwi 0. Najkrócej rzecz ujmując, można powiedzieć, że osoba z krwią tej grupy, jeżeli zachoruje, ma zagwarantowany najcięższy możliwy jej przebieg. Zapewne dlatego epidemii cholery tak bardzo się obawiano. Wyrażano także przypuszczenia, iż niski udział grupy 0, w porównaniu z grupą A, w populacjach miast śródziemnomorskich, których historia sięga starożytności, może być odległym rezultatem epidemii cholery, w których umierało najwięcej reprezentantów grupy 0. Ciągła selektywna presja cholery skierowana przeciwko grupie 0 może być również częściowo przyczyną wyjątkowo niskiej prewalencji genów grupy 0 oraz bardzo wysokiej prewalencji genów grupy B na obszarze delty Gangesu. Największą naturalną odporność na cholerę wydaje się mieć grupa AB.

Dla osób mających grupę krwi 0 z zachorowaniem na cholerę wiąże się zawsze kiepskie rokowanie. Badania przeprowadzone w peruwiańskim mieście Trujillo w roku 1991, w początkowej fazie południowoamerykańskiej epidemii cholery, wykazały silną korelację ciężkiego przebiegu choroby z grupą 0. Zainfekowane osoby z krwią tej grupy miały intensywniejsze biegunki niż inni pacjenci, częściej miały wymioty i skurcze mięśni, a potrzeba hospitalizacji występowała wśród nich ośmiokrotnie częściej niż u innych chorych. W innym niezależnym badaniu uzyskano podobne wyniki. Pacjenci z ostrą biegunką mieli najczęściej grupę krwi 0, podczas gdy u innych infekcja miała przebieg bezobjawowy.

Głównym czynnikiem sprzyjającym szerzeniu się epidemii cholery były i są nadal ubóstwo i złe warunki sanitarne. Zarażenie cholerą jest najczęściej wynikiem fizycznego kontaktu z zainfekowanymi odchodami (przeważnie za pośrednictwem wody pitnej i pokarmów zakażonych bakteriami). Dlatego choroba szerzy się najszybciej w rejonach nieskanalizowanych, w których występuje niedostatek zdrowej wody pitnej. Bakterie cholery mogą też egzystować w słonawej wodzie rzecznej (w pobliżu ujść) i w wodach przybrzeżnych, w związku z czym skorupiaki pochodzące z takich okolic bywają źródłem zakażeń. W Stanach Zjednoczonych zanotowano przypadki cholery będące następstwem spożywania surowych lub niedogotowanych skorupiaków z Zatoki Meksykańskiej. Osoby mające grupę krwi 0, planując podróże w rejonach, w których rozpowszechnione są choroby biegunkowe, powinny stosować odpowiednie środki ostrożności.

Dur brzuszny

Dur brzuszny sieje spustoszenia w czasach wojen i deprywacji, w warunkach upadku norm i zwyczajów sanitarnych. W starożytności choroba ta zbierała obfite śmiertelne żniowo. Nie należy się dziwić, że wiąże się ona z grupami krwi – podobnie jak inne choroby infekcyjne wywierające wpływy demograficzne w masowej skali. Badania przeprowadzone w Uzbekistanie wykazały, że osoby mające grupę krwi A odznaczają się szczególną predyspozycją do chronicznego nosicielstwa. Cecha ta dotyczy zwłaszcza mieszkańców azjatyckiej części kraju. W porównaniu z grupą kontrolną, przedstawiciele grupy krwi 0 ulegają tej chorobie znacznie rzadziej.

Escherichia coli

Sama wzmianka o tych bakteriach wywołuje paniczne reakcje społeczne. Większość ludzi uważa je za śmiercionośnego przybysza z zewnątrz, nie zdając sobie sprawy, iż w dolnym odcinku zdrowego jelita każdego z nas żyje w doskonałej symbiozie ogromna ich populacja. Układ trawienny człowieka dostarcza im pożywienia, otrzymując w zamian skuteczną ochronę przed zachorowaniem.

Jak to jest możliwe, że *E. coli* jest równocześnie naszym przyjacielem i wrogiem?

Procesowi osobniczego rozwoju towarzyszy od dnia narodzin kolonizowanie jelita przez „dobre" bakterie *E. coli.* W zdrowym organizmie ich funkcja polega na konkurowaniu o pokarm z bakteriami „złymi", ograniczaniu ich rozrodu i niedopuszczaniu ich do miejsc na ściankach jelita, z których mogłyby nas zaatakować.

Istnieje wiele szczepów tego gatunku; wiele z nich układ odpornościowy człowieka bardzo dobrze toleruje. Wielka rozmaitość szczepów *E. coli* wynika z ich szczególnej zdolności wymiany informacji genetycznej, a co za tym idzie – niezwykle szybkiego mutowania. Niektóre szczepy mają antygeny powierzchniowe podobne do ludzkich antygenów grup krwi. Są to węglowodany skojarzone z lipopolisacharydami błon. Wnikliwe badania pokazały, że szczepy *E. coli* Y1089 i Y1090 zawierają antygen grupy krwi 0, który może też zostać przekształcony w antygen grupy A. Widzimy więc, że bakterie jelitowe mogą wytworzyć immunizację przeciwstawnej grupy krwi konwertując antygeny tych grup i przystosowując w ten sposób elementy „własnej" grupy krwi do grupy organizmu nosiciela. Bardzo niebezpieczną odmianą *E. coli* jest szczep O157:H7, z którym większość z nas jest już zaznajomiona. Odkryto go jako czynnik chorobotwórczy w roku 1982. Od tamtej pory zanotowano w Stanach Zjednoczonych gwałtowne wybuchy zachorowań. Jeden z tych incydentów wydarzył się w roku 1993; bezpośrednią przyczyną zakażeń było spożywanie niedogotowanych hamburgerów z mieloną wołowiną. Miało wówczas miejsce ponad 600 zachorowań, z czego cztery przypadki okazały się śmiertelne. W roku 1996 ponad 6000 japońskich dzieci w wieku szkolnym padło ofiarą infekcji *E. coli* O157:H7 po spożyciu zakażonych kiełków rzodkiewek.

Wegetariańscy puryści z upodobaniem wskazują na mięso jako źródło zakażeń bakteriami *E. coli.* Nie zawsze tak jest. Od roku 1995 zanotowano trzynaście epidemii wywołanych przez *E. coli* i *Salmonellae*, których bezpośrednią przyczyną było spożywanie komercyjnie sprzedawanych surowych kiełków. Panuje przekonanie, iż źródłem problemów było zakażenie kiełków, a nie ich nieprawidłowe przechowywanie.

W większości przypadków objawami infekcji są biegunka i skurcze. W zaawansowanych stadiach biegunki stają się krwawe i wyniszczające. U 2-7% chorych – zwłaszcza u osób w bardzo młodym i bardzo zaawansowanym wieku – rozwija się zaburzenie zwane hemolitycznym syndromem mocznicowym (ang.: *hemolytic uremic syndrome*, HUS). Toksyny bakteryjne niszczą małe naczynia krwionośne w nerkach, zmniejszają ilość płytek krwi oraz niszczą czerwone krwinki. Funkcje nerek mogą zostać upośledzone do tego stopnia, że powstaje konieczność prowadzenia dializy. Nie ma aktualnie skutecznych terapii zapobiegających powstawaniu syndromu HUS u osób zakażonych tym drobnoustrojem.

Wiele najgroźniejszych szczepów *E. coli* upodobało sobie określone grupy krwi do tego stopnia, że nawet strategia inwazji jest do nich dostosowana.

ZWIĄZEK Z GRUPĄ KRWI 0. Istnieje powiązanie między grupą krwi 0 a infekcją *E. coli*. W toku badań nad biegunkami wywoływanymi przez tę bakterię, z udziałem 316 dorosłych ochotników, porównywano grupy AB0 i czynniki Rh w poszukiwaniu związków z ostrością reakcji chorobowych. Osoby z grupą krwi 0 miały wyraźnie intensywniejsze biegunki w porównaniu z innymi grupami. Autorzy eksperymentu wysuwają przypuszczenie, iż wynika to ze wzmożonej reakcji między krwią grupy 0 i toksynami wytwarzanymi przez szczep bakteryjny.

ZWIĄZEK Z GRUPĄ KRWI A. Liczne patogenne formy *E. coli* tworzą wiązki włókienek podobne do plecionych linek (ang.: *bundle-forming pili*, BFP), które pozwalają im przywierać do ścianek jelit. Na włókienkach tych znajdują się lektyny tworzące mikroskopijne przyssawki przyklejające się do różnych cukrów (glikoprotein i glikolipidów) składających się na polisacharydy śluzowej wyściółki jelita. Wiele z tych cukrów wykazuje pokrewieństwo ze składowymi antygenów AB0. W niektórych szczepach *E. coli* zasiedlających ludzki przewód pokarmowy występują lektyny właściwe dla różnych glikolipidów. Jedna z nich – globo _A – wytwarzana jest tylko przez organizmy wydzielające z krwią grupy A.

ZWIĄZKI Z GRUPAMI B I AB. MIMIKRA. Wiele form *E. coli* wywołujących biegunki wykazuje immunologiczne podobieństwo do grupy krwi B. Na powierzchni tych bakterii znajduje się antygen przypominający antygen tej grupy. Wyniki wielu badań wskazują, że wśród znacznej części populacji grup B i AB występuje zwiększona zachorowalność na wywoływane przez *E. coli* stany zapalne żołądka i jelit w porównaniu z innymi grupami odpornymi na antygeny grupy B.

• Z REJESTRU PRZYPADKÓW •

Bruce D.
Grupa krwi 0
Mężczyzna w średnim wieku
Poprawa: układ odpornościowy i infekcje

„Jestem zdrowym 42-letnim mężczyzną poddającym się raz w roku wszechstronnym badaniom lekarskim. Pracuję na tankowcu, gdzie mam od czasu do czasu kontakt z bardzo niezdrowym ładunkiem. Od połowy lat 80. stosowałem głównie dietę wegetariańską, w przekonaniu, iż jest ona najkorzystniejsza dla mojego zdrowia. W początkach lat 90. wszystkie wyniki okresowych badań były znakomite, z wyjątkiem obniżonego poziomu krwinek białych. Wskaźnik ten dość gwałtownie spadał, w związku z czym rozpoznano u mnie leukopenię. Niestety, biopsja szpiku kostnego nie pozwoliła ustalić przyczyny. Wspólnie z żoną zainteresowaliśmy się Pana książką i postanowiliśmy wypróbować zalecaną w niej dietę. Przestrzegaliśmy jej ściśle od 12 marca. W dniu 22 marca wykonałem badanie krwi; poziom białych krwinek wynosił 3,1. W powtórnym badaniu 9 kwietnia wzrósł do 4,5. Jest to zdumiewające, ponieważ utrzymywał się na poziomie 3,0, a nawet spadał do 2,6 przez wiele lat".

Pasożyty

W historii medycyny istnieje słynna opowieść o człowieku, który nabrawszy przekonania, że cholera szerząca się w jego okolicy pochodzi z pewnej studni, w której zadomowiła się zaraza, ukręcił rękojeść pompy, powstrzymując w ten sposób rozwój epidemii.

Istnieje też inna historia, równie prawdziwa [będąca faktem z biografii Ludwika Pasteura – przyp. tłum.] o tym, jak pewien mężczyzna gwałtownie, uparcie i apriorycznie odrzucający całą, dobrze udokumentowaną, bakteriologiczną teorię etiologii cholery, wypił, na oczach świadków, próbkę zawierającą znaczne ilości jej zarazków. Człowiek ten nie zachorował.

Oba wydarzenia dają wiele do myślenia. *Candida, Giardia* (lamblia) i inne pasożyty infekujące i atakujące przewód pokarmowy bywają przyczyną problemów zdrowotnych. Organizmy te mogą się jednak w nas zagnieździć tylko wtedy, gdy nasz układ trawienny jest słaby, a potężne uzdrawiające siły układu odpornościowego nie w pełni sprawne i uaktywnione. Chcąc skutecznie uchronić przewód pokarmowy przed inwazją patogennych drobnoustrojów, należy wejść na drogę jasno i wyraźnie oznaczoną – przejść na dietę, którą nasz indywidualny ustrój najlepiej toleruje. Dieta zgodna z grupą krwi jest najlżejsza dla organizmu i wolna od czynników podrażniających, a jednocześnie sprzyja rozwojowi przyjaznych mikroorganizmów w jelicie.

Stwierdzono silne powiązania między grupami krwi i różnymi zakażeniami pasożytniczymi. Wiele z nich wyraża się jednak w korelacjach z drugorzędnymi systemami grup krwi, takimi jak *Kell, Duffy* i *Antygen P1*.

AB0 jest, jak dotąd, najważniejszym systemem grup krwi, należy jednak pamiętać o istnieniu ponad dwudziestu innych klasyfikacji. Ponieważ ograniczyliśmy nasze rozważania do tego systemu, uwzględniając jedynie status wydzielania/niewydzielania oraz – okazjonalnie – czynniki Rh i grupy MN, skupimy się więc i w tym miejscu na omówieniu związków z systemem AB0.

Zgodnie z naszymi oczekiwaniami, pasożyty mają swoje upodobania do grup krwi.

Tęgoryjec dwunastnicy *(Ancylostoma)* – grupa 0

Pasożyt ten był bardzo rozpowszechniony w Ameryce zaledwie 70 lat temu, zwłaszcza na południu Stanów Zjednoczonych. Wydaje się, że jego ulubionymi ofiarami byli ludzie z grupą krwi 0. Obecnie występuje często u zwierząt domowych, od których może przechodzić do ludzi. Ogniwem pośrednim zakażenia są zwykle brudne ręce oraz podwórka zakażone pasożytami pochodzącymi z psich odchodów. Podczas prac w ogrodzie należy używać rękawic i dokładnie myć ręce po każdym kontakcie z glebą.

Wiciowiec (lamblia) – grupa A

Wiele prac badawczych wykazało, że wiciowiec *(Giardia)* (zwany „zemstą Montezumy") nosi na sobie powierzchniowy antygen bardzo podobny do antygenu grupy krwi A. W związku z tym infekcje u osób z grupą krwi A są częstsze i mają ostrzejszy przebieg. Wiciowce występują w ciałach dzikich zwierząt, w zakażonych potokach, a także w wodzie studziennej. Epidemie mogą powstawać w rejonach, w których woda pitna jest zanieczyszczona przeciekami z kanalizacji. Można się też zarazić, pijąc wodę z jezior lub strumieni, w których żyją zwierzęta, takie jak bobry i piżmoszczury bądź zakażonych przez zwierzęta hodowlane, np. owce. Zdarzają się przypadki zakażeń bezpośrednich, zwłaszcza u dzieci i osób zatrudnionych w żłobkach i przedszkolach. Najczęstszym objawem jest biegunka, która – jako taka – niezależnie od przyczyn jest zaburzeniem poważnym i wyniszczającym.

Ameba – grupa B

Wyniki dwóch badań wydają się wskazywać, że ameby nie przyklejają się do erytrocytów jakiejkolwiek grupy krwi w stopniu większym, niż w innych grupach. Jest jednak inna praca, która wykazuje, że odsetek ameb usuniętych przez układ odpornościowy był wyższy, gdy były one przyklejone do erytrocytów grup A lub AB, w porównaniu z grupami 0 i B. Oznacza to, że organizmy z krwią grup A i AB nie są bardziej podatne na zachorowanie, ich reakcje immunologiczne na amebę są jednak silniejsze. Tłumaczyłoby to fakt skojarzenia zakażeń amebą z grupą krwi B potwierdzony w jednej z prac badawczych.

Malaria

W skali ogólnoświatowej malaria jest bardzo groźną chorobą śmiertelną. Każdego roku umiera na nią 2-2,5 mln ludzi. Nie ma wątpliwości, że epidemie malarii wpłynęły na rozkład grup krwi w tych rejonach, w których była ona dominującą plagą w dłuższym czasie i, w pewnej mierze, jest nią nadal. Największe zagrożenie malarią występuje w Afryce subsaharyjskiej, południowej i południowo-wschodniej Azji, Ameryce Środkowej i Południowej, Meksyku, Republice Dominikańskiej oraz na niektórych wyspach Pacyfiku – Papui Nowej Gwinei, Wyspach Salomona i Vanuatu.

Jeszcze trzydzieści lat temu całkowita eliminacja malarii wydawała się osiągalna, jednak opryski przeciw komarom okazały się nieskuteczne, a nowe, odporne na leki szczepy drobnoustrojów odkrywamy do dnia dzisiejszego. Opracowywanie nowych leków nie nadąża za ich uodparnianiem, ponieważ oporność mikrobów na leki stale wzrasta.

Przekazicielem malarii jest komar z rodzaju *Anopheles*, który przekłuwając skórę wprowadza do ludzkiego krwiobiegu parazyty z rodzaju *Plasmodium* – *P. falciparum*, *P. malariae*, *P. vivax* i *P. ovale*. Organizmy te reprodukują się następnie w czerwonych ciałkach krwi.

Z czterech wymienionych gatunków najgroźniejszy dla życia człowieka jest *P. falciparum*. Intensywny jego atak prowadzi do załamania funkcji wątroby i nerek, konwulsji i śpiączki. Około 2% chorych umiera, zwykle z powodu zbyt późnego podjęcia leczenia.

Grupa krwi ma istotny wpływ na podatność i ostrość przebiegu choroby.

GRUPA 0. Predyspozycja do infekcji *P. vivax* i nieco większa odporność na *P. falciparum* w porównaniu z innymi grupami. Po zarażeniu rokowanie lepsze niż w innych grupach. Osoby z krwią grupy 0 są najlepiej chronione przed tworzeniem się rozetki – autoimmunologicznej reakcji we krwi walczącej z pasożytem.

GRUPA A. Predyspozycja do infekcji *P. vivax* i nieco większa odporność na *P. falciparum* w porównaniu z grupami B i AB. Po zarażeniu rokowanie gorsze – nie wyłączając powikłań mózgowych.

GRUPA B. Predyspozycja do infekcji *P. falciparum*. Po zarażeniu rokowanie lepsze niż w grupach A i AB.

GRUPA AB. Grupa w pewnym stopniu chroniona przed inwazją niektórych form pasożytów. Po zarażeniu rokowanie negatywne, podobnie jak w grupie A.

Gruźlica

Pod koniec XIX wieku gruźlica była w Stanach Zjednoczonych najczęstszą przyczyną śmierci. Jest to choroba zakaźna wywoływana przez bakterię *Mycobacterium tuberculosis*, mogącą atakować dowolną część ciała, najczęściej jednak niszczącą płuca. W latach czterdziestych XX wieku powstały pierwsze z wielu używanych obecnie leków przeciwgruźliczych, co przyczyniło się do stopniowego spadku zachorowalności i umieralności na tę chorobę w Stanach Zjednoczonych. Gruźlica jednak kontratakuje. Od roku 1984 liczba zarejestrowanych przypadków zaczęła wzrastać, a w roku 1993 było ich w całym kraju 25 000.

W przeciwieństwie do malarii, gruźlica ma przebieg znacznie bardziej agresywny i niszczący u osób z grupą krwi 0, natomiast osoby z grupą A są na nią w najwyższym stopniu uodpornione. Dodatkowym czynnikiem komplikującym jest wpływ rasy. Europejczycy z grupą 0 są bardziej podatni i chorują ciężej niż reprezentanci innych ras z tą samą grupą krwi. Wśród Azjatów osoby z krwią grupy B chorują częściej i ciężej. Pewien wpływ na szanse wyleczenia wydaje się również mieć czynnik Rh. Badania wykazują, że ludzie z krwią Rh- umierali na gruźlicę, podczas gdy wiele organizmów z czynnikiem Rh+ potrafiło ją pokonać.

Podobnie jak w innych chorobach, grupa krwi odgrywała znaczącą rolę w genetycznej adaptacji, sprzyjając przeżyciu lub przechodzeniu infekcji w stan zaawansowany. Nie można zatem wykluczyć, że na przestrzeni ludzkich dziejów, a zwłaszcza w XIX stuleciu, w którym gruźlica zbierała najstraszniejsze żniwo, genetyka grup krwi w powiązaniu z nią decydowała o ludzkich losach.

Zarażenie gruźlicą następuje drogą kropelkową, najczęściej wtedy, gdy chory kaszle i kicha. Bezpośrednio po zarażeniu bakteriami przeważnie nie pojawiają się żadne objawy. Osoba zainfekowana nie jest też zaraźliwa. Choroba zaczyna się rozwijać dopiero po pewnym czasie. W fazie utajonej organizm kontroluje bakterie gruźlicy nie dopuszczając do nadmiernego ich rozwoju. Bakterie te nie są aktywne, żyją jednak w ciele zarażonej osoby i mogą uaktywnić się w późniejszym okresie. U wielu nosicieli gruźlicy choroba nigdy się nie rozwija, u tych jednak, których układ odpornościowy jest słaby, bakterie uaktywniają się, powodując proces chorobowy.

Objawami gruźlicy są kaszel utrzymujący się dłużej niż dwa tygodnie, ból w klatce piersiowej, odkasływanie krwi lub plwocin (flegmy pochodzącej z głębi płuc), osłabienie lub uczucie zmęczenia, utrata wagi, brak apetytu, dreszcze, gorączka i pocenie się w nocy. Test skórny jest jedynym sposobem ustalenia obecności infekcji. Badanie można odbyć w każdym ośrodku zdrowia lub gabinecie lekarskim.

Bibliografia – grupy krwi a choroby zakaźne

Alonso, P. et al. „Phagocytic activity of three Naegleria strains in the presence of erythrocytes of various types". *J Protozool,* 1985 Nov; 32(4): 661-4.

Becker, D. J., J. B. Lowe, „Leukocyte adhesion deficiency type II. *Biochim Biophys Acta,* 1999 Oct 8; 1455(2-3): 193-204.

Black, R. E., Levine, M. M., Clements, M. L., Hughes, T. and S. O'Donnell. „Association between O blood group and occurrence and severity of diarrhoea due to *Escherichia coli". Trans R Soc Trop Med Hyg.* 1987; 81(1): 120-3.

Bouree, P., and G. Bonnot, „Study of relationship of ABO and Rh blood group, and HLA antigens with parasitic diseases". *J Egypt Soc Parasitol,* 1989 Jun; 19(1): 67-73.

Cameron, B. J., et al. „Blood group glycolipids as epithelial cell receptors for Candida albicans". *Infect Immun,* 1996 Mar; 64(3): 891-6.

de Manueles, Jimenez J. et. al. „Histocompatibility antigens and *Giardia lamblia parasitosis". An Esp Pediatr;* 1992 Jan; 36(1): 41-4. Review. Spanish.

Essery, S. D. et. al. „Detection of microbial surface antigens that bind Lewis(a) antigen". *FEMS Immunol Med Microbiol,* 1994 Jun; 9(1): 15-21.

Glass, R. I., J. Holmgren, C. E. Haley, M. R. Khan, A. M. Svennerholm, B. J. Stoll, Hossain Belayet, K. Kaneko, et al. „Prevalence of O aglutinins against the epizootic strains of Yersinia pseudo tuberculosis serovars IB and IVA in barn rats". *Nippon Juigaku Zasshi,* 1982 Apr; 44(2): 375-7.

K. M., R. E. Black, M. Yunus, and D. Barua. „Predisposition for cholera of individuals with O blood group. Possible evolutionary significance". *Am J Epidemiol,* 1985 Jun; 121(6): 791-6.

Lindstedt, R.,G. Larson, P. Falk, U. Jodal, H. Leffler, and C. Svanborg. „The receptor repertoire defines the host range for attaching *Escherichia coli* strains that recognize globo-A". *Infect Immun,* 1991 Mar; 59(3): 1086-92.

Lopez-Revilla, R., et al. „Adhesion orf *Entamoeba histolytica trophozoites* to human erythrocytes". *Infect Immun,* 1982 Jul; 27(1): 281-5.

Mourant, A. E. *Blood Types and Disease.* New York: Oxford University Press, 1979.

Roberts-Thomson, I. C. „Genetic studies of human and murine giardiasis". *Clin Infect Dis,* 1993 Mar; 16 Suppl 2:S98-104. Review.

Sinha, A. K., S. K. Bhattacharya, D. Sen, P. Dutta, D. Dutta, M. K. Bhattacharya, and S. C. Pal. „Blood group and shigellosis". *J Assoc Physicians India,* 1991 Jun; 39(6): 452-3.

Springer, G. F. „Role of human cell surface structures in interactions between man and microbes". *Naturwissenschaften,* 1970 Apr; 57(4): 162-71.

Swerdlow, D. L., E. D. Mintz, M. Rodriguez, E. Tejada, C. Ocampo, L. Espejo, T. J. Barrett, J. Petzelt, N. H. Bean, L. Seminario, et al. „Severe life-threatening cholera associated with blood group 0 in Peru: Implications for the Latin American epidemic". *J Infect Dis,* 1994 Aug; 170(2): 468-72.

Thom, S. M. et al. „Non-secretion of blood group antigens and susceptibility to infection by Candida species". *FEMS Microbiol Immunol,* 1989 Jun; 1(6-7):401-5.

Tosh, F. D., et al. „Characterization of a fucoside-binding adhesin of *Candida albicans*". *Infect Immun,* 1992 Nov;60(11): 4734-9.

Villalobos, J. J., et al. „A 10-year prolective study on cancer of the digestive system". *Rev Gastroenterol Mex,* 1990 Jan-Mar; 55(1): 17-24.

Wittels, E. G. Lichtman, H. C. „Blood group incidence and *Escherichia coli* bacterial sepsis". *Transfusion,* 1986 Nov-Dec; 26(6): 533-5.

Yamamoto, M., et al. „Structure and action of saikosaponins isolated from *Bupleurum falcatum* L., II. Metabolic actions of saikosaponins, especially a plasma cholesterol-lowering action". *Arzneimittelforschung,* 1975 Aug;25(8): 1240-3.

Yang, N., and B. Boettcher, „Development of human ABO blood group A antigen on Escherichia coli Y1089 and Y1090". *Immunol Cell Biol,* 1992 Dec;70 (Pt 6): 411-6.

Żukow-Biereżniłow, N. N., et al. „Heterogenetic antigens of plague and cholera microbes, similar to antigens of human and animal tissues". *Biull Eksp Biol Med,* 1972 Apr;73(4): 63-5. (w jęz. rosyjskim).

E

Wsparcie i źródła

Dr Peter D'Adamo i jego współpracownicy nadal przyjmują nowych pacjentów w ograniczonym wymiarze. W sprawie zamawiania wizyt proszę się kontaktować z następującym adresem:

The D'Adamo Clinic
2009 Summer Street
Stamford, CT 06905
U.S.A.
203 348 4800

Uwaga: prosimy nie kierować pytań dotyczących pracy doktora D'Adamo, jak również próśb o osobistą poradę w sprawach zdrowotnych wprost do niego.

W celu udostępniania informacji i odpowiedzi na najczęstsze pytania doktor D'Adamo prowadzi witrynę internetową *(http://www.dadamo.com)*. W witrynie tej znajduje się interaktywna tablica ogłoszeniowa oraz archiwum jej dotychczasowej zawartości. W chwili obecnej jest to jedyny dostępny sposób uzyskania dodatkowych informacji na temat badań prowadzonych przez doktora D'Adamo.

www.dadamo.com

Internetowy system WWW (World Wide Web) okazał się wartościowym narzędziem badawczym i wdrożeniowym dla założeń diety i stylu życia zgodnych z grupami krwi. Od stycznia 1997 roku setki tysięcy osób odwiedziło naszą witrynę, by wziąć udział w dyskusji *on line* na temat grup AB0, przeglądać naukowe archiwa, dzielić się doświadczeniami i przepisami kulinarnymi oraz dowiedzieć się czegoś więcej na temat roli i znaczenia grup krwi.

Jednym z najważniejszych elementów witryny jest rejestr przypadków ułatwiający zbieranie danych o konkretnych efektach diety zgodnej z grupą krwi w powiązaniu z szerokim zakresem różnych stanów chorobowych.

Zapraszamy do aktywnego udziału w toczącej się dyskusji. Jest to całkiem proste. Po otwarciu strony głównej *www.dadamo.com* należy skorzystać z linku „Share Your Outcome" prowadzącego do rejestru przypadków (*Blood Type Outcome Registry*).

Będziemy wdzięczni wszystkim, którzy zechcą poświęcić swój czas, opisując własne doświadczenia związane z realizacją programu dietetycznego. Dane te będą miały ogromne znaczenie dla dalszych prac badawczych, zawarte są w nich bowiem ważne wskazówki i prawidłowości. Wszelkie informacje wprowadzane do rejestru przypadków będą traktowane z zachowaniem absolutnej dyskrecji.

Badania samodzielne

Zestawy do oznaczania grupy krwi

Firma North American Pharmacal, Inc. jest oficjalnym dystrybutorem zestawów do oznaczania grup krwi (*Home Blood Type Testing Kits*). Zestaw kosztuje $7,95 i jest urządzeniem poznawczym jednorazowego użycia pozwalającym określić indywidualną grupę krwi AB0 i czynnik Rh. Wyniki otrzymuje się w ciągu 4-5 minut. Jeżeli wśród przyjaciół lub członków rodziny są osoby, które chciałyby zidentyfikować swoją grupę krwi, należy nabyć odpowiednią liczbę zestawów - po jednym dla każdej osoby.

Wszystkie zamówienia z terenu Stanów Zjednoczonych są realizowane za pośrednictwem usługi naziemnej UPS (wysyłka i dostarczenie kosztuje $5,25 od zamówienia, niezależnie od liczby zamówionych zestawów). Dostępne są również dostawy ekspresowe (UPS w następnym dniu), ich koszt jest jednak większy. Proszę kontaktować się z działem obsługi klientów w sprawie opłat za dostawy ekspresowe do swojego rejonu.

Koszty wysyłki poza granice Stanów Zjednoczonych mogą być bardzo różne, a w niektórych przypadkach dość znaczne. Prosimy kontaktować się w tej sprawie z biurem obsługi klientów przed złożeniem zamówienia.

Do zamówienia na pojedynczy zestaw prosimy dołączyć $ 7,95 plus $ 5,25 na pokrycie kosztów przesyłki.

Zamówienia należy kierować na adres:

North American Pharmacal, Inc.
5 Brook Street
Norwalk, CT 06851
Tel.: 203-866-7664
Fax: 203-838-4066
Infolinia: 877-226-8973
www.4yourtype.com

Produkty zdrowotne i uzupełnienia dietetyczne

Firma North American Pharmacal, Inc. jest oficjalnym dystrybutorem produktów specjalnych związanych z grupami krwi (*Blood Type Specialty Products*). Są to: uzupełnienia dietetyczne, książki, nagrania, herbatki, bloki odżywcze zastępujące posiłek, kosmetyki oraz materiały pomocnicze, ułatwiające jedzenie i życie zgodne z własną grupą krwi.

W ofercie tej znajduje się seria produktów New Chapter® D'Adamo 4 Your Type Products™. Są to pełnowartościowe witaminy, zioła i inne uzupełnienia dietetyczne specjalnie przygotowane z uwzględnieniem specyficznych potrzeb wynikających z grup krwi.

Oferta obejmuje także herbatki Sip Right 4 Your Type™, preparaty blokujące lektyny Deflect™ oraz wybór dodatkowych odpowiadających grupom krwi przyjaznych produktów zdrowotnych opracowanych we współpracy z The Republic of Tea i New Chapter.

Informacje o produktach i cenniki znaleźć można w naszej witrynie internetowej lub kontaktując się z North American Pharmacal.

Ojciec doktora Petera D'Adamo – James D'Adamo, N.D. – autor pionierskich prac klinicznych w dziedzinie grup krwi, prowadzi nadal praktykę lekarską. Oto jego adres:

Dr. James D'Adamo, N.D.
44-46 Bridge Street
Portsmouth, NH 03801
U.S.A.